哲　学

第76号

2025

日本哲学会編

目次

シンポジウム「カント生誕三〇〇年」

哲学が根源的に問う営みであるとしたら、そこには反復という契機が含まれることになる。根源への希求が、これまで探り当てられてきた源泉へと、哲学する者を誘うからである。そうした反復を集団的に行う契機として哲学者の生誕記念の年が選ばれること自体もまた、これまで反復されてきた。二〇二四年のシンポジウムが「カント生誕三〇〇年」というテーマを掲げて開催されたのも、その一例である。このシンポジウムは、カントの三批判に沿って三名の提題者が「カント哲学とはなにか」という問いを共有することで開催された。以下、カントの掲げた理性の関心についての三つの問いに即してシンポジウムの内容を振り返りたい。

「私は何を知ることができるか」という理性の関心に答えるのが『純粋理性批判』である。この第一批判に定位して、この批判の営みに方法として懐疑的方法が内在することを明らかにしたのが、城戸淳会員による提題、「『純粋理性批判』における「懐疑的方法」について」である。この提題では、まず、カントが前批判期からすでに、対立する二つの命題の抗争を考察し、その調停を目指すという「懐疑的方法」を必要なものとして認識していたことが明らかにされた。次いで、この懐疑的方法が、『純粋理性批判』の「方法論」における純粋理性の論争的使用と比較され、さらに同書「弁証論」においてアンチノミー論のみならず誤謬推理論や理想論にも見いだされ得ることが指摘される。以上の行論を通して城戸氏が取り出すのは、カントが懐疑的方法の背後に、対立する意見を相互に尊重しながら平和な法的状態を目指す市民社会を見ていたはずであること、さらにはそれを可能にする普遍的人間理性への信頼である。

「私は何をなすべきか」という理性の関心に答えるのが『実践理性批判』であるとは一般的に言われることだが、そうした見方に対して、カント晩年の著作『人倫の形而上学』こそがこの問いに答えるものであり、この著作の構想がカントの前批判期から一貫して存在したことを指摘したのが、宮村悠介会員による提題、「カントの「人倫の形而上学」――道であって、作品でもある（Wege-auch Werke）」である。この提題では、カントが三批判書の刊行後、『人倫の形而上学』の完成まで数年を要した理由が所有権をめぐる問題だったことが指摘される。さらに宮村氏は、カントの「人倫の形而上学」が「人間と人間の関係」の学であるという観点から、その所説を現代的な倫理的問題である動物解放論と対峙させることで問題提起を行った。

「私は何を望んでよいか」という理性の関心に答えるのが、自然と自由とを架橋する第三批判、すなわち『判断力批判』である。[1] この架橋・媒介を実現する概念として合目的性が見定められることがあるが、そうした見方をカント批判哲学が見いだした限界を廃棄するものとして否定し、『判断力批判』に、限界をめぐって先行する二つの批判とは別種の思考を見いだそうとしたのが、小田部胤久氏の提題、「内から限界を拡張する――『判断力批判』の地平」である。この提題では、まず、数学的に崇高なものにおいて構想力がその限界まで緊張させられることが指摘され、次に、美的理念の豊かさが悟性に多くを考えるように促し、悟性概念を拡張する様子が描かれ、最後に、芸術創作において天才と趣味とが対峙することが論じられる。このように小田部氏の描いたカント像は、批判による限界確定によって安寧を得る哲学者ではなく、その限界内部から限界の拡張を迫るダイナミックなものである。

引き続いて行われた質疑では、個々の提題者への質問のほか、カントの崇高概念を小中高の道徳教育と結び付けることができるのか、また、彼のテクストに見られる女性差別や人種差別的言明をどう扱うのか、といった現代的な問題意識に基づく問いが投げかけられ、会場全体を巻き込んで、カント哲学を広い視野から捉え直すきっかけとなった。

カントは、先に掲げた三つの問いに続けて、最後に「人間とは何か」という問いを立てている。その際、先の三つの問いはこの最後の問いに関連するとも記しているが、カントの意図を超えて、私たちは次のように考えることができるだろう。私たちは、カント生誕三〇〇年の年に生き、カントの危惧した国家殲滅戦や彼の知らないジェノサイドの惨劇を見聞してきた。これは、人間観というものがどこまでも開かれたものであることを意味しているだろう。今回のシンポジウムでは、カント自身の一貫した探究の姿勢に加えて、懐疑的方法が理性を信頼するものでありつつ理性自身を揺り動かすこと、また美的領域では限界そのものが揺り動かされることが明らかになった。カント哲学が今日なお多くの哲学する人々を魅了する理由は、この哲学がこのようにダイナミックで開かれた性格がもつからではないだろうか。

石田《いしだ》 京子《きょうこ》
御子柴《みこしば》 善之《よしゆき》

『純粋理性批判』における「懐疑的方法」について

城戸《きど》　淳《あつし》
（東北大学）

『純粋理性批判』（第一版一七八一年）は、第二版（一七八七年）の序文によれば、「形而上学のこれまでの手続きを変革する試み」であって、それ自身は「学問の体系」ではなく「方法（Methode）についての論考」である（B XXII）[1]。その新たな「方法」を切り拓くためにカントは、既存の哲学的方法に飽き足らず、さまざまな分野からの類推に訴えた。批判を「法廷」（A XI）になぞらえる法廷モデルや、近代の自然科学の発展から学んだ「実験的方法」（B XIV n.）といわゆる「コペルニクス的転回」、さらには当時の法学に由来する「演繹（Deduction）」の概念などは、ひろく知られているところであろう。また近年ではカントの政治哲学が重視されるようになったことから、これまで『純粋理性批判』のなかでも軽視されがちだった「超越論的方法論」に注目が集まり、そこに後年の永遠平和論の先駆や、コミュニケーション的な公共性などの政治学的な含意を読みとることが試みられている。

ここではその一例としてオノラ・オニールの研究を一瞥してみよう。オニールは定言命法を理性一般の最高原理とみて、カントにおける理性の正当化の手続きが政治的なものであることを強調する。オニールによる『純粋理性批判』の方法論の「訓練」章の読解によれば、カントにおける理性の権威は、実践的かつ集合的な政治の産物であって、自由な相互批判が許される公共的な討論によって再帰的にみずからを構成する[2]。「理性には独裁的な権威がなく、批判の自由によってこそ理性はそもそも存立することができる」（A 738/B 766）。このようにカントのなかに「理性の政治学」をみる読み筋には、アーレントのいうカントの政治哲学や、ハーバーマス式の討議倫理学、ロールズのカント的構成主義など、いくつかの現代的なカント主義の残響を聴きとることもできるだろう。ともあれ、このような政治的理性の観点は、これまでしばしば見過ごされてきたが、しかし現代にあってますます重要性をもつカント哲学の一側面であるように思われる。

しかしここでは、このような『純粋理性批判』における理性の肯定的な自己構築の政治については立ち入らず、むしろその手前にあるはずの否定的な一段階に光をあてたい。伝統的な権威が信頼されているところでは、あらたな構築は始まらない。批判哲学は「天にまで達するほどの塔」ではないにせよ、「経験の平地を見渡す」に足る「一軒の住居」を建てることを志すものである（A 707/B 735）。そのような住居を建てるにあたっては、その基礎づけ工事にかかるまえに、空想上のバベルの塔を取り壊し、更地に戻しておかなければならないだろう。『純粋理性批判』においてこのような形而上学の破壊作業をになうのは超越論的弁証論である。初版で四百頁を超える弁証論には、伝統的な形而上学（心理学、宇宙論、神学）と対決する批判哲学の諸相が記録されているが、ここでは「方法」という観点に絞って、アンチノミー章の一隅に書きとめられた「懐疑的方法（sceptische Methode）」（A 424/B 451）について検討することにしたい。

これまで『純粋理性批判』研究において「懐疑的方法」が正面から論究されることはきわめて少なかったが[3]、おそらくその一因にはカントと懐疑論との距離を測りかねるということがあったように思われる。カントと古代懐疑論（とその近代版）との関わりについてはトネリの先駆的かつ周到な研究のあと[4]、近年ではカントの弁証論、とりわけそのアンチノミー論を、ピュロン主義的な懐疑主義がもたらす危機（*crise pyrrhonienne*）に対する応答として捉えようとする解釈がみられる[5]。そのような解釈を背景にひとまず大きく捉えるなら、カントのいう懐疑的方法は、「判断停止《エポケー》」による「無動揺《アタラクシア》」の境地をめざす懐疑論の方法を借用するというものではなく、むしろ逆に懐疑の状態を批判的に突破することによって懐疑論の危機を克服することを試みるものだといえる。

以下では、（1）懐疑的方法の形成と定義を跡づけ、（2）その射程を測ったうえで、（3）その観点から『純粋理性批判』の建築術的な構造を照らしだし、（4）懐疑的方法の理念とその政治学を見とどけるという順序で論じる。

1　懐疑的方法――前批判期から『純粋理性批判』へ

まずは、懐疑的方法が『純粋理性批判』において唐突に採用された手続きではなく、カント哲学の固有の思考法の結晶であることを手短に見ておこう。対立する二つの命題の抗争について考察し、その平和的調停をめざすという手続きは、カントが最初期からくりかえし採用するところである[6]。ここではごく断片的に紹介するにとどまるが、おそくとも一七七〇年代の講義録では、これが「懐疑的方法」として登場してくる。

一七六〇年代から一七七一年に由来すると思われる『ブロンベルク論理学』でカントは、古代ギリシアの懐疑論の諸類型にさかのぼりつつ懐疑論について検討している。カントは「懐疑（Zweifel）」を「決定の懐疑」としての「独断的懐疑」と、「延期の懐疑」（cf. A 425/B 452）としての「探索的（sceptisch）懐疑」とに分かったうえで（XXIV, 205）、前者を「アカデメイア派の懐疑者」に、後者を「ピュロン主義的な、すなわち探索的な懐疑者」に割りあてる（XXIV, 209）。ここで sceptisch を「探索的」と訳したのは、Sceptiscismus という言葉はギリシア語のσκέπτομαιに由来し、これは「調査する」や「探索する」という意味であると、わざわざカントが断っているからである（ibid.）。前者の独断的懐疑は、ひとは認識において確実性に達しえないと「定義によって証明」し、いっさいの研究は無駄だと断定する（ibid.）。後者の「探索的な懐疑の方法」は、「ある認識を支持する根拠と反対する根拠について考察する」ものであり、そのような背反的な考察による判断の延期は「認識の完全な確実性に達する」ためになされる（XXIV, 208）。「懐疑的（探索的）方法」もまた、ただちに判断を下すことをせず、まずは甲論乙駁の討論を試みるという「延期による真理の真なる探求」である（XXIV, 210）。その方法をとる代表例としてはヒュームの名があげられる(7)。

つづいて、おそらく一七七〇年代の後半に由来すると思われる『哲学的エンチュクロペディー講義』では、未完成のアンチノミー論の一部が紹介されているが（XXIX$_{1,1}$ 40 f.）、それに先立って、独断的な「主張」と懐疑的な「探求（Untersuchung）」とが区別される。後者は「抗争の方法」による真理の探求であって、「懐疑的方法」とも呼ばれる。

> 認識のなかの一部には、真理という大いなる仮象をまとい、そのため理説的（dogmatisch）だと見なされているような認識〔＝独断的認識〕がある。だが古代の人々がすでに、そのような場合、懐疑的な方法、すなわち批判が肝要だということを洞察していた。このような認識にあっては、矛盾を提示しないかぎり確実性を達成することはできない。それゆえ懐疑的方法は思弁的認識においては是非とも必要なものである。しかし懐疑的方法は懐疑的哲学とは異なる(8)。（XXIX$_{1,1}$ 28）

この引用からは〈独断論→懐疑論→批判〉という三段階のモデル(9)が読みとれるが、これは『純粋理性批判』では序言（A IX）で採用され、その後もくりかえし語られるカントの哲学史の見立てである。この講義によれば、懐疑的方法はその三段めに登る過程にかかわる。すなわち、概念に基づく思弁的認識を「主張」する独断論は、相互に「矛盾」にまきこまれることで（アンチノミー）、懐疑論（「懐疑的哲学」）の状態へと陥るが、その苦境から理性は「懐疑的方法」による「探求」を経ることで、ついに「批判」の段階にいたる（cf. R 4275, XVII 492）。懐疑的方法は懐疑論を克服する方法であって、その要諦は「批判」である。

以上にその一端をみた一七七〇年代の検討をへて、『純粋理性批判』ではアンチノミー章の第二節「純粋理性の背反論（Antithetik）」のなかで、以下のように懐疑的方法が導入される。すこし長いが重要な論点が含まれるので引用しておく。

> この方法は諸主張の争いを傍観するか、むしろ争いをみずから誘発するものだが、それは最後にどちらか一方の側の優位を決定するためではない。むしろ、もしかして争いの対象がたんなる幻影にすぎないのではないか、それを両陣営が追い求めるのは徒労

であり、たとえその幻影をめぐって抵抗勢力を滅ぼしても、なにも獲得しうるものはないのではないか、ということを探求するためである。この手続きを懐疑的方法と名づけてよいと私はいいたい。それは懐疑論とはまったく異なる。懐疑論とは技術的・学問的な無知の原則であって、どこにも認識の信頼と確信を残しておくことのないよう、いっさいの認識の基礎を掘りくずすのである。〔懐疑論と異なる〕というのは、懐疑的方法は確実性をめざすからである。争いは双方の側で誠実に考えられ、良識に導かれたものであるが、懐疑的方法はそのなかに誤解の点を発見することによって、確実性をめざすのである。（A 423 f./B 451 f.）

アンチノミーの抗争は理性の外側から到来するのではなく、「誠実に考え」る理性の内側から（いわば分裂生成（Schismogenesis）によって）発生するのだが、理性はそのような自己内の争い（内乱）をあえて「誘発」することで、その争いの対象が「幻影」であることを暴露する。その幻影をつくりだす大元にあるのは「超越論的実在論の錯誤」（A 543/B 571）であって、それゆえ「宇宙論的弁証論を解決する鍵としての超越論的観念論」（A 490/B 518）がアンチノミーによって「間接的に証明」される（A 506/B 534）。「六九年が私に大いなる光を与えた」という回顧で有名な一七七〇年代後半の遺稿断片によれば、「はじめ私はこの教説を薄明のなかで見ていた。私はまったく本気で諸命題とその反対とを証明しようと試みたが、それは懐疑論（Zweifellehre）を樹立するためではなくて、悟性の幻覚を予想していたので、それがどこに潜んでいるか、発見するためであった」（R 5037, XVIII 69）。カントは対立する両命題の証明を「まったく本気で」試みることで、抗争にあえて身をさらした。それは抗争における「悟性の幻覚」のありかを「発見」するためであって、この発見によって「この教説」が「薄明」から陽光のもとに出ることになる。その教説は『純粋理性批判』では超越論的観念論と名づけられることになるだろう。

右の段落引用のうち、「決定」と「探求」の対概念は講義録でも見られたものである。のちにみる方法論では、関心を寄せる側の「理性の命題を擁護する」という「純粋理性の論争的使用」が論じられるが（A 739/B 767）、懐疑的方法は一方の側に肩入れする「決定」ではないという点で、これとは異なる。もっとも肝心なのは「懐疑論（Scepticismus）」と「懐疑的方法」との区別である。懐疑論は「いっさいの認識の基礎を掘りくずす」ことによる「無知の原則」である。アンチノミー論において懐疑論は、定立と反定立との抗争に解決を見出せないまま理性がおちいる「懐疑的な絶望」として現われるが、それは「純粋理性の安楽死」と呼ばれてよい（A 407/B 434）。これに対して懐疑的方法の「探求」は、争いをつうじて双方の「誤解の点を発見する」ことで「確実性をめざす」とされる。懐疑的方法は、「超越論的実在論の錯誤」を暴露することによって、「確実性への道」（A 421/B 449）を切り拓くのであり、この道は超越論的観念論に立つアプリオリな総合判断の体系としての形而上学に到るであろう。

アンチノミー章において「懐疑的方法」はもういちど第七節で登場

する。そこでも懐疑的方法は「懐疑論」から区別されたうえで、アンチノミーの抗争をつうじて「前提に誤謬があることを発見し」、さらに「物は本当には感官の対象としての性質をもつことを発見する」ための——すなわち超越論的観念論を導出するための——方法であるとされる（A 507/B 535）。

　このように見るとき、ハイムゼートの指摘のとおり、[10]「懐疑的方法」はデカルトのいわゆる「方法的懐疑（doute méthodique）」と似ていることがわかるだろう。どちらも懐疑主義の試練をくぐりぬけることで、確実な学をつくりだそうとする方法だからである。とはいえその方法がめざす確実性は、デカルトとカントにおいて成り立ちが異なる。コギトによって懐疑を突破したデカルトは、明晰判明という孤独な確信を拠り所とし、そこから垂直的に神の善性に訴える。しかしカントの方法はあくまで理性どうしの抗争の現場にとどまる。「超越論的理性が認める試金石は、理性のさまざまな主張をたがいに合致させる試み、それゆえあらかじめ自由に妨げなくたがいに主張を競って争わせる試みだけである」（A 425/B 453）。自己分裂におちいった理性は、水平的で複数的な場での自由な合意にのみ真理の保証を見出しうるのである。この論点は第4節で再確認しよう。

2　純粋理性の論争的使用

　懐疑的方法の射程をただしく測るためには肝要なのは、方法論の「訓練」章の第二節「論争的使用にかんする純粋理性の訓練」でいわれる「論争的使用（polemischer Gebrauch）」との異同をくわしく見極めることである。論争的使用とは、すでに引いたとおり、「理性の諸命題を、その独断的な否定に対して擁護すること」である（A 739/B 767）。理性がみずから「関心」を寄せる命題を独断的に肯定するとき、それをべつの「市民（Mitbürger）」がやはり独断的に否定するとしよう。このような「理性の要求」の係争において、たとえ批判的理性による「真理に即した（κατ᾽ ἀλήθειαν）」裁定は難しくとも、否定する側の論拠が独断的で空疎なものであれば、肯定の命題には「人間を相手にした正当化（Rechtfertigung κατ᾽ ἄνθρωπον）」が成り立つのであり、これによって理性はその「保証された占有」を越権的な介入から守ることができる（ibid.）。理性の論争的使用は、命題とその否定との抗争を傍観するところまでは懐疑的方法と等しいが、「判決延期（non liquet）」（A 742/B 770）を盾にとって、「理性の関心」の赴くまま一方に党派的に肩入れすることで終わるという点では、「確実性をめざす」探求としての懐疑的方法とは異なる。

　しかし第二節を読みすすめると、ほとんど懐疑的方法と見分けがつかないようなカントの記述に出くわすだろう。たとえば、理性は好きなだけ争わせておいて、われわれは「その争いを批判という安全な桟敷からおちついて傍観」していればよいのであって、というのもその争いによって育まれる「成熟した批判」によって「争う者たちはたがいを離反させてきた幻想と先入見を見通すことを学ぶ」ことになるからである（A 747/B 775）。あるいは、「理性のあらゆる争い事における中立性（Neutralität）の原則」として、「純粋理性の懐疑的使用

(Gebrauch)」が導入される(A 756/B 784)。たしかにそれは、理性の内戦を嘲笑的に傍観する悪趣味な態度としては推奨しかねるが、しかし理性の大言壮語に別の大言壮語を対立させ、その狼狽のあげく「理性を甘美な独断論の夢から目覚めさせ」、「批判に耳をかす」ようにしむける「懐疑的手法(Manier)」としては役立つであろう(A 757/B 785)。さらに、第二節の後半部では「懐疑的手続き(Verfahren)」が出てくるが、これは懐疑論による事前訓練をつうじて「理性の慎重さを呼び覚ます」という「影響」をもつ(A 769/B 797, A 764/B 792)。

これらの記述から、「懐疑的」といわれる「方法」「使用」「手法」「手続き」は、どれも似たようなものだと大雑把に解釈されることが多い[11]。だがテクストを仔細に読むならば、訓練章の第二節で記述されているのは、はてしない独断的な論争につかれた理性が双方の論拠の空虚さに気づき、懐疑的な慎重さを学んで、ついに反省的な批判の段階にいたる、という歴史的な過程にすぎない。いいかえれば、懐疑的な手法や手続きによる「純粋理性の訓練」において、われわれの理性は、抗争がもたらす懐疑論を機縁として、批判的な吟味に着手するための心理学的な動機を獲得するのである。しかし注意すべきことに、そこには「争いのなかに誤解の点を発見することによって、確実性をめざす」という「方法」の契機が欠けている。懐疑的方法は超越論的実在論の誤解を暴き、新たな形而上学の基礎を見出すための「学的な方法(scientifische Methode)」(A 856/B 884)であって、理性はその方法論的自覚のもとでアンチノミー論の道程を歩む。あるいはアンチノミー章の言い方では、たしかに理性は「懐疑的表象」(A 485/B 513)がもたらす「疑惑」に突き動かされて批判の段階へと進むのであるが、「幻影を発見するための正しい軌道(Spur)」を定めるのは懐疑的方法である(A 490/B 518)。

このように読みとくとき、懐疑的使用と懐疑的方法の「両者は共通する面をもちながら、前者には、後者が備える、認識の確実性に達するための方法という積極的意義が欠けている」[12]という浜田義文の指摘は、正鵠を射るものとして貴重である。ただし、つづけて浜田が懐疑的使用は「じつは懐疑論の立場に他ならない」と述べるとき、それに対して私は「懐疑論」の概念の解像度を上げることで応答を試みたいと思う。

訓練章第二節の「純粋理性の論争的使用」を全体として見ると、懐疑的使用は論争的使用のなかの一段階をなすことがわかる。すなわち論争的使用の訓練は、懐疑的使用によって抗争のなかで判決延期(判断停止)の中立性にいたった理性が、(限定的な意味での)論争的使用によって独断的な介入に対抗して関心にかなう命題を擁護する、という二段階の教程からなる。私の見るところ、このような論争的使用の懐疑論は、歴史的に遡れば、モンテーニュに典型的にみられる「新ピュロン主義」に近しいものである。ポプキンによれば、モンテーニュが勧めるのは、懐疑論的な判断停止による白紙の状態のなかで、自然と慣習にしたがい、神の啓示を胸に生きることである[13]。懐疑論に信仰主義(fideism)を継ぎ足したこの立場は、懐疑的な中立性のなかで関心を味方につけて理性の所有を守る論争的使用に通ずるところがあろう。その新ピュロン主義を克服したのが(ポプキンによれば)デカルトの方法的懐疑であるとすれば、おなじく論争的使用における「人間を相手にした正当化」を超えて、「真理に即した」確実性をめざすのが懐疑的方法であろう。それゆえ、論争的使用のなかに位置づけられるかぎりでの懐疑的使用は、もちろん懐疑的方法とは異なるが、とはいえたんに甲論乙駁の無知のなかで絶望する懐疑論ではなく、その無知によって理性の関心を擁護するための懐疑論である。

　このことはカントの慎重なヒューム評価にも窺われる。カントはこの第二節の後半として、あらたに「自己撞着にある純粋理性を懐疑的に満足させることの不可能性について」という見出しを立てて、デイヴィッド・ヒュームを主題として論を進めている。カントによれば、ヒュームがとったのは「理性の所行（Facta 事実）を吟味して、事の次第におうじて非難する手続き」であって、これは「理性の検閲（Censur）」と名づけてよい（A 760/B 788）。たしかにこのヒュームの「懐疑的手続き」は「理性の根底的な吟味を呼び覚ますための影響」において卓越したものであり、カントは称賛を惜しまない（A 764/B 792）。だが、それは理性をその個別的で偶然的な「所行」について論難するものにすぎず、「理性自身をその全能力〔……〕に応じて」評価することがない。後者こそが「理性の批判（Kritik）」であって、「それによってたんに理性の制限（Schranken）ではなく、理性の定まった限界（Grenzen）が〔……〕が証明される」（A 761/B 789）。「検閲」と「批判」、「所行」と「能力」、「制限」と「限界」など、いくつも対概念を重ねながら、カントはヒュームの懐疑論との距離を見定め、それを批判哲学のひとつ前の哲学史的段階として位置づけようと試みる。その位置づけは、懐疑的方法に対する懐疑的手続きにもそのまま当てはまるだろう。

3　弁証論の懐疑的方法

これまで見たとおり懐疑的方法はアンチノミー章（宇宙論）において導入された方法であるが、それをひろく弁証論の諸テーマに妥当する方法として、誤謬推理論（心理学）や理想論（神学）においても活用することができるだろうか。この問いに対するアンチノミー章におけるカントの公式見解はわかりやすいだろう。すなわち、定立と反定立による背反論が発生するのは、現象の無制約的総体性の理念としての「世界」についてだけであり、魂や神については、定立に相当する「唯心論」や有神論の側だけに「たんに一面的な仮象がつくりだす空想的な確信の微睡《まどろ》み」が見出される（A 406 f./B 433 f.）。それゆえ、「理性の諸論証をあたうかぎり自由に相互に対立させる」ことによる「懐疑的方法」は（A 507/B 535）、宇宙論的アンチノミーにしか適用されえない特有の方法である。

　しかし方法論の「純粋理性の論争的使用」のほうを見ると様子が異なる。そこでは、アンチノミーは「誤解」あるいは「先入見」（＝超越論的実在論）に起因するものとして斥けられるにしても、「有神論」と「無神論」との対立や、魂をめぐる「唯心論」と「唯物論」との対立は同じようには解決されえないとされる（A 741/B 769, cf. B 420）。「背反論の戦場」があるとすれば、それは「もっぱら純粋神学と純粋心理学の領域に求められうる」[14](A 743/B 771)。さて、これまで懐疑的手続きとして確かめたとおり、われわれはこの戦場を「批判という安全な桟敷からおちついて傍観」すればよい。両陣営から戦士たちは「大言壮語」して登場するが、その剣劇は見物人からは「児戯に類するもの」として「嘲笑」とともに迎えられる(A 743/B 771)。じつのところ戦士たちは超経験的な領域に独断的に挑んでは「おのれの影と格闘している虚空の剣士(Luftfechter)」であって、批判的理性はその「無血の戦いを観て愉しむ」のである(A 756/B 784)。

心理学における背反論はすでに誤謬推理論においても記録されている。「純粋理心理学の総括の考察」の箇所でカントは、「抗議」を「独断的抗議」「批判的抗議」「懐疑的抗議」に分ける(A 388)。このうち懐疑的抗議は、「命題と反命題」について、一方を「理説(Dogma)」として、他方をそれに対する「抗議」として扱い、その逆も試みることで、両陣営の「見かけでは理説的(dogmatisch)な」命題(=独断的命題)を争わせ、結果として「対象についての全判断をまとめて拒絶する」というものである(A 388 f.)。この懐疑的抗議が方法論の懐疑的手続きに相当することは明白であろう。

しかしながら、誤謬推理論や理想論の本体に相当する部分では、このような背反論による懐疑的手続きに即した論述の展開は見られず、もっぱら「たんに一面的な仮象」が開陳され、批判されている。方法論のいう懐疑的手続きは、弁証論における心理学や神学に対する批判には活かされていないということだろうか。

私の解釈によれば、誤謬推理論や理想論においては、たしかに両陣営による抗争は見られないにせよ、やはり「虚空の剣士」がひとり大言壮語しつつ登場するのであり、批判的理性はその真摯ではあるが滑稽な独り相撲を傍観している。誤謬推理論や理想論が紙幅を割いて記録しているのは、理性が超越論的仮象に誘惑されて、カテゴリーを超越論的に誤用し、魂や神という無制約者の領野で躍動するにいたる過程であって、その過程の最後には、人間理性がその誇張された形而上学の夢の空虚さに幻滅し、みずから覚醒する場面がくる。ここでは誤謬推理論や理想論におけるこのような論述の諸展開を跡づけることはできないので[15]、ひとつ印象的な場面をあげるにとどめたい。理想論における「人間理性にとっての真の深淵」の一節で、絶対的必然者としての神が「いったい私はどこから来たのか」と独語するという場面がある(A 613/B 641)。これは神学の存在論的な大伽藍を築いた人間理性がその迷妄から目覚める瞬間をえがく、厳粛なクライマックスの一幕であるはずだが、深淵をまえに「私はどこから来たのか」という呆けたような台詞はどこか喜劇的でもあろう[16]。それは、この場面が桟敷で観劇する理性の観点から記述されているからである。

誤謬推理論や理想論の手続きは、背反的な抗争がもたらす懐疑ではなく、誇張された成功からの幻滅がもたらす懐疑に基づく。方法論においてそれが背反論として再構成されるのは、(定立的な)戦士による一人芝居のように見えても、それはじつは舞台袖にかくれた(反定立的な)影の戦士を相手どる虚空の剣劇であった、という舞台裏を明かすためであろう。誇張と幻滅による懐疑であれ、その手続きの目的は背反による懐疑の場合と同じである。それは理性にみずからの迷妄を予感させて、いやいやながらも自発的に批判の法廷に歩み出るように教導する訓練なのである。もちろん、誤謬推理論や理想論の懐疑的手続きが懐疑的方法の資格をもつためには、「幻影」と「誤解」を発見することで「確実性」を志向するという方法論的な契機が不可欠であるが、それを解釈的に補うのは容易い。総じて誤謬推理論は、「実体化された意識の取り違え」(A 402)を発見して、分析論における「超越論的統覚」をただしく確保することをめざす。理想論の役割は、「存在は実在的《レアール》な述語ではない」(A 598/B 626)という発見から、超越論的観念論に立脚する「様相」の理論へと転回することである。

ここで、懐疑的方法はひろく弁証論の諸テーマに妥当するかという、おそらく些末とも見える問いに拘ったのは、それが『純粋理性批判』の建築術的な構造についての理解にかかわるからである。しばしば漠然と、弁証論の仕事は感性論や分析論で得られた成果を援用して旧来の形而上学を破壊することである、と想定されている。しかし(前節までで見たとおり)アンチノミー章における懐疑的方法が教えるのは、理性がみずからアンチノミーの誘発と傍観をつうじて超越論的実在論の誤解を暴き、あらたな「学問としての形而上学」へと歩みを進めることである。これらは人間理性の自然的弁証論からの内発的な展開であって、既存の外在的な真理による理性の矯正ではない。そして、われわれの(本節における)解釈によれば、そのことは誤謬推理論や理想論についても妥当するのである。これはアンチノミー論を理性の法廷の典型と認める(それ自身としては正しい)解釈が、ときに看過しがちな事柄であろうと思われる。

たしかにカントは、「唯心論」のような「たんに一面的な仮象」は「批判の苛烈な試練(Feuerprobe)にあえば跡形もなく霧消する」(A 406/B 433)というように語ることも多い。懐疑的方法のうち、「誘発」と「傍観」による「探求」の過程は弁証論に独自のものであるが、「誤解」の暴露や「確実性」の展望はすでに感性論と分析論において直接的に立証された事柄と内容的に重なっている。伝統的な形而上学の破壊を急ぐカントが、すでに手許にある批判哲学の成果によって、新発見のはずの「誤解」を手慣れた様子で解きあかすのは、読者への説得力をおもえば致し方ないところであろう。しかしそのカントの性急な語り口が煙幕になって、弁証論における懐疑的方法の内発的な論理を見逃すことがあってはなるまい。

4　普遍的な人間理性

はじめにふれた理性の政治学という観点から見るとき、懐疑的方法が『純粋理性批判』の方法として重要であるのは、それが既存の権威に依拠せずに遂行されるからである。伝統的な形而上学をどこからか借り受けたハンマーで破壊しようとするならば、そのハンマーがもつはずの形而上学的な権威があらかじめ信用されなければならない。あたかも異国から招いた立法者のように特権的に尊重されるその権威は、つづく自治的な再建の事業にとっては異物として障碍になることだろう。それに対して懐疑的方法は、外来の権威や武力に訴えるのではなく、領域内にあえて内乱をつくりだすことで、身についた旧弊な幻影や誤解をいわば革命的に打破するのである。また、先行する感性論や分析論の謙抑的な成果は、壮麗な形而上学の政権が存立するかぎり、なんら破壊の効果をもたないだろう。そのことは、ライプニッツ学派の残党ともいうべきエーバーハルトがカントの新たな批判に意義を認めなかったことを考えてもわかる。形而上学的な素質をもつ理性が自己分裂を覚悟して、みずから誤解を発見しようと試みないかぎり、「批判の苛烈な試練」は手助けにならない。

懐疑的方法がそのような内乱と革命の政治として機能するには、ひとつの根本的な前提がある。すなわち、対立する二人の市民の立場は等しく重要であり、同じ投票権をもつものとして取り扱われなければならない、という前提である。(17) これは懐疑的方法が、ひとりの人間理性がみずからの内なる諸原理の論争を内観する方法であるかぎりでは、ほとんど自明のことであろう。実際それはカントの思考の生理のようなものである。一七七一年のヘルツ宛書簡で語られるように、「理性的な抗議を熟考のうえ私の判断に織りこみ」、「私の判断を異なる人の観点から公平に眺めることで、それまでの私のものより優れた第三のなにかを見出そうと望む」というのが、『純粋理性批判』への途上にあるカントの「懐疑的精神」なのである (X 122)。

しかし、ひとたび孤独な内省を離れて、複数的な対話の場面におりてくるとき、懐疑的方法のこの前提はおもい政治的含意をもつだろう。ひとはそれぞれの素質や関心に応じてある立場をとるが、そこに敵対的な立場をとる論者が現われることで、背反的な形而上学の戦場がひらかれる。それが「戦争」の「自然状態」に終始することなく、「平和」の「法状態」を構築するための「真の法廷」となりうるのは (A 751/B 779)、対立する諸理論は「完全な誤謬」ではありえず、それぞれに部分的な真理が含まれていると考えるかぎりでのことであろう。(18) 人間理性に隠れている形而上学的な素質や関心の契機は、おおきく二分するなら「独断論」(プラトン主義) と「経験論」(エピクロス主義) と名づけられうる (A 462/B 490 ff.)。形而上学における対立的な諸理論は、「宿命論」や「無神論」といったものでさえ (B XXXIV)、それらの契機をおのおのの論者が誇張的に代表してみせることで成り立つものであるから、それぞれ断片的にせよ人間理性に由来する真理を含むものである。このように複数的な真理の交流に訴えるかぎり、懐疑的方法は「普遍的な人間理性」への理性の自己信頼を表明するものであるといってよい。論争において「人間の理性が承認する裁判官は、それ自身がふたたび普遍的な人間理性である裁判官だけであって、この普遍的人間理性についてはだれもが投票権をもつ」(A 752/B 780)。

このことは『判断力批判』における「ふつうの人間悟性の格率」に即しても展開することができる。その格率とは「一、自分で考えること、二、ほかの人のそれぞれの立場で考えること、三、いつでも自己自身と一致して考えること」である (V 294)。第一の格率は、おのれの理性を頼りに考え、率直に表明するという能動的な悟性の格率である。第二の格率は、他者の対立的な立場に入って考えてみるという拡張的な判断力の格率である。第三の格率は、二つの格率を結合したものであり、みずから能動的に、しかもさまざまな異なる立場と整合的に考えるという首尾一貫した理性の格率である（V 295）。第三の格率にいう「自己自身」は、おのれの理性によって考える私でありながら、さまざまな対立的な意見が交わされる共同体としてのわれわれでもある。論争における裁判官としての「普遍的な人間理性」とは、個人としての人間とわれわれの普遍性とが交わるはずの虚焦点を名ざす理念である。懐疑的方法は、この理念のうえに立脚してはじめて成り立ち、また逆に方法による成果としての確実性によってこの理念の実在性を保証する。

この普遍的人間理性の理念が、はじめに見た理性の積極的な自己構築の政治を導くものであることは言うまでもない。また、『判断力批判』の三段階の格率が、「普遍性の方式」から「目的自体の方式」をへて「自律の方式」へ到るという『人倫の形而上学の基礎づけ』における定言命法の歩みに対応するということは、すでに別の機会に論じたことがある。[19] このように学問や道徳がひとしく仰ぐ普遍的人間理性の理念はたしかに麗しいものではあるにせよ、しかしわれわれはつねにその途上にあって、哲学的共同体の分裂と抗争のなかを歩まなければならない。こんにち懐疑的方法をあらためて自覚するということが意味するのは、われわれがこの「茨の道」（B XLIII）にあって「理性の自己維持（Selbsterhaltung der Vernunft）という格率」（VIII 147 n.）を手放さないということである。

注

（1）カントの引用・参照は本文中にアカデミー版カント全集（*Kant's gesammelte Schriften*, ed. Königlich Preußische Akademie der Wissenschaften et al., 1900–）の巻数と頁数を示す。遺稿（Reflexionen）はRと断片番号に、巻数・頁数を付す。『純粋理性批判』は原書第一版をA、第二版をBとして頁数を記す。引用中の傍点の強調、〔〕による補足と中略は引用者による。

（2）Onora O'Neill, *Constructions of Reason: Explorations of Kant's Practical Philosophy*, Cambridge University Press, 1989, ch. 1.（『理性の構成――カント実践哲学の探究』加藤泰史監訳、法政大学出版局、二〇二〇年、第1章。）また Onora O'Neill, *Constructing Authorities: Reason, Politics, and Interpretation in Kant's Philosophy*, Cambridge University Press, 2015, ch. 1 も参照のこと。

（3）石川文康『カント 第三の思考――法廷モデルと無限判断』（名古屋大学出版会、一九九六年、九頁以下ほか）は、アンチノミー論における法廷モデルの方法として懐疑的方法について論究しているが、これは稀な事例である。

（4）Giorgio Tonelli, 'Kant und die antiken Sceptiker', in H. Heimsoeth, D. Henrich und G. Tonelli (Hrsg.), *Studien zu Kants philosophischer Entwicklung*, Hildesheim: Georg Olms, 1967, pp. 93–123.

（5）Paul Guyer, *Knowledge, Reason, and Taste: Kant's Response to Hume*, Princeton University Press, 2008 / Michael Forster, *Kant and Scepticism*, Princeton University Press, 2008. ただし両書においても懐疑的方法は主題的に検討されていない。

（6）Norbert Hinske, *Kants Weg zur Transzendentalphilosophie. Der dreißigjährige Kant*, Stuttgart et al.: W. Kohlhammer Verlag, 1970, pp. 83 ff.

（7）講義録や遺稿における懐疑主義と懐疑的方法については、Brian A. Chance, 'Scepticism and the Development of the Transcendental Dialectic', *British Journal for the History of Philosophy*, vol. 20 (2), 2012, pp. 311–331 や、Catalina González Quintero, *Academic Skepticism in Hume and Kant: A Ciceronian Critique of Metaphysics*, Springer, 2022, ch. 6 など、近年の研究に詳しい。

（8）カント「哲学的エンチュクロペディー講義」城戸淳訳、『世界の視点――変革期の思想』（新潟大学リポジトリ）、二〇〇四年、三五頁以下（一部の訳語を改めた）。

（9）この三段階のモデルについては、渡邉浩一『『純粋理性批判』の方法と原理――概念史によるカント解釈』京都大学学術出版会、二〇一二年、第一章、が参考になる。

（10）Heinz Heimsoeth, *Transzendentale Dialektik. Ein Kommentar zu Kants Kritik der reinen Vernunft, Teil II, Vierfache Vernunftantinomie [...]*, Berlin: Walter de Gruyter, 1967, p. 217.

（11）たとえば Chance, 'Scepticism and the Development of the Transcendental Dialectic', p. 318（註7所掲論文）はそのように同一視している。

（12）浜田義文『カント哲学の諸相』法政大学出版局、一九九四年、八七頁。

（13）Richard Popkin, *The History of Scepticism: From Savonarola to Bayle*, 1979, Oxford University Press, 2003, p. 51 et al.（『懐疑――近世哲学の源流』野田又夫・岩坪紹夫訳、紀伊国屋書店、一九八一年、六一頁ほか。）

（14）魂や神についても本来はアンチノミーが成立するという提案もある。代表例として、高橋昭二『カントの弁証論』創文社、一九六九年、二七三頁以下、を参照のこと。

（15）本稿の第3節は、拙著『理性の深淵――カント超越論的弁証論の研究』（知泉書館、二〇一四年）の結語（第1節）で示唆した事柄を、あらたに懐疑的方法という観点から論じなおしたものであり、論旨としては重なるところがある。弁証論における論述の諸展開については拙著を参照されたい。

（16）ピシスはこの場面の喜劇性を指摘したうえで、同様の喜劇性が方法論や弁証論でも散見されるという。Jannis Pissis, *Kants transzendentale Dialektik. Zu ihrer systematischen Bedeutung* (*Kantstudien Ergänzungshefte* 169), Berlin et al.: Walter de Gruyter, 2012, p. 183.

（17）Norbert Hinske, 'Die Rolle des Methodenproblems im Denken Kants. Zum Zusammenhang von dogmatischer, polemischer, skeptischer und kritischer Methode', in Norbert Fischer (Hrsg.), *Kants Grundlegung einer kritischen Metaphysik: Einführung in die ›Kritik der reinen Vernunft‹*, Hamburg: Felix Meiner Verlag, 2010, p. 350.

（18）Norbert Hinske, 'Kant und die Aufklärung. Kants Theorie von der Unmöglichkeit des totalen Irrtums', in Hinske, *Kant als Herausforderung an die Gegenwart*, Freiburg/München: Verlag Karl Alber, 1980.（ヒンスケ『現代に挑むカント』石川・小松・平田訳、晃洋書房、一九八五年、所収。）

（19）拙論「自律の方式へ――カントの定言命法の諸方式」東北大学哲学研究会編『思索』第四九号、二〇一六年。

カントの「人倫の形而上学」

——道であって、作品でもある（Wege-auch Werke）

宮村《みやむら》　悠介《ゆうすけ》
（大正大学）

はじめに

今から三百年前にはじまり、八十年ほどつづいた、カントの生涯を貫く最大のライフワークはなんだろうか。哲学史の常識があるかたならば、まず『純粋理性批判』を挙げるであろうし、あるいは『実践理性批判』『判断力批判』とつづく三批判書の体系を挙げるかたもいるであろう。ここで私が、カントの最大のライフワークとして『人倫の形而上学』を挙げるならば、驚かれるかもしれない。『人倫の形而上学』？　カントの晩年の、地味で、退屈で、おまけにどこかカビ臭い、あの『人倫の形而上学』のことを言っているのか？　そう、その『人倫の形而上学』である。たしかに『人倫の形而上学』は、著作としての順番では『純粋理性批判』や『判断力批判』よりずっと後に来るカントの作品である。しかし一般にはあまり注意されていないかもしれないが、著作としての構想の順番では、実は『人倫の形而上学』は『純粋理性批判』よりも古い。『純粋理性批判』の構想が生まれる以前、一七六八年五月九日付のJ・G・ヘルダー宛書簡でカントは、「それで私は今、『人倫の形而上学』（eine Metaphysik der Sitten）に従事して」いると近況を報告し、「私のいつも不安定な健康が私を邪魔することさえなければ、私は今年中に完成できるものと期待しています」[1]（X, 74）という見とおしを述べている。そしてこのあと概観するように、その後もカントはくりかえし『人倫の形而上学』を出版する意向を表明しており、おそらくカントが『人倫の形而上学』の出版を断念したことは、一七九七年の『人倫の形而上学』の実際の出版にいたるまで、一度もない。『人倫の形而上学』の出版は、一七六八年から一七九七年までのカントの生涯のおよそ三十年にもわたる、大きな課題であったのである。またカントは一七九〇年の『判断力批判』をもって、ある程度の時間と余力を残した状態で、理性批判という課題を「卒業」することができた。これに対し、『人倫の形而上学』はカントの著作活動の最終盤に位置づけられる、晩年の著作である。四十代の半ばから七十代になるまでの約三十年もの期間にわたり、「この作品を出版しなければならない」という強迫観念としてカントを悩ましつづけ、最終的にカントのほぼ最後の精力を吸い尽したのが、「人倫の形而上学」の構想だったのである。

それにしても『人倫の形而上学』は、一般の哲学史において、『純粋理性批判』や『判断力批判』が備えているような輝きを持っていない。カントの個人史においての「人倫の形而上学」の重要性と、哲学史における『人倫の形而上学』の評価の乏しさのアンバランスを、どう考えたらよいだろうか。かつてL・W・ベックは、カントの『人倫の形而上学』の三十年におよぶ計画の遅延の経過を辿ったのち、「そのあいだにおおかた副産物として『純粋理性批判』や『人倫の形而上学の基礎づけ』や『実践理性批判』が生まれた」のであって、「『人倫の形而上学』は、仮にそれ自体では重要な興味深い著作でないとしても、私たちには悦ぶべき著作である。カントはその書物を目標として仕事に励み、それで他のより偉大な傑作が生まれたのである」と指摘していた(2)。著作としての価値はともかく、その完成に努めるなかで「他のより偉大な傑作」を生みだしたものとして、『人倫の形而上学』は悦ぶべき作品であるというのである。唐突かもしれないが、ここで私が連想するのはハイデガーの「存在と時間」である。ハイデガーの文脈において「存在と時間」は、一九二七年の著作としての『存在と時間』だけを意味するものではない。ハイデガー自身、一九三五年夏学期の講義に由来する『形而上学入門』において、「『存在と時間』は、このような省察においては、一冊の書物を意味するのでなく、課せられたもの（das Aufgegebene）を意味するのである(3)」と述べているように、また、ハイデガー全集のモットーである「道であって、作品ではない（Wege-nicht Werke）」が、まさに「存在と時間」の特色を示すものであるとされているように(4)、ハイデガーにとって「存在と時間」は、たんなる一冊の書物や作品ではなく、ひとつの課題であり道であった。同じことは、カントの「人倫の形而上学」にも当てはまるように思われる。カントにとって「人倫の形而上学」は、一七九七年に刊行された作品であるだけでなく、哲学者としての生涯の三十年近くにわたる課題であり、道であった。そしてその道としての「人倫の形而上学」の途上で、ベックも指摘していたように、カント哲学を代表するさまざまな作品も生まれたのである。ただ、新しい『人倫の形而上学』の「徳論」の邦訳(5)の訳者である私には、「人倫の形而上学」は「作品ではない」と言い切ることはできない。本稿の副題を「道であって、作品でもある（Wege-auch Werke）」とする次第である。

本稿では、前半で道としての「人倫の形而上学」を、ポイントを絞って概観し、後半で作品としての『人倫の形而上学』の基本的課題を現代倫理学の観点から考察する。

一　道としての「人倫の形而上学」①
――『純粋理性批判』との関係

まず道としての「人倫の形而上学」、つまりカントの生涯の三十年近くにわたる『人倫の形而上学』の構想のプロセスを、ポイントを絞って概観しておきたい(6)。カントが『人倫の形而上学』を出版する意向を、すでに一七六八年の書簡で表明していたことには先に触れた。しかし一七六〇年代に公刊されたカントの著作や論文において、実践哲学や倫理学の問題を論じている箇所は、きわめてすくない。そのため一七六八年のカントが『人倫の形而上学』をどのような作品として執筆しようとしていたのかを知るための手がかりは乏しい。それでもこの時期のカントの倫理学にかんする論述から読みとれる特徴的な発想はふたつある。ひとつは倫理を倫理たらしめる究極的な根拠、「人倫性の第一諸根拠（die erste Gründe der Sittlichkeit）」（II, 300）、「すべての人倫性の第一諸根拠（die erste Gründe aller Sittlichkeit）」（II, 311）への関心であり、もうひとつには道徳感情論への強い共感である。前者の問題関心は、批判期に引き継がれ、『人倫の形而上学』から独立したひとつの作品の主題となる。そして後者の共感からは、カントはほどなく「卒業」することになる。

一七七〇年、カントはケーニヒスベルク大学の教授に就任し、教授就任論文「可感界と可想界の形式と原理について」を発表する。この論文はいわゆる「沈黙の十年」を経て一七八一年の『純粋理性批判』にいたる原点となるとともに、カントの『人倫の形而上学』の構想にとっても重要な転回点となった作品であった。一七六〇年代に道徳感情論に共感を寄せていたカントは、この論文では「道徳哲学が評価の第一原理を呈示するかぎり、それは純粋知性によってのみ認識され、それ自身純粋哲学に属する」と、道徳の第一原理を認識するのは感情ではなく純粋知性であると主張し、そうした立場からシャフツベリの道徳感情論も批判している（II, 396）。この転回は『人倫の形而上学』の構想にとっても大きな一歩であったはずである。実際、この教授就任論文を同封した一七七〇年九月二日付のJ・H・ランベルト宛書簡でカントは、「私はこの冬には、いかなる経験的原理をもふくまない純粋な道徳哲学、いうなれば『人倫の形而上学』（die Metaphysic der Sitten）についての自分の研究を整理し、書きあげようという計画を立てました」（X, 97）と宣言している。この一七七〇年の『人倫の形而上学』出版の宣言も、一七六八年のそれと同様、結局のところ実現はせず、カントは「沈黙の十年」に突入することになるわけであるが、注目に値するのは、一七七〇年代初頭のカントの書簡において、この時期に新たに生じた『純粋理性批判』の原型をなす作品の構想の一部として、あるいはそれにつづく独立した作品として、「人倫性の第一諸根拠」の問題や『人倫の形而上学』の構想が語られていることである。

一七七一年六月七日付のM・ヘルツ宛書簡でカントは、『感性と理性の限界』という作品の構想を語っている。これが『純粋理性批判』の原型となる作品であるが、この時点のカントの構想では、この作品には「趣味論と形而上学と道徳学（Moral）の本性の構想」（X, 123）がふくまれることになっていた。『純粋理性批判』の原型は、「道徳学」をその一部としてふくんでいたのである。また翌年一七七二年二月二十一日付のヘルツ宛書簡は、『純粋理性批判』の真の出生時刻を告げるものと言われてきた重要な書簡であるが、そこでも『感性と理性の限界』の構想とともに、純粋な道徳哲学の構想が語られている。この時点での『感性と理性の限界』のプランは次のようなものである。「その作品は理論的部門と実践的部門という二部構成になると考えました。第一部は、一、現象論一般。二、形而上学、しかもその本性と方法にかんしてのみ、というふたつの章からなります。同様に、第二部もふたつの章からなります。第一章は、感情、趣味、感性的欲求の普遍的原理。第二章は人倫性の第一諸根拠」（X, 129）。一七六〇年代からカントが倫理学にかんして問題としてきた「人倫性の第一諸根拠」の論述が、『純粋理性批判』の原型である『感性と理性の限界』の構想のうちにはふくまれていたのである。このあと同じヘルツ宛書簡でカントは、次のような予告をする。「私はいまや、理論的および、たんに知性的であるかぎりでの実践的認識の本性をふくむような純粋理性の批判（eine Critick der reinen Vernunft）を提示できる状態にあります。そのうち、形而上学の源泉と方法と限界をふくむ第一部をまず仕上げ、つづいて人倫性（die Sittlichkeit）の純粋な原理を仕上げることになります。前者については、およそ三か月以内に出版することになるでしょう」（X, 132）。『感性と理性の限界』ないしは『純粋理性の批判』の第一部を三か月以内に出版するという、この宣言も実現はされなかったわけであるが、その次の一歩として、カントは「人倫性の第一諸根拠」ないしは「人倫性の純粋な原理」についての倫理学書を出版する見とおしを持っていたのである。

一七八一年の『純粋理性批判』では、予備学としての「批判」と、体系としての「形而上学」は、あくまで区別されることになる。こうした明確な区別が認められるようになるのは、一七七三年の末のことである。この時期のヘルツ宛書簡でカントは、「本来は純粋理性の批判（eine Critik der reinen Vernunft）である私の超越論的哲学を完成してしまったら、嬉しいだろうと思います」と述べたあとで、「そのあと私は形而上学に進みます。形而上学の部門はふたつだけ、自然の形而上学と人倫の形而上学（die Metaphysik der Sitten）だけであり、そのうち後者を最初に出版するつもりであり、それを前もって楽しみにしています」（X, 145）との見とおしを伝えている。この書簡では『人倫の形而上学』が『純粋理性批判』から独立した、しかも後者の出版のすぐ後につづく作品として構想されていることが注目に値する。実際には『人倫の形而上学』の出版は、『純粋理性批判』出版の十六年も後のことになるのであるが、カントの一七七三年末のプランでは『純粋理性批判』の次は『人倫の形而上学』であったのである。

一七七三年末のヘルツ宛書簡ののち、カントの書簡からは『人倫の形而上学』の構想についての発言は途絶える。この時期のカントの倫理学にかんする思考を探る手がかりとしては、講義録や遺稿があるが、講義録について注目に値するのは、著作としての『人倫の形而上学』のもっとも基本的な区分である、「法論」と、「徳論」ないしは

「倫理学」の区分が、一七七〇年代にすでに準備されていることである。一七七〇年代に由来する「コリンズの道徳哲学」によれば、「法論と倫理学の区別は拘束性の種類にではなく、拘束性を果たそうとする動因のうちにある」。倫理学はたしかにあらゆる拘束性について、本来は法論の領域に属する「責務」という拘束性についても語るが、それは「動因が内的である」かぎりでのことであって、「倫理学が考察するのは、義務にもとづいており、ことがらそのものの内的性状に由来する、そして強制にもとづくのではない拘束性である」。これに対し「法論は拘束性の充足を考察するが、その拘束性は義務にではなく、強制にもとづいている」（以上、XXVII, 271f.）。このようにこの講義録ではすでに、法論と倫理学（＝徳論）が、「強制にもとづいて（aus Zwang）」と「義務にもとづいて（aus Pflicht）」というかたちで、明確に区別されている。倫理学が問う「義務にもとづいて」は、やがて一七八五年の『人倫の形而上学の基礎づけ』において、義務以外の目的や傾向性にもとづいて義務を果たす「義務にかなって（pflichtmäßig）」から区別され、これら両者の区別は、一七八八年の『実践理性批判』において、「道徳性（Moralität）」と「適法性（Legalität）」としてあらたに定式化される。作品としての『人倫の形而上学』の「徳論」はそのうち前者の領域を、「法論」が後者の領域を担当することになるのであるが、こうした『人倫の形而上学』の基本的な区別の原型も、『純粋理性批判』を準備する時期のカントによって考えられていたのである。

一七八一年、「沈黙の十年」を破り、『純粋理性批判』がようやく出版される。この作品のなかで、『純粋理性批判』のあとに来たるべき『人倫の形而上学』の構想が語られているのは、「超越論的方法論」の「純粋理性の建築術」という章においてである。そこではまず純粋理性の哲学が、「予備学」である「批判」と、「体系」である「形而上学」に区分される。後者の形而上学はさらに、「純粋理性を思弁的に使用する」形而上学、つまり「自然の形而上学」と、純粋理性を「実践的に使用する」形而上学つまり「人倫の形而上学」に区別される。後者の「人倫の形而上学」は行為をア・プリオリに規定し、必然的なものとする原理をふくむが、「道徳性（die Moralität）」こそが行為にかかわる唯一の合法則性であって、その合法則性は完全にア・プリオリな原理にもとづいて導出されることができる。それゆえに「人倫の形而上学とは本来的には純粋道徳（die reine Moral）なのであり、どのような人間学も（つまりいかなる経験的条件も）その根底に置かれることがない」（以上、A 841-2/B 869-70）。このようにしてカントの著作においてはじめて、「純粋道徳」であるという『人倫の形而上学』の構想が、「批判」につづく、ふたつの「形而上学」の片方として、打ち出されることになった。ただしカントは『純粋理性批判』では当面の問題ではないとして、『人倫の形而上学』の内容や構成には立ち入らない。それでも『純粋理性批判』執筆時のカントにとっては、「自然ならびに人倫の形而上学、とりわけて批判」こそが、「私たちが真正な意味で哲学と名づけうるいっさいをかたちづくっている」のであり、「この哲学はあらゆるものを知恵へと、しかも学の途をつうじて関係づける」（A 850/B 878）。『純粋理性批判』出版時のカントにとって『人倫の形而上学』は、『純粋理性批判』とともに、自分の哲学＝知恵への愛（フィロソフィア）の不可欠な一部をなしていたのである。

二　道としての「人倫の形而上学」②

――『判断力批判』以後に残された難問

先に見たように、一七七三年末のヘルツ宛書簡においてカントは、『純粋理性批判』を完成したのちは、『人倫の形而上学』を出版する見込みを語っていた。しかし一七八一年の『純粋理性批判』の出版の後、一七八五年に出版された倫理学の作品は、『人倫の形而上学』そのものではなく、それを基礎づけるという『人倫の形而上学の基礎づけ』（以下、『基礎づけ』と略す）であった。この書の課題はただひとつ、「道徳性の最上位の原理を探究し、それを確定すること」（IV, 392）にほかならず、カントの一七六〇年代以来の「人倫性の第一諸根拠」の問題との取り組みが、ひとつの作品というかたちを得たことになる。

『基礎づけ』でカントは、「私のこころづもりでは、いずれ『人倫の形而上学』を世におくることにしているが、それに先立って、この『基礎づけ』を公刊することにした」（IV, 391）と宣言する。カントにとって『基礎づけ』はあくまで、『人倫の形而上学』本体をわかりやすくするための「基礎についての準備作業」（IV, 391）なのである。

それならば、一七八五年の『基礎づけ』出版の後には、ただちに『人倫の形而上学』が出版されてもよさそうなものである。実際にカントは一時期、『基礎づけ』のあとすぐに『人倫の形而上学』を出版しようとしていたようである。『基礎づけ』刊行直後の一七八五年九月十三日付のC・G・シュッツ宛書簡でカントは、「今や私はためらわずに『人倫の形而上学』の完成に取りかかります」（X, 406）という決意を語っている。また一七八七年四月という表記のある『純粋理性批判』第二版の「序文」では、「理性批判」の仕事のためにかなりの老年（六十四歳）に達したというカントは、「自然および人倫の形而上学を、思弁的および実践的理性の批判の正当性を確証すべく世におくるという計画をやり遂げようとすれば、時間を節約しなければならない」（B XLIII）と語る。ここでも『人倫の形而上学』を刊行することが老いとの競争において差し迫った課題として意識されている。しかし実際には、その翌年の一七八八年に刊行されたのは『人倫の形而上学』ではなく、『実践理性批判』であった。そして『実践理性批判』を書き終えた直後の一七八七年九月十一日付のL・H・ヤーコブ宛書簡でカントは、「私はただちにいまや『趣味の批判』の論述に着手します。これをもって私は、私の批判的な作業を終結させ、定説的な作業へと進んでゆくことになるでしょう」（X, 494）と、『人倫の形而上学』の執筆という「定説的な作業」に先立って、一七九〇年に刊行される『趣味の批判』＝『判断力批判』のための仕事に携わる決意が語られている。一七八九年五月二十六日付のヘルツ宛書簡でもカントは、自分の背負った遠大な計画として、間もなく刊行されるという『判断力批判』とともに、「形而上学の体系を仕上げること、それも自然と人倫の両面で」（XI, 49）という課題を挙げている。

以上のように、一七六八年に端を発する『人倫の形而上学』の刊行というプランは、一七八〇年代にも『純粋理性批判』につづく、その次の課題としてつねにカントによって意識されつづけた。ただその中盤には準備作業を『基礎づけ』としてあらかじめ提示することが優先され、後半には新たに構想が生じた『実践理性批判』や『判断力批判』という批判書の出版が優先されたため、『人倫の形而上学』そのものが出版されることはなかったのである。

一七九〇年の『判断力批判』の「序文」でカントは、「これをもって、私はこうして自分の批判的な仕事の全体を了えることにする。私はただちに躊躇するところなく、理説的な作業へ向かおうと思う」と宣言し、その理説的な作業が「自然の形而上学と人倫の形而上学」からなることをあらためて主張している (V, 170)。しかし、このように理性批判という仕事を「卒業」しても、なかなか『人倫の形而上学』は刊行されなかった。今度はなにが『人倫の形而上学』の出版を妨げたというのであろうか。

一七九七年の作品としての『人倫の形而上学』から逆算して考えると、まず第一部の「法論」と第二部の「徳論」の区別は、すでに一七八〇年代の遺稿に確認することができる。「法論（人間の法としての）は法則の総体であって、その法則なしには自由は外的に各人の自由と合致して存立することができない。徳論はすべての義務ないしは法則の総体であって、それはその義務ないしは法則の理念がそれ自身だけで行為への充分な規定をふくんでいるかぎりでのことである。法論は行為の義務であり、徳論は心根の義務である」(XIX, 308 : Refl. 7309)。外的な自由の合致を求める「法論」は、「行為の義務」を論じ、法則の理念が行為の規定根拠であることを求める「徳論」は、「心根 (Gesinnung) の義務」を論じるのである。

そして作品としての『人倫の形而上学』の第二部「徳論」は、「同時に義務である目的」として「自分の完全性」と「他人の幸福」を掲げており、これらが「徳論」の本体である「原理論」の議論の軸をなしている。こうした議論の構図は、一七九三／九四年の冬学期の講義に由来する講義録、「ヴィギランティウスの人倫の形而上学」に確認できる。ここでは倫理学（＝徳論）の命法が、「他人の幸福を促進せよ、そして君自身の完全性を促進せよ」と定式化されている (XXVII, 578)。「徳論」の基本的なテーゼはすでに確立されており、「徳論」の議論の展開にカントがそれほど苦戦したとは考えにくい。

それでは「法論」のがわはどうか。作品としての『人倫の形而上学』の「法論」は、第一部の「私法」と第二部の「公法」からなる。後者は国家法・国際法・世界公民法をふくむが、これらの領域の問題についてカントは、一七九〇年代に『永遠平和のために』などの著書や論文で論じており、議論の準備はできていたはずである。残るピースは、「法論」の「私法」の部分であり、カントの「私法」論の核をなすのは所有権の問題である。

その所有権の問題こそがおそらく、道としての「人倫の形而上学」に立ちはだかった、最後の難問であった。K・フォルレンダーが引用している、一七九四年十月二十八日付のJ・B・エルハルト宛書簡において、シラーは次のような発言をしている。「所有権の導出は、今やきわめて多くの思索する頭脳が従事している論点ですが、カント自身からも、私の聞くところでは、私たちは彼の『人倫の形而上学』において、この点についてなにごとかを期待してよいのだそうです。とはいえ同時に私の聞くところでは、カントはこの点にかんする自分の発想にいまだ満足しておらず、そしてそのために出版物が手元に留められているそうです[7]。「所有権の導出」こそが、一七九〇年代の中盤においてなお、『人倫の形而上学』の出版を差し止めていた論点だというのである。

アカデミー版カント全集第二十三巻には、カントの『人倫の形而上学』の出版に向けた草稿、「『人倫の形而上学』のための準備草稿」が収録されている。二〇〇頁ほどの準備草稿のうち、『人倫の形而上学』の「法論」の「私法」のための草稿は、「法論」の他の分野や「徳論」の各部門などの他の箇所と比べて圧倒的に多く、六十頁以上にも及んでいる。しかもその「私法」の草稿でくりかえし論じられているのはもっぱら、所有権の問題である。また「『人倫の形而上学』のための準備草稿」の冒頭の三十頁ほどの「関連する記号づきの草稿」においても、論じられているのはほとんどが「私法」における所有権の問題であり、いかにカントが『人倫の形而上学』の出版に向けて所有権の問題に苦戦していたかをうかがわせる。カントはここでは何度も何度も、所有権をめぐる「アンチノミー」を定式化し、その「解決」を示すという作業をくりかえしている。次の一節は、そのなかのひとつの「解決」という箇所の草稿である。ちなみにここでの「アンチノミー」の「テーゼ」は「或る外的な物が「私のもの」であることは可能である」(XXIII, 230) というもの、「アンチテーゼ」は「私の外の或る物が「私のもの」であることは不可能である」(XXIII, 231) というものである。

> すべての法概念は完全に知性的であり、そのものとしての理性的存在者相互の関係にかかわる。この関係はすべての経験的な条件なしに、たんに自由な選択意思の相互への関連として考えられなければならず、これによって「なにが正しいか」が規定されうる。――この規定はそれゆえ空間と時間の条件に依存せず、その原則をア・プリオリに、自由に行為する存在者とその関係の理念のうちに持たなければならない。……
>
> すべての「私のもの」と「君のもの」はそれゆえ完全にその原理にかんして純粋で知性的な法概念のもとに立たねばならず、したがってまたたんに＝法的な占有はそうした概念によって考えられなければならない。 (XXIII, 233)

「私のもの」や「君のもの」という所有の概念は、空間と時間という感性的条件から独立した、知性的概念であって、人格と物件の関係ではなく、「理性的存在者相互の関係」にかかわることが主張されている。このような所有権をめぐる議論が、「『人倫の形而上学』のための準備草稿」においては、数十頁にわたり延々とつづくのである。焦れるような思いであったにちがいない。カントの精神的および肉体的な「終わり」は、すでに足元から忍び寄っている。この所有権をめぐる「アンチノミー」を急ぎ解決しなければ、構想の発端からすでに三十年近くが経過した『人倫の形而上学』は、未完のままに終わるのである。そして、『純粋理性批判』において世界のはじまりと限界をめぐるアンチノミーを論じ、『判断力批判』で世界が現に存在することの究極目的を論じてきたカントが、道としての「人倫の形而上学」の最終段階で向き合ったのは、目の前のこのリンゴが「私のもの」たりうるのかという、言ってしまえばごく卑近な、とはいえ同時に疑いようもなく哲学的な難問だったのである。

三　作品としての『人倫の形而上学』①
――「人間と人間の関係」の学

これまで見てきたように、カントが三十年近くにわたって追求してきた「人倫の形而上学」とは、いったいいかなる学だったのであろうか。ここからは作品としての『人倫の形而上学』をもとに考えたい。

『人倫の形而上学』の出版に向けて、カントの前に立ちはだかった最後の難問が所有権の問題であることはさきほど確認した。『人倫の形而上学』の所有権の理論は、それまでのカントの著作には見当たらない、カントの晩年の新しい思想であるとともに、『人倫の形而上学』全体の議論のいわば原型をも示しているように思われる。カントの所有権論の特色は、所有権をあくまで人格と物件の関係の問題としてではなく、人格と人格の関係の問題として考えるところにある。(8)

『人倫の形而上学』「法論」第十七節では、占有の感性的な条件である「人格と諸対象との関係（ein Verhältniß der Person zu Gegenständen）」を除外したのちに残るのが、「一箇の人格の諸人格に対する関係（das Verhältniß einer Person zu Personen）」であり、こうした関係こそが、カントにとって本来的な占有の概念である、「物件の可想的占有（der intelligibele Besitz）、すなわち純然たる法による占有」であるとされる（VI, 268）。こうした所有権を人格と人格の関係の問題として考える観点から、カントはいわゆる労働所有権論も、物件を擬人化するという「秘やかにひとを支配している迷妄」に由来するものとして一蹴している（VI, 269）。所有権はあくまで人格と人格の間柄のことがらであって、人格と物件の関係のことがらではないのである。

『人倫の形而上学』の議論を人格と人格の関係に絞り込み、人格と物件の関係を排除することは「徳論」でも行われている。「徳論」第十六節でカントは、「たんなる理性によって判断するならば、人間は、たんに人間（自分自身もしくは他者）に対する義務のほかには、いかなる義務ももっていない」（VI, 442）と宣言し、その義務の対象となる主体はひとつの人格であり、しかもその人格は経験の対象として与えられていなければならないと説く。そしてつづく第十七節では、人格ではない存在である鉱物や植物や動物に対する義務の存在が、第十八節では人格ではあるが経験的に与えられない神に対する義務の存在が、それぞれ否定されている。これらの存在者に対する義務と思い込まれているものは、実は自分の道徳性を維持するという「自分自身に対する人間の義務」（VI, 443）なのである。

こうした人格としての人間と人間との関係への議論の絞り込みは、

『人倫の形而上学』「法論」の序盤の「法論への序論」でも、「徳論」の末尾である「結び」でも、強調されている。これらの箇所で排除されるのは、主に人間と神の関係である。前者の「法論への序論」の終盤では、「ただ権利のみを有し、義務を有さない存在者（神）に対する人間の法的関係」が、「そうした存在者は可能な経験の対象ではないから」という理由で、「たんなる哲学においては」実在しないとされる。また権利も義務も持たない存在者（物件）でも、義務だけを持ち権利は持たない存在者（奴隷）でもなく、「権利も義務もともに有する存在者に対する人間の法的関係」だけが実在し、それは「人間と人間との関係（ein Verhältniß von Menschen zu Menschen）」なのである（VI, 241）。『人倫の形而上学』「法論」が論じるのは、こうした人間と人間との法的関係にほかならない。

もう一方の『人倫の形而上学』「徳論」を締めくくる「結び」は、「神に対する義務の教えとしての宗教論は、純粋な道徳哲学の限界外にある」というタイトルのもと、『人倫の形而上学』の「徳論」から「神に対する義務」を排除しようとする。「内的立法にかかわる、純粋な実践哲学としての倫理学においては、ただ人間の人間に対する道徳的関係（die moralische Verhältnisse des Menschen gegen Menschen）だけが、私たちにとって把握しうる」のであって、これに対して「神と人間のあいだにそれ以上どのような関係があるのか」は、倫理学の限界を越えており把握できないとされている（VI, 491）。

このように、作品としての『人倫の形而上学』は徹頭徹尾、人格と物件の関係や人間と神の関係を排除し、「人間と人間の関係」に議論を絞り込もうとする。もちろん「人間と人間の関係」と一口に言っても、『人倫の形而上学』「徳論」は自己と他者のいわゆる人間関係（愛と尊敬の義務）だけを論じているのではなく、人間の自分自身との関係における義務、「自分自身に対する義務」も論じている。また『人倫の形而上学』「法論」は所有権論のように個人と個人の関係を扱うだけでなく、「公法」の部門では国家と国家の関係も取り扱っている。とはいえ、次のように言うことはできるであろう。作品としての『人倫の形而上学』とは、人間の自分自身に対する自己関係をふくむ、また国家という人格としての私たちの関係もふくむ、人格としての人間と人間の関係についての形而上学、つまり純粋哲学である。カントが三十年近くにわたって追求してきた「人倫の形而上学」は、「人間と人間の関係」の学として結実したのである。

四　作品としての『人倫の形而上学』②
——「人間と人間の関係」から零れ落ちるもの

こうした脱神学化された「人間と人間の関係」の学としての『人倫の形而上学』の理念を、今日、手放しで称賛できるだろうか。できないだろう、と私は考えている。ピーター・シンガーの『動物の解放』の登場以来、「人間と人間の関係」に『人倫の形而上学』の議論を絞り込むカントの姿勢には、ある種の差別を感じざるをえないように思われる。作品としての『人倫の形而上学』を貫いているのは、人間という種にだけ不当に有利で、人間以外の種の動物には不当に不利益な、「種差別」ではないだろうか。

人間以外の動物（以下、たんに「動物」と呼ぶ）の権利や福祉をめぐる動物倫理学の分野では、カントの動物論を、デカルトのいわゆる「動物機械論」とならぶ、代表的な近代ヨーロッパの哲学者の（遅れた）動物論として挙げるのが、定番の議論になっている。たとえば最近の動物倫理学の研究書では次のように指摘されている。「動物は自動機械である、と断言したフランスの哲学者ルネ・デカルトは悪名高いが、人間主義の倫理思想を形成した大立役者であるイマヌエル・カントも、人間のみを理性的かつ自律的な主体とみなし、そうした主体のみに尊厳を認めるという形で、動物の主体性と尊厳を否定した[9]」。また功利主義にもとづくピーター・シンガーの「動物の解放」論に対し、功利主義を批判し、カントの「尊厳」概念を「内在的価値」として受け継ぐかたちで「動物の権利」論を展開したトム・レーガンは、その「内在的価値」を、内面世界を備えた牛や狐といった動物をふくむ主体全体、「生の主体（subjects-of-a-life）」に拡張しようとする。「権利論は、人格が内在的価値を宿すという点で独自であるというカントの見解に代え、すべての生の主体の内在的価値を認める[10]」。またカント主義者のなかでも、規範性の源泉を自己意識に求めるクリスティーン・コースガードが、反省的な構造を持つ苦痛を動物も感じるがゆえに、動物に対する義務の存在を説いている。「他の動物も他の人とまったく同じように、あなたに義務を課す。人間と動物に共通していることは誰か（someone）であるということだ。だから、もちろん私たちには動物に対する義務（obligations to animals）がある[11]」。

こうした議論の存在を踏まえ、動物についてのカントの議論を、作品としての『人倫の形而上学』に限定して見ていくことにしたい[12]。まずカントが「法論」の議論で所有物の具体例として好んで挙げるのは、リンゴとともに、馬であった。私が他者から馬を買う場合、当の馬を自分の厩舎に連れてかえるなどして物理的に占有する以前には、私が有している権利は売り手に馬を引き渡させる「対人的権利」であるが、馬を受け取り自分の厩舎に連れてかえることで、はじめて馬は「私のもの」となり、「私の権利は物件における権利である」（VI, 275）。ここでは馬はあくまで、尊厳の担い手である「人格」から区別される、人間の所有権の対象である「物件」にすぎない。

またカントは「法論」の「国際法」のある節で、鶏・羊・豚・牛などがある地域に大量に存在しうるのは、それらを人間が造ったからなのであるから、「ひとはこれらを使用し消費し、消耗させて（殺させて）よい」という議論とのアナロジーで、国家の主権者は、じぶんの臣民たちが自身の所産であるかぎり、その権利によって臣民たちを戦争に赴かせることができる、という議論を退けている。自分が造ったものだから消費してよいという権利根拠は、「たしかにもちろん動物についてなら、それが人間の所有物でもありうるかぎりで妥当するけれども、しかしながらそれでもやはり人間に対しては、とりわけ国民たる人間にかんしていえばだんじて適用されてはならない」（VI, 345）。ここには戦場に送られる人間への倫理的なまなざしは認められても、屠殺場に送られる鶏や豚や牛への倫理的な視線を感じることはできない。カントは畜産および肉食になんら倫理的問題を感じなかったようである。「徳論」の「徳論への序論」のある箇所では、「私が肉を食べるのか魚を食べるのか」ということを、ビールを飲むかワインを飲むかと同様に、道徳性にかんする善悪無記のことがらとしている（VI, 409）。肉食の是非が倫理学の真剣な問題となっている現代の議論の様子を知ったら、カントは目を丸くしただろうか。

そして作品としての『人倫の形而上学』の動物論として悪名高いのは、動物に対する義務の存在を否定する「徳論」第十七節である。[13]「動物を暴力的に、また同時に残酷に取り扱うこと」は、動物に対する義務にではなく、あくまで自分の道徳性を鈍麻させないという「自分自身に対する人間の義務に」対立している。また年老いた馬や犬に家族の一員であるように感謝することは、間接的には「これらの動物にかんする義務（Pflicht in Ansehung dieser Thiere）」であるけれども、直接的には「自分自身に対する人間の義務（Pflicht des Menschen gegen sich selbst）」である。この文脈でカントは「動物を素早く（苦痛なしに処置して）殺したり、もしくはまた動物を、ただ能力を越えない程度で働かせること」は許容しているが、他方で「たんなる思弁のための苦痛の多い生体実験は、実験なしでも目的が達成されうる場合には、忌避されるべきである」とする（以上、VI, 443）。無益な動物実験の廃止という、二十世紀にアルベルト・シュヴァイツァーやピーター・シンガーらが説いたのと実質的に同じことを、十八世紀にカントは、「動物に対する義務」という枠組みを持たずとも、主張しているわけである。このことを私たちはどう考えたらよいのだろうか。

おわりに

「人間と人間の関係」の学という、カントの『人倫の形而上学』をふくむ近代倫理学の理念は、今日、黄昏の時を迎えているのかもしれない。前世紀末にロデリック・F・ナッシュが、「倫理学は、人間（あるいは、人間の神々）の専有物であるという考え方から転換し、むしろ、その関心対象を動物、植物、岩石、さらには一般的な自然、あるいは環境にまで拡大すべきである」[14]という思想の登場を告げてから、すでに三十五年ほどが経過した。それから現在までのあいだに、動物倫理学や環境倫理学の分野は発展しており、今後もこうした倫理学の脱人間中心主義の動きはつづいていくものと思われる。また「動物の権利」ほど過激な立場ではないにしても、肉食やペットといった動物の利用は認めつつ、その動物の福祉を配慮する「アニマルウェルフェア（AW）」の運動は、欧米を中心に広がっている。AWは、EUではもはや「倫理」であるだけでなく、すでに「法律」でもあり、またマクドナルドやスターバックスといった、日本にも多数の支店を持つアメリカのグローバル企業のAWへの取り組み（とくに、ケージで飼育されたのではない採卵鶏に由来する卵のみの使用）は、日本の畜産業にも近い将来に影響を及ぼすものと考えられており、そうした文脈で「二〇二五年問題」ということも語られている。[15]こうした動物や環境に対する倫理意識の高まりはおそらく、カントが生まれた三百年前からの、人類の倫理の歴史的な進歩の結果であり、こうした流れにあらがうことはできないであろう。

　とはいえ、動物に対する倫理的配慮の必要性を認めることと、「動物の権利」や「動物に対する義務」を認めることは、かならずしも同じことではない。権利や義務という概念の学術的にルーズな拡張は、これら倫理学の重要概念の内実をいたずらに希薄して、なんの役にも立たないぶよぶよとした想念にしてしまうことにしかならないであろう。権利や義務は、どこまで拡張しうるのであろうか。あくまで「動物に対する義務」の存在を認めない、カントの「人間と人間の関係」の学としての『人倫の形而上学』の理念は、今日、権利や義務のとめどない拡張に対して、一定の歯止めとしての役割を果たしうるように思われる。カントを越えて、そして人間を越えて、権利や義務を拡張しようとする者は、一度は「動物に対する義務」の存在を否定するカントの『人倫の形而上学』の議論と対峙してみる価値はあるはずである。

注

（1）カントの著作等の引用・参照のさいは、引用・参照箇所のアカデミー版全集の巻数（ローマ数字）と頁数（アラビア数字）を、本文中に示す。ただし『純粋理性批判』は原書第一版をA、第二版をBとして、その頁数を示す。また遺稿「レフレクシオーン」については、略号 Refl. を用いて、アカデミー版の巻数・ページ数とともに整理番号も示す。

（2）Lewis White Beck, *A Commentary on Kant's Critique of Practical Reason*, The University of Chicago Press, 1960, p. 18.（藤田昇吾訳『カント『実践理性批判』の注解』新地書房、一九八五年、三二頁）

（3）Martin Heidegger, *Einführung in die Metaphysik*, Max Niemeyer Verlag, Tübingen, 1953, S. 157.（岩田靖夫／ハルトムート・ブフナー訳『形而上学入門　ハイデッガー全集　第40巻』創文社、二〇〇〇年、二二九頁）

（4）轟孝夫『ハイデガー『存在と時間』入門』講談社現代新書、二〇一七年、四一一頁。

（5）『人倫の形而上学』の新しい邦訳は二〇二四年に、「法論」が熊野純彦訳、「徳論」は宮村悠介訳で、岩波文庫から出版された。

（6）このプロセスの全体像については、注2で挙げたベックの注解の第一章と、中島義道『カントの法論』（ちくま学芸文庫、二〇〇六年）第三章Aを参照されたい。本稿の記述は、注5で挙げた『人倫の形而上学』「徳論」の「訳者解説」の内容を、『純粋理性批判』との関係および『判断力批判』以後に残された問題を軸に再構成したものである。

（7） K. Vorländer, Einleitung, in: I. Kant, K. Vorländer(hrsg.), *Metaphysik der Sitten*, Verlag von Felix Meiner, 1959, S. XII.

（8） カントの所有論の重要性は、「所有権という概念は社会的＝相互行為的な人間関係の中にその場を持っているのであって、個別的な人間と物との関係にではない」ことを示している点にある（三島淑臣『理性法思想の成立――カント法哲学とその周辺』成文堂、一九九八年、二六八頁）。また、「私法の基礎づけのために経験的占有ではなく叡智的占有の概念をカントが必要としたのは、私法を主客関係の問題としてではなく人格間の関係の問題としてとらえなおすためであり、このようなとらえなおしは、法を自他の選択意志の両立可能性と規定する以上、不可避のことであった」（石田京子『カント　自律と法――理性批判から法哲学へ』晃洋書房、二〇一九年、二一四頁）。

（9） 井上太一『動物倫理の最前線　批判的動物研究とは何か』（人文書院、二〇二二年）一八八頁。

（10） Tom Regan, *Animal Rights, Hunan Wrongs. An Introduction to Moral Philosophy*, Rowman & Littlefield Publishers, Inc., 2003, p. 82.（井上太一訳『動物の権利・人間の不正――道徳哲学入門』緑風出版、二〇二二年、一四九頁）

（11） Christine M. Korsgaard, *The Sources of Normativity*, Cambridge University Press, 1996, p. 153.（寺田俊郎／三谷尚澄／後藤正英／竹山重光訳『義務とアイデンティティの倫理学――規範性の源泉』岩波書店、二〇〇五年、一八〇頁） カント哲学と動物の問題により内在的な論考としては、同著者の Fellow Creatures: Kantian Ethics and Our Duties to Animals, in: Grethe B. Peterson (ed.), *The Tanner Lectures on Human Values*, vol. xxx, Utah University Press, 2005, pp. 77-110. を参照されたい。

（12）『人倫の形而上学』以外、とりわけ「自然地理学」の講義録におけるカントの動物論については、Patrick Kain, Duties regarding animals, in: L. Denis (ed.), *Kant's Metaphysics of Morals. A Critical Guide*, Cambridge University Press, 2010, pp. 217-219. を参照されたい。カントは猿、犬、そしてとりわけ象に関心を寄せていたようである。

（13） この「徳論」第十七節の位置づけについては、Heike Baranzke, Tierethik, Tiernatur und Moralanthropologie im Kontext von §17 Tugendlehre, in: *Kant-Studien* 96, 2005, S. 336-363. を参照。この第十七節は「自分自身に対する完全義務」のブロックに属し、カントは動物の倫理的扱いを「最高であり基礎づける徳の義務として、つまり自分自身に対する完全義務として数え挙げている」（S. 342）のである。

（14） Roderick Frazier Nash, *The Rights of Nature. A History of Environmental Ethics*, The University of Wisconsin Press, 1989, p. 4.（松野弘訳『自然の権利――環境倫理の文明史』ちくま学芸文庫、一九九九年、三〇頁）

（15） 新村毅編『動物福祉学』（昭和堂、二〇二二年）一〇九～一一〇、一一五～一一七頁。

〈シンポジウム「カント生誕三〇〇年」〉

内から限界を拡張する
――『判断力批判』の地平

小田部《おたべ》　胤久《たねひさ》
（放送大学）

カントの三批判書の最後を飾る『判断力批判』（一七九〇年）は、おそらく三批判書のなかで、今日にいたるまで、カント研究者あるいは（狭義の）哲学研究者の枠を超えて、最も幅広い読者層の関心を呼び起こしてきた書物であるといえよう。その理由は、単にこの書物が美や芸術、あるいは有機体や目的論といった、多くの人々の関心を惹くような主題を扱っているということに還元されるものではない。むしろ、『判断力批判』が批判哲学の内部に占める位置こそが、『判断力批判』に独自の魅力を与えているように思われる。

『純粋理性批判』（一七八一／八七年）は、「経験とあらゆる現象の限界」を確定し、「この限界を超えて進むようにわれわれを駆り立てる」もの（すなわち「無条件的なもの」）がわれわれ（以下、「われわれ」という語は、カントに即して、人間一般を意味するものとして用いる）の認識対象とはなりえないことを明らかにした書物である（B XX）[1]。カントはその際、われわれの直観のあり方に着目する。われわれの直観は、それによって「対象がわれわれに与えられる」という「受容性」をその特質とする。受容性の能力は「感性」と呼ばれるのであるから、われわれの直観は感性的直観にほかならない（A 19/B 33）。そして、われわれの認識は、感性によって与えられる直観に対して、「自発性」の能力としての悟性が概念を適用するところに成り立つのであるから（A 50/B 74）、感性の限界を超えた「無条件的なもの」は認識の対象とはなりえない、という帰結が生じる。ここで注意すべきは、カントが感性的直観の限界を論じる際に、感性的直観を「悟性〔知性〕的直観」（B 72）――それは「根源的直観」（B 72）「原型的悟性〔知性〕」（A 695/B 723）などとも呼ばれる――と対比させていることである。知性〔悟性〕的直観とは「根源的存在者」（すなわち神）にのみ「帰属」するものであり（B 72）、その特徴は、直観することによってその対象が作り出される点にある。すなわち、われわれの悟性は自発的に概念を作り出すにすぎないが、悟性〔知性〕的直観（すなわち原型的悟性〔知性〕は直観によって対象を作り出す。こうしたカントの議論を踏まえるならば、人間の認識の限界を確定することは、いわばその限界の外に立って、すなわち、人間の感性的直観をその外部にある神の根源的直観（それについてわれわれは何ら認識しえないし、そもそもその存在を示すこともできないが、それについて考えることはできる）と対照させることによって、境界線を引く営みである、ということができる。

これに対して、『実践理性批判』（一七八八年）は、こうした限界の外に位置する「自由」を実践的な観点から主題とする（V, 3）。カントによれば、われわれは「理性の事実」をとおして、人間の認識の限界を超えた「自由」に「実在性を附与する」ことができる（V, 6, 31）。ただし、そのことは「悟性〔知性〕的直観」による自由の認識を目指すものではない（V, 31）。そうしたことは端的に不可能である。あくまでも実践的な観点においてのみ、われわれは先の限界の外に立つことができる、とカントは主張する。

それでは『判断力批判』（一七九〇年）とはいかなる書物なのか。『判断力批判』「序論」によれば、『判断力批判』の目論見は第一の批判の扱う「自然」から第二の批判の扱う「自由」への「移行」を扱うことにある（V, 179）。すなわち、自然が目的に適っているという「合目的性」こそ、『判断力批判』固有の主題をなす（V, 180）。しかしながら、合目的性の概念は自然と自由とを綜合ないし媒介するものではない。両者の綜合・媒介は限界の廃棄につながるからである。カントはここで「反省的判断力」の原理を導入する（V, 180）。反省的判断力は規定的判断力（これはカントが『純粋理性批判』において主題としたものにほかならない）の対概念である。規定的判断力は概念によって対象を客観的に規定するが、それに対して、反省的判断力は対象について主観的に反省する規則を指令する。すなわち、反省的判断力は、われわれの経験の限界を廃棄せずに、むしろそれを認めた上で、限界の内と外とを経験とは異なる仕方で、すなわち主観的な仕方で関係づける。これこそ、カントが『判断力批判』に対して明示的に与えた体系的な位置づけである。

この点を前提としつつも、本稿において私は、『判断力批判』のうちには限界をめぐって別種の思考が認められるのでないか、という仮説を提起したい。すなわち、『純粋理性批判』のように、限界の内と外とを区分する営み（あるいは、いわば限界の外に立って、境界線を引く営み）としてでもなければ、あるいは、『実践理性批判』のように、限界の外に自らを位置づける営みとしてでもなく、限界の内にあって内から限界へと迫り、さらには限界を「拡張」[2]する営みとして、『判断力批判』の理論（とりわけ第一部のそれ）のいくつかを解読することが、本稿の狙いである。

一　崇高なもの、あるいは構想力の限界

内から限界へと迫り限界を拡張するという試みが最も明白に読み取れるのは、「崇高なもの」、とりわけ「数学的に崇高なもの」を論じた

箇所であろう（§§ 25–27）。先ずは『判断力批判』の崇高論の検討から始めることにしよう[3]。

『判断力批判』第一部は、他の批判書同様に、「分析論」と「弁証論」とからなるが、「分析論」はさらに「美しいものの分析論」と「崇高なものの分析論」とからなる。

美しいものは対象の「制限」としての「形式」とかかわる（§ 23, V, 244）。カントの挙げる例を用いるならば、鳥や貝類、あるいはギリシア風線描（雷紋）のように、ある一定の形態を有するものが美しい（§ 16, V, 229）。これに対し、崇高なものは、「明確な形態なき山塊」や「荒れ狂う陰鬱な海原」などがそうであるように（§ 26, V, 256）、「没形式的な対象」のうちにある（§ 23, V, 244）。カントは崇高なものを、対象の量にかかわる「数学的に崇高なもの」と、対象の力にかかわる「力学的に崇高なもの」とに分けるが、本稿においてとりわけ重要なのは前者、すなわち「数学的に崇高なもの」に関する議論である。

「崇高なもの」とは、「端的に大きいもの」であり、したがって「数学的に崇高なもの」とは端的に大きな量のことである（§ 25, V, 248）。カントは以下のように議論を進める。「量評価」は、もしもそれが算術的に数の記号をとおしてなされる場合には、最大値にいたることがない。数の系列は無限に進みうるからである（ちなみに、カントはこうした量評価を論理的量評価と呼ぶ）。ところが、量評価は、もしもそれが直観的になされる場合、最大値にいたる。それは一体なぜか。直観的にある量を捉えるには、「構想力（Einbildungskraft）」（カントはそれを「直観の能力」と規定する）の二重の作用が必要である。すなわち、構想力は第一の「把捉（Auffassung, apprehensio）」作用によって眼前の個々の部分を捉え、第二の「〔感性的〕総括（Zusammenfassung, comprehension aesthetica）」作用によって、第一の作用によって捉えられた諸部分からあるまとまった量を持つゲシュタルトを作り上げる。その際、第一の把捉作用に関して構想力は無限に進みうるが、これに対して第二の総括作用は、把捉が継続的に進むにつれて次第に困難となり、ついに「最大値」にいたる（§ 26, V, 251–52）。というのも、構想力が感性的多様の連続的把捉においてある一定の段階にいたると、連続的に把捉される諸部分は構想力が総括しうる容量を超え出てしまうため、新たな部分が把捉されるのに応じて「最初に把捉された」部分が「構想力においてすでに消え始め」てしまい、その結果、構想力は全体像をまとめることができないからである（§ 26, V, 251–252）。把捉と総括の相違は、構想力と時間とのかかわりに即して、次のように説明される。

「空間の測定（把捉としての）は同時に空間を描くこと（Beschreibung）であり、それゆえに構想作用における客観的運動であり、前進（Progressus）である。それに対し、多を〔論理的量評価におけるように〕観念の単一性のうちに総括するのではなく、直観の統一性のうちに総括すること、したがって継起的に把捉されたものをある一つの瞬間のうちに総括することは背進（Regressus）であり、この背進は構想力の前進における時間の条件を再び廃棄し、同時存在（das Zugleichsein）を直観的にする。

それゆえに、（時間継起は内官（der innere Sinn）および直観の条件であるゆえに）この総括は構想力の主観的運動であり、この運動をとおして構想力は内官に対して威力を加える。そして、構想力が直観のうちに総括する量が大きくなれば大きくなるほど、この威力は著しいものとならざるをえない」（§ 27, V, 258–59）

構想力が全体的な表象を捉える際には、常に構想力の「背進」が前提とされる。このことは「美しいもの」についての趣味判断においても妥当する。だが、趣味判断において構想力の背進は内官に対して「威力」を与えるものではない。というのも、趣味判断において「内官」は「相互的一致によって生気づけられた心の両力（構想力と悟性）の軽快な活動」を「快」として感受するからである（§ 9, V, 219; § 15, V, 228）。構想力の背進が内官に対して与える威力は、内官の感受する快の感情の背後に隠れる、あるいはより適切にいえば、内官の感受する快の感情の構成要因となる。

これに対して、数学的に崇高なものとは構想力による総括が不可能となるほど大きなものであり、それゆえにそこでは、通常は意識の背後に隠れている「背進」の過程――あるいは「背進」が「内官」に与える「威力」――が前面に現れることになる。実際、背進は成功せず、そして背進が内官に及ぼした威力は背進の失敗とともに際立ち、こうして内官には「不快の感情」が生じる（§ 27, V, 257）。数学的に崇高なものを前にして、構想力あるいは感性は自らの限界に直面する。だが、ここには同時に別の事態が生じている。

「もしもある量が、ある一つの直観へと総括するわれわれの能力〔＝構想力〕のほとんど極限にまで達する〔ほど大きい〕が、それにもかかわらず、構想力が〔さらに大きな〕数量（数量に対してはわれわれはわれわれの能力が限界を持たないことを意識している）によってより大きな単位へと感性的に総括するよう促されるのであれば、その場合にわれわれは、われわれが感性的に限界のうちに閉ざされているのを、心のうちに感じる。だが、〔このことによって生じる〕不快は、構想力が、われわれの理性の能力において限界づけられていないもの――すなわち絶対的全体の理念――に適合するように必然的に拡張されるという点においては、合目的的と表象される。……こうして対象は崇高なものとして、ただ不快をとおしてのみ可能な快を伴って、受け入れられる」（§ 27, V, 259–260――傍点は引用者による）

数学的に崇高なものとは、構想力による感性的総括を不可能とするほど大きいために、構想力に対してその「最大値を拡張」（§ 26, V, 252）するように迫り、「構想力を〔内から〕その限界にまで緊張させるような対象」（V, 268）である。したがって、数学的に崇高なものと出会う構想力は理性理念に適合するように「拡張される」（§ 27, V, 259）。崇高論の基本的な論調は、構想力から理性への「移行」であるが、しかし、この移行は構想力が自らの限界を内から拡張することによって可能となる。

二　美しいもの、あるいは悟性の限界

次に、「美しいもの」についての判断（趣味判断）をめぐるカントの議論に眼を向けることにしよう。

先に触れたように、美しいものは対象の「制限」としての「形式」とかかわるが（§23, V, 244）、美しいものを判断する際にもまた内から限界へと迫り限界を拡張する営みが、ただし数学的に崇高なものを判断する場合とは異なった仕方においてではあるが、認められる。

カントによれば、ある美しい対象と出会うとき、構想力は「対象を概念に先立って把捉する」（V, 192, cf. §37, V, 289）。別言すれば、「美しい」という形容詞は、ある対象を客観的に規定する述語ではない。しかし、美しい対象、あるいは、それを捉える「構想力の表象」（直観的＝感性的イメージ）は、悟性概念によってあらかじめ規定されていないがゆえに、あるいはより正確にいえば（後に詳しく見るように）、悟性概念によっては規定されえないその豊かさのゆえに、かえって悟性に対して働きかけることができる。この点をカントは次のように定式化する。

「この〔美しいと判断される対象の〕表象によって活動（Spiel）へと置き入れられる認識諸力〔すなわち構想力と悟性〕はその際自由な活動（ein freies Spiel）のうちにある。というのも、いかなる規定された概念も認識諸力をある特殊な認識規則に制約することがないからである。とするならば、この表象における心の状態は、所与の表象における表象諸力の、認識一般へ向けての自由な活動の感情という心の状態〔すなわち、表象が与えられるに際して表象諸力が認識一般へ向けて自由に活動していることを感受する心の状態〕でなくてはならない」（§9, V, 217）

「認識一般」について正確に理解するには、まず「認識」とはいかにして成立するのかを明らかにする必要がある。認識は、感性（ないし直観）の能力としての構想力が所与の直観の多様を把捉し、悟性がそれについて概念的な統一を与えるところに成り立つ。構想力の表象が悟性概念によって規定されるときに、ある一定の認識が生じる。したがって、認識の成立を支えているのは、悟性が悟性概念によって構想力の把捉する表象を規定する、という事態である。これに対して、「認識一般」とは、ある一定の認識に限定されることのない認識のことである。人が趣味判断を下す際、認識諸能力（構想力と悟性）は認識に必要な仕方で相互に関係するとはいえ、構想力の表象は悟性概念によって規定されることがなく、むしろ構想力と悟性は「自由な活動」へと置き入れられる。すなわち、一定の認識へと「制約」されていないということと、認識諸能力が「自由な活動」を営むということは、表裏一体の事態である。

そして、構想力と悟性を自由な活動のうちに置き入れるような構想力の表象を、カントは ästhetische Idee と術語化する（本稿では『判断力批判』における ästhetisch の語義には詳しく立ち入ることはせず、以下

では慣例に従いこれを「美的理念」と訳す）。この術語の意味合いを明らかにするには、『純粋理性批判』にまで遡る必要がある。

カントは『純粋理性批判』において、プラトンがイデアを「諸事物の原像（Urbilder）」として捉えたこと踏まえつつ（A 313/B 370）、「理念」を次のように規定している。「私は理念のもとに次のような必然的理性概念を、すなわちそれに対して一致する対象が感官において与えられることのないような概念を理解する」（A 327/B 383）。「理念」とは、それに対応する感性的な直観が存在しないにもかかわらず、それなくしてはわれわれが経験について統一的な仕方で語りえないような概念であり、具体的には「心」「自由」「神」の概念がそれに属する。ここで「理性概念」という語が用いられるのは、感性的直観の対象となるものにかかわる「悟性概念」と区別するためである。感性的直観は構想力によって一つのまとまりを持った表象となるが、それを客観的に規定するのが悟性概念である。客観的認識が成立するとき、悟性概念と構想力の表象とは「一致」（ないし適合・対応）しているといわれる。これに対して、理性概念はいかなる構想力の表象とも「一致」（ないし適合・対応）しえない。すなわち、理性概念を構想力によって感性化することは不可能である。構想力の表象との一致を超え出た過剰としての概念が理性概念（すなわち理念）である。『実践理性批判』においても、「理念」は一種の「原像」として（V, 32）、すなわち「いかなる感性的直観においてもそれに対応するようなものが見出されえない」ものとして規定される（V, 68）。理念をこのように規定する点において『純粋理性批判』と『実践理性批判』は一致している。ところが、カントは『判断力批判』において従来の理念の定義に修正を加えて、二種類の理念がある、と論じる。

> 「美的理念（ästhetische Idee）のもとに私は、多くのことを思考させる機縁となるが、しかしいかなる一定の観念、すなわち概念もそれには適合しえないような、それゆえにいかなる言語も完全にはそれに到達できず、またそれを理解させることもできないような構想力の表象を理解する。――容易にわかるように、美的理念は理性理念（Vernunftidee）の対応物（対となるもの）（Gegenstück, Pendant）であり、後者は〔前者とは〕反対に、いかなる直観（構想力の表象）もそれには適合しえない概念のことである」（§ 49, V, 314）

「美的理念」とは、「ある概念のもとに」「置き入れられ」た「構想力の表象」であるが、それが通常の「構想力の表象」と異なるのは、「いかなる一定の観念、すなわち概念もそれには適合しえない」ことによる（§ 49, V, 314–15）。すなわち、先の理性概念の定義を参照するならば、悟性概念との一致を超え出た過剰としての構想力の表象が美的理念である、ということができる。したがって、構想力と悟性という二つの認識能力をはさんで、美的理念と理性理念は対称的な位置に立つ。

それでは、構想力の表象が悟性概念との一致を超え出るほどに過剰であるとは、いかなる事態を意味するのであろうか。この構想力の表象が過剰であるのは、「ある一定の概念のうちに決して統括しえないほどに多くのことを思考（viel denken）させる機縁となる」からである（§ 49, V, 315）。通常の認識にあっては、悟性は構想力の表象を概念的に規定することで「統括」するが、「美的理念」とはこうした「統括」を不可能にするほど豊かな構想力の表象である（それはまた「豊かで、なお展開されていない素材」（§ 49, V, 317）とも呼ばれる）。カントの例を用いるならば、目の前に美しいチューリップがあるとして、そのイメージは、私達がチューリップという悟性概念によってあらかじめ理解しているものとは異なり、それをはるかに超え出る。したがってまた、「美的理念」は「多くのことを思考させる」とはいえ、この思考は決して「一定の概念」へと「統括される」もの、つまり「把握され判明にされうる」ものではない（§ 49, V, 315）。換言するならば、構想力の表象としての美的理念は決して悟性概念の次元に解消されず、あくまでも構想力の次元にとどまって悟性を触発し続ける。「構想力の表象を概念へともたらすこと」は当時の論理学用語によれば「この表象を展開する」と呼ばれるが、美的理念とは「構想力の展開されえない表象」と呼ばれる（§ 57, Anm. I, V, 343）。それは単に「展開されていない」のみならず、原理的に「展開されえない」のであり、したがって、この表象は「名づけえないもの（Unnennbares）」（§ 57, V, 316）でもある。

　ここで注目すべきは、カントが美的理念について、それは「概念それ自体を制限されざる仕方で美的〔＝感性的〕に拡張するような構想力の表象」である（§ 49, V, 315 ―― 傍点は引用者による）、と述べていることである。ここでは、概念は決してその内包ないし外延に関して拡張されるのではない。構想力が感性の次元にとどまって悟性を触発し続けることによって、悟性が通常ある概念のもとに思考するよりも「多くを思考する」よう促されるとき、その概念は「美的〔＝感性的〕に」拡張される、といわれる。したがって、美的理念とはたしかに構想力の表象ではあるが、悟性概念に包摂される通常の構想力の表象とは異なり、「美的〔＝感性的〕に理念へと高まる（sich ästhetisch zu Ideen erheben）」（§ 53, V, 326）限りでの構想力の表象であって、そのとき構想力は、悟性が適合しえないほどに高められた感性として作用する。

　それでは、カントはなぜこのような構想力の豊かな表象を、あえて「理念」と呼ぶのであろうか。果たして美的理念もまた理性と何がしかのかかわりを持つのであろうか。ここで次の引用文を参照しよう。

> 「ある〔悟性〕概念のもとに……この概念それ自体を制限されざる仕方で美的〔＝感性的〕に拡張するような構想力の表象が置き入れられる場合、構想力は創造的であり、知性的理念の能力（理性）を動かして、ある表象をきっかけとしつつ、この表象において把捉され判明にされうる以上のもの（それはたしかに対象の概念に属しているのではあるが）を思考させる」（§ 49, V, 314–15）

構想力が悟性に対して「多くを思考させる」とき、悟性はこの構想力の表象を決して完全には概念のうちに「統括しえず」、むしろ自らの限界へと駆り立てられる。悟性がまさにその限界に直面することで、理性が働くよう促されるといえる。その意味において、ここに認められるのは崇高論において認められる事態とはちょうど逆の事態である。先に明らかにしたように、カントによれば、崇高なものと出会うとき、われわれの構想力はそれを総括することができず、「われわれは、われわれが感性的に限界のうちに閉ざされているのを、心のうちに感じる」が、構想力がこのように総括しえないものを総括しようと努力することは、「構想力」が「絶対的全体の理念に適合するように必然的に拡張される」ことであり、すなわち「理性理念およびその喚起に対して合目的的」である（§ 27, V, 259–60）。このように、崇高なものは構想力をその限界へと駆り立てることによって理性を働かせる。これに対して、美的理念はその豊かさゆえに悟性に多くを思考するよう促し、悟性概念を「拡張する」が（§ 49, V, 315）、このことをとおして悟性をその限界へと駆り立て理性を働かせる。崇高なものと美しいものとはこの点で対蹠的な関係にある。

このような理性とのかかわりのゆえに、美的理念は構想力の表象でありながらも「理念」と呼ばれるのであろう。ここにいう構想力は悟性に働きかけ、悟性をしてその限界へと駆り立てることで理性を動かし、このようにして「認識諸能力を生気づける」（§ 49, V, 316）ことのできるものであり、〈強められた感性〉あるいは〈高められた感性〉と呼ばれるにふさわしい。そしてここにこそ、ästhetische Idee を単に「感性的理念」と訳さず、「美的理念」と訳す理由もある。構想力の表象と一致する悟性概念を超え出た過剰としての概念が、悟性概念とは区別されて理性概念（理念）と呼ばれるのであれば、それに応じて、悟性概念と一致する感性的表象を超え出た過剰としての構想力の表象は、単に「感性的」ではなく「美的」と呼ばれるにふさわしいであろう。

三　芸術創作における天才と趣味との拮抗

最後に、カントの芸術論に眼を向けることにしよう。カントの芸術論は、ある意味において、きわめて古典的（ないし後ろ向き）である。「学問」は常に「完全性に向かう」のに対して、「技術〔＝芸術〕にはある限界が置かれており、技術〔＝芸術〕はこの限界をさらに超え出ていくことはできず、おそらく、この限界はとっくに達成されていて、もはや拡張しえない」（§ 47, V, 309――傍点は引用者による）、と述べるとき、おそらくカントは古代ローマの古典期において芸術はこの限界に到達したとみなしているように思われる。一七七〇年代の人間学ならびに論理学の講義録では、「模範（Urbilder, Muster）」に値する人としてホメロス、キケロ（前一〇六―四三年）、ウェルギリウス（前七〇―一九年）、ホラティウス（前六五―八年）の名が挙げられている（Logik Philippi, 1772, XXIV, 331; Anthropologie Collins, Winter 1772/73, XXV, 190）。一七世紀から一八世紀にかけてさまざまに論じられた新旧論争（古代人・近代人論争）とのかかわりで述べるならば、古代に対する近代の優位を語りうるのは学問の領域に限られ、芸術においては両者のいずれが優位を占めるかという問い自体が意味を持たないという立場である。カントは基本的には進歩を信奉する近代人派であるが、芸術論においては近代人派ではない。

しかし、それにもかかわらず、限界を内から拡張しようとする営みは、カントの芸術論を貫いている。私は特にカントの芸術論の二つの側面に注目したい。

第一は、天才（芸術を可能にする能力の一つとしての天分のこと）の要件としてカントが「独創性」を挙げていることである（ちなみに、独創性という概念が確立したのは一八世紀半ばである）。カントは次のように論じている。

「独創性（Originalität）が天才の第一の特性でなくてはならない。〔しかるに〕第二に、独創的な無意味（originaler Unsinn）といったものも存在しうるのであるから、天才の所産は同時に模範（Muster）、つまり範例的（exemplarisch）でなくてはならない」（§ 46, V, 308）

カントは、天才（ないし天才の創作する作品）を特徴づける際に「範例的独創性（musterhafte / exemplarische Originalität）」（§ 49, V, 318, cf. § 46, V, 308; § 47, V, 309–310）という概念を提起する。この概念が主題とするのは、ある独創的芸術家Aから別の独創的芸術家Bへの影響関係である。カントによれば、こうした影響関係は後続の芸術家Bが先行する芸術家Aの芸術作品αを介して「自らに固有の独創性の感情へと呼び覚まされる」（§ 49, V, 318）ところにある。芸術家Aの手になる芸術作品αは、それが他の芸術家Bの独創的才能を目覚めさせるための「模範として役立つ」限りにおいて（§ 47, V, 309）、「範例的」と呼ばれる。このようにして、範例的作品をとおしての芸術の継承は、後続の芸術家Bが先行する芸術家Aの創作した芸術作品αのうちに、一定の規則から自由な制作実践を見て取り、こうした自由の可能性を自ら自覚しつつ、自らもまた「技術において〔一定の〕規則からの自由を実践」（§ 47, V, 309）して芸術作品βを作る、するとまた、芸術家Bはその芸術作品βをとおして他の芸術家Cの独創的才能を目覚めさせる、といった過程をとる。したがって、「技術」はこうした過程をとおしてその都度「自ら新たな規則を獲得する」（§ 49, V, 318）。カントにとって芸術の展開は、決して連続的なものではなく、個々の独創的な天才の出現とともに、常に断続的となる。

　こうした範例的独創性の規定は、趣味判断をめぐる議論（これについては本稿二においてその概略を明らかにした）と明確な対照を示す。カントによれば、個々の趣味判断は「〔それとして〕明示することのできないある普遍的な規則の実例（Beispiel）」であり、それゆえに「範例的必然性」をその特質とする（§ 18, V, 237）。すなわち、趣味判断を可能とする「ある普遍的な規則」は、決して明確な仕方で定式化しうるものではないが（というのも、さもないと、いかなる規定された概念にも基づかない趣味判断は、ある規定された概念に基づく認識判断と区別されなくなるからである）、しかし変化を免れた「理想的規範」である（§ 22, V, 239）。これに対して、「範例的独創性」を特徴とする天才を介した芸術の継承は、その都度「新たな規則」を生み出すという仕方で断続性を帯びる。天才は美しいもの（としての芸術作品）を生み出す能力であるのに対し、趣味は美しいものを判断する能力であるが、両者は規則をめぐって対立的な特徴を有する。この点においてカントの芸術論は趣味論から明確に区別される。

　しかしながら、芸術家は単に美しいもの（芸術作品）を産出する存在ではなく、同時に自らの産出する（ないし産出しつつある）芸術作品を判断する存在でもある。すなわち、芸術作品は産出と判断という二つの契機をとおして成立するのであり、芸術家は天才と趣味とをともに必要とする。とするならば、天才と趣味との対立は、芸術家の内部において主題化されなくてはならない。

　天才と趣味との関係をめぐるカントの議論は、通常はあまり高く評価されない。それは、カントが芸術創作において天才よりも趣味を重視するからである。

> 「趣味は、判断力一般がそうであるように、天才〔にとって〕の訓練（Disziplin）（ないし規律（Zucht））であって、天才から翼を大いに切り取り、天才を躾のよいもの、ないし洗練されたものにする。……一つの所産において二つの特質〔すなわち趣味と天才〕が衝突し、何かが犠牲にされることになるのであれば、それはむしろ天才の側に生じなくてはならないであろう」（§ 50, V, 319, 319–20）

この箇所は、カントに続くロマン主義的な立場から見ると、余りに古典主義的であるように見える。しかし、そのような観点を超えて、カントの理論を再考する必要がある。

　カントの『判断力批判』という書物のうちに、彼の議論の発展過程を見て取ることは困難ではある（それが一冊の書物として公刊されている限り）が、それでもなおある種の発展を見て取ることができるのではないか、と私は考える。

カントは天才と趣味の関係を、基本的には、創造的構想力による素材の提供と、その素材の加工・形式という二分法によって考えていた。このことは次の一節から明らかである（なお、説明の都合上、引用文に番号を振る）。

①「天才は美しい技術〔＝芸術〕の所産に対してただ豊かな素材（reicher Stoff）を提供しうるのみであり、この素材の加工と形式（die Verarbeitung und die Form）には教則〔流派〕に従って錬成された才能が必要である。／……この形式を美しい技術〔＝芸術〕の所産に与えるためには単に趣味が要求される」（§47, V, 310: §48, V, 312）

美しいものは対象の形式にかかわる、と考えるカントにとって（この点については本稿二で触れた）、形式を趣味と関係づけることは自明の理であったと思われる。趣味が形式を管轄するとすれば、あとは素材を与える天才について論じればよい、とカントは当初考えていた。

ところが、カントはある時点において、こうした二元論を超える地点に立ったように思われる。それは、次の一節から読み取ることができる。重要な点は、天才の営みを〔a〕〈素材を提供する〉のみならず、〔b〕〈素材を表現する〉ものとして捉えるところにある。

②「天才とは本来的には、……〔a〕所与の概念に対して〔構想力の表象としての美的〕理念を見出すとともに、他方で〔b〕この〔美的〕理念に対して表現を的確に捉えること（zu einem gegebenen Begriffe Ideen aufzufinden, und zu diesen den *Ausdruck* zu treffen）を可能にするような釣り合いのうちに存する。……この後者の才能〔すなわち美的理念に対して表現を的確に捉える才能〕こそ、本来的に、精神（Geist）と呼ばれるものである」（§49, V, 317――〔a〕〔b〕は引用者による）

②〔a〕が示すように、芸術家の営みは先ず、所与の悟性概念（一般に芸術作品の主題と呼ばれるもの）に対して豊かな構想力の表象を見出すことにある。①の言葉を用いるならば、この過程は「豊かな素材を提供」することと換言できる。カントは当初、天才が豊かな素材をもたらし、趣味がこの素材に対して形式を附与する（すなわち秩序づける）、と考えていた。これは素材と形式の二元論である。だが、このように考える限り、素材と形式は単に外的に関係するにすぎない。むしろ、天才は、豊かな素材を提供しつつ、この素材に相応しい形式をもたらすところにあるのではないか。この点を指摘しているのが、②〔b〕である。〈素材の表現〉という論点こそ、②において新たに提起されたものである。②に従うならば、天才と趣味との関係は、①に

おけるように素材と形式の関係としてではなく、むしろ、素材を独創的な表現にもたらす行為と、この表現を吟味する行為との関係として捉えることができるはずである。素材をある一定の形式のもとに表現するには、天才の（とりわけ精神と呼ばれる）活発な能力が必要であるが、しかし、この形式が的確か否かを吟味することは冷静な趣味という能力に委ねられる。すなわち、表現（ないし形式）をめぐって天才と趣味とが対峙する。これは芸術論として全く的を射たものである。

以上の考察を踏まえるならば、独創性（すなわち、芸術に常に新たな規則を与え、いわば芸術の限界を内から拡張する契機）と趣味（すなわち、芸術を一定の限界のうちにとどめようとする契機）とが一人の芸術家のうちで拮抗する、といえよう。こうした拮抗こそが、「美しい技術」と呼ばれる芸術をその他の技術から区別する特徴をなす。

以上、多少駆け足で崇高論、美的理念論、芸術論の特徴を検討してきたが、私はこれら三者には共通に、限界の内にあって内から限界へと迫り、さらには限界を拡張するという契機があると考える。カントの『判断力批判』（とりわけその第一部）は、出版直後から現在にいたるまで、狭義の哲学研究者のみならず芸術家や芸術理論家をも魅了してきたが、その理由は「限界」をめぐるこうしたカントの思考ゆえであると思われる。(4)

注

（1）カントからの引用は、アカデミー版全集により、巻数をローマ数字で、頁数をアラビア数字で示す。ただし、『純粋理性批判』からの引用は、慣例に従い、第一版をA、第二版をBとし、その頁数を示す。なお、『判断力批判』からの引用に際しては、節数を併記する。

（2）本稿では「拡張する（erweitern）」という術語に着目するが、従来の研究においてこの術語は等閑視されていたように思われる。例えばGuyer/Matthewsによる最新の英訳（ケンブリッジ版）では、この語にexpand, extend, enlargeという三つの異なる英語が当てられており、これらを統一的に捉えるという視点は認められない。

（3）崇高論における構想力の拡張を論じた研究は枚挙に暇がないが、ごく最近のものとして例えばAndrew Cooper, *The Tragedy of Philosophy: Kant's Critique of Judgment and the Project of Aesthetics*, 2016, New York: SUNY press, pp. 88–89参照。

（4）なお、さらに「拡張」の第四の意味として、第二三節のカントは「単なる機構としての自然の概念」から「技術としての自然の概念」への「自然概念の拡張」を挙げている（§ 23, V, 246）。この点はカントの体系構想とかかわるために、本稿では扱わなかったが、詳しくは小田部胤久『カント「判断力批判」第一部 訳と詳解』精読篇八三頁参照。

学協会シンポジウム「人工知能と人類の未来」

二〇二四年度の学協会シンポジウムの企画運営を請け負うにあたって、「人工知能と人類の未来」というテーマがわれわれに与えられた。これは非常に幅広いテーマなので、さまざまな切り口がありえただろうが、登壇者の顔ぶれを考慮して、創造・知的探究（研究）・教育という「人間的な」活動のこれからの在り方について検討することとなった。

美馬のゆり氏の報告では、急速に発展する人工知能技術に対する社会的理解の重要性が示された上で、人工知能技術が活用されるこれからの社会が包括的かつ持続可能なものとなるように、そうした社会を担う次世代を育むための倫理観と教育が論じられた。報告は非常に多くの論点をカバーした刺激的なものであったが、ここでは特に核となると思われる三つの主張に触れておきたい。

第一に、人間性重視のＡＩ設計という理念が提示されている。その内容は、ＡＩ技術の設計・開発においては単なる効率性や機能性の追求を超えて、共感・包括性・倫理的配慮などの「人間性」を中心に据えるべきというものである。この理念は二〇一八年に策定された「人間中心のＡＩ社会原則[1]」と類似しているが、より広範な倫理的視点や社会的インパクトへの実質的な言及を含んでいる点で、より豊かな内容を備えていると考えられる。

第二に、ＡＩ技術は単なる効率化の手段を超えて、社会課題解決に貢献する共創の道具となりうるという展望も示された。たとえば教育現場におけるＡＩ支援システムは、教師と生徒、または生徒間の協働を促進する仕組みとして機能するかもしれないという。これは、OECD の Education 2030 で重要概念として論じられている生徒エージェンシー、教師エージェンシー、そして共同エージェンシー[2]を支援することがＡＩシステムに期待できると言い換えてよいだろう。美馬氏はこうしたＡＩシステムは単なる補助的な役割を果たすにとどまらず、人間の創造性や協働を支える基盤となると指摘している。

第三に、ＡＩ技術にはこうした期待がある反面、倫理的課題も社会につきつけるかもしれない。このような課題への対処として、美馬氏は教育における取り組みが不可欠としている。具体的なアプローチとしては「ELSI志向のPBL」と「議論を基盤とした学習」の二つが検討される。その詳細については美馬氏の論考で確認してもらいたい。

人間の創造性や協働によって達成される活動の代表例の一つとして研究が挙げられるだろう。近年、AIやデータサイエンスの発展によって、自然科学では「データ収集、仮説の生成、実験による仮説の検証といった科学における主要なタスクを自動化・機械化する」流れが生じており、AI駆動科学などと呼ばれる研究プロセスの大きな転換が生じている。この転換には大きな可能性があるが、久木田水生氏は「科学的な知識が人間にとって理解不可能なものになってしまう」かもしれないという点でこれまでとは異質な科学の在り方であり、伝統的に科学において重要とされてきた知そのものの価値と、それが（人間に）もたらす喜びが失われる可能性を指摘する。その上で、人間と科学との関係についての久木田氏自身の考えが示されているが、これは単純には要約を許さない性質のものなので、掲載されている論考を読んでもらうしかない。

著作物や芸術もAIによって生成することができるようになっており、それが人間の創造性というものに対するわれわれの捉え方や社会での扱われ方にどのように影響を及ぼすかという議論は、すでにさまざまな形で論じられるようになっている。大谷卓史氏の論考は、この議論にかかわる論点の丹念な検討を通して、AI時代の創造性の在り方を示すものとなっている。

AI技術は発展の早い分野であり、シンポジウムから一年も経っていない本稿の執筆時点においてもAIエージェントの実用化といった新しい可能性が語られるようになっている。その意味で、人工知能と人類の未来という問いに対する決定的な展望を示すことは企画者としてのわれわれの能力を超えていると認めざるを得ない。しかしながら、今回登壇していただいた三氏による論考は、今後も重要性を失わない論点に触れている。会員諸氏には、ぜひ丹念に読んでもらいたい。

なお、大会ポスターでこのシンポのタイトルが「生成系AIと人類の未来」となっている場合がある。これは学会側のミスであり、本稿でのタイトルが正しいものである。後から記録上の混乱につながらないよう、この点については書き残しておきたい。

神崎《かんざき》 宣次《のぶつぐ》
村上《むらかみ》 祐子《ゆうこ》

注

（1） 統合イノベーション戦略推進会議決定 (2019). 人間中心のＡＩ社会原則 . https://www8.cao.go.jp/cstp/ai/aigensoku.pdf

（2） 白井俊 (2018). OECD における Agency に関する議論について . https://www.mext.go.jp/b_menu/shingi/chousa/shotou/142/shiryo/__icsFiles/afieldfile/2019/01/28/1412759_2.pdf

人工知能技術に求められる社会的理解

――倫理的課題と教育的アプローチ

美馬《みま》　のゆり
（公立はこだて未来大学）

1　はじめに

近年、人工知能（ＡＩ）技術は飛躍的な進歩を遂げ、社会のあらゆる分野に深く浸透している。自動運転車や音声認識アシスタント、画像解析システムなどが私たちの日常生活を変えつつあり、医療、教育、ビジネスなど多岐にわたる領域で新たな価値を創出している。しかし、その急速な進展は社会的・倫理的課題も同時に生み出している。

ＡＩ技術への「社会的理解」の不足は、これらの課題を複雑化させる要因の一つである。ＡＩの仕組みや限界、社会への影響について十分な知識を持つ人は少なく、誤解や不安の中で、偽情報の拡散やプライバシー侵害、雇用の喪失といったリスクが指摘されている。また、効率性や合理性を重視するＡＩ設計では、数値化できない価値や多様性が軽視されるリスクもある。

本論文の目的は、ＡＩに関する社会的理解を促進し、それを通じて倫理的かつ持続可能な技術発展を実現する方策を検討することである。そのために、ＡＩの設計や運用において「功利主義的」「行動主義的」「テーラー主義的」アプローチがもたらす課題を整理し、それらを補完する方法として、倫理的・法的・社会的課題（ELSI）の視点を取り入れたプロジェクト型学習（PBL）や、議論を基盤とした学習を提案する。

加えて、「人間性を重視した学習（Humane Learning Design）」の必要性を論じ、それを基盤として、多様な価値観の尊重と「人間性を重視したＡＩ設計（Humane AI Design）」の意義を示す。本論文は、ＡＩ技術の社会的理解を深めることで、公正で持続可能な未来の構築に寄与することを目指す。

2　生成AI技術の現状と課題

生成AIは、近年のAI技術の発展を象徴する分野であり、多くの応用が日常生活やビジネスの現場で進展している。本章では、生成AIの基本原理を整理するとともに、その技術がもたらす社会的影響と課題について検討する。

2・1　生成AIの基本原理

近年、AIの一分野である生成AIが大きな注目を集めている。生成AIとは、大量の既存データを学習し、そのパターンや特徴をもとに新しいデータを生み出す技術である。この技術により、コンピュータが人間のように文章を書いたり、絵を描いたり、音声を作り出すことが可能になっている。

生成AIは、機械学習や深層学習といったAI技術に基づいている。機械学習は、データからパターンや規則性を見つけ出し、その知識を使って新たな情報を生成したり予測したりする方法である。深層学習は、人間の脳の神経回路を模したモデルを使い、より複雑で高度な学習を可能にする。

文章生成の分野では、AIが大量のテキストデータを学習し、自然な文章を生成できるようになっている。これにより、ニュース記事や報告書の自動作成、チャットボットによる対話など、多くの応用が生まれている。画像生成では、AIが新しい画像を作り出すことができる。例えば、実在しない人物の顔写真や、架空の風景画を生成することが可能である。この技術は、デザインや芸術の分野で新たな可能性を切り拓いている。音声生成においては、AIが人間の声のような音声を合成できるようになっている。これにより、音声アシスタントやナビゲーションシステムの音声案内、ナレーションの自動生成など、さまざまな分野で活用が進んでいる。

これらの生成AI技術は、ビジネス、教育、医療、エンターテインメントなど、多岐にわたる分野で革新的な応用を生み出している。

2・2　生成AIの社会的影響

生成AIの発展は多くの恩恵をもたらす一方で、社会的なリスクや課題も顕在化している。その主な問題点は以下の三点に整理される（美馬，2024a）。

2・2・1　偽情報の拡散、思考力の低下、および偏見・差別の助長

生成AIは、高品質な文章や画像、音声を容易に生成できる技術であり、偽情報や誤情報の作成・拡散が現実の問題として発生している。例えば、実在しないニュースがもっともらしく作成されたり、有名人の偽の発言や映像が生成されたりする事例が既に起きており、これにより社会に混乱や不安を招く事態が生じている。

また、生成AI技術の利便性に過度に依存することで、人間の思考力や判断力の低下が懸念される。例えば、文章作成をAIに任せきりにすることで、自ら考えたり表現したりする機会が減少してしまう。

さらに、ＡＩシステムが提示する情報に頼りすぎると、受け取る情報が偏る可能性があり、多様な視点を失う恐れが指摘されている。こうした問題は、二〇二四年に行われた国内外の選挙で実際に確認されている。

ＡＩが学習するデータに偏りがあると、偏見や差別を助長する結果につながる。過去のデータに含まれる人種や性別に関する偏見が、そのままＡＩシステムの判断に反映され、公平性を欠いた結果をもたらすケースが報告されている。これにより、社会的な不公平や分断が深刻化するリスクがある。

2・2・2　職業への影響と大企業への集中

生成ＡＩの導入は、多くの職業に変革をもたらし、一部の仕事が自動化される可能性がある。文章や画像の自動生成などにより、クリエイティブな分野でも人間の役割が縮小する懸念がある。これにより、雇用の喪失や職業構造の変化が社会問題として浮上している。

また、ＡＩ技術の開発と運用には多大な資金と高度な専門知識が必要であり、その結果、技術と利益が一部の大企業に集中する傾向がある。これにより、市場の競争が阻害され、中小企業や地域経済への影響が懸念される。

2・2・3　セキュリティと将来的なリスク

生成ＡＩの普及に伴い、セキュリティ上のリスクも増大している。個人情報や機密データがＡＩシステムを通じて漏洩する可能性がある。例えば、企業内でＡＩツールを使用する際に、機密情報が外部のサーバーに送信され、情報漏洩につながるケースがある。

さらに、ＡＩが人間の制御を超えて予期せぬ行動をとる、いわゆる「ハルシネーション」の問題も指摘されている。自律型兵器の開発や、ＡＩによる自動判断は倫理的な問題だけでなく、ハルシネーションの問題と重なり、さらに大きな問題を引き起こす可能性があるため、慎重な議論と規制が求められている。

3　ＡＩ技術に影響を与える思想——功利主義、行動主義、テーラー主義

ＡＩ技術の設計や運用には、効率性や合理性を重視した思想的アプローチが深く影響している。本章では、「功利主義的」「行動主義的」「テーラー主義的」アプローチの特徴と課題を分析し、ＡＩ技術における思想的背景を考察する。

3・1　「功利主義的」アプローチ——効率性の追求とその影響

ＡＩ技術における「功利主義的」アプローチは、効率性と合理性を重視する傾向に基づいている。この文脈における「功利主義的」とは、哲学的な功利主義そのものではなく、政治や経済の実践の中で結果の最大化を目的とした広義のアプローチを指す。このアプローチのもとでは、ＡＩ技術は限られたリソースの中で最大の成果を追求し、データを基に迅速かつ高精度な判断を行うことが求められる。

一方、このような「功利主義的」アプローチには、定性的な価値が軽視されるという課題がある。例えば、幸福や満足度のような主観的な価値はアルゴリズムで数値化することは困難であり、意思決定に反映されにくい。また、最大多数の利益を追求する姿勢は、少数者の権利や文化的背景の軽視を招き、社会的不平等を助長するリスクがある。さらに、効率性を重視する一部の応用では、倫理的ジレンマが発生する可能性がある。自律型兵器の開発や監視技術の導入は、このアプローチの課題を端的に示す例である。

3・2 「行動主義的」アプローチ——観察可能な行動の活用と限界

「行動主義的」アプローチは、観察可能な行動データに基づいて意思決定を行う点でAI技術に大きな影響を与えている。このアプローチは、具体的で測定可能なデータを活用することで、合理的で再現性の高い結果を提供することを目的としている。

例えば、教育分野では、生徒の学習データを活用した適応型学習システムが普及している。この仕組みは個々の学習状況に応じた最適な学習方法を提示し、学習効率を向上させる。一方で、このアプローチに依存することで、データに現れない価値観や文化的背景が軽視されるリスクがある。これにより、アルゴリズムが社会的多様性を十分に反映できない場合がある。また、「ブラックボックス問題」による意思決定プロセスの不透明化や、短期的な成果を優先することで長期的な影響が見過ごされる点も課題として挙げられる。

SNSアルゴリズムによるエンゲージメントの向上が、情報の偏りや社会的分断を助長している現状は、「行動主義的」アプローチの限界を示している。

3・3 「テーラー主義的」アプローチ——効率性の最適化とその限界

「テーラー主義的」アプローチは、生産性と効率性を最大化するための科学的管理法に基づいている。この思想は、AI技術の設計においても顕著な影響を及ぼしている。

例えば、物流業界では、AIが配送ルートを最適化することでコスト削減と迅速なサービス提供を実現している。また、業務プロセスの効率化や労働者のパフォーマンス向上を支援するAIツールも開発されている。しかし、効率性を重視するあまり、人間の創造性や柔軟性が軽視されることが懸念される。これにより、単調で画一的な労働環境が生じ、従業員のモチベーションや精神的健康に悪影響を及ぼす可能性がある。

さらに、短期的な効率性追求が環境や社会の持続可能性を損なう事例も指摘されている。例えば、農業分野でAI技術を活用して生産性向上を目指した結果、土壌の健康維持が軽視されるリスクがある。このような事例は、AI技術の長期的影響を慎重に評価する必要性を示している。

3・4 思想の影響とAI技術の課題への示唆

「功利主義的」「行動主義的」「テーラー主義的」アプローチはいずれも、AI技術の設計と運用において効率性や合理性を追求する基盤として重要である。一方で、これらのアプローチには、倫理的課題や社会的影響を伴う可能性があることを忘れてはならない。

「功利主義的」アプローチは少数者の権利や文化的価値を軽視するリスクがある。「行動主義的」アプローチはデータに基づく合理性を提供するが、多様性や透明性の確保が課題である。「テーラー主義的」アプローチは効率性を追求する一方で、環境や人間の柔軟性を犠牲にする可能性がある。

これらの思想的背景を踏まえ、ＡＩ技術がもたらす社会的・倫理的課題への対応策を検討する必要がある。次章では、これらの課題が具体的にどのように表れるかを議論し、それらに対抗する新たなアプローチを探る。

４　ＡＩ技術が引き起こす社会的・倫理的課題

ＡＩ技術の発展は多くの恩恵をもたらす一方で、社会的・倫理的な課題も浮き彫りにしている。本章では、ＡＩがもたらす主要な問題として、偏見と差別の助長、プライバシーと監視の問題、雇用と経済格差、そして民主主義への影響について考察する。

４・１　偏見と差別の助長

ＡＩシステムは大量のデータを学習して動作するため、そのデータに含まれる偏見や差別が結果に反映される可能性がある。例えば、採用人事において、過去の採用データを学習したＡＩが性別や人種に基づく偏見を再生産し、社会的不公平を助長するリスクが報告されている。このような偏見は、歴史的な不平等を反映したデータや、データ収集過程での偏りに起因する。また、アルゴリズム自体が特定の属性に重みを置く設計である場合にも生じる。この問題を軽減するには、データの多様性を確保し、バイアスを検出・修正する技術の導入が重要である。さらに、アルゴリズムの透明性を向上させることで、ＡＩが公平な意思決定を支援する仕組みを構築する必要がある。

４・２　プライバシーと監視の問題

ＡＩ技術の進展により、個人情報の大量収集と解析が容易になっている。これに伴い、データの不正利用や漏洩、さらには監視社会化への懸念が高まっている。顔認識や行動解析を用いたＡＩシステムの導入により、犯罪抑止や安全性向上が期待される一方で、個人の自由や匿名性が損なわれるリスクがある。これらの課題を解決するためには、データ保護法制の整備やプライバシー保護の技術的対策が不可欠である。加えて、個人情報の取扱いに関する倫理的ガイドラインの策定が求められる。

４・３　雇用と経済格差

ＡＩ技術による自動化は、生産性向上や新たな産業の創出をもたらす一方で、雇用喪失や所得格差の拡大を引き起こす可能性がある。単純労働や定型業務がＡＩに代替されるリスクに対処するためには、労働者の再教育やスキルアップ支援が必要である。また、ＡＩ技術の開発が大企業に集中することで経済格差が広がる懸念も指摘されている。このような不平等を緩和するには、中小企業や地方経済がＡＩ技術を活用できる環境の整備が求められる。

４・４　民主主義への影響

ＡＩ技術は情報生成と拡散を加速させる一方で、偽情報の拡散や世論操作など、民主主義に深刻な影響を及ぼしている。生成ＡＩによる偽情報の作成・拡散が世論を混乱させ、社会的分断を助長するリスクが増加している。特に、一部のソーシャルメディア企業（ＸやMetaなど）が「表現の自由」を理由にファクトチェックを廃止する動きは、偽情報対策を弱体化させる要因となっている。

この背景には、規制を最小限に抑え、技術革新を優先する「テクノリバタリアニズム」と呼ばれる思想がある。この思想は技術の自由を重視する一方で、プラットフォーム企業における情報管理の責任を軽視する傾向を助長している。

これらの課題を解決するには、以下の具体的な取り組みが必要である。

・**情報リテラシーやメディアリテラシー教育の強化**：個々の市民が情報の真偽を判断し、偏った情報や偽情報に対処する能力を育む。

・**プラットフォーム企業による透明性の高いコンテンツ監視**：情報の信頼性を確保し、公正な情報環境を整備するため、コンテンツ管理やアルゴリズムの運用において透明性を向上させる。

・**公正なＡＩシステムの開発**：偏りのないアルゴリズムや信頼性の高い情報処理を可能にするＡＩシステムを構築する。

また、独立した第三者組織による監査や認証の実施も重要である。ただし、これらの組織が持続可能に運営されるためには、十分な資金確保が不可欠である。国際的な協調のもとで、民主主義を支える信頼性と安定性を確保するための包括的な取り組みが求められる。

５　社会的理解の向上に向けた取り組み

ＡＩ技術がもたらす社会的・倫理的課題に対処するためには、技術的、法的、教育的アプローチを総合的に展開する必要がある。本章では、それぞれの取り組みを検討し、ＡＩ技術に対する社会的理解の向上と持続可能で公正な技術利用を促進する方法を探る。

５・１　技術的解決策

ＡＩ技術の公平性と透明性を向上させるには、学習データの多様性を確保し、バイアスを検出・修正する技術を導入することが必要である。また、説明可能なＡＩ（Explainable AI, XAI）の開発が進められており、意思決定過程をユーザーに理解可能な形で可視化することで、信頼性と透明性の向上が期待される。さらに、データの出所や品質を明らかにし、データ収集や加工のプロセスを追跡可能にするデータガバナンスの強化も求められる。これにより、ＡＩシステムの公平性と信頼性を確保し、社会的理解の基盤を築くことが可能となる。

5・2　法的・規制的措置

技術的対策だけでは不十分であり、法的・規制的枠組みの整備も必要である。各国や国際機関は、人権の尊重、公平性、透明性、プライバシー保護などを基本原則とするAI倫理ガイドラインを策定すべきである。これらを具体化した行動指針を開発者や企業に提供することで、実践可能な形での遵守を促進する。また、個人情報保護法制の強化や、国際的な基準の整備も不可欠である。これにより、AI技術の利用に関する信頼性を向上させ、技術革新と規制の両立を図ることが期待される。

5・3　教育の重要性

AI技術への社会的理解を広げるには、教育が中心的役割を果たす。AIリテラシーは「知識」「スキル」「態度・価値観」の三つの要素から構成され、それぞれをバランスよく育むための教育的取り組みが求められる（美馬, 2024b）。また、教育現場においては、従来の学習観を超えた新たなアプローチが必要であり、学びの場を社会全体に広げることが重要である。

5・3・1　知識

AIリテラシーの基盤として、まずAIに関する包括的な知識を学ぶことが重要である。この知識には、以下の要素が含まれる。

・**AIの基本概念と技術の仕組み**：機械学習、深層学習、データマイニングなどの基本技術、およびAIの動作原理や学習プロセス。

・**日常生活におけるAI技術の応用事例**：スマートフォンのアプリ、レコメンデーションシステム、自動運転など、身近なAI技術と社会・生活への影響。

・**AI技術の利点とリスク**：効率化や価値創造の可能性とともに、プライバシー侵害、バイアスの再生産、倫理的ジレンマといったリスク。

・**AIシステムとデータの関係**：AIシステムがデータを基に学習する仕組み、データの質と量がAIの性能に与える影響、およびデータ収集の手法や課題。

これらの知識を習得することで、AI技術が社会や生活に与える影響を多面的に理解し、活用の可能性と課題を正確に評価できるようになる。

5・3・2　スキル

AI時代を生きるためには、技術を適切に活用するためのスキルが必要不可欠である。このスキルには以下が含まれる。

・**基本的なデジタルリテラシーの向上**：情報機器の操作や、インターネットを活用した情報検索・評価能力。

・**AIシステムの活用**：音声アシスタントやデータ分析ツールを活用して、問題解決や意思決定を行うスキル。

・**データの扱い方**：データを適切に収集、管理、分析、可視化し、それを基に意思決定や課題解決を行う能力。

・**ＡＩ技術に関する情報収集と評価**：最新のＡＩ技術の動向や社会的影響に関する情報を収集し、その信頼性や意義を適切に評価するスキル。

これらのスキルを活用することで、ＡＩ技術を日常生活や職場で有効に活かしつつ、潜在的なリスクを回避する能力が高まる。

5・3・3　態度・価値観

ＡＩ時代における教育では、技術の適切な活用だけでなく、多様性や倫理を重視した態度や価値観の育成が求められる。以下の４つの要素がその柱となる。

・**多様な視点と文化的理解**：異なる背景や価値観を持つ人々への理解を深め、ＡＩ技術がそれらに与える影響を考慮する姿勢。

・**持続可能性の意識**：ＡＩ技術が社会・環境に与える長期的な影響を理解し、持続可能な発展を考慮する意識。

・**共感性**：他者の立場や考えを理解し、共感を持って協力する態度。

・**倫理面への配慮**：ＡＩ技術の開発・利用において、人権やプライバシーを尊重し、社会的公正や倫理的責任を重視する判断力。

こうした態度や価値観を育むことで、ＡＩ時代における社会的責任を自覚し、公正で持続可能な社会の構築に貢献する姿勢が形成される。

5・3・4　ＡＩリテラシーの総合的な育成

これらの知識、スキル、態度・価値観の各要素をバランスよく育成することが、ＡＩリテラシーの向上に不可欠である。包括的な教育を通じて、ＡＩ技術を適切に活用しながら、その影響を正しく理解し、より良い社会の実現に貢献できる人材を育てることが求められる。

5・4　Humane Learning Designによる学習の変革

従来の教育は、行動主義や認知主義、状況主義へと学習観が順次移行してきたことによって、大きな変化を遂げてきた。行動主義は観察可能な行動の変化に焦点を当て、刺激と反応の関係を重視する。一方、認知主義は、学習者の内的プロセス、例えば記憶や問題解決能力を重視する。状況主義は、学習が社会的文脈の中で生じ、実際の活動や環境の中で知識が形成されると考える（美馬，2019）。

従来の学習観を超え、ＡＩ技術が急速に発展する現代において、学習観も変化を求められている。「Humane Learning Design（人間性を重視した学習）」は、単なる知識獲得ではなく、学習者が他者と共創し、倫理的判断力を高め、持続可能な社会に貢献する力を育むことを目的とする。この枠組みでは、学習が個人の最適化にとどまらず、他者との対話や協働、社会的責任を含む形で展開されることが重視される。

このような視点を基盤として、次章ではHumane Learning Designを具体的に教育実践にどのように組み込むかを考察する。

6　Humane Learning Designの実践

ＡＩ技技術がもたらす社会的・倫理的課題に対処するためには、

学習者が知識を受け取るだけでなく、主体的に学び、社会に貢献できる力を養うことが求められる。そのために、本章では、Humane Learning Design の実践として、「ELSI 志向のプロジェクト型学習（PBL）」の導入と、「議論を基盤とした学習」をとりあげ、これらがどのように学習者の倫理的判断力や協働力を育むかについて美馬（2024a）をもとに考察する。

6・1　ELSI 志向の PBL

Humane Learning Design の理念のもと、学習者は単に技術を学ぶだけでなく、倫理的・法的・社会的課題（Ethical, Legal, and Social Issues: ELSI）を考慮しながら問題解決に取り組むことが求められる。このアプローチを具現化するのが ELSI 志向の PBL（ELSI-Oriented PBL）である。PBL は、実社会の課題をもとに学びを深める学習法であり、技術的視点と社会的視点の統合を可能にする。

6・1・1　PBL の基礎と活動プロセス

PBL は、学習者がグループで協力しながら、現実の問題に対して解決策を模索する教科横断的な学習方法である。具体的には以下のような活動が含まれる。

- **課題の設定と調査**：地域の課題を選定し、フィールド調査やデータ分析を実施する。
- **解決策の提案と実行**：政策提案や技術設計を行い、その社会的意義を議論する。
- **成果の共有**：学びの成果をプレゼンテーションやレポートで発表する。

このプロセスを通じて、学習者は単なる知識の獲得を超えて、チームワークや問題解決能力、社会的責任感を育む。

6・1・2　ELSI 観点の統合

ELSI 志向の PBL（ELSI-Oriented PBL）では、技術的解決策の持続可能性や公平性、多様な視点の考慮が重要となる。以下のような問いを通じて、倫理的・社会的な理解を深める。

- **持続可能性の確保**：解決策は長期的に有効であるか？
- **公平性の検討**：不利益を被る人や環境はないか？
- **多様性の尊重**：異なる背景や立場の意見が反映されているか？

例えば、環境問題に取り組むプロジェクトでは、地域のデータを活用し、解決策が法的規制や倫理的配慮を満たし、持続可能なものとなっているかを検討する。このプロセスを通じて、学習者は技術的スキルとともに、社会的責任感や倫理観を身につける。

6・2　議論を基盤とした学習

ELSI 志向の PBL と並び、Humane Learning Design の実践として重要なのが議論を基盤とした学習（Discussion-Based Learning）である。このアプローチでは、学習者が多様な視点を理解し、批判的思考を深めることを目的とする。

6・2・1　議論を通じた学習の深化

Beker（2009）は、議論を通じて知識が共同構築（co-construction）されると指摘している。このプロセスは、意見の変容（Opinion Change）、理由の明確化（Expression of Arguments）、意味の交渉（Negotiation of Meaning）という3つ側面から促進される。

- **意見の変容**：学習者は、他者の視点と照らし合わせながら自らの意見を見直し、誤解していた知識を訂正することができる。
- **理由の明確化**：自分の主張を説明する過程で、論理的な整合性を意識し、思考が整理される。
- **意味の交渉**：ある概念や主張の意味を議論することで、共通の理解が形成され、概念の本質をより深く理解する。

このように、議論は単なる意見交換ではなく、知識を深め、社会的課題に対する洞察を促進する手段となる。

6・2・2　批判的教育学の適用

本章で述べてきた教育アプローチの背景には、Paulo Freire（1968）の批判的教育学（Critical Pedagogy）の思想がある。Freire の理論は、単なる知識の伝達ではなく、学習者が社会変革の主体となることを目的とする。この考え方は、Humane Learning Design の理念と密接に結びつく。

批判的教育学は、以下のような活動を通じて、学習者が社会問題に主体的に取り組む姿勢を養う。

- **参加型の民主主義**：学習者が学習内容や方法について議論し、主体的に意思決定を行う。
- **社会的課題への取り組み**：地域や社会の問題を分析し、具体的な改善策を提案する。
- **批判的思考の育成**：情報を多角的に分析し、論理的に判断するスキルを習得する。

このように、批判的教育学は、Humane Learning Design の理念と共鳴しながら、学習者の主体性と社会的責任感を育む枠組みを提供する。

6・3　学びの効果と展望

「ELSI 志向の PBL」と「議論を基盤とした学習」を統合した Humane Learning Design の実践により、学習者はＡＩ時代における複雑な社会課題に取り組むための実践的スキルと倫理的態度を習得することが期待される。本節では、この学びの効果と教育の展望について考察する。

6・3・1　学びの効果

これらの学習アプローチを通じて、学習者は知識の獲得にとどまらず、社会的課題への洞察を深め、実践的なスキルを養うことができる。特に、批判的思考、協働的な問題解決能力、社会的責任感といったスキルの向上が期待される。以下に、具体的な学習効果を示す。

- **批判的思考と倫理的判断力の向上**：議論やプロジェクトを通じて、学習は単なる事実の理解を超え、課題の背景や多様な利害関係を深く分析する力を養う。これにより、ＡＩ技術が生む社会的・倫理的ジレンマに対して、理性的かつ公正な意思決定を行う能力が育成される。また、こうした判断力は、技術や社会の急速な変化に対応する柔軟性にもつながる。

・**チームワークとコミュニケーション能力の発達**：グループ活動や対話のプロセスを通じて、学習者は他者と協力しながら問題解決に取り組む力を育む。特に、多様な背景を持つメンバーとの意見交換は、視野を広げ、包括的な解決策を生み出すきっかけとなる。このスキルは、ＡＩが浸透する社会において必要とされる新しいリーダーシップやコラボレーション能力に直結する。

・**社会的責任感の醸成**：学びが地域や社会の課題に結びつくことで、学習者は自らの行動が社会に与える影響を実感する。例えば、環境問題やジェンダー格差といったテーマに取り組むことにより、具体的な行動を通じて持続可能な社会づくりに貢献する意識が高まる。こうした取り組みを通じて、社会の一員としての責任感が育まれる。

6・3・2　教育の展望

今後の教育においては、学びの場の拡張や学際的なアプローチの導入、そして行動を促す教育の重要性がさらに高まると考えられる。これらの要素が組み合わさることで、ＡＩ時代にふさわしい教育の枠組みが確立される。

・**学びの場の拡張**：学校教育だけでなく、大学や専門機関、地域コミュニティ、さらにはオンラインプラットフォームを活用した学びの場の重要性が増している。これにより、形式的な教育の枠を超えた生涯学習の機会が提供され、多様な層がＡＩリテラシーを含む現代社会に必要な知識とスキルを身につけることができる。

・**学際的アプローチの必要性**：技術、倫理、社会学、経済学など、多様な分野の知識を統合した学際的な教育が必要とされる。Humane Learning Design は、こうした学際的視点を取り入れる理想的な枠組みを提供する。これにより、学習者は単一の視点に偏ることなく、包括的に問題を捉える力を養う。

・**行動を促す教育の重視**：ＡＩ時代における教育は、単なる知識の獲得に留まらず、学習者自身が行動を起こす力を育むことが求められる。批判的教育学の思想を背景に、議論やプロジェクトを通じて学びを実社会の行動に結びつけることで、持続可能で公正な社会を形成する担い手として成長することが期待される。

これらの取り組みを通じて、学習者はＡＩ時代に求められる知識やスキルを身につけるだけでなく、公正で持続可能な社会の構築に寄与する態度や価値観を形成することができる。こうした教育の実践と深化は、次世代の市民やリーダーを育てるための重要な基盤となる。

7　合理性の限界を超えて――多元性、人間性、持続可能性

6章では、教育の重要性とその現場での具体的な取り組みとして、ELSI志向のプロジェクト型学習や議論を基盤とした学習の役割を論

じた。これらは、ＡＩ技術の可能性とリスクを多角的に理解し、公正かつ持続可能な社会を担う次世代を育むための重要なアプローチである。

一方で、教育現場の枠を超え、社会全体が取り組むべき課題も依然として残されている。本章では、これまでの議論を土台に、特にＡＩ技術の設計や運用における「合理性」と「効率性」を重視するアプローチの限界を踏まえつつ、それらを補完する新たな価値観と方向性を提示する。

具体的には、多元的価値観の尊重、人間性を重視したＡＩ設計（Humane AI Design）、そして持続可能な社会の実現に向けた人間性を重視した学習（Humane Learning Design）の役割について論じる。これらの提案は、教育的取り組みを含むＡＩ技術の活用が、より広範な社会の幸福と持続可能性に貢献するための道筋を示すものである。

７・１　多元的価値観の尊重

「功利主義的」アプローチは、効率性や利益の最大化を目指す点で社会的価値を提供する一方で、数値化できない価値や少数者の権利を軽視するリスクを抱えている。「行動主義的」アプローチも同様に、観察可能なデータに偏重するため、データに現れない価値観や背景を無視する可能性がある。また、「テーラー主義的」アプローチの効率性の追求は、長期的な持続可能性や人間の柔軟性を犠牲にする場合がある。

これらの限界を補うためには、多元的価値観を尊重する倫理観が求められる。具体的には、以下の倫理学の視点を統合することが有効であると考える（美馬，2021）。

・**ケアの倫理**：人間関係や共感を重視し、他者への配慮や支援を倫理的行為の基盤とする。この視点は、ＡＩ技術が人々の日常生活に寄り添うために重要である。

・**徳倫理**：個人の人格形成や倫理的美徳の追求を重視し、社会全体の幸福に寄与する人間のあり方を模索する。

これらの倫理観をＡＩ技術の設計や運用に取り入れることで、社会に包摂的で公平な意思決定が可能となる。また、Humane Learning Design の視点からも、多元的価値観を反映した学びの環境を整えることが求められる。

７・２　人間性を重視したＡＩ設計（Humane AI Design）

ＡＩ技術の設計や開発においては、単なる効率性や機能性を超えて、人間性を中心に据えたHumane AI Design の理念を導入する必要がある。このアプローチは、行動主義的やテーラー主義的な効率性の限界を補完し、技術が社会全体に良い影響を及ぼすための基盤を提供する。

Humane AI Design は、単なるユーザー満足の向上や使いやすさの追求にとどまらず、技術を通じて社会全体の福祉や幸福を促進する可能性を秘めている。この考え方は、Human-Centered Design が個々のユーザーのニーズに焦点を当てるのに対し、より広範な倫理的視点や社会的インパクトを含むものである。

Donald Norman は『より良い世界のためのデザイン』（2023）で、従来の Human-Centered Design（人間中心デザイン）から Humanity-Centered Design（人間性中心デザイン）への転換が求められると述べている。Norman は、人類全体を考慮に入れたデザインが必要であり、「地球」というシステム全体を一体として捉えるべきだと主張している。Humane AI Design は、この Humanity-Centered Design のビジョンを共有しつつも、より強調された倫理的価値と社会的幸福の促進に焦点を当てている。

7・2・1　具体的なアプローチ

Humane AI Design を実現するためには、以下のような具体的なアプローチが必要である。

・**共感性を重視したデザイン**：ユーザーの立場に立ったＡＩ設計を行い、感情や状況に適切に対応する仕組みを構築する。例えば、ＡＩを用いた就職支援システムでは、利用者の個別の状況を考慮し、柔軟な解決策を提案する。

・**インクルーシブデザイン**：多様な背景や能力を持つ人々が利用できるＡＩシステムを設計する。例えば、少数派の言語に対応するサービスや、身体的ハンディキャップを持つ人々のためのアクセス可能なインターフェースを構築する。

・**倫理的配慮**：データの透明性やプライバシー保護を重視し、差別的バイアスの排除を徹底する。例えば、ＡＩによる住宅ローン審査では、公平性を保つために審査基準の透明性を確保し、不公平な判断を防ぐ。

7・2・2　DEIA の視点

Humane AI Design の実現には、多様性（Diversity）、公平性（Equity）、包摂性（Inclusion）、アクセシビリティ（Accessibility）が不可欠である。ＡＩシステムは社会のすべてのニーズを完全に発見し解決するわけではないが、これらの視点を設計プロセスに統合することで、技術がより広範な社会の要請に応え、包摂的な社会に実現に寄与することが可能となる。この責務は最終的に設計者や開発者を含む人間の手に委ねられている。

段差をなくすユニバーサルデザインの例では、当初は特定のニーズを持つ人々を対象としていたが、結果的に多くの人々にとって使いやすい環境を生み出した。同様に、ＡＩシステムの設計においても、特定の課題や極端な利用例に焦点を当てることで、結果として幅広いユーザー層に恩恵をもたらす可能性がある。このような設計思想を採用することで、ＡＩ技術は社会の多様な価値観を反映し、より公平で持続可能な未来を支える基盤となる。

7・2・3　共創の道具としてのＡＩ

Humane AI Design を採用することで、ＡＩシステムは単なる効率化の手段を超え、人間社会の課題解決を支える「共創の道具」として機能する可能性がある。例えば、教育現場でのＡＩ支援システムが、生徒の学習効率を向上させるだけでなく、教師と生徒、あるいは生徒間の協働を促進する仕組みとして機能することが期待される。これにより、ＡＩは単なる補助的な存在ではなく、人間の創造性や協働を支える基盤となる。

このような共創の取り組みは、Norman が提唱する Humanity-Centered Design の地球規模の視点を取り入れつつも、倫理的価値と社会的共感を中心に据えた Humane AI Design の理念によって補完される。結果として、ＡＩ技術は人間の創造性や協働を支える基盤となり、持続可能で公平な社会の構築において重要な役割を果たす。

７・３　持続可能な社会への道筋

持続可能な社会を実現するためには、Humane AI Design と Humane Learning Design がもたらす共創の可能性を基盤に、持続可能な開発目標（SDGs）との連携を深めることが不可欠である。ＡＩ技術が適切に活用されることで、社会全体の課題解決がより効率的かつ包摂的に進められる。

SDGs は、国連が提唱する17の目標からなり、貧困の解消、教育の質向上、気候変動への対策など、多様な分野で持続可能性を追求している。ＡＩ技術は、これらの目標達成に貢献できる可能性を持つ。例えば、医療診断の精度向上による健康増進、データ解析によるエネルギーの効率的利用、環境監視や資源管理による環境保全などが挙げられる。

Humane Learning Design の視点からは、教育格差の是正や地方創生の促進が不可欠であり、ＡＩ技術の活用によって、知識の伝達や学習機会の拡充が可能となる。これらの取り組みを通じて、持続可能な社会の構築に貢献できる。

持続可能な社会の実現には、技術開発に加え、政策立案や社会制度の改革、市民の意識向上など、多方面からの取り組みが求められる。Humane Learning Design と Humane AI Design の理念を統合することで、ＡＩ技術は単なる効率化の道具ではなく、社会共創の基盤となる。

本章で論じた多元的価値観の尊重、人間性を重視したＡＩ設計、持続可能な社会への道筋は、ＡＩ技術を社会全体の幸福と持続可能な未来の構築に活用するための指針を示すものである。価値観を共有し、具体的な取り組みを進めることで、ＡＩ技術の社会的貢献が期待される。

８　結論

本論文では、生成ＡＩ技術の急速な普及に伴い浮上する社会的・倫理的課題を整理し、ＡＩ技術およびＡＩシステムへの社会的理解を深めるための具体的な方策を検討した。その中で、効率性や合理性を追求する「功利主義的」「行動主義的」「テーラー主義的」アプローチの限界を指摘し、それらに対処するために必要な倫理的視点と教育的アプローチを論じた。

５章および６章では、ＡＩ技術に関する社会的理解を深めるための教育の役割を強調した。倫理的・法的・社会的課題の視点を統合した

ELSI志向のPBLや議論を基盤とした学習の導入により、次世代がＡＩ技術の可能性とリスクを多角的に考察する力を養う教育的アプローチを提示した。これにより、批判的思考や公正な意思決定能力を育む基盤を提供することを示した。

また、本論文では、ＡＩ時代に求められる新たな学習の枠組みとしてHumane Learning Designを提唱した。これは、単なる知識習得にとどまらず、学習者が他者と共創し、倫理的判断力を高め、持続可能な社会に貢献する力を養うことを目的とするものである。ELSI志向のPBLや議論を基盤とした学習といった教育アプローチは、Humane Learning Designの実践において重要な役割を果たす。

一方で、教育による理解の深化だけでは、ＡＩ技術が真に持続可能で公正な社会に貢献するための十分な条件とはならない。7章では、この課題を克服するために、ケアの倫理や徳倫理といった哲学的枠組みをＡＩ設計や運用に取り入れる重要性を論じた。これらの倫理観は、ＡＩ技術が社会的共感や持続可能な価値を実現するための基盤となるものであり、ＡＩ技術を人間性を重視したHumane AI Designの理念に基づく社会共創の道具として位置付ける方向性を示した。

哲学的枠組みと教育的アプローチを組み合わせた取り組みは、ＡＩ技術が社会的幸福と持続可能な未来に貢献するための基礎を形成する。本論文が、ＡＩ技術の倫理的・社会的課題への理解を深め、技術者、教育者、政策立案者、行政、市民の連携のもと、公正で持続可能な未来を築くための指針として役立つことを期待する。

参考文献

1 Baker, M. J. (2009). Argumentative interactions and the social construction of knowledge. In N. Muller Mirza & A.-N. Perret-Clermont (Eds.), *Argumentation and education: Theoretical foundations and practices*, 127-144. Springer.

2 Freire, P. (1968). *Pedagogia do Oprimido*, Paze Terra, 2005.（邦訳）パウロ・フレイレ『新訳 被抑圧者の教育学』. 2011. 亜紀書房.

3 美馬のゆり (2019).「コンピュータの教育的利用からラーニングトランスフォーメーションへ」. 情報処理学会論文誌『教育とコンピュータ（TCE）』, 5 (3), 1-9.

4 美馬のゆり (2021).『ＡＩの時代を生きる――未来をデザインする創造力と共感力』. 岩波書店.

5 美馬 のゆり (2024a).「ＡＩ時代を生きるリテラシーを育む――議論を基盤とした学習と問題解決型学習の新展開」.『情報処理』, 65(7), e14-e19.

6 美馬 のゆり (2024b).「ＡＩリテラシーを定義する――OECD Education 2030をもとに」. 日本教育工学会2024年秋季全国大会, 153-154.

7 美馬のゆり (2025).「ＡＩの社会的影響と教育の転換」. 名古屋高等教育研究, 第25号 11-24.

8 Norman, D. (2023). *Design for a Better World: Meaningful, Sustainable, Humanity Centered.* MIT Press.［安村通晃・伊賀聡一郎・岡本明（2023）『より良い世界のためのデザイン――意味、持続可能性、人間性中心』新曜社.］

謝辞

本研究はJSPS課題番号:22H01048の助成を受けたものである。

※ 本論文は、二〇二四年五月に開催された第八三回日本哲学会大会のシンポジウムでの発表内容をもとに、同年一〇月に名古屋大学教育基盤

連携本部 高等教育システム開発部門シンポジウムで行った基調講演の内容を加えて執筆したものです。なお、名古屋大学での講演内容は二〇二五年三月刊行の『名古屋大学高等教育研究』（参考文献７）に収録されており、本論文にはその内容と一部重複する表現が含まれています。

〈学協会シンポジウム「人工知能と人類の未来」〉

作品はだれの「思想又は感情を創作的に表現したもの」か

——創造性はどこにあるのか

大谷《おおたに》　卓史《たくし》
（吉備国際大学）

1　はじめに

本稿は、著作権法において保護される情報、すなわち「著作物」の定義を手掛かりにして、芸術作品がどのようにして成立するか、芸術作品における創造性がどこにあるか考察する。

機械学習を基礎として精巧な音楽や絵画作品を出力する、いわゆる人工知能（AI: Artificial Intelligence）[1]が登場したことをきっかけに、二〇一五年頃から一九九〇年代に引き続き、再びＡＩが出力するパタンについて、だれに著作権を帰属させるべきかという議論が盛んになってきた。本発表では、この議論を適宜参照しながら、前出の問いについて考察を進める。

二〇二五年一月現在、ＡＩのうちでも、大規模言語モデル（LLM: Large Language Models）や、言語的指示から画像を出力する、一般には画像生成系ＡＩと呼ばれるText-to-Imageモデルなど、生成系ＡＩ（Generative AI）として一括されるＡＩの学習過程とその出力の生成と利用、生成された出力である文字列や視覚的パタンについて、著作権法上どのような課題があるか依然として議論が盛んにおこなわれている。

「プロンプト」と呼ばれる言語的指示または問いを与えると、ＬＬＭにおいてはきわめて自然に見える言語による回答が得られ[2]、Text-to-Imageモデルにおいては画像の出力が得られる。ＬＬＭでも画像生成系ＡＩでも、特定の種類の情報を追加学習させることで、プロンプトを与える人が意図するのに近い種類の言語による回答や画像を出力させることができる。ＬＬＭの場合はハルシネーションと呼ばれる誤情報の出力を防ぎ、問いに対する回答の正確さや詳しさを向上させることができ、画像生成系ＡＩはプロンプトを与えた者が意図するのにより近い画像を出力させるのに役立つ。後者の場合、たとえば、特定のイラストレーターや漫画家の作品を追加学習させることで、その作家の作風に近い画像を安定して出力させるなどのことが可能になる。この出力が流布すると元の作者には甚大な被害がないだろうか。

　文化庁文化審議会著作権分科会法制度小委員会は、二〇二四年三月一五日に「AIと著作権に関する考え方について」（文化庁 [2024]）と題するこの問題に関する整理を公表した。また、知的財産権法の学者によるこの問題に関する議論も『AIと著作権』（上野・奥邨 [2024]）と題する書籍にまとめられている。

　人間が直接著作物に表現された思想または感情を享受することを目的としない情報解析は、権利者に経済的に不当な不利益を与えない限り自由にできるとする著作権法30条の4をめぐって、学習に利用される作品の著作者や関係者の被る不利益はどのようなものでありえるか、不利益があるとしてそれをどうすればよいかが、重要な一つの論点である。しかし、本稿は、この議論に参加しようというものではない。

　本稿は、そもそも著作物とはどのような存在で、人間が芸術作品を制作するとはどういうことか、著作権法における著作権の保護対象となりえる情報、つまり著作物の概念を手掛かりに考察しようというものである。ここで述べる芸術作品に関する結論じたいは新しいものではない。たとえば、詩人・小説家・評論家であるポール・ヴァレリーの著作にもすでによく似た思想が見られる（Valéry [1935=2012] pp. 332-374）[3]。

　したがって、本稿の結論じたいは、美学や芸術の哲学の専門家には新しいものではないように思われる。著作権法や近年の技術的発展を参照しながら議論を進める点が、おそらくは本稿の少し新奇な点となるだろう。

2　思想または感情の創作的表現としての著作物

　まず、著作権法による保護を受ける情報、すなわち著作物の定義について確認しておこう（著作権法2条1項1号）。

　思想又は感情を創作的に表現したものであつて、文芸、学術、美術又は音楽の範囲に属するものをいう。

　「思想又は感情」にかかわるとは、事実や法則など、常識的に考えて、人間がかかわることがないものやことがらは著作物ではないということを意味している。「表現したもの」であるというのは、視覚や聴覚によって五感によって知覚される必要があり、単なるアイデアは除くことを言っている。個別の特定の作品が表現であって、ある作家のすべての、あるいは複数の作品に共通の特徴である「作風」「画風」などはアイデアであるとされ、それだけでは保護の対象である著作物であるとはみなされない。さらに、「創作的に」[4]とは、一般的にそこに個性が現れていることを要求する（中山 [2023] pp. 67-68; 作花 [2023] pp.68-69）ものとされる。ただし、高度な芸術的独創性を要するわけではなく（中山 [2023] p.68）、たとえば、子どもが書きなぐった母親の顔の絵も、そこに何らかのほかの作品とは違うもの（いわば、「個性」）が現れていれば創作性があると認められる。最近では、「表現の選択の幅」という考えが適用され、コンピュータプログラムや図面（学術の著作物、図形の著作物）などにおいても、複数の表現の仕方が存在してどれかを選ぶことができれば、そこに創作性の余地があると考える（中山［2023］pp. 72-80）。ほかには表現のしようがない場合は創作性を認めることができない可能性が高いし、ありふれた表現であると見なされれば、創作性がないとされ（作花［2023］p. 68）、著作物であること、すなわち著作物性を認められないことがある。

とくに、「思想又は感情」がかかわることを要請するのは、人間が著作物の形成にかかわることを要求していると、通説では解されている。そのため、人間がかかわらないと見なされた「作品」は著作物とは判断されない。米国著作権局は、著作権法は「知性の創造的な力に基礎を有する」「知的労働の成果」（Trade-Mark Cases, 100 U.S. 82, 94 (1879)）のみを保護すると言明し（U.S. Copyright Office [2021] p.7）、人工知能の自動生成物については著作権を認めないとしている（U.S. Copyright Office [2023]）。上記のU.S. Copyright Office[2021]よりも前のものであるが、サルの自撮り写真（セルフィー）の著作権をめぐる裁判（Naruto v. Slater, No. 16-15469 (9th Cir. 2018)）では、著作権の相続者に関する裁判例を引いて、著作権の帰属主体は「すべて人類を含意し、法によって結婚することができず、財産を相続する資格を有さない動物を必然的に除外する」として、サルに著作権が帰属するという原告の主張を退けた。なお、この著作権が争われた写真の著作者は、サルがシャッターを押したカメラを仕掛けたカメラマンとこの写真を管理する企業が表示されており、同裁判は、この表示に対して、動物の権利擁護団体がサルの「ナルト」の著作権を主張する団体が起こしたものだった（大本［2017］）。

動物を人工知能に代えても、この論点に関しては、日本法のもとでの判断も同じである。すなわち、人間ではなく人工知能が完全に自律的にそのようなパタンを生成するならば、著作権は認められない。しかし、「思想又は感情」を表現する主体である人間が人工知能を道具として視覚的・聴覚的パタンを生成させ、そこに人間の創作性があると認められれば、その操作を行った人間に著作権が帰属するとされる可能性が高い（文化庁［1994］）。現在は、人間がプロンプトをさまざまに工夫して人工知能がそれに応じて視覚的パタンや文字列を出力させているので、前出の整理のもとでは、人工知能は道具であると見なされる。

3　芸術作品は必ず思想または感情の表現であるか

ここで、第一の問題は、「作品」とは果たして、作者の「思想又は感情」を表現しているがゆえに作品であるのかという点である。

たとえば、決定的瞬間をとらえた報道写真は、カメラマンがあらかじめ意図した「思想又は感情」を表現しているものなのであろうか。[5] 決定的瞬間を偶然にとらえたとされてきただろうロバート・キャパの『崩れ落ちる兵士』の写真は長く報道写真の傑作として受け取られてきた。これを芸術作品と認めないのには、われわれはためらうことだろう。「思想又は感情」を表現するため創作されたわけでなく、事実をありのまま映していると受容されたから、むしろこの写真は、ファシズムとの闘いにおける象徴的存在となり、芸術的価値を評価された。実は演出された作り物、すなわち明らかに「思想又は感情」を表現するため創意工夫を凝らした創作物ではないかとの論争が生じれば（まさに「創作的に」撮影されたとの疑いが生じたとき）、われわれはこの作品の価値に幻滅を覚えないだろうか。実際のところ、キャパの有名な『崩れ落ちる兵士』は、戦争を象徴する一枚絵として演出され、待ち構えて撮影されたことがほぼ確実と考えられている（沢木［2013］；吉岡［2017］pp. 410-494）。一九三〇年代から四〇年代においては、ドキュメンタリー写真・報道写真の多くは事件の後演出によってそれらしく再現したうえで撮影するのが通常だった事実も含め、吉岡［2017］pp. 410-494でこの写真の撮影の背景について説明されている。

もちろん一般的に報道写真も偶然的に、一瞬とらえた画角で風景をある種の構図の中に収めることで成立するし、事後にトリミングなどで構図の調整が行われる。ここで働く創作性とは、生成ＡＩが出力した画像を選択し調整する際に働く創作性（文化庁［2024］pp. 40）とよく似たものである。すなわち多数の写真の中から、報道の観点から見てその場面で起こっている出来事をよく伝え、できるならば美的な価値が高い写真が選択されることになるだろう。

キャパの『崩れ落ちる兵士』の撮影経緯を知ったうえで生じるかもしれない幻滅の感情を考慮すると、事前に美的に鑑賞できる写真を撮影するための特段の準備があったわけではなく、偶然的に出来事が撮影され、撮影後にトリミングなどの美的鑑賞性を際立たせる、または何らかの美的感興を加える加工を行わず、芸術的に美しい画角や構図などを備えているならば、より高い芸術的価値を有するとわれわれは感じるかもしれない。つまり、「思想又は感情」を創作的に表現するための人為がないにもかかわらず何らかの（たとえば、出来事の悲劇性・悲惨さや、爆発的な歓喜などを伝えるなどの強い印象を伴う）美的感興を与えるものであるほうが、報道写真は芸術的価値が高いとの評価を受ける蓋然性が高い。

また、「生（き）の芸術」、アールブリュット、またはアウトサイダーアートはどうだろうか。アールブリュットとは、正規の芸術教育を受けず、既存の芸術文化の外に立つ者が、展示を意図せず、制作の計画を立てることなく創作した作品を指すとされる（Champenois［2017=2018］pp. 45-58）。つまり、アールブリュットの制作者は通常の意味での芸術作品を創作しようとしてその制作物を作成しているわけではない。日本国内のアールブリュットと評価される作品には、架空の芸人のお笑い番組出演者リストがある。表としてとりたてても工夫がなく、ただ名前が羅列されているもので、制作者も芸術作品を意図して制作したものではない。このリストは、同じ架空の番組資料も含め、キュレーターが発見することで、アールブリュットの1つとされた（櫛野［2018］pp. 14-19）。

上記の想像上のお笑い芸人やお笑いグループの名前は、事実やデータではなく、創作者が想像によって制作したものであるものの、キャラクター等の名称は、一般的に著作物と見なすことはできないと考えられる。たとえば、作花[2022] pp. 152によれば、小説等の登場人物の名前を商品につけてその結果商品の販売が促進されたとしても基本的には著作権は及ばないとされる。架空の登場人物に限らず、実在する人間にも同様の名前をつけて利用することができることを考えると、著作権が及ぶことの不都合は明らかであろう。したがって、勝手に同一・類似の芸名等がほかの芸人などによって使用されないようにする法的保護のためには、大変著名である場合を除けば、一般的に、商標登録が必要である。(6) また、現実のお笑い番組の香盤表は、料理レシピと同様に手順の記述と見なされるだろうから、香盤表じたいの表現に見せ方の工夫をするなどのことがなければ、創作性が入る余地はない。(7)

ところが、この著作物ならざる架空の名前を工夫して選択し配置して作成した、架空のお笑い番組の香盤表は、この選択と配置に創作性（個性）があるとして編集著作物（著作権法12条1項）(8) とみなすべきと考える。すなわち、作者の意図が芸術作品を制作しようとするものであろうとなかろうと、それは創作された架空の番組の架空の香盤表であることから事実の記述とはみなすことができないうえ、要素の選択と配列に創作性（個性）があることから、(9) 編集著作物として著作物性を認めざるをえない。

一方で、本作品を含むアールブリュット（アウトサイダーアート）の多くは、芸術作品を創作しようとする意図と芸術史上の様式のいずれも欠如している。すなわち、ディッキーが芸術作品を提示する制度として仮定するアートワールドに作品を提示する意図に欠け、ダントーが作品と解釈の両方に必要とする芸術史的文脈も無視して制作される（Stecker[2010=2015] pp.181-182）。Stecker[2010=2015] pp.181-182の芸術作品の定義においても、対象が芸術作品かどうかは、その作品がつくられた時点よりも前の時点ではないある時点tにおける中心的な芸術的様式の一つに属していることが要請される。アールブリュットには、上記の芸術とは何かという定義に関する教科書的な要約に従えば、公衆に芸術作品として提示する意図に欠け、芸術史的文脈を無視することから一定の様式には属していないという共通の特徴がある。

著作権法においては、美術の著作物（著作権法10条1項4号）の定義は示されていない。(10) そうすると、美術の定義は言語の日常的用法や芸術哲学における議論にゆだねられることになるかもしれない。ところが、前述のStecker[2010=2015]pp. 181-182で先行研究をもとに示された定義にしたがっても、Stecker[2010=2015:pp.169-175に要約されたダントーやディッキーの定義でも、アールブリュットは芸術には属さないこととなる。では、上記の架空の香盤表が美術の著作物ではないとするならば、「小説、脚本、論文、講演その他の言語の著作物」（著作権法10条1項1号）に属するとすべきだろうか。その他の著作物の種類に当てはまるとすることも難しく、言語の著作物でもないとしたら、香盤表は、上記のように著作物の定義の前半を満たすにもかかわらず、この作品も含めアールブリュットの作品群は著作物の範囲には含まれない表現であるという奇妙な結論が得られる。

ところが、ダントーの芸術の定義の教科書的な説明を離れ、ダントー自身の書いたものに戻ると、アールブリュットは当然芸術の一種であると考えざるを得ないし、人工知能の出力パタンの著作物性や人間の創造性を考えるうえでもダントーの芸術の見方は重要なように思われる。ダントーが芸術をどのように考えたかという論点はあとで考察する。

4　選択としての創作性

再び人工知能の問題に戻ろう。人間ではなくＡＩが完全に自律的にパタンを生成するならば、著作権は認められないとされる（文化庁 [1993]）。それでは、どの程度人間の関与があれば、ＡＩの生成した出力パタンは、著作物と見なされるのか。出力に対する人為的選択があれば十分だろう（文化庁 [2024] p. 40）。ここで、筆者は、この人為的選択には、ＡＩ利用者の美的鑑賞が伴っていることを重視する。

著作権法の解釈においては、防犯カメラの映像や画像は、人間が撮影するものではないから著作物と認めがたいとされるものの、画像の選択行為によって芸術作品として提示されるものがある。写真家 Marcus De Sieno の「Surveillance Landscape」(11) は、固定ウェブカメラ画像の中からアメリカ国内の人がいない荒涼とした風景を選択し、荒い殺伐とした、しかし幻想的な姿を示す(12)。人間が創作したものではない機械的に生成された画像・映像であっても、表現において「選択の幅」（作花 [2022] pp. 69-70; 中山 [2023] pp. 72-92）があるならば、創作者自身の美的鑑賞を伴う「選択」という行為によって作品が成立する。すでにみたように、報道写真の制作の過程においても、多数の写真の中からの美的鑑賞行為にもとづく選択という行為は極めて重要な意義を有している。

Danto [1981=2022] pp. 321-327 にしたがえば、この選択のプロセスにその人自身の世界の見方が内在するとき、ある種の様式（Style）が生まれ、この様式によってその選択のプロセスから生じたものが芸術作品になると考えられる。様式は、「本質的に人間に属する諸性質を包含」し、「その人自身とその様式」は同一性を有する。そして、この「人自身」とは「表象のシステム、世界を見る仕方、肉体化した表象である」（Danto [1981=2022] p. 322）とされる。この様式の有無が芸術作品とそれ以外とを区別すると、Danto [1981=2022] pp.321-327 はいう。様式は芸術作品には内在するものの、その芸術作品と物理的には同一な日用品（便器やスープ缶など）には存在せず、自己剽窃も含め、ある様式を有する芸術作品を模倣・複製した作品にも内在しない。このような場合様式は、それが属する人から離れて、知識や技術によって媒介された手法へと変質してしまう（Danto [1981=2022] pp. 321-322）。

教科書的には、「様式」とは芸術史的文脈に帰せられるものの（Stecker [2010=2015] 181-182）、ダントーの言によれば、上記のように、より属人的なものである。そして、この「様式」は著作権法が、著作物であるために必要とする「思想・感情」という要素ともまた同一ではない。

「金魚電話ボックス事件」と呼ばれる現代美術に関する著作権侵害が争われた事件（第1審　奈良地裁判決令和元年七月一一日（平成三〇年（ワ）第466号　裁判所HP）第2審　大阪高裁判決令和三年一月一四日（令和元年（ネ）第1735号　裁判所HP））では、電話ボックスに水を入れ、そこに金魚を泳がせるというアイデアが共通する2作品につき、時間的に後続的作品が著作権侵害に当たるかどうかが争われた。

著作権侵害の認定に当たっては、（1）当該作品が著作物に当たるか、（2）侵害を訴えるものが権利者であるかに加え、（3）被告著作物が原告著作物に依拠して模倣したことで（依拠性）、（4）原告作品の創作性がある表現について同一・類似しているか（同一性・類似性）が争われる。原告作品の創作性がある表現の模倣ではない場合、つまりアイデアの模倣にすぎない場合や、創作性のない表現（ありふれた表現）[13]に共通性がある場合には、著作権侵害は認められない。

金魚電話ボックス事件の第1審では、2作品の共通する要素は、（1）電話ボックスに水を入れそこに金魚を泳がせることも、（2）水中に固定した受話器から空気を供給することも、アイデアまたはありふれた表現であるとされ、著作権侵害の成立は認められなかった。一方、第2審では、（1）原告作品では受話器が水中に浮いた状態で固定されていること自体が非日常的な風景を表現しており、受話器の受話部から気泡が発生することも現実にはありえないこと、（2）この表現によって電話先との間で通話をしているイメージが生まれ、「遠い地を流れる水の言葉に耳を傾け，美しい水と環境を守ろう」という作者の思想に沿って、この電話ボックスがメッセージを受け取っているという強い印象を与える形で表現しているという理由から、創作性のある部分について依拠性のある類似があるとして、著作権侵害を認めた[14]。

金魚電話ボックス事件の第2審判決では原告著作物の創作性は、思想・感情を表現する宙に浮く電話受話器とそこから発生する気泡の表現に現れるものとして、この創作性ある表現を模倣（依拠して類似物を作成した）したとして被告著作物の著作権侵害を認めることとなった。しかし、この表現をもって原告作品の創作性のすべてとみなすことには奇妙さを覚えざるを得ない。Danto [1981=2022] pp.321-327 の芸術作品とその模倣・類似作品に関する論考を踏まえると、原告作品全体に現れる様式がその作品を独創的なものとしており、被告作品は手法こそ共通するものの、原告作品作者（美術家山本伸樹）の生き方やそれと結びついた実存的要素[15]に相当する「世界を見る仕方」は有しないから、単なる模倣作品として芸術作品としての評価は低いものとならざるをえないと考えられる。

一方で、報道写真の傑作とされた作品のたどった顚末や、アールブリュットの存在は、著作権法の規定にかかわらず、視覚的・聴覚的パタンの作出における制作者／創作者の「思想又は感情」の制作への関与したいが作品（著作物）成立とは必ずしも結びつかない可能性を示している。すなわち、様式（実存に基礎を置く世界の見方）とパタンの美的鑑賞と選択という創作性はあっても（したがって、その選択に思想や感情が表れているとしても）、表現を通じて（とくに意識的に）伝達される内容としての「思想又は感情」はそこには存在しないかもしれない。その表現に実存に基礎を置く独特の世界の見方があると認められたことから兵士の撃たれた偶然の瞬間をとらえたとされる報道写真は感動を与え、[16]その後一種の再現写真のようなもので時間をかけた創意工夫の産物であるという疑いが生じたことでその感動は薄らぐ。アールブリュットも美術の様式や美術史を意識せずとも実存の独特の世界の見方が作品に現れるところに美術・芸術作品とされる余地がある。表現内容としての「思想又は感情」がそこには存在しないとしても、その独特の世界の見方である様式（Style）が内在しうる可能性があるところに、人間が芸術に関与する意義がある。

5　作品の第一の鑑賞者としての著作者と創作性

ところで、コンピュータが自動生成する芸術作品の歴史は比較的長い。視覚的芸術においては、一九五〇年代には、コンピュータに命令を与えて、多くの観客が真作と見分けがたいピート・モンドリアンの作品を思わせる視覚的パタンを出力させたところ、多くの観客はモンドリアンの作品とコンピュータの出力とを見分けることができなかったとされる（Noll [1966]）。一九八〇～九〇年代にかけては、カール・シムズや河口洋一郎などの美術家がコンピュータによるパタンの自動生成を活用しフラクタル図形を出力するプログラムなどを用いて、そのパラメタを変えることで、生命を想像させる作品を発表作り出した（服部 [1994]）。[17]この時期においては、「コンピュータ創作物」の第一の著作者として、コンピュータ創作物を出力するコンピュータプログラムの著作者が示されていた（文化庁 [1994]）のは、単純な規則を繰り返し適用するというアイデアによってそのプログラムが可能性として示す範囲内で、コンピュータ創作物に「個性」が現れるとされたのは、多くの場合、河口洋一郎の例などに見るように、プログラムを活用してパタンを出力する者とコンピュータプログラムの著作者が一致していたからだろう。現代において、メディアアートを主要な活動領域とする美術家の小阪淳は、やはりフラクタル関数を用いて、異星人の都市や建築物を思わせるパタンを作出し、その異星の上空から建築物を鑑賞するかのような映像を創造している。[18]小阪の言によれば、[19]Unity などのリアルタイム3D開発プラットフォームを活用することで、こうした独特かつ人間の描くことが極めて困難な細密なパタンを容易に多数描出させることができる。法人著作物であろうゲーム開発環境 Unity の開発提供企業に小阪の著作物の著作権を帰することができるかは大いに疑問である。3Dゲーム開発環境など市販のコンピュータソフトウェアによって、自動生成する複雑な出力パタンを生成できるとき、コンピュータによる創作の敷居はきわめて低くなっているし、ここで著作者となりえるのは、前出の防犯カメラの芸術と同様に、パラメタを変えながらパタンを出力させ、複数のパタンから「作品」とすべき出力を選択するユーザーであると考える。

阿部 [2019] は、ＡＩの出力に創作性が認められれば、その利用者を著作者とすべきとする。[20]生成系ＡＩの出力は、プロンプトを与える利用者の「思想又は感情が創作的に表現されている」と示しうる余地が十分にあるだろう。プロンプトはプログラミングと同様生成系ＡＩ

に一定のパタンを出力させる機能を有するものの、フラクタル関数とパラメタに近いもので、むしろ生成系ＡＩの出力パタンが上記のフラクタル図形たる作品と類比されるべきものだろう。すなわち、生成系ＡＩの出力パタンは、プロンプトを通じて出力されたパタンを鑑賞・吟味し、そこに美（や醜、快適さ、不快など）を見出す生成系ＡＩの利用者と、同様にそこに正負の美的価値を見出す鑑賞者の存在によって、美的な存在として成立している。

すなわち、芸術作品を成立させる視覚的パタンの作出じたいには必ずしもメッセージとしての「思想又は感情」の介在は必要ではなく、芸術作品を成立させる契機として人間による鑑賞と美の発見が不可欠に重要である。この鑑賞と美の発見は、架空芸人の香盤表が典型的なように、アールブリュットなどの芸術においては、オーディエンスによってなされる場合もある。しかし、一般的には、監視カメラの芸術や生成系ＡＩやフラクタル関数活用の作品に見るように、自動的に出力されたパタンを選択・加工する者が作品の美の第一の鑑賞者である。これは、一般の芸術作品においても変わることはないように思われる。芸術作品の制作のプロセスにおいて、創作者は仕上がる途中の作品を眺め・聞き鑑賞しながらその都度その都度選択を行って作品を仕上げ、公表の前にも作品を鑑賞して公表するかどうかを決める。この鑑賞と選択の過程の中で、Danto[1981=2022] pp. 321-327 が指摘するような、創作者は自分の作品を鑑賞して自分自身の世界の見方をその作品に内在するものに仕上げ、創作性をもたらす様式が作品に与えられる。

このようにして、美術作品／著作物は鑑賞者（そして、第一の鑑賞者たる創作者）の存在を介して成立する。著作権法における「創作性」とは、創作者自身も含む鑑賞者による美の発見・鑑賞において成り立つ[21]。つまり、創造性とは、創作者自身も含む鑑賞者による美の発見・鑑賞に存している[22]。

参考文献

阿部真也, 2019,「いわゆる「ＡＩ生成物」のオーサーシップに関する一考察」吉備国際大学大学院知的財産学研究科編集局『知的財産法学の世界』マスターリンク, pp. 197-219.

上野達弘・奥邨弘司, 2024,『ＡＩと著作権』勁草書房.

大谷卓史, 2017, 過去からのメディア論――人工知能・芸術・著作権：芸術が思想・感情の表現でないとしたら，なぜ人間の創造性の産物といえるのか，『情報管理』60(8), pp. 594-598.

大本康志 (2017)「サルの自撮り写真をめぐる著作権法を中心とした法的諸問題 - サルとＡＩの比較 -」土肥一史古稀記念論文集『知的財産法のモルゲンロート』中央経済社, pp.387-398.

小倉秀夫・金井重彦編著, 2020,「著作権法コンメンタール Ｉ 改訂版」第一法規.

加戸守行, 2021,『著作権法逐条講義七訂新版』著作権情報センター.

河口洋一郎, 1994,「人工生命芸術のはじまり」人工生命研究会編, 1994,『人工生命――情報と生命とCGの交差点』共立出版, 109-126.

北村清彦 (2008)「受け手の役割」『岩波講座　哲学 7　芸術／創造性の哲学』岩波書店, 89-110.

木村剛大, 2021,「『アイデア』と『表現』の狭間をたゆたう金魚かな。金魚電話ボックス事件大阪高裁判決の思考を追う」『美術手帖ホームページ』2021年1月18日. https://bijutsutecho.com/magazine/insight/23433

櫛野展正，2018，『アウトサイド・ジャパン　日本のアウトサイダー・アート』イーストプレス．

作花文雄，2022，『詳解　著作権法　第6版』ぎょうせい．

沢木耕太郎，2013，『キャパの十字架』文藝春秋．

総務省，2016，『平成28年版　情報通信白書』日経印刷．

田村正資，2022，『偶然性と実存――九鬼、メルロ＝ポンティ、メイヤスー』東京大学東アジア藝文書院．

土屋俊・中島秀之・中川裕志・橋田浩一・松原仁編，1988，『AI事典』UPU。

土肥一史，2019，『知的財産法入門　第16版』中央経済社．

中山信弘，2023，『著作権法』有斐閣．

名和小太郎．1996，サイバースペースの著作権：知的財産は守れるのか．中央公論社．

服部桂，1994，『人工生命の世界』オーム社．

文化庁，1994，「文化庁著作権審議会第9小委員会（コンピュータ創作物関係）報告書　平成五年一一月」文化庁．

文化庁文化審議会著作権分科会法制度小委員会，2024)「AIと著作権に関する考え方について　令和六年三月一五日」文化庁文化審議会著作権分科会法制度小委員会．

村山正碩，2024，「芸術作品が鑑賞者の心を表現するとき――分析美学とコリングウッド」『アメリカ哲学研究』2, pp. 98-113.

吉岡栄二郎，2017，『評伝キャパ　その生涯と「崩れ落ちる兵士」の真実』明石書店．

Becker, Howard Saul (2008) *Art Worlds, 25th Anniversary Edition*, University of California Press. ＝ (2016) 後藤将之訳『アート・ワールド』慶応義塾大学出版会．

Champnois, Émilie, 2017, *L'art Brut*, Humensis. ＝ 西尾彰泰・四元朝子訳，2018，『アール・ブリュット』白水社．

Danto, Arthur C.,1981, *The Transfiguration of the Commonplace: A Philosophy of Art*, Harvard University Press. ＝ 松尾大訳，2022，ありふれたものの変容：芸術の哲学，慶應義塾大学出版会．

Kawaguchi, Yoichiro, 1982, "A Morphological Study of the Form of Nature," *Proceedings of SIGGRAPH '82*, 223-232. https://doi.org/10.1145/800064.801284
Noll, A. Michael, 1966, "Human or Machine: A Subjective Comparison of Piet Mondrian's 'Composition with lines' (1917), and a Computer-Generated Picture", *The Psychological Record*, 16 (1), 1-10.

Stecker, Robert, 2010, *Aesthetics and the Philosophy of Art: An Introduction*, ＝ 森功次，2015, 分析美学入門，勁草書房．
U.S. Copyright Office，2021，"Copyrightable Authorship: What can Be Registered?" January, 28, 2021.
U.S. Copyright Office，2023，"Copyright Registration Guidelines: Works Containing Material Generated by Artificial Intelligence." Mar. 16, 2023.
Valéry, Paul，1935,《Réflections sur l'art》, in *Bulletin de la Société Française de philosophie, t. XXXV*, 1935, 61-91. ＝ 今井勉訳，2012,「芸術についての考察」今井勉・中村俊直編訳，2012,『〈芸術〉の肖像』筑摩書房，pp. 332-374.
WIRED.JP_IS，2017,「この美しい自然は、すべて「監視カメラ」が映し出した：芸術的な11の風景」『WIRED』2017年4月27日. https://wired.jp/2017/04/27/surveillance-landscapes/

注

（1）二〇二五年一月現在機械学習をベースとして知的振る舞いを見せる情報システムがAIと呼ばれることが多いものの、人工知能の研究史においては、伝統的に、PrologやLispなどの論理プログラミング言語による記号処理に基づく推論を行う情報システムを人工知能と呼んできた。伝統的な意味での人工知能に対して、機械学習やニューラルネットワークは人工知能とは呼ばれないか、記号処理型の推論システムと並び、人工知能の下位部門と位置づけられてきた。この間の事情については、たとえば、ジャーナリストがまとめた研究史（McCorduck [2004]）などを参照。なお、国内においてAIにかかわる概念整理をおそらくはじめて包括的に行った『AI辞典』（土屋・中島・中川・橋田・松原編 [1988]）には「人工知能」の見出しがないことがよく知られているように、専門分野においても統一された共通のAIの定義は存在しない（総務省 [2016] pp. 233-234）。

（2） 二〇二三年から二〇二四年にかけて、ChatGPT（Open AI）や Gemini（Google）などのLLMは画像や動画など、テキスト以外のプロンプトを受け付けるマルチモーダルLLMへと発展し、画像・音声等を処理する生成系AIと組み合わせて、マルチモーダルな出力もできるようになっている。

（3） 北村 [2008] は、芸術における受け手の役割の重視について、文学で提起された受容美学におけるテクスト解釈における読者の役割の強調と結びつけて論じている。

（4） 日本法令外国語訳データベースによると、「創作的に」の語は、「creatively」と訳される。本文で示したように、著作物と認められるだけの「創作性」があるとされるには、ほかと隔絶した独創性（originality）や唯一性（uniqueness）や比類なさ（incomparability）は必要とされず、ほかと区別される程度の個性（individuality）があれば足りる。本稿欧文要旨においては、創作性・創造性の英語訳は、芸術や日常の言葉における創造性の語と同じ「Creativity」とした。

（5） 写真の著作物の創作性について、アングルや照明、レンズの選択、絞りの選択、シャッタースピードの選択、背景の選択等に撮影者の個性、創造性が表れている場合、創作性があるとされる（金井・小倉 [2020] p. 37; 作花 [2022] pp. 94-95; 中山 [2023] p.129）。東京高裁平成一五年二月二六日（最高裁HP平成一四（ネ）3296）は、撮影者がスカイダイビングをしながら同じスカイダイビング中の人物を被写体として撮影者写真につき、構図とシャッターチャンスに創作性があるとしたと解釈できる。ところが、この判決では、事前の検討・準備の工夫があることから、原告写真は思想・感情を創作的に表現した著作物であるという推論が行われている。したがって、まったくの偶然によるシャッターチャンスをとらえたとされる報道写真において、どのような理由で思想・感情を創作的に表現したと考えるかは考察の余地がある。

（6） ただし、従来は、たとえ自分の名前であっても同姓同名者がいる可能性があることから、登録を受けるためには、同姓同名者すべての承諾を得ることが必要とされてきた。というのは、芸名・筆名・雅号を含め、承諾なしに他人の氏名を商標登録することはできない（商標法4条1項8号）との規定が存在するからである。しかしながら、ブランド名にデザイナー等の名前をつける慣習があるファッション業界を中心に、あまりにもこれは厳しすぎる基準であるとの声から、二〇二三年に登録要件が緩和され、一定の知名度を有する他人が存在しない、登録しようとする氏名と出願人との間に相当の関係があり、登録を受けるのに不正の目的がないならば、登録が受けつけられることとなった。なお、最終消費者・取引者の間で広く知られている商標は「周知商標」、全国的に知られた周知商標は「著名商標」とされ（特許庁 [2024] 4-1-10）、他人の周知商標・著名商標は商標登録を受けることができない（商標法4条1項9号）。したがって、有名人が推奨しているかのように見せるなどの目的で、他人がその有名人の芸名や筆名、雅号などを自分の商品やサービスに濫用しようとした場合、一般に、そうした有名人の氏名は周知商標・著名商標と見なされるだろうから、商標登録は認められない。また、登録されないまでも上記のような行為は不正競争行為（不正競争防止法2条1項1号・2号）に該当する可能性が高い。著作権法・商標法を含む知的財産権全体に関しては、例えば、土肥 [2019] などを参照のこと。

（7） 金井・小倉 [2020] pp.23 によれば、列車ダイヤが内容でも、その利用者が便利なようにすることで、そこに著作者の思想感情が加わり、著作物になりえるとする。芸人の出番を記述する香盤表も同様と考えられるから、ただ出演者の氏名・グループ名を並べた表である香盤表は事実そのままの記述に過ぎず、思想・感情はそこに表現されているとはみなせない。

（8） 著作権法12条において、編集著作物は次のように規定される。「編集物（データベースに該当するものを除く。以下同じ。）でその素材の選択又は配列によって創作性を有するものは、著作物として保護する」。

（9）作花 [2022] p.113 によれば、編集著作物として評価されるには、「素材の選択と配列に創作性があることが必要であるが、特段の新規性や独創性等は求められない」。

（10）美術工芸品をその概念の一部に含むことのみ示されている（著作権法２条２項）。

（11）De Sieno, Marcus "No Man's Land: Views From a Surveillane State. " https://www.marcusdesieno.com/surveillance-landscapes

（12）WIRED.JP_IS[2017] も参照。

（13）著作権法における「ありふれた表現」については、たとえば、作花 [2022] pp. 74-78 および 中山 [2023] pp. 80-84 を参照。

（14）２つの判決の比較に関しては、木村 [2021] を参照。

（15）地方に居住する山本の考え方などは、以下のインタビューを参照。「ふくしま人　現代美術家　山本伸樹」『NTT 東日本福島支店ホームページ』https://www.ntt-east.co.jp/fukushima/fjn/027/index.html

（16）田村 [2022] pp.11-18 は九鬼周造の「偶然性の問題」に現れた定言的偶然・仮説的偶然・離接的偶然の三つの種類の偶然のうち、離接的偶然とは「目の前の決定論的な世界像をつねに免れる可能性の全体との邂逅である」であって、そこにさらされた私たち実存が抱く情緒は「驚異」であるとする。決定的な瞬間を撮影した報道写真を目の当たりにした私たちは、仮説的偶然（思わぬ発見や事故）を通じてこの世界の存立にかかわる（現実はほかにもありえたかもしれないという）離接的偶然を感じ、驚異の情緒を抱くことに、私たちの報道写真に対する感動の一端は由来するかもしれない。

（17）Kawaguchi [1982]（https://history.siggraph.org/learning/a-morphological-study-of-the-form-of-nature-by-kawaguchi/）および河口 [1994] も参照のこと。

（18）小阪淳 , 2018,「83」. https://www.youtube.com/watch?v=dEAtHzsx5Mw

（19）「第5回キャリアアップ講座「ＡＩ時代のクリエイターの働き方～お金と仲間と作品と～」を開催しました。」『ICT クラブ高梁公式サイト』二〇二三年二月二五日。https://web.archive.org/web/20240523100035/https://ictclubtakahashi.com/archives/932

（20）名和 [1996]p.194 は、当時の技術を前提に同じ結論を示している。

（21）村山 [2024] は、詩・音楽・美術等の芸術作品が芸術家の感情を表現するとともに、鑑賞者も自らの感情を表現する作品として、そこに「わたしのことを表現している」と共通の感情を見出す「流用（appropriation）」現象について分析したものである。同論文中で、芸術家は自らの明確にとらえがたい感情経験をより明確に意識・認識するため、テキストや音、絵画などの媒体を操作し発見することが示されている。同議論は、鑑賞者が作品に自己の感情や経験を発見する「流用」現象を通じて、第一の鑑賞者としての作者という本論文での主張を補強すると考える。

（22）本文で触れた制度理論の提唱者とされるダントーやディッキーに加え、Becker[2008=2016: pp.145-179] は、彼らの説を踏まえて、キュレーターや批評家などの芸術に関する価値理論を提供し活用する者たちが何が芸術か（つまり、何が「アート・ワールド」に入る資格があるか）決定し、その決定にもとづき美術館の展示スペースなどの資源配分を決めると論じている。本稿では、著作権法における創作性理解をもとに、出力の選択も含め、芸術作品の創作過程における選択において美的鑑賞が作用しており、人間の創造性はこの美的鑑賞に存するとしている。この主張と本稿の議論の一部は、大谷 [2017] で示した。

※本稿の URL は、二〇二五年三月二〇日に接続を確認した。本稿は、JSPS 科研費 24K00006 の助成を受けた成果の一部です。

二一世紀における二つの文化

久木田《くきた》　水生《みなお》
（名古屋大学）

近代における「二つの文化」

イギリスの物理学者であり、作家でもあったC・P・スノーは一九五九年にケンブリッジ大学で「二つの文化と科学革命」と題した講演を行ない、その中で伝統的な人文科学（特に文学）と新興の自然科学の領域が分断されている状況に警鐘を鳴らした［1］。これら二つの異なる知的領域の間では、お互いを理解することが困難になっており、さらに悪いことにはお互いに対して侮蔑や嫌悪のような負の感情を抱き合っている。これは社会の知的文化の発展にとって好ましくない事態であり、適切な教育などによって改善することが望ましい、とスノーは提言している。しかしスノーの危惧した通り、その後もこの二つの領域は乖離し続け、そして自然科学がますます影響力と存在感を増す一方、「役に立たない」とされる人文学の地位は低下の道を辿っている。

スノーの言葉からは、伝統的な知的文化（すなわち人文学）に属する人々が、世界を大きく変容させている新しい知的文化の価値を認めようとせず、そして自分たちの文化の影響力が衰えていく現実から目をそらしている様子が伺える。ヨーロッパの近代を特徴づける仕方は様々あるだろうが、一つの見方として、自然科学の台頭によって人文学の地位が相対的に低下していった時代と言うことができるだろう。ルネサンス期に隆盛を誇った人文学は、自然科学と産業技術が発展するにつれて、人間の知的活動の領域において劣勢に立たされるようになった。

もちろん近代以前にも自然科学はあった。しかし近代においてそれは以前よりもはるかに大きな影響力を持つようになった。科学の発展によって人間はそれまで出来なかった様々なことができるようになった。以前なら到達できなかったほど遠くに移動できるようになった。以前なら観察できない物体や現象を観察することができるようになった。以前なら治癒できない病気や怪我を治せるようになった。以前なら破壊できないものを破壊できるようになった。

科学によって能力を拡張した人間は、より多くの資源、領土、富を得ることができる。そしてその富を科学研究に投資することによってまたさらに新たな知識と新たな能力を獲得することができる。こうして近代以降の科学においては、知識、能力、資源が循環的に増進しあうループが形成され、雪だるま式に発展が加速している。

さらに科学は人間の心理や行動さえも定量的に扱うことを可能にした。その際に統計学が重要な役割を果たした。ニュートンの力学理論は地上の物体から天体までもカバーする高い一般性を持つが、それでもそれで扱えるシステムは比較的単純なものに限られる。例えば単純な力学法則に従う物体であっても、三体以上の物体が相互に影響を与えているような場合は、その振る舞いを運動方程式の枠組みで把握することには限界がある。まして無数の分子が相互作用して生じる流体の運動や気象現象など、あるいは人間や社会システムの振る舞いなどは正確な記述や予測、定量的測定が困難である。

一方、統計学では複雑なシステムを構成している個々の要素に注目するのではなく、システム全体の趨勢に焦点を当てる。そうすることで、システムの個々の構成要素については、どのくらいの確率でどのように振る舞うかを予測することができる。統計学によって、人間の集団もまた数学理論によって、定量的に扱われることになった。

自然科学におけるこのような動きは、人間の個性を重んじる人文学の風潮と対照的である。ルネサンス的な人文主義の精神の一つの特徴に、人間の持つ無限の可能性に対する信奉があった。例えばルネサンス期の人文主義者のピコ・デッラ・ミランドラは「人間はその生活を自分で選択しているのであり、宇宙のヒエラルキーのなかで固定した位置を占めつづける必要などなく、カメレオンの如く変幻自在だ」（池上［2］、p. 232）と述べた。同じくルネサンスの人文学主義者であるレオン・バッティスタ・アルベルティは「人間は意志すれば、あらゆることができる」（Thompson［3］, p. 18）と述べた。ルネサンス期に続いて興った啓蒙主義の運動においては、すべての人間が他者によって奪われることのない尊厳、自律性、権利を持つと主張された。このような思想的潮流の中で、それまで封建的権力や宗教的権威によって縛られていた個人が、自由を獲得してより流動的に活動するようになった。

とはいえ個人は完全に自由になったわけではない。ルネサンス研究者の池上俊一［2］は、ルネサンス期において伝統的な権威から解放された個人は、今度は家族や都市という新しいイデオロギーの中に取り込まれていったと指摘している。そして近代になると人々はさらに新しい強大なシステムである国家や経済というイデオロギーの中に取り込まれていくことになる。こうして人間が自由を得て流動的になったことは皮肉な結果をもたらした。強大な経済的システムの中に取り込まれた個人は取り換えのきく部品になった。社会学者のジークムント・バウマンはこのことを「初期近代は「入れ替える」ために、「取り外した」」と表現する（バウマン［4］、p. 42）。その際、経済システムは、産業革命以来それらに大きな力を与えてきた科学と数学を大いに活用した。人間は数字によって動態を把握され、数字によってその経済的有用性を測定された。

科学史学者の隠岐さや香は『文系と理系はなぜ分かれたのか』［5］の中で、人文社会科学と自然科学について、次のような印象的な特徴づけを行なっている。

> 諸学問の中には、「人間」をバイアスの源として捉える傾向と、「人間」を価値の源泉と捉える傾向とが併存しています。前者の視点は、自然科学の営みにおいて特に成熟しました。後者は、人文社会科学に深くかかわっていきます。(p. 246)

つまり個々人の自由さ、その変化の可能性は人文社会科学にとっては貴重な研究の対象であるのに対して、自然科学にとっては一般法則によって記述し予測することを困難にする厄介な要因なのである。いささか乱暴にまとめるならば、人間の個性、その変幻自在な発展の可能性を称揚した人文学の文化が衰退し、それに代わって人間的なバイアスを取り除き、様々な事象――人間や社会の動向を含めて――を数学的に扱う文化が発展したのが近代という時代だった。

現在、急激に発展している人工知能は、ますます人間を数学、特に統計学によって予測可能な対象として扱うことを推進している（cf. オニール［6］）。それだけではなく、人工知能によって駆動される科学の誕生は、自然科学の中にも新たな文化的対立をもたらすかもしれない。以下でこのことについて論じる。

人工知能の発展

二〇〇〇年代以降、人工知能の分野において立て続けに大きなブレイクスルーがあった。それを象徴する初期の出来事の一つは、二〇一二年の「イメージネット大規模画像認識チャレンジ」(ImageNet Large Scale Visual Recognition Challenge; ILSVRC) だろう。これは人工知能による画像認識コンテストであり、この年、「深層学習」という技術のパイオニアの一人であるトロント大学のジェフリー・ヒントンらのチームが従来を大幅に上回る成績をあげて優勝した。また二〇一五年には同コンテストでマイクロソフトのチームが人間を上回る性能を示して優勝した。これらのニュースは専門家の間で大きな話題になっただけでなく、非専門家にも「ディープ・ニューラル・ネットワーク」や「深層学習」といった言葉を知らしめることになった。

もう一つの象徴的な出来事に、二〇一六年三月、DeepMind 社が開発した AlphaGO が、世界で最も強い棋士の一人、イ・セドルと五局対戦し四勝一敗で勝利したことが挙げられる。AlphaGO は翌年には世界タイトル三冠の柯潔と対戦して三勝無敗で勝利した。その手法もまた驚異的だった。AlphaGO は人間から何が良い指し方なのかを教わったわけではない。過去の対局の記録と、そして自己対局から学習し、いわば独学で強くなった。

さらにそのおよそ一年半後、二〇一七年に発表された AlphaGO Zero は、囲碁のルールだけを教えられた後は自己対局のみから学習を行ない、四〇日後には過去のバージョンよりも強くなっていた。さらにさらにその二か月に発表されたAlphaZeroは同じ手法を一般化して、チェス、将棋、囲碁において半日にも満たない学習で既存の最強のＡＩ（囲碁ではAlphaGO Zero）に勝利するまでになった。

この頃から人工知能関連のニュースがテレビや新聞、雑誌などのメディアでも頻繁に報じられるようになり、現在のブームが始まった。そしてそれと同時に人工知能が様々な分野、タスクにおいて人間以上のパフォーマンスを発揮するようになり、「人工知能が人間の仕事を奪う」という可能性が論じられるようになった。

例えばイギリスの経済学者カール・Ｂ・フライとマイケル・Ａ・オズボーンは二〇一三年に「雇用の未来」と題されたレポートの中で、米国の労働省によって分類された七〇二種類の仕事について、独自の指標を用いてコンピューター化の影響の受けやすさを算出した［7］。そしてそれらのうち四七％に関して、一〇年以内にコンピューターに置き換えられるようになる可能性が高い、と推定した。

こういった予想においては、しばしば機械に置き換えられやすい（にくい）タスクがどのようなものであるかが論じられる。そしてルーティンにすることができない高度な頭脳労働、抽象的な概念を作り扱う仕事、人間相手の社会的スキルが要求される仕事などは機械に置き換えることが難しいと考える人々が多かった（e.g.［7、8］）。

おそらく科学研究は人間が行なう最も高度な頭脳労働の一つであり、それゆえ機械によって置き換えることが難しいと考えられるかもしれない。しかしチェスや将棋、囲碁のようなゲームもまた非常に高度な知性が要求されるものであり、かつてはそこで人工知能が人間を超えることはないと考える人々もいた。しかるにこれらのゲームにおいても現在では人工知能が人間の名人を凌駕している。そう考えれば科学も必ずしも安全であるとは言えないだろう。

人工知能の科学への応用

人工知能は現在ではおよそあらゆる科学の分野で応用され、科学者にとって不可欠のツールになっている。二〇二四年には、人工知能関連の研究がノーベル物理学賞とノーベル化学賞を受賞して話題になった。物理学賞の受賞者の一人は上述したヒントンである。ヒントンはジョン・ホップフィールドとともに物理学の基本的な概念と方法を人工知能の技術に応用して重要なブレイクスルーを可能にしたことが評価されて受賞を果たした。化学賞を受賞したのはデイヴィッド・ベイカー、デミス・ハサビス、ジョン・Ｍ・ジャンパーの三人で、ハサビスは上述のAlphaGOを開発したDeepMindの創設者である。ハサビスとジャンパーは共同でAlphaFold2というたんぱく質の立体構造を予測する人工知能を開発し、これまでのシステムでは不可能だった精度で予測することを可能にした。

たんぱく質の立体構造を予測することの難しさの一端は解が存在する探索空間の大きさにある。これは将棋や囲碁の難しさにも通じる問題である。コンピューターは人間よりもはるかに計算が早い。探索空間がそれほど大きくなければそこをくまなく探し回ることで人間よりも早く解を見つけることができる。探索空間が大きい場合でも、何かしらの効果的な探索の指針、ヒューリスティックがあれば、コンピューターにそれを教えて探索させることができる。しかしそのようなヒューリスティックが人間にも分かっていない時にはどうすればよいのか。どうしようもない、というのが二〇世紀末までの人工知能の状況だった。その状況を変えたのが現在の機械学習のテクニックである。

現在の機械学習では、とにかく多くのデータをニューラル・ネットワークに与え、システムに自動的にデータの中に存在するパターンを学習させることが可能になっている。この方法により、機械は人間には識別できないような複雑で微妙なパターンを学習することができる。これによって、どんなに計算の早いコンピューターでもしらみつぶしに調べるのは不可能な広大な探索空間から効率よく解を予測することが可能になった。

さらに単なる探索のツールというのに留まらず、データ収集、仮説の生成、実験による仮説の検証といった科学における主要なタスクを自動化・機械化することを目指している人々もいる。人工知能研究者の高橋恒一はこのような科学を「AI駆動科学」と呼ぶ。(1) Nobel Turing Challenge Initiative は「二〇五〇年までにノーベル賞に値する大きな科学的発見を自律的に行うAI科学者を開発する」という目標を掲げている。(2)

人工知能を科学研究に応用することに対しては大きな期待と同時に懸念も持たれている。人工知能に期待されることとしては、人工知能なしには知ることのできないであろう多くの知識を発掘すること以外にも、ルーティン的な仕事を人工知能に任せることで人間の科学者はより創造的でやりがいのあるタスクに専念することができる、といったことが挙げられるだろう。その一方で懸念としてはAIとロボットは全面的に科学者の仕事を奪うか、科学全体をルーティンに変容させてしまう、人工知能によって駆動される科学においては科学的な知識が人間にとって理解不可能なものになってしまうかもしれない、といったことが挙げられる。

大量のデータからの学習によって作られた予測や分類のためのモデルに関しては一般に人間にはその出力の理由が分からないということが起こりうる。なぜならそのようなモデルにおいて、特定の入力と出力の結びつきは人間によって把握しやすい数式や自然言語によって表されるものではなく、ニューラル・ネットワークを構成している膨大な数のノードの一つ一つで行なわれる処理の集積によって決まっているので、どのようなプロセスを経て特定の入力が特定の出力を生み出すのかを人間が理解することは困難だからである。またそれらのノードでの処理は人間には把握しれない大量のデータに基づいてチューニングされており、どのようなデータがそのモデルの構成に貢献したのかを特定することも難しい。現在の人工知能がしばしば「ブラックボックス」であると言われるのはこの故にである。

例えば裁判で再犯可能性予測に使われる人工知能がブラックボックスになることは問題だろう。他者に重大な影響を与えうる判断については十分な正当化と説明責任が求められるからである。一方で商品推薦、広告のパーソナライズ等に使われる人工知能は、企業に利益さえもたらしてくれるならブラックボックスで構わないと思われるだろう。では科学研究の目的で使われる人工知能がブラックボックスになることには何か問題があるだろうか？　人工知能の判断が人間の理解を超えていたとしても、現象を予測・制御したり、有益な技術を開発したりすることには役に立つ。例えば気象や生態系の動向をこれまでよりも正確に予測する人工知能が実現すれば有用性は高い。たとえその予測がどのようにして導き出されたのかを人間が理解できなくても、私たちはそういった人工知能を開発・利用するだろう。

科学の価値と科学の疎外

しかしながら科学の価値とはそのような実利に直接結びつくものに限られない。科学的知識はそれ自体として他のものに代えがたい喜びをもたらすように思われる。古代ギリシャの数学者・物理学者アルキメデスは湯船に浸かっていて、王冠の金の純度を求める方法を思いついたとき、裸のまま外に飛び出し、「ユリイカ（分かったぞ）！」と叫びながら町中を走り回ったと伝えられている。同じく古代ギリシャの哲学者デモクリトスは「ペルシャの王国を手に入れるよりも、一つの原因を発見したい」という言葉を残している。ルネサンス期の芸術家にして科学者でもあったレオナルド・ダ・ヴィンチは「最も高貴な喜びは、理解することの喜びだ」と述べたと言われている。二〇世紀のイギリスの数学者ゴッドフレイ・ハーディは、友人である哲学者バートランド・ラッセルに向かって数学的証明の魅力について語り、もしも五分後にラッセルが死ぬということを数学的に証明できたら、ラッセルを失う悲しみよりもそれを証明できたことの喜びが勝るだろう、と述べたそうである。

これらのエピソードに示されるように、何かを発見すること、知ること、理解することにはそれがもたらす実用的な利益とは異なる価値があるように思われる。現象の背後にある原理を明らかにすること、より深い知識を得ることに伴う喜びもまた科学の持つ重要な価値である。そしてその喜びは科学者だけのものではない。科学について一般読者向けに書かれた書籍がベストセラーになることも度々であるし、またテレビやYouTubeなどの動画配信サービスでも科学について分かりやすく解説したものは人気のあるコンテンツの一つになっている。

私たちが科学的な発見に喜びを感じる理由について、物理学者のスティーヴン・ワインバーグは一種の進化的と言えるような説明を与えている。つまり人間は長い年月の末に「うまく機能する」ような科学理論に対する「美的感覚」を発達させ、やがてはもともとの目的を気に掛けることなく、その美的感覚が満たされるような知識を追求するようになったのだ、と彼は述べている（[9]、pp. 326-327）。これは私たちが糖分や脂肪分のような生きていくために必須な栄養をおいしいと感じる味覚を発達させたのと同様だ、ということである。ワインバーグによれば科学の模範はニュートン力学であり、その特徴は「幅広い様々な現象を精密に支配するシンプルな数学的原理」（p. 313）

を確立することにある。だとするとワインバーグに従えばそのような理論こそが「うまく機能する」ものであり、そして人間はそれを見つけることに大きな喜びを感じるように美的感覚を発達させてきたということになる。

精密でシンプルで一般性の高い理論が人間にとって「うまく機能する」理論であるということは理解できる。例えば放り投げられた物体がどこに落下するかを一〇メートルの誤差で予測できるよりも、一メートルの誤差で予測できる方が役に立つに決まっている。また原理が単純であればそれを適用する場面で私たちの認知的負荷が小さくて済むし、その知識を他者に伝達することも容易である。そして一般性が高いということは、それを適用することができる場面が多いということである。要するに単純な原理で多くの現象を説明できるということは、世界が私たちに突きつける課題に集団として取り組む際の私たちの認知的負荷を軽減し、知的資源を節約してくれる。

しかしながらＡＩ駆動科学においては、最早このような特徴は必ずしも理論の美点ではなくなる。上述したように機械学習の結果として構築されたモデルは人間の脳で理解できるようなものではなく、また人間から人間に伝達できるものでもない。「知識」はニューラル・ネットワークの複雑な構成の中に蓄えられており、それを現実の問題に応用して有益な予測を出力するのはコンピューターに任されている。そしてまたその知識は電子媒体から電子媒体に直接コピーされることで伝達される。つまりワインバーグが科学の模範とするニュートンの物理学に顕著な特徴（単純さや一般性）は、人間の認知能力やコミュニケーション能力の乏しさの故に美点と見なされる――そしてそのため人間にとって快く感じられる――のであり、人工知能のような人間とはまったく異なる形の認知能力とコミュニケーション方法を有する存在者にとっては余分な制約でしかない。そういった制約に縛られないことで、ＡＩ駆動科学はこれまでの科学の方法では到達できないような新しい「理論」、「知識」を新たに見出している。

ＡＩ駆動科学においては、人間にとっては理解できないような科学的理論（予測モデル）でも機能させること――すなわち何らかの実用的な利益をそこから得ること――ができる。人間が考え出す理論よりも人工知能の予測モデルの方がより「役に立つ」、すなわちより多くの実利をもたらすならば、将来的には人間的な科学は縮小し、人工知能による科学が重視されるようになるだろう。その時、科学的知識は人間にとっては理解できない謎めいたものになるが、人間は人工知能の予測にただ従っていれば良い、ということになるかもしれない。そして科学における重要な価値と見なされた、「知ること」、「発見すること」、「理解すること」のもたらす喜びは失われるかもしれない。これは人間にとって「異質な科学（alien science）」であり、「科学の疎外（alienation of science）」とでも呼ぶべき状況である、と呉羽ら［10］は指摘する。

新しい「二つの文化」

近代以降、学問における人文学の地位は低下しているとはいえ、しかし完全に廃れた訳ではなく、近年ではその重要性が再評価されている部分もある。その理由はいくつかあるが、一つには人間や社会に関しては、理工系のアプローチでは扱いきれない側面があり、人文社会科学がそのような側面において自然科学や工学を補う役割を果たすことができると考えられるようになっていることが挙げられるだろう。特に二〇世紀後半以降、科学技術がもたらす様々な問題に関しては、科学だけで決着をつけることができないものだという認識が広がっている。例えば二〇〇一年に公表された内閣府「第2期科学技術基本計画」においては次のように書かれている。(3)

人文・社会科学の専門家は、科学技術に関心をもち、科学技術と社会の関係について研究を行い発言するとともに、社会の側にある意見や要望を科学技術の側に的確に伝えるという双方向のコミュニケーションにおいて重要な役割を担わねばならない。我が国の人文・社会科学は、これまで科学技術と社会の関係の課題に取り組む点で十分とはいえなかった。今後は、「社会のための科学技術、社会の中の科学技術」という観点に立った人文・社会科学的研究を推進し、その成果を踏まえた媒介的活動が活発に行われるべきである。

そのため、工学や医学、自然科学系の研究プロジェクトにおいても人文社会科学者がメンバーに入れられることが増えているように思う。「学際」、「分離融合」、「総合知」といった言葉が近年のアカデミアでは流行語となっているが、これは近代以降に学問が細かく専門分化し、特に人文社会学と自然科学と工学が分断されてきたことに対する反省と揺り戻しの動きがあることを反映しているのだろう。しかしながらこのような動きの中では人文社会科学が、自然科学や工学や医学などの下請けのような役割を期待されているということも否めない。

もちろんこのような科学技術と社会の相互作用を研究し、それらの相互理解を媒介することは重要であり、倫理学や法学などがそのために有益であることは確かである。しかしこのような役割に適さない分野も人文社会科学にはあり、人文社会科学が科学技術のために役立たなければならないという認識のもとでは、その役割に適さない分野の研究の重要性が相対的に低く評価されることになるかもしれない。

AI駆動科学が発展、普及するにつれて同じようなことが起こる可能性がある。上述したようにヒントンとホップフィールドが二〇二四年にノーベル物理学賞を受賞したのは、物理学を人工知能に応用して重要なブレイクスルーを起こしたことが評価されたからである。科学において最も権威のあるノーベル賞が、人工知能の発展に寄与したことを物理学における最も重要な成果の一つと見なした。これは科学の歴史において重大なターニングポイントとして記憶されることになるかもしれない。

今後おそらく人間的な科学が完全に廃れることはないだろうが、しかしAI駆動科学が拡大するにつれて人間的な科学は縮小することを余儀なくされることは確かだと思われる。現在、大学に人文学は不要だとしばしば唱えられるように、ＡＩ駆動科学の役に立つものでない限り大学に人間的な科学が不要であると言うような議論が出てくるかもしれない。

実際、そのような動きは既にみられている。例えばイギリスの名門校、レスター大学では、二〇二一年から数学や計算機科学の基礎理論に従事する研究者を「余剰」とするリストラが行われている。大学は「卓越性のための形作り shaping for excellence」という名目で五つの部局を閉鎖あるいは縮小する計画を進めている。情報学と数学は統合されて、ＡＩ、データ科学、コンピュータ・モデリング、「デジタライゼーション」に特化した学部になり、その際に、これまでにこれらの分野での業績のない計算機科学の基礎理論などを専門とする教員は「余剰人員」とされた。これに対してレスター大学の情報学科、数学科の教員たちは「計算機科学の基礎は余剰ではない」、「数学は余剰ではない」という署名嘆願のキャンペーンを実施した(4)。

このような動きは今後、あちこちで見られるに違いない。個人的には、私は人間による科学にはＡＩ駆動科学にはない価値があると思うし、それが縮小していくことを惜しいと思う。しかしながら科学的な発見や理解がもたらす純粋な喜びの故に維持されるべきだという正当化に、多くの市民を納得させるだけの説得力があるのかどうかは確信が持てない。人間による科学を廃れさせないためには、人間による科学の価値について再考し、それを訴えていかなければならないだろう。

結び

本稿ではＡＩ駆動科学の台頭が伝統的な科学との間に摩擦を生み出す可能性について考察した。二〇世紀半ばにＣ・Ｐ・スノーは人文学と自然科学という「二つの文化」の間の分断に警鐘を鳴らしたが、同じことが伝統的な科学とＡＩ駆動科学の間にも起こるかもしれない。

ＡＩ駆動科学は従来の科学が持っていた価値を欠いたものになることが予想される。それはこの世界の原理を知ることによってもたらされる喜びや感動である。これは科学の「疎外」と呼ぶべき状況である。しかしながらＡＩ駆動科学の効率性の高さゆえに、伝統的な科学は縮小を余儀なくされる可能性が高い。現代でも科学に短期的で分かりやすい成果を求める風潮があり、それがすぐに実利を生み出す研究への集中的な投資に繋がっている。

もしも伝統的な科学を維持していこうと思うのであれば、私たちは科学の価値について再考し、市民に対して科学の魅力を説得力ある仕方で訴えていく必要があるだろう。

参考文献

[1] C. P. Snow, *Two Cultures and Scientific Revolution*, Barakaldo Books 2020.
[2] 池上俊一、『イタリア・ルネサンス再考――花の都とアルベルティ』、講談社学術文庫、講談社、2007年。
[3] Bard Thompson, *Humanists and Reformers: A History of the Renaissance and Reformation*, William B. Eerdmans, 1996.

［4］ジークムント・バウマン、『リキッド・モダニティ——液状化する社会』、森田典正訳、大月書店、2001年。

［5］隠岐さや香、『文系と理系はなぜ分かれたのか』、星海社新書、星海社、2018年。

［6］Cathy O'Neil, *Weapons of Math Destruction: How Big Data Increases Inequality and Threatens Democracy*, Penguin Books, 2017. 邦訳：キャシー・オニール、『あなたを支配し社会を破壊するＡＩ・ビッグデータの罠』、久保尚子訳、インターシフト、2018年。

［7］Carl B. Frey and Michael A. Osborne, "The Future of employment: How susceptible are jobs to computerisation?", The Oxford Martin Programme on Technology and Employment, 2013. https://www.oxfordmartin.ox.ac.uk/downloads/academic/future-of-employment.pdf
［8］エリク・ブリニョルフソン、アンドリュー・マカフィー、『ザ・セカンド・マシン・エイジ』、村井章子訳、日経ＢＰ、2015年。

［9］スティーヴン・ワインバーグ、『科学の発見』、赤根洋子訳、文藝春秋、2016年。

［10］呉羽真、久木田水生、「ＡＩと科学研究」、稲葉・大屋・久木田・成原・福田編著、『人工知能と人間・社会』、勁草書房、2020年。

注

（1）インタビュー「科学と技術の関係性が変化、ＡＩ駆動で目指す新たな価値創出（https://www.jst.go.jp/ristex/hite/topics/458.html）
（2）https://www.nobelturingchallenge.org/
（3）https://www8.cao.go.jp/cstp/kihonkeikaku/kihon.html
（4）https://ipetitions.com/petition/foco-is-not-redundant https://www.ipetitions.com/petition/mathematics-is-not-redundant

哲学教育ワークショップ
「『特別の教科　道徳』の指導要領と道徳教育」報告

阿部《あべ》　ふく子《こ》
中川《なかがわ》　雅道《まさみち》

二〇二四年度の哲学教育ワークショップは「『特別の教科　道徳』の指導要領と道徳教育」と題して、五月十九日（日）十三時十分から、十五時四十分に高知大学で行われた。提題者とコメンテーターは、次のとおり。

提題　中川雅道（神戸大学附属中等教育学校）　髙宮正貴（大阪体育大学）
　　　中野浩瑞（兵庫教育大学附属小学校）　劔仁美（新潟市立新潟小学校）
　　　阿部ふく子（新潟大学）
コメンテーター　河野哲也（立教大学）
司会者　中川雅道

中川から趣旨説明、全体の提題を行った後に、三つの提題が行われた。

趣旨説明・全体提題「『特別の教科　道徳』を検討する——指導要領、道徳教育、哲学・倫理学」中川雅道

二〇二〇年に公開された日本学術会議の報告の内容を提示し、「特別の教科　道徳」の指摘を再考した。四つの問題として取り上げられた「国家主義への傾斜」「自由と権利への言及の弱さ」「価値の注入」「多様性受容の不十分さ」について、大きく状況は変化していない。教科書に登場する教材が一元的な価値を教えるために作成され、児童・生徒たちのリアリティから離れているという現実がある。四つの展望として「哲学的思考の導入」「シティズンシップ教育への接続」「教員の素養と教員教育」「教科書の検討と作成」について、教科書については十分に検討されているとは言えない内容項目、「友情、信頼」の説明の中に「異性についての理解を深め」など、異性愛のみを前提とした記述がある中で教材が作成されているので、教科書に多様性が受容されないのは、ある意味で当然だと思われる。教科書をあらためて検討するなど、哲学・倫理学からの働きかけが重要である。哲学対話の実践について、実践を豊かにするためには具体的な授業から、どのような資質・能力が育まれるのかを考え、それを学習指導要領に反映していく努力が不可欠である。

参考文献

日本学術会議報告「道徳科において「考え、議論する」教育を推進するために」(2020) 哲学委員会、哲学・倫理・宗教教育分科会。

提題１「道徳的諸価値の正当化、これからの道徳科授業を支える３要件
——複数の価値理解・知識人としての教師・自己を見つめる学び」高宮正貴・中野浩瑞

日本学術会議の報告で「道理ある不一致」が取り上げられたため、「道徳の内容項目に含まれている道徳的諸価値は正当化できるか?」を考えた。カント主義哲学者のオノラ・オニールの倫理学に依拠すると、①複数性、②つながり、③有限性という三つの前提条件に基づけば、道徳的諸価値の多くは正当化されうる。たとえば、人間の能力は有限だから、お互いに助け合って生きていく必要がある（親切、連帯）。他者から助けられるだけでなく、自分も他者を助ける人になるためには、自分の能力を伸ばさなければならない（個性の伸長）。オニールは「家族愛」「郷土愛」「愛国心」を徳としては挙げていな

いが、公的制度として人々の生活を保障する社会正義だけでは人間の傷つきやすさに対応できないので、家族、地域社会、国などの場で親切などの徳を発揮することが要請される。しかし、このように道徳的諸価値の正当化が可能だとしても、その上で、道徳授業では「原理」と「適用」（価値をいつ、どこで、どのように適用するのか）の違いを考える必要がある。

「道理ある不一致」を前提にすると、単一の価値理解だけなく「複数の価値理解」を基に子どもに考えさせることも必要である。「複数の価値理解」は子どもに任せるだけでは出てこないので、「知識人としての教師」があらかじめ「複数の価値理解」を捉えておく必要がある。「心情主義」から脱却するためには、今後は（複数の）知的な価値理解を重視する必要がある。哲学対話で自由に対話させるのもよいが、先人の思想等に由来する「複数の価値理解」を基に、子どもが生き方についての考えを深めることもできる。しかし、従来の道徳科授業が大切にしてきたことに「自己を見つめる学び」がある。知的な価値理解と同時に「自己を見つめる学び」をこれからも重視したい。

コメンテーターや参加者との対話を通じて見えてきたことは、一つは批判的思考力の重要性、もう一つは道徳を実現する上での「生態学的条件」の重要性である。後者については、価値の「阻害条件」のうちの「社会（環境）条件」について社会科で考えるなど、道徳科と社会科のカリキュラム・マネジメントが必要になる。

参考文献

オノラ・オニール／髙宮正貴・鈴木宏・櫛桁祐哉訳（2024）『正義と徳を求めて――実践理性の構成主義的説明』法政大学出版局。

村上敏治（1973）『道徳教育の構造』明治図書。

提題２「制度と実践のあいだで考える道徳授業」阿部ふく子・劔仁美

日本学術会議報告「道徳科において「考え、議論する」教育を実現するために」（2020）では、道徳授業における「哲学的思考の導入」の必要性が強調され、その一つの可能性としてP4Cの哲学対話が提案された。阿部・剱は二〇一六年より新潟大学附属新潟小学校と新潟市立新潟小学校にて哲学対話を取り入れた道徳授業の構築のために連携してきたが、その中でつねに直面してきた問題の一つが、哲学対話を道徳授業に実際に「導入」しようとする際に前者の自由さが「道徳の内容項目」や教材など既存の制度に反応して必然的に生みだす種々のエラーをどう考えればよいのかということである。阿部・剱の発表では、「哲学的思考」を「導入」することはそもそもどのような次元で可能なのか?という根本的な問題提起をおこなった上で、剱による授業実践報告とJ・ウリの「制度を使う精神療法」の着想も踏まえて次の展望を示した。

端的に言えば、「うまくいかない」現象に着目して、対話主体や所与の制度、ひいては制度そのもののどこに機能不全が生じているかを捉え、制度と実践のずれを含めた「現場で起きていること」こそをふたたび「哲学すること」が求められる。道徳の内容項目も哲学対話の形式も、至上目的ではなく、場所や人びとの具体性に対してさしあたり与えられる第一次的なものにすぎない。対話の現場で起きた反対話的・非対話的なこと（＝ままならなさ）は、形式に対する純粋な反応としてである。この経験的な内容を受けとめ、振り返り、次の実践へのフィードバックを担う思考にこそ、哲学と対話の本領はあるのではないか。

男女共同参画ワークショップ
「哲学史研究・教育にジェンダーの視点をいかにとりいれるか」報告

小島《こじま》　優子《ゆうこ》

1　テーマ設定について

大学教育にジェンダー科目が取り入れられ、ジェンダーの視点が社会に広まっていく中で、哲学・倫理学の教育研究の中にもジェンダーの視点を取り入れることが段階的に行われてくるようになった。本ワークショップでは、従来の哲学史教育研究にジェンダーの視点をどのように取り入れることができるか、そしてジェンダーの視点を加えた哲学史教育研究により、どのような課題を哲学的観点から検討することができるかについて議論を行った。

従来、男性の立場から論じられていた哲学を、ジェンダーの視点から捉え直すことにより、新たな哲学的観点からの教育研究を構築することができる。この方法においては、生物学的知識の遅れや、社会的に女性の地位が低かった時代的背景を考慮したうえで、ジェンダーについて検討する必要がある。フェミニスト的視点から学問を読み直す際に、哲学に求められるのは、従来の哲学史教育研究にジェンダー的視野を取り入ることにより「知」を問い直し、哲学的観点からジェンダーについて考察と検討を加えることである。

2　哲学史各分野の教育研究におけるジェンダー

提題者の八幡さくらは、これまで男性中心的に描かれてきた哲学史に対して、近代ドイツ哲学・美学における「女性哲学者」の存在に注目し、哲学のあり方についてジェンダーの観点から問題を提起した。近年刊行された、ダリア・ナサル編纂の*Women Philosophers in the Long Nineteenth Century: The German Tradition*（2021）では、アカデミックな哲学から過小評価されてきた女性哲学者たちの著作を正当評価すべきという立場から、「女性哲学者」研究の意義が論じられる。この著作では、「女性哲学者」に注目することで、いかに従来の哲学史が変わりうるのかという問いが立てられた。八幡が一橋大学の演習でこの著作を扱ったところ「女性哲学」研究に関わる問題点として、いかに「哲学」の意味を広げるかという課題が見いだされ、その解決策として「世界哲学」研究としての新たな哲学史確立の可能性が提示された。さらに解決の一提案として、文学や歴史学など隣接領域との共同研究や、女性哲学者たちの文献一覧の作成を行う事が挙げられた。

このような中で、ジェンダーの観点を取り入れた哲学教育については、演習や哲学入門の一部として扱うなどの対応が考えられる一方、日本語の教科書がないという課題が残る。さらに、ジェンダーに関わる観点に立つ人びととの共同の知的営みに向けて、大学内外で女子学生の安全な居場所を確保することについて、八幡から提言が行われた。

提題者の柿本佳美は、ジェンダー視点からフランスの哲学史の再検討を紹介した。あらゆる領域におけるジェンダー平等を目指すフランスでの取り組みは、哲学史の再検討と女性哲学者の再評価を促している。フランスではフェミニズム論から影響を受けて、ジェンダー視点からのデカルト研究は、テクスト分析の原則と、時代背景を考慮したデカルト哲学の生成という二つの分析方法によって行われてきた。

フランスでは、長年にわたって女性は知の探求から排除されてきた。しかし、女性が存在しない哲学の学説について学ぶとき、女子学生は女性を主体にして読み替え、哲学的著作のなかに女性にもあてはまる普遍的な要素を見出し、学説を理解することもある。女性にとって、ケアワークや日々の小さな出来事のなかで誰かから手を差し伸べられ、あるいは差し伸べる経験は、人間の生とは何か、ひとが自律的であるとはどういうことかを問い直すきっかけとなる。そして、女性による哲学探究を知ることは、「自律的な個人」としての「人間」から、他者との関係のなかで相互に個人を尊重する哲学へと誘う契機となりうる。女性による哲学は、従来の哲学とは異なる視点を持つ哲学、人間存在を探求する哲学として位置づけられることによって、哲学全体の射程を広げ、豊かなものにすることが提示された。

コメンテーターの植村玄輝は、大学における哲学史研究・教育に携わる者として、二十世紀初頭の女性現象学者たちに関する自身のこれまでの研究や、「哲学史研究の哲学」についての研究を踏まえながら、提題にコメントを行った。まず、二十世紀以降、大学で研究教育される哲学が女性にも開放されたが、制度化された哲学における過去の女性哲学者を研究することは、旧来の哲学像をあまり揺るがさないように見える。この点について、制度化された哲学は多くの研究者よってより深い分析が可能になる一方、自分たちの問題設定にあてはまらない研究を見落としている可能性について提題者との間で質疑が行われた。次に、哲学史研究・教育にジェンダーの視点を取り入れることの困難について提題者に植村から質問がなされ、一般の資料が少ないことが課題として挙げられた。

また、哲学史における女性とその「不在」を論じるためには、狭い意味での哲学研究を超えていくことも必要となる。議論の中で哲学者の著作とは異なる書簡などを通じて、今までの研究では見えていなかった豊かさや、新たな側面が引き出される可能性が示唆された。最後に日本哲学会に対しては、女性研究者に安全な居場所を作り、次世代の研究者を育成していくことの必要性が確認された。

〈応募論文〉

ヘーゲル良心論の意義とその思想史的文脈

――良心と事例の関係に着目して

池松《いけまつ》　辰男《たつお》
（島根大学）

1　序論

本稿は、ヘーゲルの良心論を思想史的文脈をふまえて再解釈するとともに、その意義の考察に新たな視点を提示するものである。

ヘーゲルの実践哲学は、現在、主にカントの継承と批判の観点から再評価が進行中である(1)。例えば現代社会哲学の主潮の一つとしての現代承認論の系譜は、ジープによる、カントへの応答としてのヘーゲル実践哲学の発展史的研究を先駆とする(2)。同じくモイヤーも、ウィリアムズ等の現代英米倫理学の主潮を念頭に、現代倫理学は依然様々な点でカントを「消化中」であるとして、まさにそのカントの継承と批判の原点としてのヘーゲル実践哲学への回帰、ひいては「ヘーゲル倫理学」の再興を説く(3)。双方の動きはまた、そのカントの懸案、すなわち実践における普遍的なもの（義務その他の規範一般）と特殊なもの（個人の状況と動機）との両者をいかに媒介するか、という問題への関心をも共有している。そしてまさにそこで鍵とされるのが、カント批判に出発しながら両者の媒介を主題とする、ヘーゲルの良心論である(4)。ヘーゲル良心論を、その実践哲学の再評価をも見据えていかに解釈するかは、現代ヘーゲル研究の最重要課題の一つといえよう(5)。

しかし、そのヘーゲル良心論の思想史的文脈の研究は、現状この課題に対応しきれていないように思われる。もちろん、直近の背景にロマン主義の動きがあること、またそこで「良心」が頻出していたことは確かである(6)。しかしそれでは、ヘーゲルは単にたまたまロマン主義への言及の過程で良心に言及したにすぎないのか。それとも、他でもなく良心をカントへの応答の鍵とすることには、良心そのものの意味に由来する相応の必然性があるのか。それを説明するためには、ロマン主義に加えカントやそれ以前を含む、より広い文脈を特定する必要がある。しかし現状こうした研究の蓄積は十分ではない。

こうした先行研究の落丁を補うことは、まず当然、ヘーゲルの想定する「良心」の意味と、ヘーゲル良心論の思想史上の意義の解明に寄与するように思われる。[7] だがのみならずそれは、ヘーゲル良心論の結論の解釈、そして何より現代の実践からみた意義の考察にも寄与するように思われる。前者については、ヘーゲル自身が結局、普遍的なものと特殊なもののいずれを重視していたかという問題が、先述のジープ以降の懸案として残されている。[8] 本稿の試みはこの問題への判断材料を補うものとなる。後者については、ヘーゲル内部の論点と、同じ文脈・問題意識を共有する現代の実践一般とのより広範囲かつ内在的な接続の可否が、やはり懸案として残されている。従来の思想史的文脈の研究は、ロマン主義前後を中心とする限り、この接続の余地が狭すぎる。一方また現代における再評価の動きも、思想史的文脈への接地を欠く限り、ヘーゲルと現代との「驚くべき偶然の一致」を示すのみになるリスクを負う。[9] 本稿の試みはこれに対し、ヘーゲルを現代の実践と文脈に内在して接続しながらその意義を捉え、ひいては拡張するものとなる。

本稿は以下この観点から、ヘーゲル良心論の思想史的文脈の解明に着手する。第一に、ヘーゲルにおける良心の特徴を確認する。第二に、その背景が、カントの未決問題、すなわち義務（普遍的なもの）と事例（特殊なもの）との媒介の問題にあることを確認する。第三に、こうした良心と事例の関係の意味を、中世以降ヘーゲルの時代に至るまでの思想史的文脈から明らかにする。第四に、そこにみいだされた良心の両義性に対するヘーゲルなりの応答から、ヘーゲル良心論の思想史上の意義を考察する。第五に、一連の知見をふまえて、既存の解釈の懸案に応えつつ、現代の実践からみた意義の考察を行う。そして最後に、そこからみたさらなる展望として、ヘーゲルの構想が倫理そのものの再生と創始の条件への問いにも及ぶことを確認して、結びとする。

2　良心と事例の関係——ヘーゲルの場合

以下ではまず、『精神現象学』の良心節を中心に、ヘーゲルにおける「良心」(Gewissen) の特徴、およびそれとカントの未決問題との関係を確認する。

ここでまず着目すべきは、ヘーゲルが良心について、「知るもの〔*Wissendes*〕として、行為が為されるときの事例〔*Fall*〕という現実に関係する」[10] (GW9: 346) ということを強調している点である。「事例」はここでは、行為主体が行為の現場で実際に直面する個々の事案を指す。[11] ヘーゲルにとって良心はまず、そうした事例に関係する知の働きと解されるのである。これは何を意味するのか。

そもそも良心節は、直前のカント批判を承けつつその課題を克服するという文脈で登場する。良心と事例の関係も、その文脈の中で、「義務の衝突」(Vgl. A6: 224) の問題への鍵として登場する。[12] ヘーゲルによると、この問題ゆえに「道徳的意識」（カント的な行為主体）は「道徳性」を全うできないのだという。

すなわち、この意識の実際の行為は常に何らかの「具体的事例」

（GW9: 339）の中にあるが、そこで為すべき義務は通常単独ではなく複数に及び、かつそこにはそれらの義務が絡み合う「多種多様な道徳関係」（Ebd.）や、「義務を巡る対立」（GW9: 343）がつきものとなる。しかしこの意識は、各々の義務を互いに単独に普遍的に妥当するものと想定しているので、この対立をそもそも想定していない。しかもこの意識がこの対立の調停のために義務の内容を具体的に規定することもできない。というのもそのためにはこの意識は、普遍的に妥当する義務に加え、そのつどの行為が実現すべき特殊な目的をも考慮して、それを動機とする必要があるが、それはしかし、道徳性がその純粋な普遍性を喪い「不純」になることを意味するからである。結果、この意識は義務を果たせぬまま「実際に行為が為される諸々の具体的事例の只中で、一群の義務ゆえに当惑する」（GW9: 339）。だが「もし義務が実行を欠くなら何の意味もない」（GW9: 357）以上、義務を為さないわけにもいかない。かくしてヘーゲルは、カント的な義務と事例の関係の中に、道徳性の完成を阻む葛藤の悪循環をみるのである。[13]

この問題はヘーゲルにとって、初期以降ほぼ一貫したカント批判の基軸の一つである。[14] だがそれではヘーゲル自身はこの問題にいかに取り組むのか。問題の核心は、義務と事例とを媒介しながら「具体的な正しさを知り、為す」（GW9: 343）ことにある。それはまた、普遍妥当的な義務の普遍性と、特殊な目的への動機付けの特殊性との間で行為主体が陥る葛藤の調停をも意味する。[15] ヘーゲルにとってまさにそれを可能にする知の働きこそ、良心である。義務が事例を前に沈黙するとき、行為する私を導きうるものは当の私自身の他にはもはや何もない。私が私自身の権威[16]において、自己の確信（Gewissheit）に照らして、「具体的な正しさ」を解釈・決断して行為に臨むしかない。良心とはまさにこうした、私が「その自己確信の中で、それまで空虚だった義務と、同じく空虚だった正しさと普遍的意志に代わって、内容を得る」（GW9: 342）ことを可能にする、自己確信的な知の働きである。

かくして良心のもとで、所与の義務は事例に対する空虚さを補完されて「具体的な正しさ」を確立する。つまり良心こそが真の意味で「総じて初めて、行為することとしての道徳的行為である」（GW9: 343）。ヘーゲル的な良心はこの意味で、純粋な自己立法に依拠するあまり義務とその実現との矛盾に陥るカント的自律に対して、倫理の立法とその実現との双方を可能にする根拠たる新たな自律の形を示唆しているのである。[17]

一方裏を返すならこれは、義務も事例も、良心の働きの中でのみ相対的に意味を得るにすぎなくなること、つまり両者が各々それ自体で完結しなくなることを意味する。しかもここではまさにその喪失が、かえって両者の葛藤を調停して行為の実現をもたらすのである。つまり良心は「多種多様な道徳的実体を根絶」しながら、まさにその否定性の中でこの実体を統一する「否定的〈一〉」として働くのである（GW9: 343）。[18] こうした良心における自律性の側面と否定性の側面の問題については後述するが、いずれにせよヘーゲルにとって良心の特徴は、こうした形での普遍的な義務と特殊な事例との統一における行為の実現にある、とひとまずまとめることができよう。

3　良心と事例の関係とその思想史的背景
——カントの場合

しかしそもそもなぜ、良心と事例という概念が結び付くのか。以下では一度ヘーゲル内部の文脈を離れて、良心と事例の関係を巡る思想史的文脈に遡り、その背景を明らかにする。ここでまず着目すべきは、ヘーゲルの標的とするカント自身の中に、既に両者の結び付きがみられるということである。

カントにとっても良心は、事例の中で作用する人間の心の働きの一つと解される。すなわち「良心とは、一つ一つの法則の各々の事例の中で、人間にその義務を示し、有罪か無罪かを裁く実践理性である」（A6: 400）。カントはまたそれを「人間における内的法廷の意識」とも呼び、聖書の一節を念頭に[19]「その法廷に対して、その人間の思考は〔自己内部で〕互いに告訴または弁明しあう」としている（A6: 438）。

ただしカントの場合、良心自身が「或る事柄が義務か否かについての客観的判断」を下すことはない。良心が下すのは「その判断を下すときその事柄を実践理性〔……〕に照合したか否かという主観的判断」（A6: 401）のみである。つまり良心とは「行為の責任のための主観的原理」（A6: 438）であって、その権能は所与の義務の「承認」（A6: 400）に限られる。ヘーゲルと対照的に、カントは良心に対して、所与の義務と事例との間で「具体的な正しさ」を補完することを想定していないのである。

こうしたカントの良心観は彼の義務観とも連動する。カントによると、義務を事例にいかに適用するかは確かに一つの問題である。例えば本来「法の概念」は「実践（経験に与えられる事例への適用〔Anwendung〕）を目指している概念」であって、そこではまた「事例の経験的多様性を考慮すること」も必要となる（A6: 205）。しかし結局カントは、「事例への適用を考慮する限り、期待できるのは体系への漸近のみで体系そのものではない」として、この問題を法的義務の体系に対する「注釈」の位置に据え置く（Ebd.）。裏を返すなら、カントにとっての本文たる義務の体系は、「適用」を考慮せずその理解と実践がそれ自体で完結するもの、つまりヘーゲルのいう「道徳的実体」にほかならないのである。

まさにそれゆえにカントのもとでは、義務の適用の是非が問われるような例外的事例は、常に想定外となる。例えば、周知の通りカントは「人類愛に基づく嘘」の中で、たとえ友人を狙う殺人犯に対してでも嘘の禁止の義務は絶対である、というが（A9: 426-427）、それは彼が「原則」の下に例外を許容する「中間原則」を認めないからである。認めうるのはせいぜい「原則の〔……〕実際の事例に対する適用を巡る単により詳細な規定であって、決してその原則の例外ではない」（A9: 430）。同じく、例外としかいえないような事例すなわち義務の衝突についても、カントは「義務や責務の衝突は決して考えられない」という。なぜなら「義務や責務は、一般に、一定の行為について客観的な実践的必然性を表す概念であるが、互いに対立する規則が同時に必然的であることはない」からである（A6: 224）。

しかもこの観点は完全義務（法的義務）と不完全義務（徳の義務）の双方に一貫する。法的義務については、法の例外的事例すなわち「〔法の〕正当性を疑う事例」に対する妥協として「衡平」と「緊急権」を設定するのが通例であるのに対して、カントはそのいずれをも棄却する（A6: 234-236）。徳の義務についても、その事例への適用の過程に一定の解釈の余地があるのは事実だが[20]、まさにそれを問題にする「良心事例（*casus conscitiae*）」の問題すなわち「決疑論（Kasuistik）」的問題を、カントは体系の周縁に排除するのである。「決疑論は断片的に織り込まれるのであって、体系的に〔……〕織り込まれるのではない。それはただ注釈として体系に付け加わるにすぎない」（A6: 411）。

カントの良心論は今日いわゆる「良心法廷」の原型として知られる。しかしいま見た通りその良心の権能は決して大きくない。それは、義務の事例への適用の過程で良心を惑わせるような問題が、あらかじめ露払いされていることによる。確かにその良心は「良心の関係する事例」についていかなる「些細なこと」にも目を配る（A6: 440）。しかしそれはいわば安全地帯にいる良心にすぎないのであって、ヘーゲルのいう「当惑」を知らないのである。

4　良心と事例の関係とその思想史的背景
——トマスの場合

ヘーゲルの良心論が、こうしたカントにおける良心観と義務観の連動を標的としていることは明らかである。両者の争点が普遍的な義務の特殊な事例への適用にあるからこそ、ヘーゲルがカントへの応答で着目する概念は、まさにその間に立つ良心でなければならなかった。とはいえ実は、こうした形での良心と事例との関係への着目は、ヘーゲルの独創というわけでもない。むしろヘーゲルはカントへの応答の過程で、当該の関係を巡るカント以前の思想に回帰しているように思われる。しかもその原型はまさに先述の「決疑論」の歴史にみいだされる（実際ヘーゲルは『法の哲学』の中で、パスカルの『プロヴァンシアル』等を参照しながら、近世の決疑論の歴史に言及している（GW14: 123-125/§140A.)）。以下では、決疑論における良心と事例の関係の意味について、トマスから近世に至るまでの展開を確認する。まずトマスは良心について次のように述べる[21]。

> 良心〔conscientia〕は〔……〕知を〔他の〕何ものかに秩序づけて当てはめることである。それで、良心は「他と共にある知〔cum alio scientia〕」とも呼ばれるのである。ところで、知の何ものかへの適用〔applicatio scientiae ad aliquid〕とは、何らかの働き〔actus〕により為される事柄である。（ST: I^a, q.79, a.13, co.）

前提として、トマスにとって、行為の原理そのもの（「善は為し追求するべきであり、悪は避けるべきである」）は「良知〔synderesis〕」（ST: I^a, q.79, a.12, co.）と呼ばれる直観知の形で既に与えられている。この原理を起点に実践的推論が下されて、個々の為すべきことが導かれる。まさにその過程で、こうした行為の知を事例に実際に適用する知の働きが、良心である。カントと同じくトマスも同じ聖書の一節を念頭に、良心は現に為している行為についてはそれに対する私の関与を「証言」し、為すべき行為についてはその行為に私を「拘束」し、既に為された行為については私を「赦す」または「呵責する」と述べるが、しかしトマスの場合にはこれらはいずれも、「知を私たちの行為する事柄へ現実に〔actualis〕適用する」（ST: $\mathrm{I^a}$, q.79, a.13, co.）過程での、良心の意志への作用と解されるのである。

しかし、良知とは別に良心が必要となるのはなぜか。トマスによると、実践理性は複数の可能性に開かれた「偶然的事柄」（ST: $\mathrm{I^a}$-$\mathrm{II^{ae}}$, q.94, a.4, co.）に関係する。その限り、たとえ原理の帰結そのものは普遍的でも、それを事例に適用する過程では「万人に同一の真理や実践的な正しさはない」。むしろ事例が特殊になるとともに「欠陥も多くみいだされる」のである。例えば「借りたものは返すべきである」については、

> これはたいていの人々にとっては真である。しかし、或る事例においては〔in aliquo casu〕、借りたものを返すと有害となり、そのために理性に反することもある。例えば、或る者が祖国を攻撃するために返却を求めるという事例のように。そして、事柄がより特殊になるとともに、帰結の例外はより多くみいだされる。
> （ST: $\mathrm{I^a}$-$\mathrm{II^{ae}}$: q.94, a.4, co.）

事例には常に偶然性と特殊性がつきもので、原理の帰結の一律な適用は期待できない。代わりにトマスは、知の適用の過程でその事例に「特有の結論」（ST: $\mathrm{I^a}$-$\mathrm{II^{ae}}$: q.79, a.12, co.）を下すことを重視するのである。それを可能にする良心（*con-scientia*）が、普遍的なものを特殊なものと共に知る知の働きと呼ばれる所以である[22]。

5 良心と事例の関係とその思想史的背景——近世の場合

こうしたトマス的な良心と事例の関係は一つの範型となり、「良心事例」の解決を図る「決疑論」に受け継がれてゆく[23]。つまり元々決疑論とは、事例とそれを巡る葛藤の中で、良心に照らして確信を得るための思考の枠組として発展したものなのであった[24]。その問題意識はカントとは対照的で[25]、むしろヘーゲルのそれに近いといえよう。

しかし、良心に適用を巡る裁量を許す場合、良心の裁量次第で義務と事例を巡る恣意的解釈が際限なく発生する恐れはないのか。あるいは、自己確信そのものを適用の唯一の根拠とすることは、あらゆる行為の恣意的正当化をもたらすのではないのか。

決疑論者たちは当初、教育と判例に則る専門職としての権威をもって、この嫌疑を払拭してきた。しかし近世以降の社会変動と伝統道徳崩壊の中でこの事情も変容する。実践を巡る葛藤が複雑さを増す中で決疑論もますます盛んになるが、それと同時に「決疑論の濫用〔abuse〕」も蔓延し始めるのである[26]。

特にジェズイットによるこの「濫用」の実態を告発したのが、先述

のパスカルの『プロヴァンシアル』である。[27] ヘーゲルも着目する通り、そこには、ひとたび適用を巡る裁量を許された良心の権能の強さが如実に示されている。ここでは特に三つの決疑論的方法を挙げよう。

第一に「言葉の解釈」。例えばフランス語のassassinには、殺人犯一般という意味以外にも「金銭のために裏切って殺人を犯す者」という意味がある。そこに目を付け、殺人が罪に問われるのは「金銭のために裏切って殺人を犯す者」に限るとして、「無報酬でひたすら自分の友人への思いやりのために殺人を犯した者」は無罪とするのである。当然これを拡大解釈すると、「何人も、裏切って殺人を犯した者は〔……〕罰を受けなくてよい」ことになる（P: 60）。

第二に「都合のよい状況の但し書き」。例えば普通、修道士が無断で僧服を脱ぐのは破門扱いだが、或る神父曰く「恥ずべき理由で僧服を脱ぐ場合には、すぐ着直せばよい。例えばスリをしに出かけるときやこっそり遊郭に行くときである」。何故と問われた神父はこう返す。「もし修道士たちがあの格好でそういうことをしているのを目撃されたら、一体どれほどの醜聞になるでしょう」（P: 60）。要するにいかなる行為も状況次第では許される、というわけである。

そして第三に「蓋然説」。或る事例における正しさについて蓋然的でない意見はない。九九％の予想が外れることも一％の憶測が当たることもある。それこそ教皇の意見でさえも「蓋然性の領域に留まる」。そしていずれも蓋然的である限り、実はどの意見も大差なく、いずれを選ぶかは良心次第になるのである。「たいていの意見には肯定的意見と否定的意見がありますが、そのいずれにも何らかの蓋然性は含まれています。〔……〕良心の確信を得て従うぶんにはそれで十分なのです。〔……〕それらのいずれもが蓋然的であるがゆえに確実であるのです」（P: 61）。[28]

かくしてパスカルは次のように諷刺する。決疑論者の手にかかれば、「自分一人で、新たな道徳の規則を好き勝手に作ることも、教会の導きの一切を想像力の赴くまま配置することもできる」（P: 61）、と。それはまさに良心の放埒、決疑論の濫用といえよう。その後、パスカルのこの告発もあり決疑論のイメージは悪化の一途を辿る。実際、カントの時代には、その名はほとんど「詭弁」と同義となるのである。[29]

その限り、カントが次のように述べるのは、実はいわれなきことではない。「法則の下にある行為を事例として裁くのは良心ではない〔……〕（ゆえに良心事例と決疑論は良心を巡る或る種の弁証論である）」（A6: 186）。良心に適用を巡る裁量を許さないカントの立場は、決疑論とのいわば訣別宣言である。というより、多様な事例の頭越しに直接格率の普遍化可能性を問う定言命法それ自体が、実は決疑論の否定と解しうるのである。[30]

当然ヘーゲルもそこは先刻承知である。実際、『法の哲学』の中で決疑論の詭弁の数々を念頭に、そこでは最後に「主観的意見が法と義務の規則として公然と宣言される」（GW14-1: 128/§140A.）と彼は指摘する（同じ指摘は『精神現象学』の時点で既にある（GW9: 347））。決疑論を典型とする良心と事例の関係は、カントとヘーゲルの時代には既に、負の遺産としてその名を知られていたのである。

6　再びヘーゲルの時代から――良心の両義性をめぐって

以上のように、義務と事例とを媒介する形での良心の働きは、思想史上、実は両義的であった。一面では良心の決疑論的働きなしには普遍／義務と特殊／事例とを媒介できない。だが他面では良心による決疑論の濫用は一切を根本から相対化してカオスをもたらしかねない。事柄は倫理の実現と解体の双方に関係するのである。

このことはカント後の文脈でも例外ではない。それはヘーゲルがこうした決疑論の課題と、フィヒテやその流れを汲むロマン主義の課題を連続するものとみていることからも明らかである（GW14: 132-134/§140A.）。ヘーゲルの見る限り、実際そこには良心の両義性が再び露呈しているのである。

例えばフィヒテは、「法則一般を反省して自由に基づいてそれに従う」という意味でのカント的自律のみでは足りないとみて、自律の要件に「各々の特殊事例の中でこの法則が要求することを〔……〕まず判断力によりみいだし、その後でみいだされた概念を実現するという課題を自由に自己に課すこと」を付け加えている（GAI-5: 67）。そして、こうした判断力の働きと意志とが一致するときに抱かれる、義務の実行についての「確実性の感情」が「良心」である（GAI-5: 163）。かくしてその倫理の命法は「汝の義務についての最善の信念に常に従って行為せよ」または「汝の良心に従って行為せよ」（GAI-5: 146）となる。それは、或る行為を倫理的なものとする根拠が義務単体ではなく、その義務を実行する過程での自我自身の「信念」に置かれることを意味するのである。(31)

しかしヘーゲルが指摘する通り、こうした形で一切を良心としての自己自身に帰すこと、つまり一切を「自己自身に基づいて規定する」ことは、同時に、一切がその前で根本から相対化されること、「いかなる内容も自己に対しては絶対的でない」（GW9: 347）ことをも意味する。かくしてその良心の行き着く先は、「一切の規定されたものの絶対的否定性」（Ebd.）となる。

そしてヘーゲルがこの事態を、フィヒテとその流れを汲むロマン主義的な倫理のもう一つの側面とみなしていることは、『法の哲学』の次の一節で、「ひたすら私自身を享受する」自己関係的意識を「イロニー的意識」と呼ぶ事実からも明らかである。(32)実際、ここにみいだされる「至高なものの没落」は、「絶対的否定性」としての良心の一つの極限といえよう。

> 私こそが卓越したものなのであり、掟と事象の主人なのである。かくして私は、掟と事象をひたすら弄び、このイロニー的意識の中でひたすら私自身を享受している。その意識の中で、私が至高なものを没落させているのだ。（GW14: 134/§140A.）

以上のようにフィヒテやロマン主義のもとでは、カントとは別の仕方でひたすら自己自身を根拠とする自律性の追求と、それが同時に帰結する、至高なものさえも没落させる否定性とが相剋している。しかし実はこの事態は、ここで突如露呈したものというよりは、思想史上に元々みいだされていた良心の両義性が、カントの自律の思想の継承と批判を経て、一段と先鋭化したものとみなせるのである。

7　思想史的文脈からの知見（1）
——ヘーゲル良心論における良心の両義性への応答

しかし肝心なのは、カントへの応答としてこうした良心と事例との関係に着目するヘーゲルとしても、同じ問題は避けられないという点である。というのも先述の通り他ならぬヘーゲル自身が、良心における自律性と否定性の双方を、カントへの応答のために切り離せないものとしていたからである。つまり、フィヒテやロマン主義の中で一段と先鋭化した良心の両義性の問題は、同時にヘーゲル自身の問題である。それではこの問題へのヘーゲルの応答は、いかなるものになるのか。以下では、それを改めて『精神現象学』内部の文脈に戻り確認しながら、そこからヘーゲル良心論の思想史上の意義を明らかにする。

ヘーゲルはまず、いかなる良心も実際には単独では「眼前の現実を漏らさず包括することで、事例を巡る状況を正確に知り、考慮することと」(GW9: 346) はできない、と指摘する。その限り、良心がその事例の正しさを完全に確信することはないし、或る良心の規定する事例の正しさが必ず他の良心に通用するとも限らない。むしろ良心の数だけ解釈の余地はある。「良心が打ち立てる〔hinstellen〕ものについては、他者自身、それを置き換える〔verstellen〕すべを知っている」(GW9: 350)。かくして良心たちの間には「一つの不等性が到来するように思われる」(Ebd.)。というのも「打ち立てられたものを通じて表されているのは、ただ一人の他者の自己にすぎない。他者たち自身の自己は表されていない」からである (Ebd.)。

ここからヘーゲルは、いわゆる「行為する意識」と「評価する意識」との「承認」の問題に論点を移すことになる。良心の活動は事例との関係の中にしか現れない。それは同じくその事例に関係する他の良心の評価に否応なく晒されるのみならず、自己自身がその活動を担うに足るかも不断に問い質される。つまりその自己は互いに承認されうるものでなくてはならない。いいかえれば、良心の自律性はそれ自体では完結せず、なお承認の過程を経る必要があるのである。

問題はしかし、ここには承認を可能にするいかなる共通の審級もない、という点である。そもそも『精神現象学』「精神」章の他の節と対照的に、良心論に対応する既存の共同体の形態は明示されておらず、何らかの既存の規範や事実が前提されているわけでもない[33]。ここにあるのはよりにもよって、既存のものはおろか至高なものさえも没落させる否定性をもつ、良心のみである。

それでもなお承認が成り立ちうるとするなら、その可能性はこうした否定性そのものの中にしかみいだせない。ヘーゲルはここで、「行為する意識」と「評価する意識」が対立の中でいったん自己自身の承認を巡る挫折を経験することの中に、つまり否定性として働く良心が他の良心との間で否定性そのものを自ら経験することの中に、かえって可能性をみいだすのである。

すなわちまず行為する意識は、「自分は、自分の法と良心に従って、他者たちに抗って行為している〔handeln〕」と断言するが、それはしかし同時に自分が「他者たちを蔑ろにしている〔mißhandeln〕」ことを意味する（GW9: 357）。行為する良心はそこで自己が未だ承認されえないことを自覚する。一方、評価する意識は、自らは行為せずひたすら行為する良心の悪を批判する。しかし結局、その悪の判断も「行為する良心」と同じく「自分の法」（Ebd.）を参照しているうえに、そもそも自らは行為しないというのも「別の手口による悪」（GW9: 359）であることに思い至り、評価する意識もやはり自己の承認の不成立を自覚せざるをえなくなる。だがまさにそうした自覚の中で、評価する意識は「その行為する意識と同等のものとなる」（Ebd.）。つまり両者は、互いの承認の不成立という挫折を経て互いを同等のものと知り、互いの「告白」と「赦し」を経て承認に至るのである。

ただし繰り返すように、この承認を示す「和解の言葉」は両者の間に既に存在する規範や事実を肯定するものなのではない(34)。それはむしろ、否定性を自ら経験する中で、その否定性の働きそのものを自分たちの良心《ゲヴィッセン》の本性として知り（「私たちは、自分たちが純粋な知《ヴィッセン》であると知っている」（GW9: 362））、しかもそこにおいて自分たちが互いに自らを律しうる主体であることを肯定する言葉なのである。

以上のようにヘーゲルは、良心における自律性と否定性の双方を維持しながら、他者たちとの間で成り立つ承認の過程の中でのみ、両者は最もすぐれた形で結実すると想定する。しかも繰り返すように、その射程は直近の背景としてのロマン主義的文脈に終始するものではない。むしろそれは、カント後の文脈をも見据えた、良心の両義性を巡る思想史上の課題全体に対するヘーゲルなりの応答ともみなせるのであって、その限り思想史的文脈からみて遥かに広い射程の中で意義をもつのである。

8　思想史的文脈からの知見（2）
——ヘーゲル良心論と現代

以上までで、ヘーゲル良心論の思想史的文脈と、そこからみたヘーゲルの想定する「良心」の意味と思想史上の意義については、いったん示された。それはしかし、ヘーゲル良心論の結論の解釈や現代の実践からみた意義に対しては、いかなる知見を示すのか。

まず、先述の通りヘーゲル良心論の結論の解釈については、ヘーゲルは結局、普遍的なものとしての規範一般に身を置く「普遍的意識」（評価する意識）を重視していたとするジープの解釈がある。彼によると、行為する意識は、承認を経て成立する制度の全体と調和する、つまりその内部の規範一般に大枠で従う範囲でのみ、相対的に「赦し」を得られる。そしてそこにヘーゲルの良心論、ひいてはその実践哲学全体の「限界」があるというのである(35)。この解釈に対してはしかし、ヘーゲルは普遍性と特殊性の関係をより対称的・動態的にみていたはずだとする反論も複数ある(36)。しかし現状は、双方いずれも思想史的文脈への接地を欠くぶん、ヘーゲル自身の想定を推し量る判断材料があと一歩不足しているように思われる。

本稿としてもジープの解釈には首肯できない。ただしその理由はいまや、まさにその思想史的文脈をふまえたものとなる。良心と事例の関係の歴史が示す通り、決疑論の必要とその濫用、良心による自律性と否定性、そして倫理の実現と解体は、常に表裏一体と解さざるをえなかった。そこでは、普遍的なものは常に良心による特殊なものとの媒介においてしか実現されえず、しかもそこで実現した普遍的なものの中には常に、いわば、否定性という名の楔が打ち込まれるのであった。しかしヘーゲルはそれを承けつつ、まさにこうした良心の両義性を維持しながら、普遍性と特殊性との媒介を果たそうとしたのであった。この文脈からみる限り、ジープの想定するような普遍的なものの下に甘んじる「良心」は、そもそもヘーゲルの想定する「良心」とは齟齬するのである（前者の「良心」はどちらかといえばカントのそれに似付かわしい）。

次に、それではこうした思想史的文脈から振り返るとき、ヘーゲル良心論の現代の実践からみた意義とは何か。ここで再び「適用」の問題に立ち返りたい。良心と事例の関係の歴史から明らかな通り、この問題は元々カントやヘーゲルの間でのみ争われたものではなかった。むしろガダマーが指摘するように、一般に普遍的なものの理解は適用と切り離せないのである。例えばテクストの理解は常に「具体的状況」の中にあり、その限り「理解するとは常に既に適用するということである」（WM: 315）。同じく法律の条文の理解も「それを具体的訴訟事例に適用することは〔……〕一つの統一的過程である」（WM: 317）。一般に理解の過程においては、対象の中にみいだされる普遍的なものと、解釈者自身が身を置く特殊な状況とを媒介することが必要となる。その限りそれは「或る普遍的なものを具体的かつ特殊な状況に適用すること」（WM: 318）を免れない、とガダマーはいうのである。

ここで同時に着目すべきは、ガダマーの模範がアリストテレスにあるという事実である。というのもアリストテレスにおいても「人間にとっての善さは、人間が直面する実践的状況の具体性の中でそのつど生起するものなのであり、その限り、倫理的な知が為すべきことは、いわば具体的状況から何が要求されているかをみいだすことなのである」（WM: 319）。つまり問題は解釈学を超えて倫理学一般の原点にまで及ぶ。それは決して「断片」と「注釈」では済まされないのである。

　こうした解釈学の視点が決疑論と親和することは、自らの仕事を決疑論の伝統の中に位置付けて科学技術倫理の再構築に取り組む、イルガングの「解釈学的倫理学」等の動きからも明らかである。(37) イルガングはまた、ジョンセンとトゥールミンを先駆とする、決疑論に対する「不当な扱い〔abuse〕」の精算とその再評価の動きを参照しているが、この動きの原点も、生命倫理内部の臨床事例における様々な葛藤にある。(38) いわゆる応用倫理内部でのこうした動きは一貫して、近代以降の倫理学に共通する、普遍的なものとしての規範一般の原則を偏重する「原則の専制」への批判に根差している。(39) 現代の流動的で不確定な状況においては、適用の過程で普遍的なものと特殊なものとを媒介する決疑論的思考こそが（ただし濫用に陥ることなく）想起されなければならないのである。(40)

　本稿の紙幅ではこうした動きの詳細には立ち入れない。しかし少なくともそれがヘーゲル良心論と文脈および問題意識を共有していること、というよりヘーゲル良心論そのものがその先駆と解しうることは、既に明らかなように思われる。(41) それだけではない。決疑論の必要と濫用の両義性をいかに調停するかは、こうした動きの中でも依然問題として残されるように思われる。その限り、問題の両義性を良心そのものの本性として一体に捉えつつ、その双方を承認の過程の中で引き受けようとするヘーゲルのアプローチは、現代の状況でこそより一層すぐれた意義を示すのである。(42)

9　結　論

　ヘーゲルの想定する「良心」とは、普遍的な義務と特殊な事例とを媒介しながら、そのつどの行為の「具体的な正しさ」を解釈・決断する知の働きである。こうした良心と事例の関係へのヘーゲルの着目は、直接にはカントの課題への応答だが、他方ではそれ以前の決疑論の歴史への回帰をも意味する。ヘーゲルはこうした良心の中に、倫理の実現の根拠となる新たな自律性をみいだしつつ、他方ではそこに内在する否定性をも受け止め、他者たちとの承認の中で昇華させようとした。そしてそれゆえにヘーゲルの良心論は、良心の思想史一般に対してのみならず、現代倫理学における決疑論的思考の再評価一般に対しても、新たな視点を提示するのである。ただし本稿の紙幅では、この視点からヘーゲルの良心論の細部を読み直し活用することは叶わなかった。これについては今後の課題としたい。

　もう一つ、ジープの解釈の検証でも再確認した通り、良心の主体は所与の普遍的なものの下に甘んずることなく、むしろそれの解釈を引き受けつつそれを突き崩しうる主体である。そうした主体はまた互いに対して端的な他者となりうる。(43) まさにそれゆえに、こうした特異な主体の関係としての良心の承認については、その形態を既存の共同体に対応させて解釈することはおろか、その成否も予後も、実は依然一つの謎として残されているのである。(44)

だがいずれにせよ、良心の働きとその承認の先に待ち受けているのが、単に個々の決疑論的思考の実践による既存の倫理の実現でないことは確かである。(45)それはむしろ、既存の共同体とその規範全般を揺さぶりつつそこから造り直されるような、新たな倫理の到来であるように思われる。ヘーゲルの良心論はこの意味で、倫理そのものの再生と創始の条件をも示唆している――あるいは少なくとも、承認の成否が依然一つの謎である以上は、課題として提起しているように思われる。ヘーゲルは、カント以降現代にまで続く状況――義務を巡る適用とそこでの葛藤、そして「至高なものの没落」に直面する状況――を見据えて、思想史上であえてもう一度、カントの手で縮減される以前の良心を、その両義性とともに復権させた。そのことの意義は、つきつめれば、以上のような課題の提起にも行き着くのではないだろうか。この展望をもって本稿の結びとしたい。

謝　辞

本研究はＪＳＰＳ科研費（21K12826）の助成を受けたものである。

文　献

（1）テクスト

A: Kant, I., 1968f, *Kants Werke. Akademie-Textausgabe*, Berlin: W. Gruter & Co.

GW: Hegel, G.W.F., 1968f, *Gesammelte Werke*, Hamburg: F. Meiner.

P: Pascal, B., 1860, *Les Provinciales*, in *Œuvres complètes de Blaise Pascal*, tome 1er, Paris: Librairie de L. Hachette et Cie.

GA: Fichte, J.G., 1967f, *Gesamtausgabe der Bayerischen Akademie der Wissenschaften*, Stuttgart-Bad Cannstatt: frommann-holzboog.

ST: Thomas Aquinas, 1888-1906, *Summa Theologiae*, in *Sancti Thomae de Aquino Opera omnia iussu Leonis XIII P. M. edita*, Tomi 4-12, Roma: Typographia Polyglotta.

WM: Gadamer, H.G., 1986, *Wahrheit und Methode*, in *Gesammelte Werke*, Bd.2, Tübingen: J.C.B. Mohr.

（2）参考文献

Anscombe, G.E.M., 1958, »Modern Moral Philosophy«, in *Philosophy*, vol.33, No,124, pp.1-19.

Bertram, G., 2008, »Hegel und die Frage der Intersubjektivität. Die Phänomenologie des Geistes als Explikation der sozialen Strukturen der Rationalität«, in *Deutsche Zeitschrift für Philosophie*, 56, pp.877-898.

Hirsch, E., 1973, »Die Beisetzung der Romantiker in Hegels Phänomenologie«, in *Materialien zu Hegels »Phänomenologie des Geistes«*, hg. von Fulda, H.F. & Henrich, D., Frankfurt a.M.: Suhrkamp, pp.245-275.

Jonsen, A.R. & Toulmin, S., 1988, *The Abuse of Casuistry, A History of Moral Reasoning*, Berkeley: University of California Press.

Kittsteiner, H.D., 2002, »Kant and casuistry«, in *Conscience and Casuistry in Early Modern Europe*, ed. by Leites, E., Cambridge: Cambridge University Press.

Kittsteiner, H.D., 2015/1995, *Die Entstehung des modernen Gewissens*, Frankfurt a. M.: Suhrkamp.

Knappik, F., 2015, »Normativität, Autonomie und das Wissen des Akteurs von seinen Handlungen in Hegels Kritik des Gewissens«, in *Gewissen.*

Interdisziplinäre Perspektiven auf das 18. Jahrhundert, hg. von Bunke, S. & Mihaylova, K., Würzburg: Königshausen & Neumann GmbH., pp.357-371.

Siep, L., 2014, *Anerkennung als Prinzip der praktischen Philosophie Hegels. Untersuchungen zu Hegels Jenaer Philosophie des Geistes*, Hamburg: Meiner.

Moyer, D., 2011, *Hegel's Conscience*, Oxford: Oxford University Press.

イルガング，Ｂ．, 2014,『解釈学的倫理学　科学技術社会を生きるために』，松田毅監訳，昭和堂

石川文康, 2011,『良心論　その哲学的試み』，名古屋大学出版会

石田あゆみ, 1998,「良心は相互に承認しあうか　ヘーゲル『精神の現象学』の良心論」，『岡山大学文学部紀要』，vol. 29, pp.29-39.

大河内泰樹, 2023,「〈正義の批判〉としての倫理　フランクフルト期ヘーゲルのイエス論とケアの倫理の接点」，『哲學研究』，vol. 610, pp.1-16.

岡崎龍, 2022, ヘーゲル『精神現象学』の良心論の特異性　良心の対立の内実と宗教への移行を巡って」，『ヘーゲル哲学研究』，vol. 27, pp.102-114.

金子武蔵編, 1977,『良心　道徳意識の研究』，以文社

金子武蔵, 1996,『ヘーゲルの精神現象学』，筑摩書房

小井沼広嗣, 2021,『ヘーゲルの実践哲学構想　精神の生成と自律の実現』，法政大学出版局

斎藤幸平, 2013,「『精神現象学』における「承認論」の新展開」，『ヘーゲル哲学研究』，vol. 19, pp.124–140.

佐々木達彦, 2017,「フィヒテ初期道徳論における良心」，『倫理学研究』，47号，pp.112–122.

藤本温, 2005,「トマス・アクィナスと決疑論的思考について」，『中世思想研究』，vol. 47, pp.73–89.

注

（1） Bertram (2008) pp.877–879.

（2） Siep (2014) p.14–15.

（3） Moyer (2011) pp.3–14.

（4） Siep (2014) pp.131–132; Moyer (2011) p.12.

（5） ヘーゲル良心論の研究動向については岡崎 (2022) pp.102–103 を参照。

（6） Hirsch (1973) pp.245–275.

（7） 現状ではそれはおろか、良心の思想史的研究におけるヘーゲルの影そのものが薄い（cf. 金子 (1977) p.1）。

（8） 岡崎 (2022) p.103.

（9） Moyer (2011) p.10.

（10） 以下、引用文中の強調は中黒、筆者による強調はゴマの傍点で表す。

（11）「事例」（Fall/casus）は何ものかが現実に「起きること」（fallen/cadere）に由来する（Jonsen&Toulmin (1988) pp.116-117）。なお、ヘーゲルの既訳にこの言葉の定訳はないが、ここでは「良心事例」にあわせて「事例」で統一する。

（12） 小井沼 (2021) p.279–280.

（13） 金子 (1996) pp.213–216; Moyer (2011) p.35.

（14） Kittsteiner (2002) pp.185-213, p.193; Siep (2014) p.148.

（15） Moyer (2011) pp.43–47.

（16） Moyer (2011) pp.16–17.

（17） Knappik (2015) p.360; 小井沼 (2021) pp.1-8, p.310-312.　実際ヘーゲルは『法の哲学』の良心論の中で、カントの自律の概念を評価しつつも、そこに立法とその実現の双方を含むべきとしている（GW14: 118/§135A.）。

（18） Moyer (2011) p.35.

（19） *Rom.* 2:14–15.　石川 (2011) pp.24-27, 81-100.

（20）「不完全義務は活動の余地を許容する。ゆえに或る格率が特殊な事例にいかに適用されるべきかを決定するときには、判断力を必要とする問いに必ず直面する。〔……〕かくして倫理学は決疑論に直面する」（A6: 411）。

（21） トマス良心論の解釈については藤本 (2005) を参照。

（22） Jonsen & Toulmin (1988) p.135.

（23）トマスと決疑論の関係についてはJonsen&Toulmin (1988) pp.101-104, 108-109, 113-114, 123-129, p.135を参照。

（24）Jonsen&Toulmin (1988) p.11, 147; Kittschteiner (2015) p.175.

（25）Jonsen&Toulmin (1988) p.124.

（26）Jonsen&Toulmin (1988) pp.143-146, p.117, 157.

（27）決疑論とジェズイットの関係についてはJonsen&Toulmin (1988) pp.147-148を参照。

（28）蓋然説についてはJonsen&Toulmin (1988) pp.164-166を参照。

（29）Jonsen&Toulmin (1988) p.169, 238; Kittsteiner (2002) pp.185-190.

（30）Kittschteiner (2015) p.208.

（31）フィヒテ良心論の解釈については佐々木 (2017) pp.113-117を参照。良心論におけるヘーゲルとフィヒテの関係についてはKnappik (2015) pp.361-363を参照。

（32）Hirsch (1973) pp.259–261; Moyer (2011) p.107.

（33）小井沼 (2021) p.310.

（34）Beatram (2008) p.893.

（35）Siep (2014) p.149.

（36）Bertram (2008) p.882; 斎藤 (2013) pp.126-127.

（37）イルガング (2014) p.16.

（38）イルガング (2014) pp.10-11; Jonsen&Toulmin (1988) pp.3-4, 6-7, p.16.

（39）Jonsen&Toulmin (1988) p.5; イルガング (2014) p.5.

（40）Jonsen&Toulmin (1988) p.259, 260, pp.264-265, 342-343.

（41）この視点はMoyer (2011) とKnappik (2015) が立脚するアンスコム以降の現代英米倫理学の流れとも一致する（Anscombe (1958) p.2, pp.12-13.）。本稿が立証したのは、それがもはや「驚くべき偶然の一致」でないということである。

（42）類似の方向をとる一つの先例としては、大河内 (2023) による、ヘーゲルの「関係倫理」と（それ自体が決疑論とよく親和する）ケア倫理とを接続する試みがある。

（43）斎藤 (2013) pp.136-137.

（44）石田 (1998) pp.36-38; Bertram (2008) pp.897-898.

（45）小井沼 (2021) p.312にも類似の示唆があるが、その議論の範囲はカント前後の文脈に限られる。

〈応募論文〉

「実存の真理」と「愛の闘争」

――価値観の相違に対するヤスパース的回答

石神《いしがみ》 慧《さとし》
（バーゼル大学）

はじめに

ヤスパースの「愛の闘争（Liebender Kampf）」概念[1]に関しては、これまでもっぱらその性格づけが記されるだけで、その意義については十分論じられてこなかったように思われる。例えば、デブルナーやシュスラーは、それが「実存的交わり（existentielle Kommunikation）」の中で論じられていることを指摘し、その諸性格について言及しているが、その意義については不問に付している（vgl. Debrunner 1996, S. 109; Schüßler 2016, S. 36）。本稿著者が収集した文献の中で、愛の闘争について最も詳しく言及しているものは、ヴォイチェズクによるものであったが、これもまたその諸性格の記述に終始しているのである（vgl. Wojcieszuk 2010, S. 149–156）[2]。

ところで、愛の闘争は、「実存の真理をめぐる闘争（Kampf um Wahrheit der Existenz）」（Jaspers 1956a, S. 67）であるとされている。この性格づけは、愛の闘争の本質に触れているもので、その中心に「実存の真理」の問題が存在することを示唆している。この問題は、まさに現在私たちが直面しているものであって、今後避けて通ることのできないものである（後述参照）。それゆえ、愛の闘争の意義について考えてみるならば、まずこの問題を中心に考察してみることが肝要である。本稿は、これを試みるものである。

本稿の論述は次の経路を進む。最初に実存の真理の概要を示し、次にその諸問題を明らかにする。そして最後に、これらに対する愛の闘争の意義を論じる。但し、実存の真理の特殊性を際立たせるために、「意識一般の真理（Wahrheit des Bewußtseins überhaupt）」について触れておく必要がある。「意識一般の真理」とは、実存の真理と同じく、ヤスパースによって類型化された真理形態の一つであり、最も基本的な真理形態に相当するものである[3]。予めこれを了解しておくことで、実存の真理の理解がより深められるので、本稿は先にこの真理概念の概要を示すことにする。本稿の報告によって、実存の真理の問題と愛の闘争の意義がそれぞれ三種提示されることになる。

1 「意識一般の真理」

意識一般の真理は、しばしば「科学的真理」、あるいは「科学の真理」と説明されている（vgl. Jaspers 1958, S. 602; Schmidhäuser 1953, S. 126; Brea 2004, S. 148）。しかし、元々の定義は、「所与の直観と論理的な明証性に基づく言明の妥当性の中にある確たる真理」（Jaspers 1958, S. 605）である。例えば、ある人が犬を見つけて、「あそこに犬がいる」、と言えば、その言葉は真実であり、これは「所与の直観」に基づく妥当な言明に該当する。また、ある人が、「人の命には限りがあるのだから、私もいつか死ぬ」、と言う時、これもまた真実であり、これは「論理的な明証性」に基づく妥当な言明なのである。意識一般の真理とは、単純には、このような真理のことなのである[4]。

この真理は、第一に、「主体との対象的関係性」をその特徴に持つ。すなわち、この真理は、主体が対象を認識し、これに論理的操作を加えることで生み出されるものである（vgl. Schmidhäuser 1953, S. 126; Schulz 2011, S. 147）[5]。そして、真理とされた後、それは「知（*Wissen*）」（Jaspers 1958, S. 614）として、獲得や伝達の対象物として取り扱われるようになるのである。それゆえ、意識一般の真理は、徹頭徹尾主体との対象的関係性の中にあるものだと言えよう。

意識一般の真理の第二の特徴は、「普遍妥当的（allgemeingültig）」（Jaspers 1958, S. 602, 607）ということである。シュミットホイザーはこれを、「諸対象が同一のものとして認識され、概念的に定着させられる」（Schmidhäuser 1953, S. 126）ことだと説明している。前述の例を挙げて説明すれば、犬の特徴を持った動物は、人間一般に同一の仕方で認識されて、「犬」として概念化されるようになる。そしてその動物は「犬」として、人間一般に同一の仕方で認識されるようになる[6]。これら一連の認識の同一性が、ここに性格づけられていることなのである。

意識一般の真理は、第三に、「無時間的（zeitlos）」（Jaspers 1958, S. 606, 616; Schmidhäuser 1953, S. 126 f.）なものであるとされている。ヤスパースはそれを、「時間や歴史、また、それ［その真理］を考える人のあり方からは独立している」（Jaspers 1958, S. 602）ことだと説明している。例えば、犬が犬であることは、時代や環境の変化にあっても変わらない。このように、意識一般の真理は、時間の干渉から独立したものなのである。

以上が、意識一般の真理の概要である。

2 「実存の真理」

実存の真理に関しては、これまで明確な定義づけがされてこなかったように思われる。例えば、ヤスパースの真理概念を取り扱った論文として、Schulz (2011)、Schmidhäuser (1953)、馬場（1966）といったものがあるが、いずれもこの真理を明確に定義づけていない。例外的に、ブレアはこの真理を、「この衝突〔互いを制圧しようとすること〕を激化させる真理」（Brea 2004, S. 149）だと説明しているが、これは定義というより、むしろ実存の真理の特徴の一つを挙げたものだと言える。一方で、ヤスパース自身はそれを、「我々がそれと共に生きかつ死ぬところの真理」（Jaspers 1958, S. 619）であるとしている。上妻・盛永によれば、これはキルケゴールの次の手記に由来するものである（上妻・盛永 1997、554頁参照）。「きわめて重要なことは、私にとって真理である真理を見出すこと、私がそのために喜んで生き死ぬことができる理念を見つけることである。」（Kierkegaard 2000, s. 24）[7]これに基づけば、実存の真理とは、各人それぞれにとって真と思われる生の理念のことであるとすることができよう。[8]

この真理は、各面において前述した真理とは対照的である。第一に、それは、主体と「同一的（identisch）」（Jaspers 1958, S. 619, 621, 651）なものだとされている。それはつまり、この真理は、個である「私」の本質を成すものであって、「私」の存在と不可分なものだということである。シュミットホイザーはこれを、「実存の真理は実存そのものである」（Schmidhäuser 1953, S. 274）、と言い、アレシュノヴィッツは、「その真理のおかげで人間は己自身である」（Alechnowicz 2003, S. 78）、と表現している。

第二に、この真理は、普遍妥当的なものではなく、むしろ「個別妥当的」なものである。「この真理の明証性はそれ〔実存〕自体の内にある」（Schmidhäuser 1953, S. 275）、と言われているように、この真理の根拠は「私」自身の確信にある。それゆえ、この真理は、「私」にとって妥当する真理なのである。それは、裏を返せば、「私」の真理は他者一般に対しても妥当するものとは限らないということである。なぜなら、各人における個性や歴史性は様々であり、それゆえ、そこから出来する真理もまた異なったものにならざるを得ないからである。このことを背景に、ヤスパースは、「〔実存の真理は〕断じて、万人にとっての存在ではない」（Jaspers 1956a, S. 421）、と述べている。

意識一般の真理が「無時間的」であるならば、実存の真理はむしろ「時間的」なものである。なぜなら、「私」は、生の歩みの中で変わりゆく存在だからである。それゆえ、実存の真理もまた、変化していかざるを得ない。このことを指摘して、岩谷は、「その世界〔実存の真理〕はやはり我々が生きる限り、完結してそのままで固定し存続するというものではない」（岩谷 1978、22頁）[9]、と述べている。また、ヤスパースは、「実存の真理は歴史的にその都度一回限りの内容を持つ」（Jaspers 1958, S. 621）、という仕方でこの真理の一回的性格を指摘しており、これによって実存の真理が絶えざる生成変化の内にあることを強調しているのである。[10]

実存の真理の概要は以上の通りである。それは、各人それぞれにとって真と思われる生の理念のことであり、「主体との同一性」、「個別妥当性」並びに「時間性（その都度の一回性）」をその特徴とするものだったのである。以上のことを踏まえ、本稿は実存の真理の諸問題へと論を進めることにする。

3 「実存の真理」の諸問題

実存の真理に関しては、以下三つの根本問題を指摘することができる。

一つ目の問題は、この真理が人間間における対立因子の一つだということである。ヤスパースが、「私が実存する限り自由としての私自身である私の真理は、実存する他の真理に衝突する」(Jaspers 1956a, S. 417)、と言っているように、「私」が個である限り、他者の実存の真理との衝突は避けられない。なぜなら、個として存在することは己固有の実存の真理と共に生きることであるが、その真理は各人異なるものだからである。「私」にとって真であって本質的でもあることが、他者一般にとってはそうではなく、全く受け入れられないということが起こり得る。これは「私」のみならず、他者が「私」に対して思うことでもある。この食い違いによって、実存の真理は「私」と他者を対立へと誘うものとなる。

二つ目の問題は、この真理は排他的傾向を持ちやすいということである。スピノザが、「真理は真理自身と虚偽との規範である」(スピノザ[工藤・斎藤訳]2010、149頁)、と言っているように、真理はそれ自身によって非真理を明るみに出す。それはつまり、真理は、己自身の存在においてそれと異なるものを退けるということである。真理は、この意味においてそもそも排他的なものである。この根源的排他性は、実存の真理にあってはより先鋭化し得る。なぜなら、実存の真理は「私」の本質に関わるものだからである。「私の中で現実化すると私が破滅してしまうような他の真的存在者を、私は受け入れることはできない」(Jaspers 1956a, S. 436)、とヤスパースが言っているように、他者の実存の真理(「他の真的存在者」)が「私」の本質を毀損するものである時、それは「私」にとって受け入れ難いものである。「私」は己の固有性を守るために、これを退けようとする。加えてまた、実存の真理が「私」自身の確信に由来することも問題である。というのも、「私」は、実存の真理が己にとって高い現実性を持つものであるがゆえに、それを絶対的に正しいものだと思い込みやすいからである。その時、「私」にとって自分と異なる他者の実存の真理は、未熟で劣っているものであるかのように映る。ここに至って実存の真理は、「自己の独善的真理を絶対化して他者にもそれを強要する排他性をもつもの」(中山2018、10頁)へと変質してしまい得る。

三つ目の問題として、実存の真理の主観性について触れなければならない。これまで再三述べてきたように、実存の真理は「私」自身の確信を根拠にしている。しかし、もとより「私」は歴史的、経験的な現存在に過ぎず、有限な真理しか形成できない。したがって、「私」固有の真理は、現実には主観的で狭隘なものに過ぎない。この問題は、ヤスパース自身によっても自覚されていたと言える。というのも、彼は、「実存の真理は、己が関係する超越者の前にのみ存在する」(Jaspers 1958, S. 622)、と言い、「超越者(Transzendenz)」、すなわ[11]ち神を持ち出すことによって、実存の真理の真のあり方を定めようとしているからである。それはつまり、神の存在と結びつけることで、実存の真理にある種の客観性を持たせようとしたことを意味する。だがそれは、実存の真理がそもそも主観的なものであることを暗に示唆しているのである。あるいは、シュミットホイザーは、実存の真理がただ考えられただけで、超越させられることがなければ、それは極端な主観主義に陥ってしまうと指摘している（vgl. Schmidhäuser 1953, S. 275）。これもまた、実存の真理がそもそも主観的なものであることを示唆しているものなのである。しかし、いずれの試みも、その効力において限界があると言えよう。というのも、「私」が神の存在を想うにしても、超越を試みるにしても、それが「私」独りで敢行されるものである限り、そこから出来する真理は、結局のところ「私」にとっての主観的な真理に過ぎないからである。それらの試みは、むしろ逆効果になることさえ考えられる。というのも、「私」は、それによってますます己の真理を絶対的に正しいものだと思い込み、その結果、より狭隘で排他的な者になってしまい得るからである(12)。

以上が、実存の真理の諸問題である。ところで、ヤスパースは『現代の精神的状況』（1931）の中で、二〇世紀に現実化した大衆化社会を問題に取り上げている。ヤスパースにとって「大衆（Masse）」とは「実存なき現存在」（Jaspers 1965, S. 36）のことであり、現代人における実存の回復を図ることが彼にとって緊切の課題であった。しかし本稿がこれまで明らかにしてきたことにしたがえば、たとえ人間が実存を回復し、大衆であることを乗り越えたとしても、その先には前述した諸問題が待ち構えているのである。かといって、私たちは実存を放棄してはならないだろう。というのも、それを行えば、人は「虚空の中へ落ちる」（Jaspers 1956a, S. 417）ことになる（つまり「個」を失って再び大衆へと退行することになる）からである。それゆえ、私たちは実存の道を進みつつ、前述した諸問題を乗り越えていかねばならない。そのための手がかりが愛の闘争の中にあり、本稿はこれよりこの概念へと論を進めることにする。

4　愛の闘争の意義①

愛の闘争は、「交わり（Kommunikation）」の可能性の一つを明らかにした概念である。それは、存在開示性とこれに伴う自己革新の可能性のことである。このことが、前節で言及した実存の真理の諸問題にとって意義を持つものであるため、以下それについて論じることにする。

ブーバーと同じくヤスパースにとっても、交わりは、相互存在の開示化の契機であった（松丸 1993、53頁参照）。それはつまり、交わりは、双方における実存の真理の開示性だということである。これを裏づけて、ヤスパースは、「交わりの中でのみ私は他の実存の真理を見る」（Jaspers 1956a, S. 417）、「交わりにおいて私は他者とともに明らかになる」（Jaspers 1956a, S. 64）、と言って、交わりを「私」と「他者」双方における実存の真理の開示化の契機であるとした。しかし、この特性は、相互の意思伝達が円滑かつ活発に行われる場合において、よく発揮され得るものである。例えば、「何らかの妥協や遠慮、カモフラージュなど」（松丸 1993、52頁）といった、意思伝達を阻害する要因が持ち込まれると、その特性は十分に引き出され得ないのである。

この点において、愛の闘争は、その特性を最大限に引き出そうとしたものであると言える。というのも、愛の闘争は、「敢えて互いを徹底的に問い詰める」(Jaspers 1956a, S. 234)、「互いが容赦なく魂の根源を攻撃し……あらゆるものを疑問視する」(Jaspers 1971, S. 125)、と性格づけられているからである(ヤスパースはこれによって、愛の闘争は互いに相手が正しいと確信するものの根拠を徹底的に問い質すものだとしている)。アンジェイエフスキが指摘するように、これらの行為は、「権力の掌握ではなく、むしろコミュニケーションパートナーへの平和的かつ誠実な接近に寄与する」(Andrzejewski 2016, S. 18)ものである。つまり上記の性格づけは、交わりから意思伝達を阻害する要因を取り除き、これを率直かつ実直に敢行されるものへと方向づけんがためのものである。それゆえ、愛の闘争とは、交わりを意思伝達の遂行形式へと純粋化したものである。そして、それは、交わりの存在開示性を最大限に引き出すことに寄与するものである。それゆえ、ヤスパースは、交わりの中でも特に愛の闘争を、「交わりにおける開示化(Offenbarwerden)のプロセス」(Jaspers 1956a, S. 65)、「開放性のための闘争(*Kampf[e] um Offenbarkeit*)」(Jaspers 1956a, S. 242)、と位置づけているのである。

しかし、この試みは、まだ自己革新のための下地に過ぎない。ヤスパースは、愛の闘争を、「自己獲得(Sichgewinnen)」(Jaspers 1956a, S. 65)の契機であるとしている。本稿著者によれば、ここには二つの意味がある。一つは、「新たな自意識の獲得」(Ishigami 2023, S. 74)のことであり、これは、己本来の自己が開示されることによって己の意識が変革されることを意味する(vgl. Ishigami 2023, S. 64 f., 70 f.)。もう一つは、「自己批判によって現に新たな自己のあり方を実現すること」(Ishigami 2023, S. 74)であり、これは、「私」と「他者」双方の開示化によって、自己に対し、二重の自己疎外をもたらすことを意味する。つまり、第一に、「私」は交わりの中で己本来の自己が開示されて、現状の自己のあり方を自覚するようになる。第二に、「私」は、他者の実存の真理を経験することで、現状の自己のあり方を自覚するようになる。この二重の原理に基づく自己疎外化によって、「私」は現状の自己のあり方を反省しつつ己本来の自己を現に実現する者となるのである(vgl. Ishigami 2023, S. 71 ff.)[13]。以上二つの意味における自己革新こそが、愛の闘争によって企図されていたことなのである。

上記の思想は、前述した実存の真理の諸問題に対し次なる意義を持つ。第一に、それは実存の真理の対立に対する見方を変えるものである。すなわち、私たちはその思想によって、実存の真理の対立が自己変革の契機として積極的な意義を持ち得るものであることを知るのである。第二に、その思想は、私たちに、実存の真理が対立する局面において己自身へと意識を向けるべきことを教えるものである。これによって、私たちは、己の真理の排他性を抑制しつつ、その主観性を克服していく者になるのである。

以上が、愛の闘争一つ目の意義である。

5　愛の闘争の意義②

しかし、上記交わりの可能性は、対話が健全かつ有意義な形で遂行される限りにおいて実現せられ得るものである。例えば、それがもし単なる口論や諍いに陥ることがあれば、他者の真意は十分に明らかにされ得ず、したがって「私」は自らの過ちを正すことができない。それゆえ、率直かつ実直な交わりにおいては、そのための対話姿勢が定められなければならない。そのため、愛の闘争の中には、ヤスパース独自の対話法も記されているのである（石神 2023、21―22、24頁参照）。以下、これについて詳述する。

前節で述べたことからも明らかなように、ヤスパースにおいて他者存在は極めて重要な意義を持っていた。それゆえ、ヤスパースは、「［愛の闘争では］他者の自己存在を自分と同等に扱うことが重要である」（Jaspers 1956a, S. 65）、と性格づけて、愛の闘争における他者を自らと対等な存在として位置づけようとした。これは、他者の言葉に対し真摯に耳を傾ける姿勢を基礎づけんがためのものである。

また、双方の実存の真理が十全に開示されるためには、対話が深められていくことが必要である。それには、双方が対話の目的方向性を共有し、これに向かって協力し合うことが合理である。それゆえ、ヤスパースは、愛の闘争における他者との関係性を、「連帯性（*Solidarität*）」（Jaspers 1956a, S. 65, 243）と規定することで、実存の真理が衝突する局面にあって、他者を敢えて共に目標に向かう仲間であるとした。そこには、相互補完性による対話的同水準性の創出が意に含まれている。つまり、現実には、人は各側面において長所と短所を備えており、各人皆同等であるということはあり得ない。これに対し、ヤスパースは、対話者双方が互いの長所を持ち寄り、互いの不備不足を補い合うことで、その非同水準性を是正させようとしている。すなわち、それは次のような仕方で、愛の闘争の中に記されていることなのである。「両者は技術的闘争手段（知識、知性、記憶、疲労）に違いはあっても、持てる力の全てを互いに差し出し合うことで水準の同等性を創り出す。」（Jaspers 1956a, S. 66）[14]

とはいえ、率直かつ実直な交わりは、常に逸脱の危険と隣り合わせである。意見が異なる時、話し合いはしばしば単なる口論や諍いごとへと逸脱し、時には、暴力沙汰にまで発展し得る。山下が、「それ［愛の闘争］は……暴力を用いた強制や抑圧が生じる時、直ちに潰え去ってしまう」（山下 2013、4頁）、と言っているように、このような事態に陥ってしまうと、愛の闘争の理念は実現されなくなってしまう。それゆえ、ヤスパースは、愛の闘争を、完全なる非暴力下で行われるものとし、この交わりから一切の暴力性を排除しようとした（vgl. Jaspers 1956a, S. 234, 243）。それは、物理的なものに留まらず、「知的優越（intellektuelle[n] Übermacht）」（Jaspers 1956a, S. 243）や「暗示的作用（suggestive[n] Wirkung）」（Jaspers 1956a, S. 243）、といった精神的でごく些細なものまでをも対象にしており、これによって対話の健全性と有意義性を守ろうとしているのである。

ヤスパースが、愛の闘争における闘争手段としたものは言葉であった。しかし、前述した理由から、そこには一切の暴力性と優越性が含まれていてはならない。それゆえ、ヤスパースは、愛の闘争では「疑問視（Infragestellung）」（Jaspers 1956a, S. 65, 235）が投げかけられ合うものだとし、それは特に、「勝利への意志を持たない、ただ開示性への意志のみを持った疑問視」（Jaspers 1956a, S. 235）でなければならないとしている。これは、愛の闘争で交わされる言葉を、あくまで他者の真意や意図を確認し、吟味する姿勢に貫かれたものへと基礎づけんがためのものである。(15)

以上が、愛の闘争に記された、ヤスパース独自の対話法の概要である。上記諸内容の根底には、一貫して他者存在への尊重の姿勢が窺われる。それは、他者固有の実存の真理を尊重することを意味する。それゆえ、上記思想は、実存の真理の諸問題に対し次なる意義を持つものである。第一に、それは、他者との良好な関係性の維持に寄与するものである。すなわち、私たちは、この対話法を実践することで、たとえ自分と異なるものであったとしても、他者固有の実存の真理の尊重を試みるようになるのである。この姿勢は、実存の真理の相違を超えて、他者と良好な関係を築いていくことに寄与するものである。第二に、それは、私たちにおける排他性を抑止し、主観性を克服させることへと導くものである。なぜなら、その対話法の実践において、私たちは、他者の見解に対し真摯に耳を傾ける者になるからである。(16)

以上が、愛の闘争二つ目の意義である。

6　愛の闘争の意義③

愛の闘争は、これまで述べたものの他に、「実存的真理の複数性という事態への突破口」（山下 2013、4頁）という側面も持っている。つまり、愛の闘争は、実存の真理の対立に対し進むべき道を示そうとしたものでもあった。このことは、「この闘争〔愛の闘争〕は……諸実存を真に結びつける道である」（Jaspers 1956a, S. 67）、「その闘争〔愛の闘争〕は……絶対的肯定に至るために、あらゆるものを疑問視する」（Jaspers 1971, S. 125）、といった性格づけによって示されているのである。しかし、ヤスパースは、愛の闘争の中でその具体的な内容を説明することがなかった。これまで明らかにしてきたことを顧みれば、例えば、相互存在の開示化によって相互理解を深めること、自己革新を通じて異他の真理への受容性を高めること、あるいは、対話によって対立を止揚した共通の真理を導き出すこと、などがその具体的な到達点として考えられるであろう。確かに、これらのものは、愛の闘争がもたらす可能性の一つではある。だが、ヤスパースの思想を俯瞰する時、さらにこれとは異なる可能性が浮かび上がってくるのである。それこそが、実存の真理の諸問題に対しとりわけ大きな意義を持つものである。以下これについて論述することにする。

もとより、ヤスパースは、実存は各人において根本的に異なるものであり、その真理は統一され得ないものだと考えていた。それは例えば、「異他の実存はそれ固有の深みを持っている」（Jaspers 1956a,

S. 437）、「実存的に多なるもの（Das existentiell Viele）は根源的なものである。それはつまり、私は私であり他者は他者自身であるから、実存的に多なるものは全体にはならないということである」（Jaspers 1956a, S. 422）、といった記述によって示されていることなのである。それゆえ、彼は、実存の真理の統一を推し進めようとすれば、実存は「廃滅してしまう」（Jaspers 1956a, S. 426）、と考えていた。つまり、人間の個の側面が奪われてしまう、と考えていたのである。それゆえ、彼は、実存の真理の統一はあくまで「一道標に過ぎない（nur ein Wegweiser）」（Jaspers 1956a, S. 426）ものであるとして、むしろその道程で得られる経験自体に価値を見出そうとしたのである。その中で最も重要なものは、「理解の限界において理解不可能なものを……経験すること」（Jaspers 1956a, S. 434）である。これは、対話によって理解の限界に至ることで、理解できぬもの（こと）があるということを自覚することである。

というのも、ヤスパースにとってこの限界経験は、二つの価値ある確信をもたらし得るものだったからである。その一つは、パークが、「差異の相互対称性（intersymmetry of difference）」（Park 2016, p. 22）と呼んでいるもので、「私」と同じく、「あなた」もまたそれ固有の根源に根ざす存在であると確信することである。この確信からは、他者の存在をありのままに承認しようという意識が生まれることになる（cf. Park 2016, pp. 22）。今一つは、闘争が可能であるという点において共属性を確信することである。これは、対話者同士が、対話を継続できるという点において、共に同じ地盤に結びつけられているのだと確信することを意味する（それはつまり、実存の真理の表層的一致にではなく、対話が可能であることに結合の根拠を見出すことを意味する）。ヤスパースはこれを、超越者（神）の観念を用いて次のように述べている。「私とあなたは現存在においては分たれているが、超越者においては一つである。すなわち、私とあなたは……闘う交わりが生成する中では一つである。」（Jaspers 1956a, S. 71）

この二つの確信に至って、実存の真理の対立が止揚されることになる。すなわち、「私」は、一方では、他者が自分とは根本的に異なる存在であるという事実を必然のことと自覚する。しかし、「私」は、他方では、その他者と根源的地盤において結びつけられていることを確信し、そこに満足を見出すようになるのである。ここに至って、実存の真理の相違それ自体が、「私」にとって問題事ではなくなるのである。このように、ヤスパースは人の意識のあり方それ自体を革新することで、実存の真理の対立を根本的に止揚しようとしたのである。[17]これこそが、ヤスパースが愛の闘争の到達点としたものであった。だから、彼は、愛の闘争について次のように述べているのである。「私は、他者がそれ〔異なる真的存在者〕であることに、満足しなければならない。たとえ私自身がそれであり得ない場合でも、私はありのままのその存在を愛する。……私は愛する交わりの中に立って、私をより決定的に自分自身へと導いてくれる他のものが、たとえそれは必然的に私を遠ざけるものだとしても、存在するということに、私は満足する。」（Jaspers 1956a, S. 436）ここには、他者の固有性の承認と根源的結合の確信による満足とが、愛の闘争の道の展望として記されてい

るのである。(18)

上記思想は、完全なる相互理解と見解の統一の他に、対立を止揚する道を示したという点に意義がある。仮にもし、「私」が、対話の先には完全なる相互理解や見解の統一がなければならないと考えたのであれば、「私」は、他者との間に健全な関係を構築していくことができない。なぜなら、それはそもそも、実存の真理の個別妥当的性格ゆえに不可能なことだからである。その時、「私」は、結局のところ、自身の実存の真理を放棄するか、他者にそれを迫るか、あるいは、この問題に目を背けるかのいずれかを選択しなければならなくなる。その結果としてもたらされるものは、関係性の悪化や疎遠化、あるいは表面的に維持された友好的関係性のいずれかである。対して、上記愛の闘争の思想は、実存の真理を統一されないままにして、それでいて他者との絆を保ち続ける方法を教えてくれるものである。ここにおいて、実存の真理の相違は両者を決定的に隔てるものではなくなり、また、両者は互いを排斥し合う者ではなくなるのである。そして、両者は、互いの連帯性を維持し続ける中で、異なる実存の真理を自らに関係づけながら、己の主観性を克服していく者になるのである。

以上が、実存の真理の諸問題に対する、愛の闘争三つ目の意義である。

まとめ

上記拙論は次のようにまとめられる。

意識一般の真理と実存の真理の違い

・意識一般の真理：科学的真理（「所与の直観と論理的な明証性に基づく言明の妥当性の中にある確たる真理」）。主体との対象的関係性、普遍妥当性、及び無時間性をその特徴とする。

・実存の真理：各人それぞれにとって真と思われる生の理念のこと。主体との同一的関係性、個別妥当性、及び時間性（その都度の一回性）をその特徴とする。

実存の真理の諸問題

・人間間における対立因子の一つである：これは、実存の真理が各人にとって真であり本質的なものでありながら、それぞれにおいて異なるものであることに由来する。

・排他的傾向を持ちやすい：これは、その真理が各人における個の本質に関わるものであることと、己自身を根拠とした確信であることから生じる。

・本質的に主観的なものである：これは、実存の真理が歴史的、経験的な現存在である「私」を根拠にしていることから来る。「私」独りでは、いかにしてもその限界を乗り越えることができない。

実存の真理の諸問題に対する愛の闘争の意義

・交わりの可能性の一つを明らかにしたものとして：愛の闘争は、交わりを、率直かつ実直に敢行されるものへと方向づけた概念である。ヤスパースは、これによって、交わりの存在開示性を最大限に引き出し、自己を疎外化させることで自己革新をもたらそうとした。この思想は、実存の真理の対立が積極的意義を持つものであるということ、及び、その局面において己自身へと意識を向けるべきことを教えるものである。これは、己の真理の排他性を抑制し、主観性を克服させることに寄与するものである。

・優れた対話法を示したものとして：愛の闘争は、健全かつ有意義な対話のあり方を示した概念であった。それは、他者存在を尊重する意志に貫かれており、他者との良好な関係性の維持に寄与するものである。それはまた、己の実存の真理の排他性を抑止し、その主観性を克服させるものとして意義を持つ。

・独創的な目的方向性を提示したものとして：愛の闘争は、理解の限界に至ることで、他者との根源的結びつきを自覚させ、この自覚の下、他者存在の固有性を承認することを可能にする道を示した。この思想は、実存の真理を統一されないままに、他者との絆を保ち続ける方法を教えてくれるものである。ここにおいて、実存の真理の相違は両者を決定的に隔てるものではなくなり、また、両者は互いを排斥し合う者でなくなる。そして、両者は、互いの連帯性を維持し続ける中で、異なる実存の真理を自らに関係づけながら、己の主観性を克服していく者になる。

本稿の論述は以上の通りである。今後の研究課題として、上記思想の現実局面での適用について考えてみたい。本稿著者が特に関心を持つものは、パートナーシップにおけるその問題である。というのも、現代ではしばしば「価値観の相違」という名の下で、まさに実存の真理の相違が問題化しているように思われるからである。本稿が論じた愛の闘争の思想は、この現実局面においてどれほど効力を持つものであろうか。現実的諸要素を鑑みた時、それはどのように修正され、発展させられるべきであろうか。あるいは、それは、むしろパートナーシップに対する観念それ自体を見直させていくものであろうか。これらのことを今後の研究課題にしたい。

付記

引用文中のルビはすべて原文に基づく。補足が必要な場合は〔 〕を用いて付け加えた。重要語句は（ ）を用いて原語を記した。

謝辞

本稿の査読者の方々に心より御礼申し上げます。頂いたコメントはどれも大変有意義で、示唆に富むものでありました。

引用文献

Alechnowicz, Iwona: Freiheit und Wahrheit bei Karl Jaspers und Edith Stein, in: R. Wisser u. L. H. Ehrlich (Hg.), *Karl Jaspers' Philosophie. Gegenwärtigkeit und Zukunft*, Würzburg 2003, S. 77–82.

Andrzejewski, Bolesław: Über Kant und Schelling hinaus. Zur Frage der existentiellen Theorie der Kommunikation bei Jaspers, in: A. Cesana (Hg.), *Kulturkonflikte und Kommunikation. Zur Aktualität von Jaspers' Philosophie*, Würzburg 2016, S. 13–19.

Brea, Gerson: *Wahrheit in Kommunikation. Zum Ursprung der Existenzphilosophie bei Karl Jaspers*, Würzburg 2004.

Debrunner, Gerda: *Zum philosophischen Problem des Todes bei Karl Jaspers. Untersuchung einer existenzphilosophischen Deutung*, Basel 1996.

Hersch, Jeanne: *Karl Jaspers. Eine Einführung in sein Werk*, München 1980.

Ishigami, Satoshi: *Jaspers' Konzept des liebenden Kampfes. Untersucht anhand der Konzepte des Kampfes, der Liebe, der Existenz, der Wahrheit und der Kommunikation*, Basel 2023.

Jaspers, Karl: *Philosophie II. Existenzerhellung*, Berlin / Göttingen / Heidelberg 1956a.

——*Philosophie III. Metaphysik*, Berlin / Göttingen / Heidelberg 1956b.

——*Von der Wahrheit*, München 1958.

——*Die Geistige Situation der Zeit*, 5. Aufl., Berlin 1965.

——*Psychologie der Weltanschauungen*, 6. Aufl., Berlin / Göttingen / New York 1971.

Kierkegaard, Søren: *Søren Kierkegaards Skrifter*, bd. 17, K17, udg. af N. J. Cappelørn, J. Garff, A. M. Hansen og J. Kondrup, København 2000.

Park, Eunmi: The Possibility of Social Existence. A Reinterpretation of the Concept of „Existenz" in Karl Jaspers, in: A. Cesana (Hg.), *Kulturkonflikte und Kommunikation. Zur Aktualität von Jaspers' Philosophie*, Würzburg 2016, S. 21–26.

Schmidhäuser, Ulrich: *Allgemeine Wahrheit und existentielle Wahrheit bei Karl Jaspers*, Bonn 1953.

Schüßler, Werner: Das Sein und die Liebe. Zur ontologischen Dimension der Liebe bei Paul Tillich und Karl Jaspers, in: ders. u. M. Röbel (Hg.), *Liebe – mehr als ein Gefühl. Philosophie – Theologie – Einzelwissenschaften*, Tübingen 2016, S. 17–42.

Schulz, Reinhard: Karl Jaspers und die Wahrheit, in: H. R. Yousefi, W. Schüßler, R. Schulz u. U. Diehl (Hg.), *Karl Jaspers. Grundbegriffe seines Denkens*, Berlin 2011, S. 141–154.

Wojcieszuk, Magdalena: *„Der Mensch wird am DU zum ICH"*, Freiburg 2010.

石神慧「『哲学』における三つの闘争形態」『コムニカチオン』日本ヤスパース協会、第30号、2023年、16―29頁。

伊野連「ヤスパースによる暗号の藝術形而上学」『プロジェクト研究』早稲田大学総合研究機構、第四号、2009年、1―14頁。

岩谷日出夫「ヤスパースの哲学における「交わり（Kommunikation）」の概念」『基督教学』北海道大学、No.13、1978年、17―28頁。

上妻精・盛永審一郎「訳註」ヤスパース、カール著、上妻精・盛永審一郎訳『真理について4』理想社、1997年、549―576頁。

スピノザ著、工藤喜作・斎藤博訳『エティカ』中央公論新社、2010年。

中山剛史「ヤスパースにおける〈実存倫理〉と〈理性の倫理〉」『玉川大学リベラルアーツ学部研究紀要』玉川大学、第一一号、2018年、7―18頁。

羽入（宮崎）佐和子「ヤスパースの「哲学的論理学」について――その特性と東洋思想とのかかわり」『比較思想研究』比較思想学会、第一一号、1985年、96―102頁。

馬場喜之「ヤスパースの真理論」『東京家政大学研究紀要』東京家政大学、vol. 6、1966年、99―111頁。

松野さやか『ヤスパースの実存思想――主観主義の超克』京都大学学術出版会、2017年。

松丸啓子「M・ブーバーの〈対話〉とK・ヤスパースの〈実存的コミュニケーション〉との比較研究」『教育哲学研究』教育哲学会、巻六七号、1993年、46―58頁。

盛永審一郎「私と他者――ヤスパースの実存的交わりに即して」『思索』東北大学哲学研究会、第一五号、1982年、115―134頁。

山下真「〈真理への意志〉の争い――ヤスパースのニーチェ解釈と多元性の問題」『法政大学文学部紀要』法政大学、第六六号、2013年、1―14頁。

注

(1) 以下、「愛の闘争」とのみ記述する。

(2) 但し、そこでは、聖書的献身との比較やソクラテス的対話法との比較など、有意義な試みが見られるということを補足しておく。

(3) それゆえ、シュミットホイザーは、意識一般の真理を「一般的な真理」と呼んで、実存の真理との対比に用いている（vgl. Schmidhäuser 1953, S. 281–326）。本稿前半部の論述は、この着想に範を得ている。

(4) この真理がしばしば科学と結びつけられるのは、科学が追求する真理はもっぱらこの種の真理だからである。つまり、科学の真理は、意識一般の真理の代表格であるため、しばしばその説明に用いられているのである。

(5) シュミットホイザーは、「［この真理において］認識する主体は己と区別した諸対象へ関係する」（Schmidhäuser 1953, S. 126）、と言い、シュルツは、「［この真理は］主客分裂の次元［にある］」（Schulz 2011, S. 147）、という仕方でこれを指摘している。

(6) それゆえ、ヤスパースは、この真理は認識において選択の余地がないと考えており、これを「強制的（zwingend）」（Jaspers 1958, S. 605, 607）という言葉で性格づけている。

(7) 邦訳は、上妻・盛永（1997）、554頁の訳を用いた。

(8) この概念は、各人固有の価値観や信念など、対象を幅広く定めることができるものだと考えられる。以下の論述は、この前提に立って論を進める。

(9) 岩谷のこの記述は実存に基づく世界観の文脈で述べられたものであるが、それは実存の真理と同義であると考えられるため、本稿の論述において引用に用いている。

(10) 但し、ヤスパースはその一方で、この真理が単なる一過性のものではなく、己の歴史性の中へと蓄積されて、永遠のものへと変容する可能性についても指摘している（vgl. Jaspers 1958, S. 651）。

(11) 「超越者」を「神」と理解することに関しては、Hersch (1980), S. 135、並びに伊野（2009）、12頁を参照せよ。

(12) ヤスパース自身は神（超越者）との関係性をこのように否定的に捉えていたのではなく、「反抗（Trotz）」と「帰依（Hingabe）」を通じて己のあり方を止揚させるものと捉えている（s. Jaspers 1956b, S. 79）。この点において、神は実存の真理の閉塞性を突破させるものであって、独善性を導くはずのものではない。しかし本稿著者は、そうは言ってもこれが他者との交わり無く孤立の内に行われるのであれば、人は己の誤りや狭隘さに気づくことができず、独善的観念が育まれかねないと考える。本論中の主張はこの考えに基づいている。

(13) 上記のことは、山下によっても指摘されており、山下は、「他者の真理との遭遇は、自己の真理性の動揺と再吟味を引き起こす。それゆえに他者との争いは、そのまま「自己との争い（Kampf mit sich）」でもある」（山下 2013、4頁）、と述べている。

(14) 例えばその具体例として、「相手が自らの見解をうまく言葉に言い表せない時、その人が言わんとするものを汲み取る努力をすること、その人とともに考える試みをすること」、等が考えられる（石神 2023、22頁参照）。

(15) 本稿著者は、この対話思想は『大学の理念』（1923）における、「精神的な交わりとしてのディスカッション（Diskussion als geistige Kommunikation）」、に関連するものだと考えている。これは、他者を言い負かすことや自らの正当性を認めさせることを目的とする「論理的なディベート（logische Disputation）」と対比された対話のあり方のことで、ただ真理の究明のみを目的とし、そのため、己自身の見解を積極的に他者評価に委ねようという姿勢を持った対話のあり方のことである（石神 2023、21―22頁参照）。

(16) 松野も、上記対話思想の中に、ヤスパース哲学における主観性克服のモチーフを見出している（松野 2017、231―232頁参照）。

(17) 羽入は、ヤスパースのこのような思考法を、「思惟そのものをも止揚する思考法」（羽入 1985、100頁）と呼んで、ヘーゲルの弁証法モデルとは異なるヤスパース独自の弁証法モデルであると論じている（羽入 1985、98―100頁参照）。

(18) 山下は、この二つの確信を、「超在の真理（Wahrheit der Transzendenz）」であるとし、これが愛の闘争を可能ならしめるものであると主張している（山下 2013、5頁参照）。しかし本稿著者は、上述した見解に基づき、愛の闘争にその真理を生み出す側面があることを主張したい。この論点は次のようにまとめることができる。『哲学』（1932）において愛の闘争は「実存的交わり」の中に位置づけられている。この交わりは、自己が個別化する成長過程において孤独を経験し、その歴史性において同じく固有の歴史性を担う唯一的他者と出会うことでもたらされるものであるとされている（s. Jaspers 1956a, S. 55 ff., 58 f.）この点において、実存的交わりにおける他者は（「私」によって）承認された他者であり、ここにはすでに「超在の真理」が存在するものと考えられる。しかし、盛永が指摘するように、実存的交わりによる「接近」がもたらすものは、むしろ両者における「実存の相違」（すなわち、実存の真理の相違）である（盛永 1982、128頁参照）。それゆえ、実存的交わりは、原初における「超在の真理」を危機に晒し得るものである。ところで、ヤスパースはこの交わりの先行的実体として、「個人に対する理由なき愛」（人が元来有している愛する力）が存在することを指摘している（s. Jaspers 1956a, S. 71）。この「愛」は、愛の闘争を直接動機づけている愛とは別のものだと考えられるが、この闘争の支えになるものだと考えられる。つまり、これによって闘争を行う者たちは、たとえ原初における「超在の真理」の自明性が揺らいだとしても、なお愛の闘争を継続するよう動機づけられる（したがって、この愛の能力が十分育まれていなければ、愛の闘争は挫折してしまい得る）。本稿著者は、これによって両者は、真なる「超在の真理」へ、すなわち他者の固有性と根源的結合へのより強固な承認ないしは確信へ至るのだと主張したい。

〈応募論文〉

事後‐超越論的構造——ジャック・デリダ「Fors」読解

石原《いしはら》　威《たける》
（東京大学）

序

デリダは、ラカン派精神分析と距離を取りつつ独自の精神分析理論を展開した、ニコラ・アブラハムとマリア・トローク（以下 AT と略す）の共著『狼男の言語標本』に序文「Fors」（1976）を寄せており、そこで彼らの議論を分析、批判している。「クリプト」や「幽霊」、「秘密」という、七〇年代後半以降のデリダが取り上げる数々のテーマの着想源になっているにもかかわらず、「Fors」を正面から取り上げている研究は非常に少ない。しかしこの序文は、デリダの精神分析批判のあり方を理解する上で大きな手がかりになるものだと思われる。

本論文では「Fors」の読解を通じ、デリダが同書において、超越論的な起源が経験的なものによって事後的に再構成されるという超越論的なものの事後性の論理を提示していることを明らかにし、それを「**事後‐超越論的構造**」として定式化することを目指す。まず第一節で、「Fors」の数年後に出版された『郵便葉書』所収の「真理の配達人」を参照し、五〇年代ラカンにおける反復強迫の論理に対するデリダの批判を確認する。その上で、第二節では AT の『狼男の言語標本』を読解し、その概要と意義を確認する。最後に第三節で、デリダが AT に対し加えた批判を踏まえて事後‐超越論的構造を剔抉し、それがラカンの理論との対比においていかなる意味を持つものであるかを確認し、結論とする。

1　デリダのラカン批判

デリダは『郵便葉書』の第三部「真理の配達人」において、ラカンの『エクリ』冒頭におさめられている「盗まれた手紙についてのセミネール」を読解し、批判を加えている。本節ではその道行きを辿ってみよう。

ラカンが「セミネール」において議論の主題にしているのは、エドガー・アラン・ポーが著した『盗まれた手紙』という小説である。[1] この小説はラカン曰く、「二つの場面」から構成されている。第一の場面。王妃が王宮の一室で、その内容は明かされないが、恐らく不倫相手から送られてきた手紙を読んでいた。そこへ王が入ってくる。王妃は慌てて宛名が書いてある面を上にして手紙を伏せ、机の上に置くほかなかった。その直後に王宮の大臣も部屋に入ってくる。大臣は伏せられた手紙の宛名、そして王妃の狼狽ぶりを見て事情を察知し、王の目をうまく誤魔化して王妃の手紙を持ち去ってしまう。かくして王妃は大臣に弱みを握られ、政治的実権を奪われてしまった。次に第二の場面。王妃は警視総監に手紙の奪取を依頼する。警視総監は徹底的な調査を行うものの、手紙を見つけられない。警視総監は探偵デュパンに調査を委託する。デュパンは手紙が隠されていると思わしき大臣の家を訪ね、「あえて」部屋の最も目につきやすい場所へ無造作に置かれている手紙を発見し、これこそが件の手紙であると確信する。その日は大臣邸を去り、準備を整えた上で再訪したデュパンは、果たして大臣の目を盗んで手紙を奪還することに成功するのだった。

ラカンが注目するのは、この二つの場面において、「三つの項」により構成される類似した相互主観性の構造が見出されることである。[2] すなわち両場面は、事件について何も見てとらない第一の眼差し（王と警視総監）、第一の眼差しに対して隠したものが隠れたままであると信じる第二の眼差し（王妃と大臣）、そして上記二つの眼差しが隠せずにいるものを見てとる第三の眼差し（大臣とデュパン）、という三つの眼差し［regard］によって構成されている。[3] 両場面の構造的対応は単なる偶然ではない。人々の手を経めぐる手紙が、それを手にする人々の役割を規定してしまうのである。手紙に触れる者は皆、この相互主観性の構造へ招き入れられるのだ。

手紙の循環が登場人物たちの間に同様の三項関係を再生産しつつ進行するこの事態を、ラカンは精神分析における「反復強迫［Wiederholungszwang］」と同様のものとして解釈している。[4] 第一の場面において展開された「原場面」、そしてその原場面を象徴する手紙の伝達が、反復的に第二の場面を生む。さらにセミネール末尾においては、今度は大臣を第一の眼差し、デュパンを第二の眼差し、そして外部の何者か（おそらくラカン自身）を第三の眼差しとする「第三の場面」の存在が仄めかされてもいる。[5] 反復強迫的に繰り返し回帰することで（神経症的）主体を構成する症状となるこの手紙は、「象徴的ファルス」に相当するものとして考えられている。

フロイトを換骨奪胎したラカンの理論において、主体は幼児期における「象徴的去勢」を経ることで成立する。その過程を簡潔に確認しよう。[6] 幼児は自身の生命を〈母〉に依存している。〈母〉がたびたび側から離れて行ってしまうことは、幼児にとって生命の危機を感じる不快な経験である。幼児はこれを避けるため、〈母〉を自身の下に引き留める方策を練ることになる。まず幼児は、〈母〉は何かを欲しているのであり、それを提供すれば〈母〉を独占できると考える。「前エディプス期」と呼ばれるこの段階では、空腹の訴えや排泄など、身体的な欲求（「想像的ファルス」）により〈母〉を引きつける試みがなされるが、その有限性により行き詰まる。そこで幼児は、〈母〉がその他者の欲望を欲望するところの、無限の欲望を持つ〈父〉を想定するに至る。ここから展開される「エディプス・コンプレクス」において、主体はそのような〈父〉が現実には不在であることに直面し、〈母〉の欲望を繋留するあてを失うのだが、〈父〉が〈父〉である所以であるところの〈父の名〉の獲得を目標とすれば良いという発想に至る。〈父の名〉、それは「シニフィアンの内部にそれ自体シニフィカシオン的な出来事を内包していることによって、シニフィアン連鎖の単調な展開のなかに、ひとつの留点を実現する」ような「単独的」シニフィアン、(7)「セミネール」におけるラカンの言葉を使うなら、そこにいかなる対象を代入することも可能な「純粋シニフィアン［le pur signifiant］」(8)である。

いつかそれを手にすれば〈母〉を独占できる、そうした無限遠の目標として〈父の名〉は機能する。ラカンにおいて「主体」になることとは、現実的な〈父〉の死を受け入れ、〈父の名〉の獲得を目指す欲望の主体となることである（象徴的去勢）。この「象徴界［le symbolique］」への参入で生まれる主体が目指す空虚な〈父の名〉が、無限の欲望を象徴する身体器官としての「ペニス」＝「ファルス」の形象の下把握されたものが、「象徴的ファルス」である。(9)主体の欲望の体制としての症状は、この象徴的ファルスへの欲望に規定されることになるだろう。言い換えれば、主体がその生涯において欲望する様々な対象の全ては、その内奥に象徴的ファルスを透かし見るがゆえのものになるだろう。手紙は、決してそこに到達できない＝そこには欠けているという仕方で、常にそこにある。(10)

ラカンはこのことを、「セミネール」の最後で次のように書いていた。

> かくして、《盗まれた手紙》、いえむしろ《受取人不在の手紙［en souffrance］》が言わんとすることというのは、手紙はいつも宛先に届く［une lettre arrive toujours à destination］ということなのです。(11)

原場面から発された手紙は、失われたり、分割を被ったりすることなく、その同一性を保存されたまま主体の間を循環する。(12)すなわち、象徴的去勢という起源的な出来事（「原抑圧」(13)）により導入された「象徴的ファルス」が、主体を構成する不変の原理として反復強迫的に回帰し続ける。手紙はそのまま、必ず宛先に届く。だからこそ、宛先（主体及びそれを構成する症状）から発送元へ遡行する精神分析の営為は、原理的に達成可能なものとしてその意義を約束されるのだ。

デリダが批判するのは、まさにこの手紙の分割不可能性という前提である。

> ファルスは、去勢のおかげで、我々が前に述べた超越論的トポロジーのなかで常にその位置に止まる。ファルスはそこでは分割不能であり、したがって破壊不能である。**その代理をする**手紙と同様に。〔…〕ここで、私にとって興味深い違いは〔…〕散種

[dissémination] の中で欠如は場を持たないということである。[14]

デリダはラカンの論理に対し、彼の主要概念の一つである「散種」を対置している。すでに1972年の対談でデリダは、散種が〈父の名〉により縫い留められている象徴界を解体する作用であること[15]、さらにはそれが去勢により生じる「超越論的シニフィアン」としてのファルスの位置を「戯れの中に置く」ものであることを語っていた[16]。東（1998）が分析したように、散種において超越論的シニフィアンの単数的同一性、すなわち分析による原場面への確定的遡行は、つねにすでに撹乱されている[17]。超越論的な起源の可能性は「複数化」されているのであり[18]、手紙は宛先に届かずロストしたり、誤配されたりする可能性に晒されている。つまり、手紙は分割可能なのである。

> 手紙の残留構造とは、「セミネール」がその最後の言葉として言っていること〔…〕とは反対に、手紙は宛先に届かないことが常にありうるということである。手紙の《物質性》、その《トポロジー》は分割可能性 [divisibilité]、つまり常に可能な分断によっている。〔…〕ここでは散種が、真理の契約としてのシニフィアンの法と、去勢の法とを脅かしている。散種はシニフィアン、つまりファルスの一体性を**開始しつつ損なう**[19]。

ラカンにおいては、去勢という出来事が主体を規定し続ける固定的な超越論的条件となる。松本（2015）が指摘するように、ラカンの精神分析理論が各々の主体の特異性を構成する症状（＝固定的な超越論的条件）の逃れがたさを引き受け、それとうまくやっていく [savoir-y-faire] ことを目指すものであったとすれば、デリダは主体の特異性として固定的な起源を据えることそれ自体に抗おうとしたのだと言える[20]。ラカンの理論は有用かもしれないが閉鎖的である。主体の人生は、幼児期の出来事の単なる焼き直し＝反復であるに過ぎないということになりうるからだ[21]。

デリダは「真理の配達人」で、起源の不確定性を示す論理を前面に押し出しラカンを批判した。しかしデリダの中には、実はもう一重の批判が用意されていたと思われる。本論文の見立てではそれは、起源への遡行が不確定である（＝超越論的なものが可能性において複数化されている）というに留まらず、デリダが**超越論的なものの可変性**について考えていたというものである。鍵となるのは、ATの『狼男の言語標本』へデリダが寄せた序文「Fors」である。その議論を分析するため、次節ではまず『言語標本』の議論を追ってみることにしよう。

2　『狼男の言語標本』

『言語標本』は、精神分析における症例「狼男」を斬新な仕方で分析した著作である。狼男はフロイト自身が分析を施した著名な症例で、患者セルゲイ・パンセイエフ（以降、狼男）が見た狼の夢を題材にしていることからその名がついている。フロイトは躊躇いがちにではあるけれども、狼男の夢は両親の後背位性交（原場面）を目撃したトラウマ的経験が抑圧され、形を変えて現れたものだと解釈することによって、つまりエディプス・コンプレクスへの還元によって分析を終えようとする。(22) しかしATはこれを不十分であるとして、狼男の夢に関する全く異なる解釈可能性を提示するのである。

彼らは狼男の習得した言語であるロシア語、ドイツ語、そして英語の語彙を参照しつつ、フロイトに対し狼男が語った言葉を自在に「翻訳」することから始める。例えばドイツ語のstehenの三人称単数過去形stand（「立っていた」）を、意味的にほぼ等価な英語not lying（「横になっていない」）へ置き換え、さらにその語形の同一性から「嘘をついていない[not lying]」へ翻訳する、というような仕方である。(23) 語形、音、意味の類似性に基づいて、およそ根拠づけえないような方法で翻訳は思弁的に展開され、ATは「[…]次のように考えるに至った。すなわち、外傷的破局が、或る精確な瞬間に一度だけ起こったのではなく、四段階で展開したのだろうという考えである」(24)。以下がその四段階である。

①姉による弟の誘惑
②姉による、父親から誘惑があったとの申し立て
③少年による、姉の申し立ての大人の下での検証
④スキャンダルの勃発

狼男は幼少期、姉によって性的な誘惑を受けた。姉が欲望の対象となる（①）。そして姉の口から、姉と父親の間に近親姦的な関係があることが示唆される（②）。父と姉の関係を破局に追い込み、姉を独占したいという自らの欲望の承認を得るため、狼男は家庭教師と母親にこのことを打ち明ける。事実の究明を叫ぶ家庭教師に対し、それは狼男が見た夢だと否認する母親という構図が現出する（③）。狼男があくまで発言の真実性を主張してそれが明らかになったとすれば、確かに姉と父を引き離す（父を去勢する）ことができるかもしれないが、父と同様に姉を欲望している自身をも去勢することになる（父と自分のペニスの混同による同一化）。自身を去勢したくなければ、父親を去勢させるわけにはいかない。またそれは母親を悲しませ、家庭を崩壊させてしまう。逆に告発は嘘だったとして黙り込めば、二人を破局に追い込むことはできず自身の欲望を断念せざるを得ないにしても、父はペニスを保持し、母は安堵し、皆が救われる。狼男は自身の欲望を、口外できない秘密として自らの中に閉じ込めることを選んだ（④）。

④のスキャンダルにおいて、狼男は断念した対象としての姉を自身の内へ取り込もうとする。フロイトが言うところの正常な「喪の作業」がなされれば、狼男は姉の喪失を受け入れ、乗り越えることができたかもしれない。(25) しかし狼男は、④の葛藤の中で自分のペニスと父のペニスを同一化してしまったことにより、姉と同時に父をも自身のうちに招き入れてしまうことになる。父は去勢されてはならないのだから、姉を欲望し続けなければならない（「父親のペニスは死んでいない」）。だが同時に、姉は欲望してはならない対象である（「享受してはならない」）。狼男は、父と姉という二人の他者を同化吸収できないま

まに自我のうちへ「体内化」することで、欲望のジレンマの間で宙吊りにされることとなる。[26] 喪の作業は達成されず、自我のうちで欲望のドラマが再演されることになる。

そこから姉のそのような体内化は、両立不可能な二つの役割を彼女に併せもたせる唯一の方法として理解される。つまり、〈自我理想〉の役割と愛の〈対象〉の役割である。彼女を殺さないために彼女を愛し、彼女を愛さぬために彼女を殺す、唯一の方法。体内化のおかげで、攻撃性とリビドーとの間の解決不可能な葛藤が〈対象〉から離れ、自我の内奥に自らを移し入れることができたのだ。〔…〕その直接の帰結はこうだ。姉に誘惑され、それも父親がそのように彼女に誘惑されたと思われる仕方で誘惑されることで、彼は第二の体内化、つまり父親の体内化を避けることができず、以降、彼自身の子どものペニスはもはや、密かに父親のペニスと重なり合うことしかできなくなったのだ。こうして矛盾した二重の要請が生じる。父親のペニスは死んでおらず、かつ享受してはならない。さもなくば、彼、狼男は消滅してしまうだろう。[27]

姉、父、弟としての自身、そして彼ら分裂した人格が躍動する舞台としての狼男自身の自我（狼男の弟人格は「スタンコ」[28]、それらを包括する自我は「S.P.」（セルゲイ・パンセイエフの頭文字）[29]として区別される）。狼男の自我は他者を体内化する中で次々と分裂していき、体内化の連鎖は止まらない。

彼は、いい人物であれ悪い人物であれ、彼らを自らの内的世界に住まわせる。〈父親〉、〈母親〉、ナーニャ、ドイツ語の〈教師〉、〈医師〉、そして最後に治療者の機能を担う〈精神分析家〉である。というのも、最初の体内化が、磁石が鉄屑を引き付けるように他の体内化を誘うからである。それらの人物へ、代わる代わる、狼男は同一化し、対話し、共謀する。[30]

なぜ体内化は連鎖していくのか？ それは、狼男の中の「根本的抑圧」を維持するためである。

彼の人生は、それらの人物たちを操り、彼らの間での厄介な出会いと秘密の漏洩を避けさせることにある。彼らは皆、狼男の中にいる。根本的抑圧を、欲望自体に内在する矛盾の抑圧を、死をもたらす快楽の抑圧を維持するために。[31]

S.P. は体内化した他者たちを操り、この根本的抑圧を維持する。他者たちはこの抑圧の維持を可能にする、特殊な意味での超自我のようなものとして——体内化された姉は自我理想＝超自我の役割を果たすと述べられていた——体内化されるのだ。どのように抑圧を可能にするかと言えば、体内化した他者にS.P.が一時的に同一化し、新たな他者に対して別人であるかのように振る舞う（e.g. 分析家フロイトに対し姉の人格で臨む）ことで、自身の根源的な欲望が表出されるのを抑えこむのである。自らの口を貸し与えて、体内化した他者たちにその欲望を語らせ（ATの著作『表皮と核』からデリダが取り出す表現で言えば、「腹話術［ventriloquie］」(32)のように他者たちの言葉を自分の口から語り出すままにさせつつ）、肝心の自身の欲望という秘密は語らずに済ませるのである(33)。その際、転移的場面を共に演じた新たな他者も体内化される（e.g. 姉に対する父の立場に置かれたフロイトは、今度は姉や父を癒してくれる「治療者」として体内化される）(34)。体内化は連鎖し、より多くの他者を自身の内に飼うことで、抑圧はいよいよ複雑に維持される。

〈自我〉自身の活動は、その〈客人たち〉に、ないし彼ら各々の〈自我理想〉に貸し与えられた欲望を満足させたり阻止したりすることで、そしてこのようにして自己の内部にその欲望を維持することで、消耗し切ることになる。(35)

このように維持される抑圧が、単にエディプス・コンプレクス的な原場面の記憶の抑圧ではないとすれば、それは一体何を抑圧しているのだろうか？ ATは次のように考える。狼男の抑圧は、「タブー語」の抑圧なのであると。ここに、彼らの思弁的翻訳の戦略の意義が理解されることになる。

狼男は④において、姉に対する欲望を抑圧した。ATの考えでは、それは姉に性的快楽を与えてほしいという欲望（姉さん、僕（のペニス）を擦って！）(36)を象徴するロシア語の単語であるTieret（擦る、磨くという意味を持つ）の抑圧という形で起こった。狼男において欲望の抑圧は、このTieretを発語することの禁止として働く。「**抑圧されているのは**［…］**欲望を表現する語そのものである**」(37)。これは精神分析における通常の意味での抑圧、「神経症的な抑圧」とは区別される。Tieretは、抑圧された記憶をシニフィエとするようなシニフィアン（超越論的シニフィアン）を導入し、その言い換えや置き換えという「換喩的移動」を行うという神経症者が辿るプロセスで意識にのぼることはできない(38)。すなわちTieretは、ラカン的な意味での現実的な〈物［la Chose］〉ではあり得ず、「語–物［mot-chose］」という特殊な〈物〉として回帰することになるのだ(39)。その回帰には二通りの可能性があるという。

〈無意識〉の中に創られたこの仕切りを踏み越えるためには、語tieretはもはや、享楽の語であるゆえに、クリプト的な〈無意識〉の〈**物**〉としてでなければ、割れ目のもう一方の側から再び立ち現れることはない。しかも、その語の意識的な住まいの側にある異意義素系［allosémie］の支配下に入った後に初めて、である。従って、ただ異意義素だけが、〈無意識の〉仕切り壁を踏み越えて、〈享楽–自我〉に隣接したもう一方の部分において、視覚イメージに変容しうる。異意義素は、もう一つ別の特殊性をもっている。つまりそれは意識的な語として、同様に、しかし〈無意識〉を経由することなく、象徴の割れ目の線を踏み越えることができる。それは異意義素の類義語に、すなわち**クリプト語**

[*cryptonyme*]に身を包むという条件においてのことなのだ。[40]

一つは、異意義素[allosème]の支配下に入ることによって。異意義素とは、（ATの理解では）或る語が持つ、辞書にリストアップされているような多義性のことである。例えばTieretは「擦る」以外に、「砕く」、「傷つける」、「磨く」などの異意義素を持つ。タブー語は、自身が持つこの異意義素的な視覚イメージへ変容することで、快楽の対象として意識に現れることができる。例えば④以降の狼男は、家政婦が床を「磨く」姿や、絵筆でキャンバスを「擦る」ことに性愛的幻想を抱くようになった。[41]

もう一つは、それら異意義素のさらに類義語として。ATはこれらを「クリプト語」と呼んでいる。こちらは本論にとって極めて重要である。まず「クリプト[crypte]」とは、父と姉の同時的な体内化が構築した自我の中の「人工的無意識」、そこへタブー語が抑圧＝埋葬される「贋の無意識」としての墓である。[42] 例えばTieretは異意義素として「引っ掻く[Skreb]」を持つが、これが「Nieboskreb（摩天楼）」へとクリプト語化され、狼男の夢へ現れることになる。なぜかといえば、摩天楼を意味するドイツ語WolkenkratzerがWolkを含み、これはロシア語で狼を意味するVolkと酷似しているからだ。そして狼の形象は狼男の中で姉と結びつけられていることを考え合わせると（その分析のプロセスは割愛する）、「姉さん、擦って」というメッセージが複雑に転化し、Nieboskrebというクリプト語へ翻訳されていたと解釈できる。[43] 体内化される他者が増えていけば、S.P.は一層複雑な仕方で彼らを操り、抑圧の維持を組織する必要に迫られる。新たなクリプト語が次々に発明されていき、姉と父の体内化によって構築されたクリプトの「内壁」は新たな仕方で覆われていくことになる。ATの戦略は、このクリプト語の発明の系譜を遡行し、匿われているタブー語へ辿り着くため要請されるものなのだ。[44]

フロイト－ラカンが前提するエディプス・コンプレクス的な起源モデルに対する疑義という点から見るに、ATの議論の独創性は二点ある。第一に、邦訳者の港道が後書きで述べているように、「かつて一度も現前しなかったものが心的効果を生むことに注目した」ところである。狼男が経験することになった様々な症状の一因をなしたのは、主体の幼少期における直接的な経験ではなく、姉が狼男に語った父親との情事の記憶である。言語的に伝達された他者の経験が狼男の自我に巣食い、心的生活を構成したのである。それは「他者が私の自我構成に（前－）根源的に参与していることを意味する」[45]。第二に、体内化する他者の増加によってクリプト語が新たに発明されていくということ、すなわち**タブー語の抑圧のあり方が変容していく**ということである。幼少期になされる不変の抑圧が人生を完全に規定してしまうのではない。根本的な抑圧のあり方そのものが可変的なのである。狼男の症例の分析を通じてこのような可変性を提示した点が、ATの議論の新しさであったと言えよう。

3　事後–超越論的構造

しかしそれにもかかわらず、ATの議論もまた、結局はフロイト–ラカンと同じ起源モデルを採用しているように思われる。確かに根本的抑圧のあり方は可変的である。だがそれは、語Tieretを匿うという一貫した目的に対して二次的な可変性に留まっている。体内化される他者たちはすべて、この同一の目的のため奉仕させられている。クリプトの内壁を覆う仕方が変わってもクリプトの内壁そのものは動かない。Tieretの抑圧という不変の起源を前提する限り、彼らの議論も少しズラされたエディプス・コンプレクスのようなものでしかないだろう。

それは彼らの読解姿勢にも現れている。彼らは隠されているタブー語が、そのあり方について「原理的には決定されうる」[46]と述べているし、またタブー語の抑圧の契機となった④の破局の場面も、「実体験の刻印を帯びていると仮定できるし、いかにしても幻想と同一視することはできないだろう」[47]とその実在性を確証できる出来事だと捉えている。何より、彼らは次のような評価を下すことから自身らの分析プロジェクトを開始したのだった。

それでも、その作品が或る原典へと関わりあっていることに変わりはない。虚構の色を帯びていたとしても原典は、漸近線的に、ありうるすべての翻訳と裏切りが収斂する場所であり続ける。[48]

あらゆる翻訳の可能性がそこへ収斂していく、権利的には到達可能な起源としてのタブー語の抑圧。デリダによる批判はまさにこの目的論的前提に向けられていたと考えられる。「Fors」における二重の批判を見てみよう。

i　散種するタブー語

ATは、クリプト語の生成が異意義素の類義語に限られると主張している。重要なのは「意味論の次元における移動」だと言うのである。

これら類義語の豊かさから見て、同様にわれわれは、問題は〔…〕何らかの音声的あるいは類音語的な偽装ではないことを、そして探し求めているキーワードに到達するには、シニフィエを横断し、意味論の次元における移動を探索しなければならないことを理解した。[49]

だが、なぜ意味の次元のみにクリプト語の分析の射程を絞らねばならないのだろうか？　実際ATは分析の中で、意味上の類似だけでなく語形や音の類似性など、意味ではない次元を幾度も横断している。すでに紹介したlyingの解釈もその一例である。デリダは、ATも暗にそれを前提している、クリプト語の解読における非–意味論的な移動の必然性を強調している。

『言語標本』の著者たちはここで、換喩的な移動を語ることに、あるいはレトリックの目録に信用を寄せることにさえ躊躇しているが、それは、このクリプト語法が見せる角張ったジグザグな手続きのゆえにであり、とりわけこの奇妙な中継コースの中で異意義素の軌跡が証人を非‐意味論的な連想へ、純粋に音的な汚染へと移行させるからである。つまりは、それらの汚染がそれ自体で、聴覚的かつ／あるいは視覚的な、身体状ないし物状になった語、あるいは語の断片を構成するためである。(50)

AT は、クリプトの中に埋葬されたタブー語がそれでもクリプト語として意識へ回帰してくることが可能であるためには、「**象徴を断片化した分割線が象徴を超えたところまで延長され、無意識的でそれと対称的な共‐象徴を型打ちしに来る**」必要があると述べている。(51) デリダも難解だと認める箇所であるが、(52) 次のように解釈できるだろう。すなわち、Tieret は語である以上、象徴（AT の議論においては「意識可能な語」という意味で用いられていると考えてよい）として意味の次元において複数の異意義素に分割されており、それが無意識（クリプトの中）へ放逐され、「共‐象徴的」的なものすなわちタブー語になったとしても、その異意義素的な分割を維持しているのでなければ（分割線が無意識の中に「延長され」、「型打ち」されるのでなければ）、その類義語としてクリプト語化され意識に上ることは不可能だということである。

しかしデリダは、AT が辞書に載っている異意義素にのみ基づいて分析を展開することに疑義を呈す。「そしてこのことすべては、最終的に、一辞書に賭かっているのか？」(53)。さらに、共‐象徴的なものたる Tieret は単なる語ではなく、或る種の「物表象」のようなものとして抑圧されると言われていたことに鑑みれば、(54) それはそうした意味的な次元以外の分割をも被っているはずである。クリプト語化は、AT が主張する意味論的次元に限定しても彼らの想定（辞書の範囲）よりもっと奔放に展開されうるし、音や語形の類似に基づいた分割を被ることで、いよいよ複雑に展開されうる。音が似た語の類義語、形が似た語に音が似た語、異意義素に形が似た語の類義語に音が似た語……。語と物の中間、「語‐物」であるタブー語は、或る種の象形文字として「多面体的 [polyédrique]」(55) 性質を帯び、様々な角度から様々な仕方でクリプト語化されうるのである。(56)

こうしてタブー語への遡行は無限に撹乱されることになる。AT も認めていたように、『狼男の言語標本』は様々に可能だった遡行の可能性のうちの一つでしかない。(57) 或る遡行の妥当性を根拠づけることが不可能である以上、原理的にあらゆる翻訳は可能な一バリエーションの位置に留まる。「タブー語があり、それは Tieret である」という主張は常に訂正されうる。ラカン批判における郵便の隠喩を借りて、次のようにまとめられるだろう。

> 手紙は**常に**宛先に届くわけ**ではない** [*pas toujours*]。そしてそれが手紙の構造に属しているとすれば、次のように言える。手紙が真に宛先に届くことは決してない。届いたときにも、それは届い

ていないかもしれない［pouvoir-ne-pas-arriver］ということが、一種の内的な漂流によって手紙を苦しめるのである。(58)

遡行的翻訳が無数の訂正可能性に開かれていること、すなわち手紙が**まだ届いていない可能性**が排除できないことによって、超越論的な起源の可能性は**常に複数**存在することになる。手紙は分割可能である、すなわちタブー語は散種しているのだ。(59)

ii　起源の事後性

もっとも、これだけでは批判として十分ではない。あくまで客観的な出来事として原初的な抑圧があったのであり、遡行の不確実性は分析家の認識の有限性によるものでしかなく、確定的な遡行が権利上は可能だという反論がなされうるからだ。事実ATは、遡行が不十分だとすればそれは分析家の不十分性に帰されるべきだと考えていた。(60)

デリダは一層根本的な仕方で遡行不可能性を証し立てる論理を提示している。それは、起源的なクリプトがまずあって、それを覆うようにクリプト語が生成されるというのではなくて、**クリプト語の側がまずあり、自身がそれを覆っているところの起源的なクリプトを事後的に構成する**という、事後性の論理である。そのとき起源は、クリプト語が語り出されるたびごとに、原理的に到達不可能な起源として構成されることになるだろう。

ところが、ここで読まれるのは、クリプトの内壁の上のクリプト化されたテクスト、クリプト上のクリプトである。しかし、内壁が先にあるのではない。内壁はテクストの素材そのものの中で構築されるのだ。暗号は、壁の表面の**上で**脱-暗号化されるのではない。(61)

重要なのは、狼男の人生がTieretというタブー語の抑圧を超越論的な条件とするものであったという「事実」に到達するためには、ATによって『狼男の言語標本』が書かれ、その顛末が分析されたという過程を決して還元できないということである。起源的な出来事の可能性自体が、それを描き出すATのテクストと不可分な仕方でしか存在し得ないということだ。このとき、狼男について語るテクストは不可避に、そのテクストの書き手の欲望を反映してしまうことになる。ATの欲望は分析の「場面に参加」(62)してしまっているのであって、テクストを単に客体とみなし、超越的な位置からそれを俯瞰することはできない。(63)

> 『言語標本』がどのように書かれているかを見ていただきたい。〔…〕分析者たちの欲望（彼らは二人であり、欲望はかつてないほど単純さの度合いが低い）がそこに参入しており、決してそれは暗がりの中にとどまってはいない。欲望は諸々の場所を備給し、作業の一部をなし、作業に最初の運動を与えてさえいる。(64)

狼男がかつて分析家たちと展開したと語られる体内化のドラマへ

ATの欲望が混入することは、そのドラマが駆動される不可避の条件である。『言語標本』を読む者は、すでにATと欲望を転移させ合った狼男としか出会うことはできない。つまり、『言語標本』では暗黙の内に、狼男がATを体内化し、ATもまた狼男を体内化するというメタ物語までもが展開されている。さらに次のように言い換えられよう。狼男の物語を語るATのテクスト自体が、ATに固有のクリプトを覆い、ATが体内化した他者たちの影響を被りつつ語り出されるクリプト語の集積なのであり（「クリプトの分析」と不可分な仕方で構築される「分析のクリプト［la crypte d'une analyse］」）[65]、狼男のクリプトの分析は、それを語るATのクリプトとの転移を不可避に伴うのである。

このプロセスを、すでに出来上がっているATの欲望と狼男の欲望が『言語標本』というテクストを場として出会うのだ、とは考えないよう注意しよう。転移は一層根源的である。ATが狼男と出会うためには『言語標本』というテクストを書かねばならなかった、そしてそれを書くや否や狼男と転移し合ってしまう。狼男と転移し合い、汚染されたものとしてしかATの欲望は構成され得ない。つまり『言語標本』を書くことが、それが書かれた時には**すでになされてしまっていた**転移の結果として、**事後的に**、狼男を体内化したATと、ATを体内化した狼男という一対の汚染された欲望を構成するのである。先にあるのは語りをなすテクストなのだ。

そしてATがすでに狼男を体内化した者でしかあり得ず、逆も然りであるとすれば、ATが狼男を体内化するとはAT自身を体内化した狼男を体内化することであり、狼男は狼男自身を体内化したATを体内化するということになる。体内化は入れ子状に、無際限に連鎖している[66]。体内化は原理的に、他者を体内化し、他者の体内化を体内化し、そうして自身の体内化をも体内化するという仕方で行われるのだ。しかもこれは『言語標本』だけに焦点を合わせた場合の話でしかない[67]。実際にはATも狼男も、人生における他の様々な場面においてすでに、様々な他者と同様の相互体内化を繰り返している。『言語標本』が書かれることで両者は、互いにとって無数の見知らぬ他者をすでに体内化し合っている者同士として出会う。或る目の前の他者を介して間接的に出会う、この見知らぬ他者たちこそ、ATの『表皮と核』を参照しつつデリダが「幽霊（fantôme）」と名指す者たちである[68]。或る他者と出会う者は、同時に幽霊的他者たちと出会い、彼らを体内化する。そしてそのような体内化が、他者により汚染されたものとしての自身を構成し可能にする条件なのだから、彼らは超越論的な他者たちであると言える。テクストを記入する一撃が、超越論的幽霊の相互取り憑きを駆動する。

『言語標本』はATのクリプト語の集積であると述べた。それを次のように言い直すことができる。『言語標本』は、それが書かれることによってATのクリプトと狼男のクリプトが（すでに相互汚染されたものとして）事後的に作り出されるようなクリプト語、すなわち、**自身がそれを覆うところのクリプトを事後的に起源として生み出す、そうしたクリプト語**なのである。そしてクリプトは、体内化した他者たちが維持する特殊な抑圧により構成されるのだった。先の引用も踏まえて次のように言えるだろう。新たな他者の体内化によりクリプト語が発明される、すなわち新たな仕方でタブー語の抑圧（＝クリプト）が維持されるたび、**クリプトの内壁自体が再構成される**のだと。クリプト語が不変の内壁をなぞるのでなく、内壁そのものがクリプト語によって、事後的に構成されるのである。

最後に、**絶対に**秘密のままにしておかなくてはならないもの、*tieret*、それもまた語ではないか？ 特別な種の語だ。確かにまた、黙した物でもある。しかし、ついには言語なくしては「場所」をもたないと思われる「何ものか」ではないか？ いま一度そう言えるだろうが、そこから、語りが無際限に自分自身の中に包み込まれ、語りの語りの語り、等々になる必然性が由来する。それが解読される対象と同時に解読の歴史を語るがゆえに既に二重化されていて、語りは、その対象に一つの語りの構造を見出す。〔…〕「出来事」が、語られるドラマそれ自体が分析者たちによって、語の、交わされた語の歴史だと認められているからである[69]。

タブー語という起源そのものが、そのような起源についての語りでしかあり得ない（＝ATのテクストの還元不可能性）。そして、起源が語りでしかあり得ないということ自体も語りでしかあり得ない。その全てがクリプト語である無際限の語り直しの中で、その都度語り手たちのクリプトと汚染し合い、起源は再構成され続け、そうして取り逃がされ続ける。**起源は、原理的に散種したものとして**（ｉ）、**その都度再び発明される**（ⅱ）。起源への遡行は二重に阻害されており、ゆえに起源的な出来事は権利上も確定できない。それは「決して現前しなかったことになるだろう[70]」起源であり、そこへの到達不可能性は分析者の不十分さの咎ではなく、テクストが要請する必然的構造なのである。

これは次のことを意味する。すなわち、誰がいかなる他者と出会い、そうして誰と転移し合うかという経験的内実（歴史）が、クリプトの構成を規定するということである。言い換えよう。**経験の内実が、事後的に、超越論的なものの内実を再構成し続ける**のだ。そしてそれがテクストにより必然的に要請される構造である以上、これは狼男に限らず、あらゆる主体に妥当する構造であるということになる。デリダが見出したこの構造を、超越論的なものの事後性という特性に注目し、「**事後–超越論的構造**」と呼べるだろう(71)。

結論

デリダは初期のフロイト論ですでに次のようなアイデアを素描していた。本論文の分析は、デリダがATの読解を通じて、このアイデアをどのように洗練させていったかを辿るものであったとも位置付けられよう。

> 痕跡は、抑圧一般と呼ぶことが可能であるような何ものか、すなわち起源的抑圧と、《本当の意味での》あるいは二次的な抑圧との起源的な総合を、時間化の運動として、そして純粋な自己–触発として、可能にする構造そのものなのである(72)。

「痕跡」は、デリダが「差延」とほぼ同じ作用を指すため用いる語である(「差延の痕跡化作用」)(73)。それが「起源的抑圧」と「二次的な抑圧」の「起源的な総合」を、すなわち「抑圧一般」を可能にするという。すなわち、ラカンが考えたように、起源的抑圧=原抑圧(超越論的なもの)がその後の人生における様々な抑圧=二次的抑圧(経験的なもの)のあり方を一方的に規定するのではなく、むしろ二次的抑圧が起こるや否や、それを基礎づける起源的抑圧が起源として事後的に構成されるのだ。二つの抑圧は初めから「総合」されてしかあり得ないため、截然たる区別は失効し、「抑圧一般」だけがある。それゆえにこそ、原抑圧により自我と区別されたものとして構成される無意識とは異なり、クリプトは他者の体内化により自我のうちで構成され直し続ける「贋の」無意識と呼ばれていたのだった。この抑圧一般を可能にする構造こそ、本論文が「Fors」読解を通じて取り出した事後–超越論的構造なのであり、それは差延がそれであるところの構造でもあるのだ(74)。

凡例

本文および引用原文における強調は太字で、引用者による強調は傍点で示す。原語の併記は[ ]、省略は〔…〕、成句や語句のまとまりなどは「 」、頭が大文字の語については〈 〉、原文のギュメは《 》で表記を統一した。

参考文献

以下の略号を用いて本文中で箇所の指示を行なった。Forsはアブラハム・トロークの著作の序文ではあるが、デリダの叙述を引用する際はデリダの独立した著作として扱う。デリダの著作は全て邦訳が刊行されており、基本的にそれらを尊重しつつ適宜訳文の変更を行なった。

Jacques Derrida

ED : *L'écriture et la différence* (1967), Seuil, 2014.

DS : *La dissémination* (1972), Seuil, 1993.

MP : *Marges de la philosophie*, Minuit, 1972.

PO : *Positions*, Minuit, 1972.

F : Nicolas Abraham et Maria Torok, *Cryptonymie : le verbier de l'Homme aux loups*, précédé de *Fors* par Jacques Derrida(1976), Flammarion, 1999.（N・アブラハム、M・トローク『狼男の言語標本――埋葬語法の精神分析／付・デリダ序文（Fors）』港道隆・森茂起・前田悠希・宮川貴美子訳、法政大学出版局、2006年　＊なお、『狼男の言語標本』本体を引用する際はCと略記した。また、港道による後書「Postscriptum」については本書の邦訳のページ数で指定する。

CP : *La carte postale : de Socrate à Freud et au-delà*, Flammarion, 1980.

外国語文献

Jacques Lacan, *Écrits 1* (1966), Seuil, 1970.

日本語文献

東浩紀『存在論的、郵便的――ジャック・デリダについて』新潮社、1998年

東浩紀『訂正可能性の哲学』ゲンロン叢書、2023年

石原威「差延の二重のコスモス――デリダにおける言語使用の秩序――」『哲学の門：大学院生研究論集』第6号、61–74、2024年

原和之『ラカン　哲学空間のエクソダス』講談社、2002年

藤田尚志『ベルクソン　反時代的哲学』勁草書房、2022年

フロイト、S「喪とメランコリー」、『人はなぜ戦争をするのか――エロスとタナトス』中山元訳、光文社、99–136、2008年

松本卓也『人はみな妄想する――ジャック・ラカンと鑑別診断の思想』青土社、2015年

森村修「喪とメランコリー（1）――デリダの〈精神分析の哲学〉（1）」法政大学国際文化学部編『異文化』論文篇16巻、119–152、2015年

注

（1）Lacan, p.21.

（2）ibid., p.23.

（3）ibid., p.24.

（4）ibid.

（5）ibid., pp.52–53.

（6）以下の説明においては、原（2002）を参照した。

（7）同上書、148頁。

（8）Lacan, p.25.

（9）原、141–142頁。

（10）Lacan, p.34.

（11）ibid., p.53.

（12）ibid., pp.33–34.

（13）松本（2015）によれば、去勢による主体の象徴秩序への参入の裏面として起こる「現実界」の構成は、フロイトの言うところの「原抑圧」に相当する（166頁）。

（14）CP, pp.469–470.

（15）PO, pp.112–119.

（16）ibid., pp.120–121.

（17）東（1998）、83–88頁。

（18）同上書、180頁。

（19）CP, p.472.

（20）松本、424–425頁。

（21）もっとも、松本も言うように、デリダは「同時代を生きた晩年のラカンを決して読むことがなかった」（410頁）。「真理の配達人」も、50年代ラカンの一部のみを取り上げ批判しているという印象は拭えない。本論文ではあく

まで、デリダが読んだ限りでのラカンを念頭に比較を進める。

（22） C, p.125.
（23） ibid., pp.147–148.
（24） ibid., p.119.
（25） フロイト、103–104 頁。
（26） 詳論することはできないが、自我が喪失した他者の他者性を温存したまま内に住まわせる「体内化［incorporation］」と、他者を同化・吸収する「取り込み［introjection］」は、『狼男の言語標本』を理解する上で重要な概念である。詳細な分析は森村（2015）を参照。ここでは、トロークが取り込みと体内化を峻別したのに対し、デリダは両者が一体のはたらきでしかあり得ないと指摘していること（F, p.17）だけ確認しておこう。自我が取り込みによって他者の他者性を剥奪し我有化する限りにおいて、逆説的にも他者の他者性は温存され、体内化が行われうるとデリダは考えていた。これは、他者に対し自我が暴力を振るうことが他者を尊重する条件でもあることを指摘した、レヴィナス批判と同型の論理である（c.f. ED, p.165）。
（27） C, pp.89–90.
（28） ibid., p.96.
（29） ibid., p.99.
（30） ibid., p.91.
（31） ibid.
（32） F, p.42.
（33） C, p.126.
（34） ibid., p.92.
（35） ibid., p.121.
（36） ibid., p.126.
（37） ibid., p.118.
（38） ibid.
（39） ibid., p.166.
（40） ibid., p.233.
（41） ibid., p.93, 122.
（42） ibid., p.80.
（43） ibid., p.113.
（44） ibid., p.230.
（45） 港道「Postscriptum」、283 頁。
（46） C, p.229.
（47） ibid., p.120.
（48） ibid., p.81.
（49） ibid., p.114.
（50） F, p.63.
（51） C, p.233.
（52） F, p.24.
（53） ibid., p.54.
（54） C, p.118.
（55） ibid., p.64.
（56） このことは、想像的なものが象徴界の安定性を脱臼させるというラカンへの批判に対応するだろう（CP, p.520）。
（57） C, p.142.
（58） CP, p.517.
（59） 散種［dissémination］という語自体が、sème と semen という語形上の繋がりのみに即して、「意味論的蜃気楼」を発生させる狙いで名付けられた言葉遊びである（PO, p.62）。
（60） C, p.230.
（61） F, p.53.
（62） ibid., p.31.
（63） 「真理の配達人」においても、物語を語る「語り手」の還元不可能性、そしてその「語り手」自身が語りの内容に書き込まれてしまうということが、「枠づけ」の問題として言及されている（CP, pp.460–461）。
（64） F, p.28.

(65) ibid., p.30.

(66) 入れ子化［en abyme］、及び深淵化［abîmer］は、反復し合う二項が互いの反復をも反復し、反復が無際限に発散してしまう様を表現するため、デリダが多用する表現である（c.f. DS, p.211）。

(67) さらに言えば、少なくとも本論文が狼男を分析するフロイト、を分析するAT、を分析するデリダ、を分析する論考である以上、『言語標本』だけに焦点を合わせても事態はもっと複雑化する。

(68) F, p.42.

(69) ibid., p.54.

(70) ibid., p.66.

(71) ベルクソン研究者の藤田（2022）は、カントが超越論的なものを固定的・静的なものとして考えたのに対し、ベルクソンは「超越論的な要素の発生を経験の内在的な折りたたみ、襞」として考えていた、すなわち**超越論的なものを経験的なものの蓄積の中で変化しうるものとして捉えていた**ことを指摘している（298頁）。これは、超越論的なものが経験的なものにより遡行的に起源として発明されるという、本論が提起する事後‐超越論的構造とほぼ同様の構造について論じたものと解釈できる。また東（2023）は、人間が「絶対的で超越的で普遍的な理念を、相対的で経験的で特殊的な事例による「訂正」なしには維持できない」（326頁）ことを主張する概念としての、「訂正可能性」について論じている。これも事後‐超越論的構造と近しいものであると言える。

(72) ED, p.339.

(73) MP, p.7.

(74) 事後‐超越論的構造は、全てを経験的なものに還元するものではないかと言われるかもしれない。しかし、たとえアドホックで散種したものであるにせよ、主体には決して語り出し得ない「秘密」たるクリプトをなす超越論的なものは、あくまで経験的なものと区別される。ドゥルーズ・ガタリのラカン批判が「去勢などない」と主張するものだとすれば、デリダはむしろ「**去勢は絶えず新たに行われる**」と主張していることになるだろう（c.f. 松本、11–13頁）。散種から去勢は分離できない（PO, p.112）。このことは、デリダが差延を、存在者（経験的なもの）と存在（超越論的なもの）が一体を成しつつ同時に背馳し合い区別されるという、ハイデガーの「存在論的差異」との関係で論じていることと密接に関わっている（MP, pp.23–25）。絶えず同一性を剥奪されながらも主体に固有のクリプトとして再構成され続けるこの「秘密」は、差延における「同じもの［le même］」のことだと考えられよう（ibid., pp.18–19）。この同じものと差延の関係については、拙論（石原（2024））も参照されたい。

〈応募論文〉

二つの目的論——フッサールと最善世界

植村《うえむら》　玄輝《げんき》
（岡山大学）

はじめに

一九一〇年代前半のフッサールは、自身の哲学の枠組み内で最善世界を論じる構想を持っていた。フッサールのパブリック・イメージからすると意外かもしれないこうした構想の内実とそれが生まれた背景はどのようなものか。この問いにできるかぎり文献上の証拠にもとづいて答えることが、本論の目的である。パブリック・イメージはさておき、最善世界はフッサール研究における定番のトピックではない(1)。したがって「はじめに」ではまず、この話題についてフッサールが何を考えていたのかを、大部分を哲学者自身に語らせるかたちで、あまり注釈せずに確認しよう。これによって細部を描き込むべき下絵が浮かび上がるはずだ。続いて、本論の第一節以降がこの下絵をもとに何をどう描くのかについての概略が本論の構成と共に述べられる。

最初の手がかりは一九一一年の倫理学講義である。この講義でフッサールは、自分の哲学が最終的に行き着くはずの学科について、以下の見通しを示す。

引用A　そして最後の——そして最高度の意味で——哲学的なものが、構築的な目的論的学科である。これについて、私は先学期（一九一〇／一一年）の論理学講義で素描を試みた。問題になるのは、あらゆる領域的存在論を根底にして導かれる構築、つまり、あらゆる観点からみてもっとも完全な世界およびこうした理念に属する相関者と規範のアプリオリな構築である。（Hua XXVIII, 172, 強調引用者）

アプリオリな構築（Konstruktion）を方法とするこの学科がその理念を論じるとされる「あらゆる観点からみてもっとも完全な世界」を、以下では「最善世界」と言い換えよう。さしあたりは簡便のためのこの呼称が適切でもあることは、すぐに明らかになる。

引用Aでの証言通り、最善世界論のアイディアについて、フッサールは一九一〇／一一年に最初に行われた論理学講義で概略を与えている(2)。

引用B　［1］私たちは、自然をさしあたりそれが事実的にあるがままに取り上げ、次に、その自然の内部でさらに、そこに登場する心的な存在や社会の形式やその他の文化の形式の種類を事実として取り上げることができる。事実的なものから、私たちは理念を際立たせることができる。したがって私たちは自然の理念、人間の理念、人間の文化の理念を形成できる。［2］それによって私たちは、さまざまな方向性のもとで、所与のものから理念へと、つまり価値論的な理念へと移行できる。たとえば私たちは現に存在する社会的ないし国家的なものの類型を取り上げ、イデア的なしかたで次のように問うことができる。そのような種類の国家の市民にとって、そのような水準の文化における人間にとって、一般的にしかじかのように記述的できる前提のもとで、正しい実践的振る舞いの理想はいかにして規定されるのか、と。したがってここに属するのは、いわゆるユートピアであり、理想国家についてのあらゆる素描――たとえばプラトン的なそれのような――であり、価値論的かつ実践的に完全な社会的全体の構築の試み、つまり人間の完全な世界共同体の理想の構築へといたる試みである。［3］そうした構築は、価値論的・実践的な種類の学問的な基礎法則としてそれに対応するものを私たちが手にしていたならば、学問的なものであることができるだろう。（Hua XXX, 301, 角括弧内の番号は引用者による）

引き続き細部に立ち入らず読み取れることだけを問題にしよう。［1］でフッサールは最善世界論の手続きについて語る。この手続きは、社会の事実的なあり方からその理念へと焦点を移し、社会の類型を手に入れるものとされる。そのため、この文脈で「理念（Idee）」と呼ばれるのは事実ないし現実と対比される可能性のことだと理解できる。続く［2］では、価値論的な観点からみた理念（つまり可能性）という話題が導入される。ここで問題になるのは、価値を持つものとして何が可能かについての考察だろう。そしてこの考察は、理想的な共同体という理想の素描へと私たちを導くとされる。この手続きこそが最善世界の理念のアプリオリな構築にあたると考えられる。［3］では、最善世界のアプリオリな構築が学問的な手続きであるためには、価値論と実践論の基礎法則が必要だ、ということが指摘される。

引用Bを踏まえれば、引用Aの「あらゆる観点からみてもっとも完全な世界」を「最善世界」と言い換えることの適切さは明らかだろう。目下の文脈で問題となる理想的な共同体は、価値や実践という観点からみても完全な可能世界に実現しているはずの社会を作り上げる。このような理想社会を持つ世界は、前提より、およそありうる世界のうちでもっとも善い(3)。

以上を手がかりに、哲学最後の学科が目的論的と形容される理由も説明できる。この学科が素描すべき最善世界の可能性を、フッサールは引用Bで「理想（Ideal）」とも呼ぶ。つまり、ここで構築される可能世界は私たちにとってもっとも望ましいものであり、そのかぎりで、私たちが目指すべき究極のものであるという特徴がこの可能世界に認められる。要するにこの学科は、理想的な目的を構築するという意味で目的論的とされるのである。

「目的論的」のこうした用法はやや特殊だといえる。より一般的な語法によれば、ある学科が「目的論的」と言われる典型的な場面は、おおまかには、「何かが特定の目的に実際に向かっている」という類いの考えがそこに含まれる場合だろう。それに対してこの文脈でのフッサールの目的論は、最善世界という目的を、もっぱら可能性として、実際にそれに向かう何かがあるということを主張せずに扱う（Hua XXVIII, 182）。

とはいえフッサールは、自身のやや特殊な意味での目的論を、より一般的な意味での目的論にも結びつける。引用Aと同じ一九一一年講義に属する以下の引用を読んでみよう。

引用C　［1］物的な自然、生、さまざまな歴史的文化形態を備えた精神世界は、理論的な意識にとってだけでなく、評価し意志する意識にとって与えられるものである。したがってそれらは、価値論的および実践的な原理論との規範的関係を要請するし、存在と生の最高度の理想にもとづく測定を必要とする。そしてそれらの理想は、まったくもって完全な存在と意識という理想と、したがって、絶対的に神学的な理想とつながっている。［2］そしてここに、事実として与えられる現実〔……〕に関する、それへとせき立てられていることに人類がはやくから気づいていた究極の存在問題が登場する。つまり、神の理念のレアルな意味の問題、あるいは、創造の問題、絶対的な理想の〔それ自身を〕実現する力の問題である。可能な世界現実に関する最上位の規範的な理念としてのある理念、しかも神の理念が、事実的に現にあるもの（事実として存在するもの、事実としてしかじかの特徴を具えたもの、事実としてしかじかの発展をするもの）を、単に規範的にではなく実現というかたちで規則づけることはそもそも可能なのだろうか。（Hua XXVIII, 180–181, 角括弧内の番号は引用者による）

［1］では、私たちが理論や評価や実践を通じて出会う世界、つまり事実的な現実世界について、神学的な理想という尺度によってそれを測定するという発想が語られる。ここまでの話を踏まえれば、この測定は、事実的な現実世界を可能な最善世界と比較し、価値に関する両者の隔たりを明らかにする考察として理解できる。続く［2］では、［1］で示唆される考察の前提――ありうる最善世界は規範として現実世界を規整する（つまり、前者が後者にあるべき姿を示す）――とは別の構図のもとでの問いが立てられる。それは、最善世界の理念は現実世界をその実現に向かわせているのか、という問いだ。つまりこ

こでは、現実世界はいつか最善世界になることができるのか、あるいは、現実世界は永遠の相のもとでは最善世界なのかという問題が扱われる。[4]

ここまでの成果を整理しよう。一九一〇年代前半のフッサールは、最善世界を可能性として論じる学科を構想していた。以下ではこれをアプリオリな目的論と呼ぼう。その一方でフッサールは、最善世界という理想的な可能性を事実的な現実世界に関連づけることも考えていた。（永遠の相のもとで）現実世界は最善世界かという問題を扱うこの学科を、アポステリオリな目的論と呼ぼう。[5]

本論のより具体的な目的は、いま整理した構図のもとでフッサールの二つの目的論を再構成することにある。最初の二節は予備作業にあたる。第一節では、フッサールの超越論的観念論の基本的発想と、そこでの可能世界の扱いが確認される。第二節では、現実世界の自然としての側面は理論的には最善かそれに近いというフッサールの見解が論じられる。以上を手がかりに、第三節ではアプリオリな目的論が再構成される。第四節では、アポステリオリな目的論が当時のフッサールにとって構想に留まったことが示される。「おわりに」では、ここまでで再構成されたアイディアが同時期のフッサールの公式的な著作と結びつけられる。

本論の限界も明らかにしておこう。以下では、フッサールの目的論が一九一〇年代以降にどう発展したのかという問題を扱わない。本論で論じる一九一〇年頃の目的論的学科の構想は、後期フッサールにおける目的論の前史という位置づけを持つ。[6] すると、最善世界というトピックは後期の目的論に（どう）位置づけられるのかという問題が浮上する。ここで示唆的なのは、最善世界のアプリオリな構築について、フッサールが一九二〇年代の倫理学講義の脱線部分でも語っているということだろう（Hua XXXVII, 317–320）。しかし、こうした話題に立ち入ることは紙幅の都合上望めない。とはいえ、この話題に今後着実に取り組むためにも、中期フッサールの立場をその後の展開からさしあたり独立に再構成することが役立つはずだ。

また本論では、最善世界をめぐる哲学史にフッサールを位置づけることも目指さない（第4節冒頭でのライプニッツへの簡単な言及も、話を分かりやすくするためのものでしかない）。フッサールの議論を弁神論の系譜と関連づけることは、魅力的かつ新規的な研究だろう。しかしそのためにも、まずはフッサールが最善世界について何を述べたのかを論じるべきである。そしてこうした議論では、哲学史上のその他の登場人物を参照することは、（可能だが）必須ではない。というのも、関連する一次文献のなかで、フッサールは他の哲学者にほとんど言及しないからである。[7]

一　可能世界と可能な経験の相関

一九一〇年前後に、フッサールは「可能世界（mögliche Welten）」という用語を自分の議論に導入する。この展開は、フッサールがそのころたどり着いた超越論的観念論という発想と深く関係する。以上を明らかにするのが本節の目的である。これによって、次節以降の議論のための基本的な枠組みが用意される[8]。

フッサールは一九〇八年に成立したある草稿で、可能世界と可能な意識を次のように関係づける。

> 私たちがある事実的な意識を変えるならば、つまり、それを単なる論理的可能性という枠のなかで任意に変えるならば、私たちはいわば無制限の可能性のなかを動くことになる。対象の側から述べれば、この世界と同様に、無限に多くの他の世界も可能なのである〔……〕。(Hua XXXVI, 53)

フッサールは事実的な意識を「この世界」つまり現実世界に対応づけ、前者を論理的可能性にしたがって変えるという操作を後者についての同様の操作に対応づける。

より正確には、世界の可能性と相関させられるのは、特定の条件を満たした意識の可能性である。同じ草稿の少しあとの箇所を引こう。

> 意識の変更、それも論理的に可能な変更は、世界の変更を意味する。そうした世界は、この意識にとっての正当かつ真かつ現実的な世界である。(Hua XXXVI, 54)

意識と世界との可能性にしたがった変更という操作の出発点となる事実的な意識にとって、現実世界は正当な（rechtmäßig）ものである。そうだからこそ、事実的な意識が別様である可能性と世界が別様である可能性とのあいだに相互的な依存関係が認められる。この草稿のさらに少し後で述べられるように、「存在と、そうした存在を定立する認識的な正当性根拠〔erkennende Rechtgründe〕を持つ可能な意識とは、たしかに相関的なものなのである」(Hua XXXVI, 54)。こうして存在の可能性は、何かを存在するとみなすこと（「定立」）に正当化を与える意識の可能性と相関させられる。

一連の発想からは、現実世界はさまざまな可能世界のひとつでしかないということが帰結する。このことを、フッサールは『イデーンI』（一九一三年）第四七節で公式的に明言する。

> しかし私たちは、経験という体験の種類、とりわけ物の知覚という根本的な体験について形相的な考察を行い、その本質必然性と本質可能性を見て取ることができる（私たちは、あきらかにそうすることができる）。それゆえ私たちは、動機づけられた経験の連なりを本質的可能性にしたがって変容させたものも、形相的に追跡できる。このとき明らかになるのは、「現実世界」と呼ばれる私たちの事実的な経験の相関者は、多様な可能世界および非世界の特殊例であり、それらの多様な世界は、多かれ少なかれ秩序立った経験の連なりを伴った「経験する意識」という理念を本質可能性にしたがって変容させたものの相関者に他ならないということである。(Hua III/1, 100)

私たちを現実世界と対面させる事実的で正当な意識体験は、ここでは「動機づけられた経験」・「経験する意識」と呼ばれる。そしてフッサールによれば、こうした意識体験をそれらの可能性に則して変容させたものは、多様な可能世界に相関する。現実世界はそうした可能世界の特殊例でしかない。[9] そして、この文脈における意識の変更ないし変容は、意識の本質的な可能性にしたがって行われる。こうした本質的な特徴とは、ひとつ前の段落で確認されたようなもののことだろう。つまり、目下の文脈で取り上げられる意識の可能な形態はどれも、認識的な正当化を与えるという特徴を保持していなければならない。こうした本質的特徴を備えた意識の可能な形態はどれも、何らかの可能世界に存在するものを対象として持つ。

二　理論的に最善の世界

引用Cにしたがうかぎり、アプリオリな目的論は最善世界の理想を理想的な社会として構築し、その自然としての側面を特に扱わない（以下では、世界の自然としての側面を単に「自然」とも呼ぶ）。本節ではこの問題設定の背景を明らかにする。

アプリオリな目的論が自然を特に扱わない理由は、端的に言えば、現実の自然が理想的なものであるか少なくともそれに近いものであることが、フッサールにとってはすでに明らかだからである。このことは、引用A（一九一一年講義）の少し後で明言される。

> 与えられた自然、事実であるような自然は、私たちが述べたように、ある驚くべき理論的な徳を備えている。そうした自然が持つ特徴は、それを研究する認識が高度な知的理想を実現できるという具合になっているのである。（Hua XXVIII, 172; cf. 173）

「私たちが述べたように」という言い方は、一九一〇／一九一一年講義での同様の議論を念頭に置いたものだろう。そこでは、事実的な（物的および有機的）自然は、分類・比較・測定によって秩序づけられ、その度合いは驚くべきものだとされる（Hua XXX, 309）。[10] ここから分かるように、自然の理論的な徳（Tugendhaftigkeit）とは、それについての秩序だった認識を可能にする特徴、合法則性が持つ価値である。そしてフッサールによれば、現実の自然が理論的な徳を備えていることは偶然的な事実である（Hua XXX, 309）。現実の自然を支配する法則は、ここまで体系だっていないこともありえたというのである。

一連の発想の背後には、自然の存在論というアイディアが控えている。フッサールによれば、自然に属する物（Ding）はどれも、いくつかの特徴をその本質ゆえに備えている。一九一〇／一一年講義から例を引くならば、自然に属する物の本質的特徴には、空間性、時間的な持続、因果法則にしたがって変化することが含まれる（Hua XXX, 277）。そして、物がこれらの本質的特徴を持つことは、自然がその本質的特徴として因果的統一性（つまり、因果的な閉包性）を備えることと表裏一体の関係にあるとされる。重要なのは、フッサールが自然の本質的特徴とみなす因果的統一性とは、自然がなんらかの（しかし、その自然においては不変の）因果法則に支配されていることであって、特定の因果法則に支配されていることではないとされる点である。[11] こうしてフッサールは、現実の自然と可能な自然を、合法則性の度合いという観点から比較できるようになる。

以上の前提を認めれば、そして、認識には理論的な価値がありその高さは認識の秩序の度合いに正比例するということも前提するならば、フッサールの言い分はもっともである。この前提のもとでは、体系的な自然法則に支配されており十分に秩序立って認識できる現実の自然と、そうではない可能な自然とでは、前者の方が理論的により有徳だということになる。もちろんこのことは、現実の自然が理論的に最善である（か、それに近い）ということをただちに意味しない。というのも、現実よりさらに合法則的な可能な自然、つまり理論的にさらに有徳な可能世界が（数多く）あることがまだ排除されていないからだ。しかし本論ではフッサールの主張を前提として受け入れよう。目下の文脈でより重要な問題はその先にある。

三　アプリオリな目的論

前節の成果は、続く議論の手がかりになる。現実の自然が理論的に最善かそれに近いならば、私たちは最善世界の自然としての側面や理論的側面について、すでにそれなりのこと、たとえばそこでは合法則性が鍵を握るということを知っている。すると残される主要な問題は、最善世界の自然以外の側面、つまり社会的側面や実践的側面の特徴は何かということになる。フッサールが最善世界の可能性を主に理想社会のそれとして捉えたことには、こうして説明が与えられる。本節では、フッサールのアプリオリな目的論のうち、この主要部分を再構成する。

ここで重要になるのは、フッサールが自然の存在論と類比的な学科として構想した、精神および価値の存在論である。精神（Geist）とは、自然と対比される社会あるいは文化のことである。したがって精神の存在論の課題は、社会的・文化的な対象がそれらの本質ゆえに備えている特徴を、存在論的な法則として集成し体系化することである。価値の存在論は、価値を備えた対象（そのなかには行為も含まれる）について、同様の課題を負う。

以上のアイディアを携えて、最善世界の、あるいはより一般的に可能世界のアプリオリな構築とは何かを明確にできる。一九一一年講義から関連する箇所を引こう。

［1］これらの理論〔＝精神と自然の存在論〕がしかるべき発達を遂げたという想定のもとでは、［2］それらをもとにして、体系的な構築によって、それらの法則性に含まれる存在可能性つまり可能世界をアプリオリに研究できるだろう。［3］数学における形式的な多様体論は、手本とこうしたことの実行の一部を同時に提供する。（Hua XXVIII, 173）

［3］数学者は、少数の公理から特定の数学的対象の総体を得ることができる（たとえばペアノの公理から、数学者は自然数の総体を得ることができる）。こうした構築ないし数学的な意味での構成と同様に、［2］私たちは自然と精神の存在論における法則を公理として、そこから自然と社会の側面を備えた可能世界の総体を構築できる。［1］ただしこうした構築が実行可能になるのは、自然と精神の存在論が完成し、それらの法則を私たちがすべて特定したあとである。

可能世界のこうした構築は、価値に関する存在論的法則も取り入れることで、最善世界についての理論になる。

心理物理的な自然のアプリオリと同様に価値や善いものの領分に属するアプリオリも体系的に発展させられたと想定しよう。すると、示されたあらゆる方向に向かって、アプリオリな可能性を構築することや、そうした可能性からの最高度の価値の視点にしたがった選択ができるようになるだろう。(Hua XXVIII, 175)

こうして構築された総体は、自然と社会のありうる姿を、その価値の側面も含めて汲み尽くすことになる。そして私たちはこの総体から、そこに含まれるはずの最善世界を選択（Auswahl）できる。ここでの選択とは、可能世界の総体から最善世界を、あくまでも可能性のひとつとして特定することだろう。というのも、アプリオリな目的論に携わるフッサールや私たちのような人間は、最善世界を選ぶだけでそれを実現できるわけではないからである。

そしてひとつ前の引用の直後で、フッサールは、引用AからCにも登場した、しかし本論ではこれまで脇に置いてきた主張に踏み込む。つまり、アプリオリな目的論は最善世界という理念だけでなく、それと相関する生の理念にもかかわるという主張である。

［1］これらすべての努力は、あきらかに、最高度の理念あるいは理念の対の解明へと達する。この理念の対とは、諸々の可能「世界」のなかでアプリオリに最も完全なある世界という理念と、そうした世界と相関関係に立つあるもっとも完全な人格、もっとも完全な生という理念のことである。［2］もっとも完全な生は、まさにそのようなものであるかぎりで、考えうるもっとも完全な生の内容に関係することをアプリオリに要求し、それとともに、考えうるもっとも完全な現実を、もっとも完全な認識ともっとも完全な美的評価ともっとも完全な意志の活動の領野として要求する。(Hua XXVIII, 175, 角括弧内の番号は引用者による)

［1］では件の主張が述べられる。可能世界と可能な正当な意識の相関という論点（本論第二節）を踏まえれば、最善世界が完全な生と関連づけられることはもはやそれほど意表を突かない。しかし、さらなる注解も必要である。［2］にみられるように、最善世界と相関する完全な生には、完全な認識（つまり、何かの存在を定立することの正当

化を備えた体験）だけでなく、完全な美的評価と完全な意志の活動も含まれるとされる。この考えはより正確に何を意味するのだろうか。

議論を先に進めるためには、フッサールが展開した価値の存在論を概略的に確認することが役立つ[12]。フッサールは一九一〇年前後の倫理学講義で、価値の存在論を価値論という一般部門と実践論という特殊部門からなるものとして展開する。価値論の課題は、価値に関して全般的に成り立つ本質法則を特定し体系化するにある。そうした法則の例として、「加算の法則」、つまり、全体の価値はその構成要素の価値の総和に等しいという法則が挙げられる（Hua XXVIII, 93）。しかしフッサールによれば、実践的な価値、つまり私たちの意志の対象が持つ価値には、一般的な価値論的法則に加え、それ固有の本質法則が成り立つ。こうして要請される特殊部門が実践論である。実践論には、価値論の法則に加え、実践的価値に固有の法則が属する。そうした法則としてフッサールが挙げるのは、「吸収の法則（Absorptionsgesetz）」である（Hua XXVIII, 136）。この法則によれば、ある時点で実行可能だが相互に排他的な複数の事柄が選択肢として（つまり意志の対象として）与えられた場合、それらのうちで最善の帰結をもたらすものだけが実践的に善いものである。このとき、最善の選択肢がそれ以外の選択肢が場合によって持つ積極的な価値をすべて「吸収」し、後者の選択肢は実践的には悪くなるというのである。こうして実践的な観点からは、最善の選択肢を選ぶことだけが正当であり、それ以外の選択はすべて不正とされる。

これによって、最善世界に相関させられる完全な生の内実がよりはっきりする。フッサールの考える最善世界は、価値という観点からみても完全であり、最高度の価値を備える。そして繰り返し確認すれば、フッサールによれば、可能世界はどれも正当性という特徴を備えた意識の相関者である（本論第二節）。そのため最善世界に相関する可能な意識形態は、それに備わる最高度の価値も対象とする。そしてこれらの意識形態は、最善世界の価値を正当に評価することや、そうした価値を最善の選択肢として正当に意志する（そしてそれを意志的に実現する）活動という形態でなければならない。これらの可能な意識形態が総体としてかかわる価値は完全かつ最高度のものなのだから、それらの形態が作り上げる可能な生はたんに正しいだけでなく、完全かつ最高度に正しい――およそこのようなことを、先の引用でフッサールは考えているのだろう。そして先の引用でフッサールが完全な生をただちに完全な人格と同一視するのは、人格神による最善世界の創造という伝統的なアイディアに導かれてのことだと考えられる（この発想に立ち入ることは、残念ながら本論ではできない）。

だが、価値論を視野に収めることで、これまでに再構成したフッサールの構想に対する根本的な疑念が頭をもたげる。というのも、先にみた加算の法則は、最善世界の可能性と両立しないはずだからである。この疑念は以下のような論証からも導ける。加算の法則を認めよう。そして、最善の可能世界wが存在するとしよう。加算の法則より、wの価値はその部分の価値の総和に等しい。ところで、wの部分（ないしその対応者）をすべて持ち、それに加えて、さらなる部分としてなんらかの善いものも持つ可能世界w*が存在する（あるいは、そう考えることを妨げる事情はない）。加算の法則より、w*の価値はwの価値よりも高い。この帰結は、wが最善世界であるという前提と矛盾する。したがって、加算の法則と最善世界の可能性は両立しない（あるいは、そう考えることを妨げる事情はない）。

この疑念を解消するには、フッサールが実のところ加算の法則に一定の制限を加えていることを指摘しなければならない。一九一四年の倫理学講義で明言されるように、部分が調和的に結合した全体は、それらの部分が持たないさらなる価値を生み出し、それらの部分の価値の総和以上の価値を持つのである（Hua XXVIII, 95–96）。こうしたケースをフッサールは「価値生産（Wertproduktion）」と呼び、それが成り立つ全体を加算の法則の適用外とする。そしてフッサールによれば、善いものと悪いものの調和的結合は、当該の善いものより高い価値を持ちうる。また、なんらかの調和的な全体にさらなる善いものを付け加えた全体は、前者の全体よりも低い価値を持ちうるとされる。では、価値生産はどのような条件で成り立つのだろうか。この点についてフッサールは多くを語らない。目下の文脈で呈示されるのは、ふたつの例、絵画における個々の色の調和とメロディにおける個々の音の調和だけである。そのため私たちは、調和（Harmonie）を未定義の原初的概念とみなしたうえで、価値生産に関するフッサールの見解を、「調和的な全体の持つ価値は、その部分の総和よりも大きい」と定式化しよう。この価値生産というアイディアによって、最善の可能世界を論じるための余地がフッサールに与えられる。最善世界が全体として持つ価値がその部分の調和によって成り立つものだとすれば、その世界にさらなる積極的価値を付け足して得られた可能世界によって最善世界の価値が凌駕されるとは限らないからである。

そして、いま述べた発想をフッサールが最善世界論の文脈で採用しているという解釈を支持する文献上の証拠もある。一九〇八年に書かれたある草稿のなかで、フッサールはあらゆる意味で完全な主体としての神が持つ意識を「全意識（Allbewusstsein）」と呼び、こう述べる。

> ［1］だが、全［意識］は真理だけを信じる。同様に、それは善いものだけを愛する。ただし、それは善いもののための手段としての悪いものも愛する。［2］当然ながら、全自我はすべての自我とすべての現実をそれ自身のうちに持ち、その外には何も持たないのだから、それが経験的自我であるとは考えられない。それは無限の生であり、無限の愛であり、無限の意志である。その無限の生はある固有の活動である。そして、それは無限の充実でもあるのだから、それは無限の幸運［Glück］である。［3］あらゆる苦しみを、あらゆる不幸を、あらゆる誤りを神は自身のうちで生き直す。そして神がそれらをもっとも厳密な意味で共に生き共に感じることによってのみ、神はそれらの有限性を、それらがあるべきではないということを、無限の調和のうちで克服できるのである。（Hua XLII, 168, 角括弧内の番号と強調は引用者による）

深読みを誘う一節だが、目下の目的に関連する論点だけ確認しよう。［2］すべての自我を包摂しそのかぎりで全自我（All-Ich）である神は、［3］（経験的自我たる人間が被る）苦しみ・不幸・誤りのすべてを全意識のなかで生き直し（nachleben）、無限の調和のなかでそれらを克服し、それらから「あるべきではない（Nichtseinsollen）」という特徴を取り去る。それゆえ、［1］完全な主体としての神の全意識は善いものだけを愛するとはいえ、そこで愛される善いものには、善いもののための手段としての悪（Böse）も含まれる。つまり、神が愛する最善の全体の部分には、悪いものもある——およそ以上のような考えが調和的な全体における価値生産という発想を前提していることは、もはや明らかだろう。したがって、完全な意識という神学的理想を相関者とする最善世界（引用C）とは、そこで生み出された積極的および消極的な価値が全体として完全に調和する可能世界だということになる。

ここまでの再構成から分かるように、フッサールは最善世界を理想社会として特徴づける一方で（引用B）、最善の可能世界を構築する場面では、それがどのような社会を備えるのかをまったく語らない。ここではもっぱら価値が、しかもきわめて一般性の高い観点から扱われる。もちろん、理想社会に関する見解をフッサールの議論からいくつか引きだすことができる。理想社会とは価値に関する完全な調和が成り立つ社会である。そしてこの社会を作り上げる共同体は完全に正当な人格という特徴を持つ。しかしこれらの見解は、社会に関する見解としてはあまりにも内容に乏しいし、謎めいてさえいる。最善世界における政体や法的・社会的制度について、そこで実現される共同体の姿について、フッサールの議論はこれ以上具体的なことを何も指摘しないし、できそうにない。

とはいえ、こうした事情は必ずしも否定的に評価されるべきではない。アプリオリな目的論の課題は、最善世界という理想を存在論的法則から構築することである。現実世界に分け入らずに書斎のアームチェアでも行えるこうした議論は、きわめて一般性の高いものにならざるをえない。別の言い方をすれば、アプリオリな目的論だけから最善世界における政体や各種制度に関するより具体的な見解が導き出された場合、そのことは、議論の過程でアプリオリな構築という手続きが守られなかったことを強く示唆する。以上に鑑みれば、先に再構成したフッサールの見解は、アプリオリな目的論に関して私たちがわきまえるべき限界のなかに収まっていると肯定的に評価できる（フッサール自身がこの限界を自覚的にわきまえていたかはまた別の問題だが、この点は措く）。

さて、「はじめに」で確認したように、フッサールは最善世界の理想を現実世界の具体的な姿と結びつけるアポステリオリな目的論の構想も持っていた。アポステリオリな目的論は現実世界に実際に分け入る探究も必要とするのだから、そこでは、この世界の社会的現実も議論の俎上にのぼるはずである。次節では、一九一〇年代のフッサールがこうした議論をどこまで展開できたのかを論じる。

四　アポステリオリな目的論

アプリオリな目的論の鍵となる考え、つまり、最善世界において悪は全体の調和の一部をなすというフッサールの考えに、ライプニッツの『弁神論』（一七一〇年）を想起する人もいるだろう。最善の実現のための手段として悪を捉えるこうした問題含みの発想は、まさにその問題の発生源となる要素ゆえに、アポステリオリな目的論に余地を残す。この発想によれば、ある可能世界に悪が存在することそれ自体は、ただちにその世界を最善世界ではなくしてしまうわけではない。すると、悪が存在する現実世界――可能世界の特殊例――も、最善世界であるための資格をまだ失っていないかもしれない。こうして生まれたわずかな余地に、フッサールはアポステリオリな目的論をどのように展開しようとしていたのだろうか。

まず指摘されるべきは、フッサールのアポステリオリな目的論は、アプリオリな目的論よりさらに粗削りにしか再構成できないということである。アポステリオリな目的論は、最善世界の理想が現実世界に実現しているかという問題を扱う（引用C）。そのためここでは、アプリオリな目的論が話の前提になる。しかし、フッサールはアプリオリな目的論を完成させたわけではない。というのも、そのために必要な存在論がそもそも完成しているわけではないからだ。

また、たとえアプリオリな目的論が完成したとしても、それがアポステリオリな目的論に本当に役立つのかは自明ではない。アプリオリな目的論によって構築される最善世界は、その全体、その全歴史における価値が完全に調和する世界である。世界の全体について、永遠の相のもとできわめて一般性の高い水準からこのように語ることは、単なる可能性が問題になるかぎりでは許される。しかし、現実世界については事情が異なる。私たちは現実世界の全歴史を知るわけではなく、現実世界が可能性として捉えられた最善世界を実現しているかどうかも知らない。そのためフッサールが用意した枠組みでは、この世界は最善世界かという問題は、人間には解決不可能ではないだろうか。

こうした難点を、おそらくフッサールは把握していた。このことは、一九一〇／一一年講義の以下の箇所から伺える。

> 最高の価値として、つまり、絶対に乗り越えられないような価値として妥当しうるような価値というものは、アプリオリに考えられるのだろうか。それとも、人間もしくは人間に似た存在者の共同体や共同体の発展がもちうる理想的に最大の価値というものは、たえずくり返し高められる価値形態の無限の進行のうちにあるのでなければならず、そうした価値形態を目指す理想的努力のうちでこそ、〔集合的な意味での〕人間〔Menschheit〕や〔個々人としての〕人間〔Menschen〕はたえずより高い価値に到達するのであって、そうしたことが無限に続くのでなければならないのだろうか。(Hua XXX, 303)

フッサールはここで、最高の価値の捉え方の候補を二つ挙げている。第一の候補は、それより善いものがないという意味での最高の価値である。それに対して第二の候補は、理想に向けた不断かつ無限の努力こそが最高の価値を持つというものである。ここでは、そうした努力がより高い価値に到達し、いわば価値の最高点を更新することも認められている。第一の種類の価値は世界内に実現する事柄が持つものであるのに対して、第二の種類の価値は、そうした実現のために世界内で行われる行為の過程そのものに備わる。

すると、フッサールのアポステリオリな目的論は、第二の種類の価値を念頭において展開されるべきものとして解釈できる。第二の種類の最高の価値は、永遠の相のもとで全体として捉えられた世界ではなく、全体を見通せない個別の状況における人間の実践のただなかに、それが無限に続くこととして位置づけられる。その場合、現実世界が最善世界であるかどうかは、少なくとも部分的には、そこに生きる人間たちの行い次第になる。その場合、この世界は最善世界なのかという問題は、少なくとも人間に解決不可能なものではなくなる。この解釈は、本論がこれまで示してきた解釈と比べるといささか証拠に乏しいが、フッサールを解決不可能な問題を立てていた不合理な哲学者にしないですむという利点を持つ。

この解釈を採用するならば、アポステリオリな目的論のさらなる課題は、いま述べたさしあたりの答えをさらに明確化したうえで、現実の状況にあって人間たちがどのような行いをすべきかをより具体的に特定するというものになるだろう。そうした場面では、現実世界の事実的な政治や社会も踏まえた議論が要請されるはずである。とはいえ、フッサールはこのような議論を実際に展開した形跡はない。

以上のような見通しを持つと考えられるアポステリオリな目的論について、それがアプリオリな目的論とどう関わるはずかを二点確認しておこう。

第一に、アプリオリな目的論は、アポステリオリな目的論に余地を与えるためだけでなく、先に示したさしあたりの回答に眼目を持たせるためにも欠かせない。この回答が「現実世界は最善世界か」という問いへの有効な答えであるためには、最高の価値を持つとされる人間の不断で無限の努力が、この問いが発されたどの時点で始めても遅すぎないものであるときに限られる。つまり、理想に向けた努力に求められる無限性は、それを文字通りに理解するにしても比喩的に理解するにしても、未来に向けて無限に続くことでなければならない。こうした見解を保持するためには、過去や現在における悪の存在によって現実世界は最善世界としての資格をすでに失っているという考えを、アプリオリな目的論によって牽制しなければならない。

第二に、アポステリオリな目的論は、さしあたりの回答をより明確にするためにも、アプリオリな目的論を必要とする。というのも、ここで鍵を握るのは理想に向けた不断かつ無限の努力であり、理想とは何かという問題の解決を、フッサールはアプリオリな目的論に託すからである。つまり、フッサールにとって、最善世界を実現につながるかもしれない人間の不断で無限の努力とは、完全な生という神学的理想——それがより詳しくは何を意味するとしても——を目指す努力なのである。そうであるからこそ、アポステリオリな目的論は、引用Cで発された問い、つまり、神の理念はそれ自身を実現する力を持つのかという問いへの取り組みになる。人間の実践こそがその理念に力を持たせるはずだ、というわけである。

本節を閉じるにあたって、この時期のフッサールにとってアポステリオリな目的論が構想以上のものではなかったことを指摘しよう。本節で再構成した議論だけでは、現実のそのつどの状況における不断の努力、第二の意味での最高の価値につながる実践を無限に続けることが、永遠の相のもとでみられた現実世界全体に第一の意味での価値の完全な調和が成り立つことと一致する保証が得られない。つまり現時点では、アポステリオリな目的論が目指すべき最善世界がアプリオリな目的論によって特定された最善の可能世界と一致する保証がないのである。しかしながら、一九一〇年代前半のフッサールがこの問題について論じた形跡はない。

おわりに

本論の議論をまとめよう。フッサールは一九一〇年代前半に、最善世界の理想をアプリオリに構築する目的論的な学科を構想していた。このアプリオリな目的論の課題は、自然・精神・価値に関する存在論的法則を公理として可能世界の総体を構築し、それらからあらゆる点で完全な可能世界を特定することである。そして、最善世界の理想を構築することは、それと相関する完全な生の理想を構築でもあるとされる。一連の発想の背景には、可能世界の総体と可能な意識の総体を相関させるという、超越論的現象学の基本的見解がある。当時のフッサールはアプリオリな目的論の成果を現実世界に適用し、この世界は最善世界の理想を実現するのかを問うアポステリオリな目的論も構想していた。

最後に、二つの目的論の構想が一九一〇年代前半のフッサールにとって重要なものであったことを指摘しよう。この構想を暗黙の前提とみなすことによってはじめて、私たちは同時期のフッサールが公式的に掲げた哲学の理念を十全に理解できるのである。一九一一年に刊行された「厳密な学としての哲学」の冒頭で、フッサールはこう述べる

> 一番はじめから、哲学は厳密な学であることを要求していた。より詳しくは、最高の理論的要請を満足させ、倫理的宗教的な観点からは純粋な理性規範に規整された生を可能にする学問であることを、哲学は要求していた。(Hua XXV, 3, 強調引用者)。

この言葉は、世間一般に流布した哲学観を語るものでも、気合い入れのための単なる掛け声でもない。厳密な学たれという要求を、フッサールは自分自身の哲学に課している。この要求が倫理的宗教的な事柄にまで及ぶとされることは、本論のここまでの議論を踏まえるならばもはや意外ではない。この引用でフッサールが生を規整する純粋な

理性規範とみなすものを、私たちは最善世界の相関者としての完全な生の理想として解釈できる。そして、この理性規範に規整されて可能になるとされる生についても、現実世界を最善にするかもしれない、人間たちの努力という生き方のことだと推定できる。目的論を最後の学科とする哲学の全体構想を、フッサールは一九一〇年代初頭の公式的な著作にも持ち込むのである。

謝辞

本論文は筆者が代表者を務めた科研費研究課題の成果の一部です（課題番号：20H01177）。このプロジェクトのメンバーである鈴木崇志、竹島あゆみ、八重樫徹、吉川孝の各氏からは、本論文に結実する筆者の研究に対して、さまざまな示唆や助言を賜りました。また、Andrea Altobrando 氏からも、本論文の下敷きとなった筆者の研究発表（パトヴァ大学、二〇二三年九月）に有益なコメントをいただきました。最終稿の作成にあたっては、本論文の匿名査読者からのコメントがたいへん参考になりました。ここに記して深く感謝申し上げます。

文　献

De Palma, V. 2019. "Deskription oder Konstruktion? Husserl und die Grenzen der Phänomenologie." *Husserl Studies* 35, 185–202.

Hart, J. G. 1997. "The *Summum Bonum* and Value-Wholes: Aspects of a Husserlian Axiology and Theology." In *Phenomenology of Values and Valuing*, Kluwer, 193–230.

Husserl, E. 1950ff. *Husserliana*. Nijhoff/Kluwer/Springer.（Hua と略記し、巻数をローマ数字で記す）

Marosan, B. P. 2022. "Levels of the Absolute in Husserl." *Continental Philosophy Review* 55, 137–158.

Miettinen, T. 2021. "From Institution to Critique. Husserl's Concept of Teleology." In H. Jacobs (ed.), *The Husserlian Mind*, Routledge, 509–520.

Roth, A. 1961. *Edmund Husserls ethische Untersuchungen*. Nijhoff.

Trizio, E. 2021. "Phenomenology, Teleology, and Theology." In H. Jacobs (ed.), *The Husserlian Mind*, Routledge, 521–531.

佐藤駿 二〇一五．『フッサールにおける超越論的現象学と世界経験の哲学——『論理学研究』から『イデーンI』まで』，東北大学出版会．

武内大 二〇一〇．『現象学と形而上学——フッサール・フィンク・ハイデガー』，知泉書館．

鈴木崇志 二〇二一．『フッサールの他者論から倫理学へ』，勁草書房．

八重樫徹 二〇一七．『フッサールにおける価値と実践——善さはいかにして構成されるのか』，水声社．

吉川孝 二〇一一．『フッサールの倫理学——生き方の探究』，知泉書館．

注

（1）数少ない先行研究として、本論でも取り上げる一九一〇年代の倫理学講義に関する Roth（1961, 101–105）および Hart（1997, 215–224）の議論が挙げられる。ただしロートの研究は当時未刊行だった関連講義・草稿の要約という色彩が強く、本論のようにフッサールの同時期のテクストを横断した再構成は試みていない。これに対してハートは、本論の引用Bが属する論理学講義などの当時未刊行のテクストも典拠として用いるが、最善世界の理想の構築というアイディアと価値論の関係を具体的に示しているわけではない。本論の独自性は、これらの論考よりも包括的な再構成を行う点にある。

（2）この講義はそれ以降何度か繰り返し行われており、全集版の本文テクストは、最後の開講学期である一九一七／一八年にフッサールが用いた原稿に基づく（Hua XXX, xv）。そのため同講義は、フッサールの一九一〇／一一年当時の見解をそのまま反映するものではない。こうした事情を考慮して、本論では同講義を、フッサールが一九一〇年代に執筆したその他のテクストと関連づけられる範囲で参照する。

（3）ここでフッサールは、最善の可能世界には社会という側面が備わるとみなし、最善世界に関する特定のオプション――自然という側面だけを持つ何らかの可能世界こそが最善なのだという立場――を事実上拒否している。こうした考えの根拠は自明ではないが、本論ではこの問題に立ち入らない。

（4）引用Cに登場する一連の問題は、フッサールも述べるように、すぐれて神学的だといえる。こうした問題のフッサール現象学における位置づけについては、Trizio 2021 や Marosan 2023 が最近の研究状況も踏まえて論じている。フッサールの神学的な議論を現象学の理念からの逸脱として批判する論者としては、De Palma 2019 が挙げられる。

（5）より正確には、「アポステリオリな目的論」と呼ぶべき学科には現実世界と最善世界の価値に関する隔たりを論じるという課題も割り当てられるわけだが、本論ではこの問題は扱わない。

（6）後期フッサールにおける目的論については、Trizio 2021 や Miettinen 2021 が最近の研究状況も踏まえて概略を与えている。

（7）この文脈でフッサールが名指す例外的な哲学者の一人は引用Bに登場するプラトンであり、もう一人はカントである（この文脈ではライプニッツへの明示的な言及はない）。引用Aの直後で、フッサールは自分が構想する構築的な目的論を、カントが『純粋理性批判』そしてとりわけ『判断力批判』で論じた「人間の認識の理想に対する自然の驚異的な適合」に関連づける（Hua XXVIII, 172; cf. Hua XXX, 306–311）。すでに述べた理由より、本論ではフッサールとカントの関連には立ち入らない。とはいえ、目的論を含むフッサールの形而上学にとって重要な役割を果たす哲学者がまずもってカント（やフィヒテ）であるということは、ここでも強調するに値する。この指摘については武内（二〇一〇、六―一一）を参照。

（8）以下で概略を示す枠組みのよりくわしい内実とそれがフッサールの超越論的現象学のなかで果たす役割について、佐藤（二〇一五）の第四章が、本論では立ち入れない志向性理論との関連も踏まえて詳細に論じている。

（9）より正確には、そうした世界は可能世界および可能な非世界（Unwelten）の特殊例とされる。ここでの非世界は、世界のなかに何も存在しない可能性に相当するものと理解できる（佐藤 二〇一五、一七八―一七九）。本論でもこの解釈を踏襲し、非世界をより広い意味での可能世界の一種とみなすが、この点は以下の議論には特に影響を与えない。

（10）同様の見解は、神の超越の遮断を主題とした『イデーンI』第五八節でも述べられる（Hua III/1, 124–125）。

（11）このことは、一九一〇年に執筆されたある草稿でよりはっきり述べられる。「自然の理念が自然法則を予描するとしても、それはいかなる特定の自然法則も予描しないのである」（Hua XIII, 215）。同様の見解は、自然法則の一般性と形相的（本質的）な一般性を区別する『イデーンI』第六節でも保持される（Hua III/1, 19–20）。

（12）この理論に関するよりくわしい研究として、吉川（二〇一一、一一六―一二〇）、八重樫（二〇一七、一九五―二〇六）、鈴木（二〇二一、六五―七三）を参照。

〈応募論文〉

経験論と観念論の表裏一体性

――ヘーゲル『精神現象学』理性章における「経験論」の解明

小原《おはら》　優吉《ゆうきち》
（東京大学）

はじめに

一八〇七年の『精神現象学』（以下、『現象学』）において、ヘーゲルは「理性」という意識形態に関して次のように記している。

> この初めに対象のうちで自己を認識する理性は、空虚な観念論 [Idealismus] を表現する。その観念論は、理性を単にそれがさしあたっていかなるものであるのかについてのみ把握し、この観念論があらゆる存在のうちで意識の純粋な「自分のもの」を示し、事物を感覚あるいは表象として言明することによって、この「自分のもの」を完全な実在性として示したと思い込んでいる。その観念論はそれゆえ同時に絶対的な経験論 [Empirismus] でなくてはならない……。（GW9, 136）

これは同書の「V　理性の確信と真理」（以下理性章）冒頭部からの引用である。意識章では対象を真なるものとする対象意識が、自己意識章では対象を否定しつつ自己を真なるものとする自己意識が扱われたのち、理性章では他在を肯定しながらも自己自身が「あらゆる実在性である」という確信を抱くものとして理性が登場する（GW9, 132）。ここでヘーゲルは、自己意識から生成した理性が、この確信を抱くものとして、自己と存在の同一性を確信する「観念論」であるとする（ebd.）。他方、上の引用が告げているのは、この観念論としての理性は同時に「経験論」でもあるということである。

引用での言葉遣いをみるに、ここでヘーゲルは逆説的な事態について語っていることがわかる。すなわち、「観念論」は理性章冒頭においては未だ十全に展開されていない「空虚な」ものであり、その限りにおいてそれは同時に「経験論」に陥らざるを得ない。ここには、「観念論」と「経験論」は全く異なるものでありながらも、しかしこの段階では理性はほかならぬ観念論を表明することによって同時に経験論をも表明してしまっている、という含みが込められている。実際、のちに論述するように、ここでは観念論とは「自己」をあらゆる実在性とみなす立場であり、他方経験論とは「私以外の他なるもの」を実在とみなす立場であるとされる。これらの規定からすれば両者は相容れないもの同士のはずである。そうであれば、なぜここでは観念論は同時に経験論であるとされているのだろうか。もちろんここで想起することができるのは、例えばシェリングの観念論では自我に「観念的活動性」と「実在的活動性」の双方が帰属されるように（AA, I, 9, pp. 76f）、ドイツ観念論においては自己（ないし主体）が存在（ないし客体）に優越して現れる立場と存在が自己に優越して現れる立場の双方が自我自身に対し生じることがしばしば説明されるということである[1]。とはいえ、ここでは『現象学』の記述に焦点を絞り、そこにおける「経験論」の内実と「観念論が同時に経験論である」とされていることの含意を解明する。

行論は以下である。第1節では従来の理性章解釈と『現象学』以外のヘーゲルのテクストを参照し、『現象学』における「経験論」の解釈を取り巻く事情を確認しておく。第2節と第3節では、理性章における「経験論」の内実を把握する。そこではまず経験論の立場が「観察理性」によって展開されることを指摘し（2節）、その上で観察理性についての記述を手がかりにヘーゲルが経験論に帰属する諸特徴を明らかにする（3節）。第4節では、ヘーゲルが経験論と観念論が表裏一体であると述べる際の含意を明らかにする。そこではヘーゲルが描く両者の交互的な登場の過程を再構成し、この叙述構成が有する意義を明らかにする。以上の考察に基づいて、ヘーゲルが提示する経験論と観念論の表裏一体性についてその哲学史的含意を考察し本稿を閉じる。

1　予備考察

1・1　先行研究の整理

まず理性章冒頭部および観察理性節についての先行研究を整理する。これによって確認されるのは、理性章冒頭部における「観念論」やそれが有する「理性の確信」や「観察理性」との関係はすでに論じられている一方で、ここでの「経験論」が解釈の主題となることは殆どないということである。

理性章冒頭部の先行研究については次の通りである。この箇所における「観念論」と「理性」の結びつきについては、早くからHyppolite(1949)において指摘されている。そこでは「理性の観念論」と題された章が設けられ、理性章冒頭部における「自己はあらゆる実在性である」というテーゼが「思考と存在の同一性」を表現し、その意味で観念論哲学一般の特徴を表すとされる（pp. 211f）。他方同箇所における「経験論」への言及は為されていない。また小井沼(2011)は、ここでの「理性」が「自己と存在」との同一性を確信するものとして「観念論」であることを指摘しつつ、『差異論文』や『信と知』を参照しながらこれがカントやフィヒテの立場を暗示していると述べる（pp. 192f）。注目するべきは、小井沼 (2021) はここでの「経験論」に触れ、それがフィヒテの「衝撃」論を批判するものであると述べているということである（p. 199; Vgl. 金子, 1971, pp. 528f）。とはいえ小井沼 (2021) の趣旨は、特に理性章Cを中心にカテゴリーや精神をめぐる議論をカントやフィヒテの批判として解釈することにあり、「経験論」は以降直接的な主題とはならない。

観察理性節の先行研究については次の通りである。Quante (2011) は観察理性が「存在」を受け取る方法論的態度を有すると指摘し、この態度を現代行為論における行動主義、すなわち観察可能なものから行為者の意図などの心的なものを捉えようとする立場へと接続させて議論を展開している（pp. 99f）。ここでは理性章冒頭部における「関心」から観察理性への移行過程が整理されており、とりわけ観察理性が理論的知識欲を持ち「体系」を志向することが説明される一方（pp. 93f）、やはり冒頭部の「経験論」への言及はなく、本稿が見て取る限りこの点が不備となってそこでは観念論としての理性がなぜ観察理性へと移行せざるをえないのかは解明されずに止まっている。

他方でこの「経験論」に関して興味深いコメントを残しているのが、Daskalaki(2013) である。そこではカントのアンチノミーが経験論と合理主義の対立を描いており、その影響から理性章では存在と思考の相互的な規定が描かれるとされる（pp. 84f）。そこでその観察理性節解釈においては、理性が要求する存在と思考の統一が対象に移され、この統一の確証を対象のもとで行うという観察理性の態度によって、観察理性の経験過程は意識章や自己意識章でのそれと構造的に類似しつつもそれとは異なる展開を得ることになることが明らかにされる（pp. 105f）。とはいえこうした解釈は理性章冒頭部における「経験論」を解明するものではなく、上の「経験論」への言及はあくまで Taylor (1976) や Pippin (1989) から借りたものである。したがって依然冒頭部の「経験論」の内実は解明されていない。これらの先行研究に比して、本稿ではここでの「経験論」に着目することによって、自己を確信する観念論としての理性がなぜ存在を受け取る観察理性へと移行することになるかについてより充実した解明を行う。

1・2　『精神現象学』前後のヘーゲルの「経験論」の用法

ここでは『現象学』以外のヘーゲルのテクストにおいて「経験論」がどのように論じられているかを瞥見する。無論この予備考察自体が『現象学』における「経験論」を解明するわけではないが、しかしこれを通じてヘーゲルが「経験論」という語に込める基本的な含意が確認され、『現象学』を解釈する上での一定の方向性が与えられることになる。

一八〇二年の『信と知』において、「経験論」という語は、当時の思想潮流への批判とともに、次のように用いられる。理論的認識としての知によっては「神」という「最高の理念」は捉えられないのではないかという当時の問題意識は、カントやフィヒテらによる「主観性」を反省的に捉える哲学を通じて一層深刻化している（GW4, 318f）。彼らの「反省哲学」においては「有限者」と「無限者」の「相対的同一性」が定立されるが、依然として両者の「絶対的対立」は残存しており、それゆえ「経験的なものは概念に対して絶対的なあるものであると同時に絶対的な無である」という矛盾した事態が生じている（GW4, 320）。一方で、前者の「経験的なものは概念に対して絶対的なあるものである」ことを呈示しようとする哲学は、「旧来の経験論」である（ebd.）。他方で、後者の「経験的なものが概念に対して無である」ことを明かす哲学が、「観念論であると同時に懐疑論である」（ebd.）[2]。以上より、「経験論」とは「有限者と無限者の対立」において前者を絶対的なものとみなす哲学を指す。

さらに『哲学史講義』では次のように「経験論」が触れられる。デカルト以降一面では形而上学が、他面では特殊科学が模索され、この両者が「合理主義と経験論」とのの見かけ上の対立を形作る（V9, 89）。とはいえ経験論の主な担い手であるジョン・ロックの哲学は、経験を観察し分析することのうちに「普遍的な表象」を求めており、それ自身一つの「形而上学」となっている（V9, 117; 122）。この「形而上学的な経験論」がイングランドおよびヨーロッパへと広がり、ニュートンらに引き継がれ経験諸科学における「観察」に基づく探求法の起源となったとされる（V9, 123）。

また『エンチクロペディ』「予備概念」において提示される三つの「思想の諸態度」のうちでは、「経験論」は形而上学と批判哲学との間に位置付けられる（GW20, 75f）。そこでは経験論が「有限な諸規定」という領野のうちに「堅固な支え」を求める一方で、知覚に属する個別的な内容を「普遍的な表象、命題、法則等々の形式」へと高めあげており、――『哲学史講義』において言われていたのと同様に――それ自身無批判的かつ無意識的に「形而上学」を含んでいるとされる（GW20, 75f）。

2　経験論と観察理性の連続性

上の予備考察からは次のことを期待することができよう。すなわち、先行研究において理性章における「経験論」が論じられることが少ない一方、『現象学』以外のテクストでは「経験論」が「経験的なもの」という有限で観察されうるものと深く関わるものとして用いられており、それゆえ『現象学』における「経験論」もこの観点から立ち入って解釈できるのではないだろうか。

以下本稿ではこの期待に基づきつつ、他方あくまで『現象学』自身の記述から「経験論」の内実を示したい。しかし『現象学』においては「経験論」への言及は極めて少なく、それへの直接的な言及だけからではこの内実は十分に論じることはできない。このことは、従来ここでの「経験論」について論じられてこなかったことの一因だろう。

以上を踏まえ、ここでは理性章における「経験論」の解明のために〈ここでの「経験論」が直後に紙幅を割いて論じられる「観察理性」によって展開されるものである〉という解釈仮説を採用する。これはつまり、「経験論」を解明するにあたって「観察理性」についての記述を参照することができるという仮説である。

本節では『現象学』の記述からこの仮説を正当化する。とはいえ上述の理由から「経験論」と「観察理性」との直接的関係については『現象学』では論じられることがないため、ここでは両者がともに「経験」「対象」「（感覚的）存在」という語で特徴づけられることを指摘し、ヘーゲルがこれら二つの立場を同等のものとして扱っていると考えるのが自然であることを示すことにとどめ、観念論からどのようにして経験論、観察理性へと移行することになるのかについては４・１節で示す。

２・１　経験論の基本特徴

まず「経験論」の基本的特徴について。「経験論」とは、理性へと至り「観念論」として「あらゆる実在性である」という確信を備えた意識が（GW9, 133）、件の確信を断言するだけの「悪しき観念論」である限りで陥る立場である（GW9, 136）。なぜここで観念論が悪しきものであり、経験論に陥ることになるかは後に論究するとして（4.1節）、ここでは次のことを確認しておく。すなわち、ヘーゲルが「観念論」と対比させる仕方で、「経験論」の基本的な特徴を「他なるもの」の「存在」にもっぱら関わるという点に置いているということである。

ヘーゲルが述べるに、「観念論」は件の確信を抱き、「事物とはさまざまな感覚あるいは表象に他ならない」と言明しているのに対して、「経験論」は「私に対して他のものが存在し、私以外の他のものが私に対して対象であり実在である」という「他の確信」を断言する立場である（GW9, 134）。つまりは、経験論とは自身とは異なる「存在」や「対象」が実在であるということを言明する立場であるとされている。したがって経験論とは、「自己」と「存在」という二つの対立する極のうちで、もっぱら「存在」を実在として捉える立場である。

２・２　観察理性の基本特徴

ついで「観察理性」の基本的特徴について。これから示すように、ヘーゲルは一貫して観察理性を「経験」「対象」「存在」という言葉遣いをもって特徴付けている。

まず「経験」について。理性章Ａａの冒頭では「思想をもたない意識は、観察することと経験すること［Erfahren］が真理の源泉であると言明する」（GW9, 139）とされる。いくつかの箇所で「観察すること」と「経験すること」とが並置されており、両者はほとんど等値なものと見ることができる（Vgl. GW9, 137）。もちろんここで「経験」という『現象学』の至るところで見出される術語をもって観察理性を特徴づけることはできないと思われるかもしれないが、ここでの「経験 Erfahren」とは、『現象学』の大部分で展開されている「意識の経験」というときの「経験 *Erfahrung*」（Vgl. GW9, 60）とは含意が異なる。というのも、ここでの「経験すること」とは、「思想を持たない意識」が自らを理性として正しく把握しない限りにおいて「真理の源泉」であると言明するものにすぎないためである（Vgl. GW9, 142）。

ついで「対象」について。理性章Ａでは、理性の観察にとっての主題を特徴づけるに際し、「対象」という言葉が、特に意識自身から区別されて目の前にあるものという点に強調が置かれつつ用いられる。「法則の観察」の帰結部分を例として挙げる。ここでは、それまで個別的なものを観察していた理性に対してこの個別性の背後で働く法則が現れ、それによってその個別性が廃棄される（GW9, 143f）。ヘーゲルはここで法則の普遍性を取り上げ、「概念」ないしは思考と存在の統一態としての理性自身が潜在的には現れているとする（GW9, 144f）。他方で当の意識自身にとってそうした概念は「特別な種類の対象として登場してくる」（ebd.）。つまり、即自的には〈理性自身がなんであるか〉が登場しているにも関わらず、理性はこれを把握せず、目の前の特定の対象としてこの法則を捉えなおすということである。

最後に「（感覚的）存在」について。理性章Aにおいて「存在」という語は、強調を伴いつつ頻繁に用いられる。ここでは観察理性が「存在」と強く関わることを示す証拠を二つ挙げておこう。第一に、ヘーゲルは、この節の冒頭で課題が次のことにあると述べる。すなわち、「観察する理性が、自然、精神、最終的には両者の関係を、感覚的存在としてどのように受けとり、さらに自らを存在する現実としていかに探し求めるのかが、考察されなければならない」（GW9, 138）。つまり観察理性は自身とは異他的な「対象」にとどまらず、自分自身や自己と対象の関係をも総じて「感覚的存在」のうちで捉えようとする。第二に、観察理性節の最後ではこの節の歩みが次のように総括される。観察理性は「自己意識から意識へと立ち返った」ものであり、「それに対して対象が存在である」ものであった（GW9, 190）。他方でこれは理性である以上自己と存在の統一を捉えようとしており、したがってこの統一それ自身としての理性ははじめこの観察理性節を通じて「存在という形式」を遍歴したのである（GW9, 191; Vgl. 小井沼, 2021, p.215）。こうした整理を確認する限り、観察理性が「存在」という形式に専ら関わることは明白である（Vgl. GW9, 238）。

前項と併せて以上を整理する。観察理性は『現象学』の中でも特殊な意味で「経験すること」を行う立場であること、そして経験論と観察理性が共に他在としての「対象」「存在」を真なるものとして捉える立場であることが確認された。以上で上記の〈経験論の立場は観察理性によって展開されている〉という仮説の確からしさは示されているように思われる[3]。

3　経験論の諸特徴の解明

本節では、前節で論じた〈経験論の立場は観察理性の立場によって展開されている〉という前提に基づき、観察理性についての記述を参照することを通じて「経験論」の内実を把握する。観察理性が主題となる理性章Aａの論述は『現象学』の各章の中でも比較的長大であり、それゆえ以下で同章の論点を網羅することはできないが、ここでは「経験論」の解明に資するべく存在を受け取る観察理性という理性の一形態が意識や自己意識という以前の意識形態といかに異なっているのかということに焦点を当ててその特徴を整理する[4]。

予め述べておけば、ここではヘーゲルが次の三つの特徴を「経験論」に帰属させていることを指摘する。第一に経験論は、自己とは対置されている限りでの「存在」を、しかも普遍へと止揚された感覚的存在を真なるものとして受け取るという方法的態度を有する。第二に経験論は、こうした態度のうちで「思考と存在の同一性」を示すことを課題としており、その限りで「自己」を存在の形式のうちで捉えようとする。第三に経験論は、自らを「学」と称するが、その他方で上述した諸特徴を有するがゆえに悪無限的な探求に陥るという欠点を有する。

3・1　第一の特徴：普遍へと止揚された感覚的存在

第一の特徴について。少なくとも、経験論ないし観察理性が「存在」という形式のうちで真なるものを受け取る立場であることは前節から明らかである。したがって、ここで説明されるべきは、そうした存在を単に感覚的存在としてだけでなく、同時に「普遍的なものへと止揚されたもの」として受け取るという点についてである。この特徴について、ヘーゲルがそれを明確に観察理性に帰属する箇所を引用しておこう。

> 意識はまたただちに次のことを認めるだろう。つまり、知覚することのみがそもそも問題であるのではなく、例えば小型ナイフが刻みタバコの隣に置かれてあるという知覚を観察として妥当させることはできないと。知覚されるものは少なくとも普遍的なものという意義を有しているべきであり、感覚的なこのものという意義「のみを」を有していてはならない。(GW9, 139)

ここでは以前の形態である感覚的確信や知覚との対比のもとで観察理性の特徴が述べられている。すなわち、感覚的確信や知覚においては、「存在」はもっぱら「このもの」として感覚されたり、「嗅ぐこと、聞くこと」等々といった五感を通じて目の前に見出されたりするものであった(ebd.)。しかしながら、ここ観察理性では、この存在は同時に普遍的なものという意義を有していなければならないとされている。

ここで存在が同時に普遍的なものという意義を持っているとはどういうことであろうか。この点については、特に「法則の発見」という観察活動において明瞭に語られる。そこでは理性は法則発見をめぐって「石の落下」を観察するが、観察の対象である個々の石が有する「感覚的存在」は繰り返される実験を通じて「むしろ失われていく」(GW9, 143)。観察理性は目の前に見出されるものをその観察対象としているけれども、とはいえその個々の感覚的存在によって表現されている普遍的なものを「真なるもの」として捉えようとするのである。

以上より、観察理性ひいては経験論が普遍的な存在へと止揚されたものである限りでの感覚的存在を「真なるもの」として捉えるという方法的態度を有していることが示された。付言すれば、この特徴づけは『哲学史講義』や『エンチクロペディ』の論述と符合する。そこでは経験論がそれ自身有限なものを普遍的なものへと高める形而上学であり、さらにこの経験論はニュートンら自然科学者によって引き継がれるとされる。ここ理性章でも同様に、経験論とは実験を通じて普遍へと止揚された限りでの感覚的存在を捉えるものとされている。

3・2　第二の特徴：存在に基づいた自己と対象の同一性

第二に経験論が有する特徴として、対象に加えて自己自身をも「存在」の形式に基づき把握しようと試みることが挙げられる。

ここでまず念頭に置かれるべきは、「自己と対象の同一性」が理性章を貫徹する主題であるということである（Vgl. Hyppolite, 1946）。そもそも理性は「自身はあらゆる実在性である」という確信を備え、この意味で「自己」と「対象」を同じものとして総括して捉える態度を理性は有している。この件は「存在」を真なる実在であると捉える観察理性においても変わらず、例えば観察理性の各節の展開からも伺うことができる。すでにみた観察理性の全道程の予告では、観察理性a項では対象としての自然が観察される一方、b項／c項では「自己」や「自己と対象との関係」が存在のうちで観察される（GW9, 138）。

さて、観察理性が以上のように自己を捉えようとするにしても、観察という態度を取る以上それは「存在という形式」からであることに注意が必要である。この点を自己意識章との比較から際立たせておこう。自己意識章では対象意識の経験の結果見出された「生命」という対象が機縁となって、対象意識は自己意識へと生成した。ここでは「生命」が有する〈自らを区別しつつその区別を廃棄する〉という運動構造が意識に帰属すると意識自身が把握することで自己意識が成立する（GW9,101f; Vgl. Gadamer, 1980）。

注目すべきは、観察理性でこうした生命論が反復されつつも、同時にそこからの逸脱が見られるということである。確かにここでは「生命」が論じられ、自己意識章と同じく類と個の関係が主題となる（GW9, 147f）。他方観察理性はその構造のうちに自己を見出すのではなく、あくまでその構造を他在としての対象が有するものとして観察を継続する（GW9, 148）。曰く、「理性本能はこの［有機的なものの規定の］うちで自らを見出しながら、しかし見出されたもののうちで自己を認識しない」のであり、それは「この［生命有機体によって表される］目的概念は、理性にとって意識された概念であると同様に、現実的なものとして現に存在している」からである（GW9, 147）。その直後に言われるのは、自己意識ならば自然の観察において「この［自己の］本質」を見出すが、ここでは「理性は本能であるに過ぎないために」、本来自己として見出されるべきものが「事物として見出される」ということである（ebd.）。畢竟、観察理性においては「存在という形式」において事物を受け取るという態度が原則とされるために、自己意識章との間で展開のずれが生じている（Vgl. Daskalaki, 2013, pp. 125f）。

こうして自然観察の箇所では、生命／有機体過程の観察から「内と外」という対象内部での分裂が検討されるに至る（GW9, 149f）。この観察が失敗したのちb項／c項では自己自身が観察の主題となるが、そこでもやはり自己は「存在する内容」という側面からのみ捉えられ（GW9, 167）、かくして「心理法則」「論理法則」等々というような法則＝定立されているもの［Gesetz］のみが求められる（GW9, 168）。ここでも自己意識とは異なって「観察はむしろ知の本性を転倒させて存在という形態へと変じる」のである（ebd.）。

以上から、観察理性ないし経験論は〈自己と存在の同一性を存在という形式のうちで捉える〉という特徴を有すると言うことができる。

3・3　第三の特徴――学の僭称と休みない探究

経験論の第三の特徴として、それは「学」を称して世界を体系的に捉えようとする一方で、休みない探求に陥るということが挙げられる。

事実ヘーゲルは、以前までの章に比べ理性章Aにおいて「学Wissenschaft」という語を多く用いる（Vgl. GW9, 135; 174; 178）。これはヘーゲル自身の学的体系を指すものではなく、むしろここで観察理性が越権的に自称するものである。ではどうして観察理性は学を僭称しているのか。端的に答えるならば、それは世界を「系列化」し「体系」を得ようとするためである。以下、この点を確認する。

まず観察理性節の序盤では、観察理性は諸事実を専ら「記述」する博物学的な意識として登場する（GW9, 139f）。上述の通りここでの観察の対象とは個別的なものである一方で理性の関心は普遍的なものをみてとることにあるため、ここで理性は「ある対象が記述されたかと思うと」すぐにそれは「関心を引かないものとなり」、次の対象の記述に向かう（GW9, 139）。やがて新しい対象が発見されなくなると、理性は既に記述した事物を「さらに分割し分析する」（GW9, 139f）。ヘーゲルによれば、こうした「休みのない本能にとっては材料をかくことはありえない」のであり、理性はついには個物を無限に特殊化することへ至る（ebd.）。

この「記述一般」ののち、「徴標」の記述という分類学的な営為が取り上げられる（GW9, 140f）。ここでは例えば「爪」や「牙」が動物固有のものとして発見され、それにより動物と植物が区別される（GW9, 140）。興味深いことに、この「徴標」とは「事物の本質的な規定性」であり、確かに徴標を通じた自然物の分類は「人為的な体系」であるけれども、それは同時に「自然そのものの体系に適合したもの」であるとされる（ebd.）。このように、観察理性は「安らいながらその［規定性の］進行の系列を記述し」、すなわち存在を系列化して体系的に把握することを試みるのである（GW9, 141）。

同時にヘーゲルが指摘するのは、こうした観察の試みは「休みのない」悪無限的な探求に陥るということである。すでに「記述一般」の箇所で論じられたように事物の観察は無限の特殊化へと陥り、また徴標の観察においては常に「実例によって愚弄される」ことで「本質的な徴標」の在処が見失われる（ebd.）。畢竟、観察が提示する法則の「必然性」は発見されえず、理性は「蓋然性」を求め続ける終わりのない探究へ陥ることになる（GW9, 143）。

以上、観察理性ないしは経験論は「学」を称して世界の「体系化」を試みる一方、その探究は休みないものであるということを示した。この点に関して、次の二つの点は重要である。第一に、こうした「学」「体系」「系列」という単語は以前の意識章においてはほとんど見られなかった。つまり、「学」の僭称がなされるのは観察理性において初めてのことであると考えることができる。第二に、上記の悪無限的な探求という論点は、理性章冒頭部の「経験論」への言及箇所においても登場する。曰く、理性は観念論であると同時に経験論でもあることで「一方から他方で代わるがわる身を投じ、悪無限に、すなわち感覚的な無限性に落ち込んでいる」(GW9, 136)。

4　経験論と観念論の交互的な登場

これまで理性章における「経験論」の解明を行なってきた。ついでこの議論に基づいて、本節ではさらにヘーゲルが「観念論は同時に経験論である」と述べる際の含意を明らかにする。以下、理性章で描かれる「経験論」と「観念論」の関係を再構成し、ヘーゲルが両者をどのような関係のもとで捉えているのか、その核となる発想を指摘する。

予め述べれば、理性章において両者は次のように代わる代わる、交互的な仕方で現れてくる。すなわち、理性章冒頭において理性は観念論として生じたのちすぐに経験論へと移行する。その後経験論は理性章Aを通じて挫折することが明らかにされ、理性章Aの最後で理性章Bにおける行為理性としての観念論へと移行する。以下では、この展開の主要な二つの場面、すなわち冒頭部における観念論から経験論への移行と、理性章Aの最後における経験論から観念論への移行について、それぞれの展開を明らかにする。

4・1　観念論から経験論へ

まず、冒頭部における観念論から経験論への移行について。上述の通りここでは意識は「自身はあらゆる実在性である」という確信を抱く「観念論」として現れる(GW9, 132)。というのも、件の確信が言い表すのは「あらゆる現実が自己意識に他ならない」ということであり、「自己意識の思考は直接的にそれ自身現実である」ということであるからである(ebd.)。

しかしこの確信を備えた観念論は、断言に過ぎないという欠点を有しているとされる(GW9, 133)。その理由は次である。「自身はあらゆる実在性である」こと、換言すれば「自己意識は対自的にのみならず即自的にもあらゆる実在性である」ことは、「自らをそのような実在性として示すこと」を通じて初めて成り立つことである。本来このことは、『現象学』のこれまでの道程にあって行われていたことだった(Vgl. GW9, 133)。とはいえ理性章に至って、意識はこれまでの道程を「背後に残し、忘却し、直接的に理性として登場している」(ebd.)。それゆえに、ここでの理性は件の確信を確証することなしにただ断言するだけにとどまる。

続いて、こうした「断言的である」という欠点から観念論から経験論への移行が示される。正確にはこの移行は次の二つのことが段階的に示されることで成立する。

第一に、この「空虚な観念論」は同時に「経験論」をも是認してしまっていることが示される。これは以下の理路を辿る。件の確信は断言に過ぎない以上、「件の断言の傍に、同等の権利をもって、他の確信に関わる断言も並んでいることになる」(GW9, 134)。この他の断言とは、これまでの道程で消失したはずの「私以外の他なるものが私にとっては対象であり、実在である」というものである(ebd.)。これは、これまで論じてきた「経験論」の特徴に付合することが一見してわかる。このように、観念論がかの道程を忘却し正当性を欠いた断言であるがゆえに、それは経験論をも是認せざるを得ないものであることが示される。

第二に、この「空虚な観念論」は自らの「空虚さ」を充実するために「経験論」として世界を探求しなくてはならないということが示される。これは以下の理路を辿る。上で示したように、理性は忘却のゆえにその確信を断言にとどめていた。したがってこの確信が断言から脱するためには、かの道程が当の理性によって再演されなくてはならない（GW9, 134）。それはつまり、意識章の運動を辿り直すということであり、換言すれば他在を真なるものとして受け取る態度を引き受け直すということである（GW9, 137）。もちろんすでに論じた通り、こうした意識章の再演は単にそのまま以前の運動を反復するだけに留まらずそこからの逸脱を含む。しかし、理性はさしあたり単なる断言であるにすぎない自らの確信を確証するための方途として、〈他在こそが実在である〉という自身の確信とは対極にあるものを改めて検討し、それゆえに経験論ないしは観察理性として世界を探求することになるのである。

４・２　経験論から観念論へ

経験論からの観念論への移行について。ここで指摘する必要があるのは、ここでの「観念論」とは、理性章Bを通じて描かれる「行為理性」を指すものであるということである。この行為理性が観念論とみなされうる理由は次である。第一に、これまで観察理性は「意識の運動、すなわち感覚的確信、知覚、悟性を反復する」ものであった他方で、行為理性は「自己意識の二重の運動を反復する」からである（GW9, 193）。観察理性においては「他なるものの存在」が実在であった一方で、行為理性においては「知」としての自らが実在であることになる。第二に、行為理性は「目的を抱き」、それを実現するべく目の前に見出される世界に相対するからである（GW9, 196）。そこでは目の前の世界は「即自的には存在しないもの」であることになる（GW9, 197）[5]。

さて、この観察理性から行為理性への移行、換言すれば経験論から観念論への移行がいかになされるかを明らかにしよう。観察理性のクライマックスで意識は「頭蓋論」という形態をとる（GW9, 181f）。この頭蓋論とは、前述した「存在」から「自己と対象」を統一的に把握しようとする立場であり、つまりある人の「頭蓋骨」という定在からその人の「内なるもの」としての精神がどのようなものであるかをみてとろうとする（GW9, 181）。ここでは「精神とは一つの骨である」とされ、この段階に至って観察理性はこうした思考と存在の直接的同一性を自覚的に主張するに至る（GW9, 190; Vgl. Quante, 2011, pp. 104f）。

この頭蓋論は他の観察形態と同様に挫折を経験し、この挫折を通じて観察理性は行為理性へと移行する。頭蓋論はいくつかの展開を含むが、行為理性への移行を理解する上で重要なのは次の二点である。

第一の要点として、頭蓋論は自らの欠点に気づき、「根源的な自然」

や「べし」を導入する。上述の通り頭蓋論は頭蓋骨という定在から精神という内的なものを説明しようとする。例えば「人殺しの頭蓋には、かくかくの隆起がある」というように、特定の頭蓋骨の隆起と特定の精神的あり方を結びつけるような法則を発見する（GW9, 184f）。この試みに対しすぐに提起されるのは、この結びつきは「どうでもよい恣意的なものではないか」ということである（GW9,185）。ある「人殺し」の頭蓋には「他の多くの性質や別の隆起、あるいは陥没」が備わっており、一体なぜ他でもなくこの隆起が人殺しという性質と結びつけられているのだろうか（ebd.）。この問いかけにあって、頭蓋論はいくつかの実例から取り上げられた蓋然性以上のものをあげることができない。頭蓋論が発見する法則は、商人や主婦が口にする「この隣人が通り過ぎるときはいつも雨が降り、豚の焼肉を食べたときもそうだ」といった、経験から恣意的に取り上げられた出鱈目な法則と変わらない（ebd.）。

　これに対し頭蓋論は次のように応答する。確かに頭蓋と精神は互いに無関心であり、それゆえ「精神が現にいまどのようなものであるか」は頭蓋の形に制限されえない（GW9, 187）。しかしながら、かくかくの突起が示しているのはかくかくの「素質」や「傾向」を持つということであり、したがって頭蓋論の法則は「精神の根源的な自然」を特定するものである、と（ebd.）。頭蓋論はこうした居直りにおいて、頭蓋という存在が「精神がなんであるか」を呈示するという立場から、その存在が「精神がなんであるべきか」を呈示するという立場に変わっている。ここでは「精神とはなおもこの骨とはなにか別のものであるべきとされる」のであり、精神を定在からのみ把握しようとする「唯物論」があるのではない（GW9, 190）。

　第二の要点として、この「根源的自然」や「べし」という点が機縁となり、観察理性は行為理性へと「反転」する。これは以下の理路を辿る。頭蓋論は先の応答において、「存在」から「精神が何であるか」を把握することを放棄し、その立場を変えてしまっている。ここでは、「存在」という形式からあらゆるものを捉えるという観察理性の企図は失敗していることになる。これを受けてヘーゲルは、頭蓋論は「観察理性がその先端にまで到達した」姿でありながら、「稚拙である」と判定を下しつつ、他方同時にこの「先端」に至ることで「理性は自分自身から離れ去り反転せざるをえない」ともする（GW9, 188）。ここでヘーゲルが言わんとすることは、次である。そもそも頭蓋論とは、観察理性が有する「存在」からあらゆるものを捉える態度を最も極端に表すものである。というのも、頭蓋論とは骨という「定在」から直接的に「精神」を捉えようとするものだからである。さて理性章Aを通じて、その初発形態から「先端」までが総覧され、そしてその先端の立場が瓦解したのであるから、「存在」からの「思考と存在の同一性」の把握という企図は総じて廃棄され、理性は別の形態へと移行せざるを得ない。そこで、先の「根源的な自然」「べき」という、それによって頭蓋論自身が別の立場へと移ってしまっている論点が、この次の形態を予告するものとなっている。この論点を中心に観察理性は「反転」する、すなわち「存在から思考と存在の同一性を捉える」という立場からむしろ「思考から思考と存在の同一性を捉える」

という立場へと顛倒し、思考された目的としての「べき」を世界において実現しようとする行為理性へと移行する。この反転は、次のように喩えられる。すなわち、自然においては「放尿の器官」という低次なものと「生殖の器官」という高次のものが一つとなっている（GW9, 192）。つまりヘーゲルは、観察理性と行為理性とを反対のものでありながら同時に表裏一体のものであると述べているのであり、先の仮説に従えば、経験論と観念論の表裏一体性を伝えているのである。以上が経験論から観念論への移行の内実である。

以上、前項も併せて本節では経験論と観念論がかわるがわる理性章において登場するということが示された。理性はまず悪しき観念論に立つが、すぐに経験論へと移行する。そしてこの経験論が観察活動を通じて最も極端な立場に至ったことによってかえって観念論へと反転する。このようにして、ヘーゲルは理性章を通じて、観念論と経験論が表裏一体でありながら、一方が自らの立場を追求することでむしろ他方が出現するという状況を描いている。

前節における経験論の特徴を踏まえれば、さらに次のことも指摘することができる。すなわち、ここに至って初めて「学」を自称するものとして登場してきた経験論は、より洗練された観念論の登場のための前提を形成する。近世以降の経験論的形而上学の登場と自然科学の勃興は、自我を世界の本質と捉える観念論を排斥するだけではない。かえって経験論と観念論は、力点こそ異なれど「思考と存在の同一性」を把握するという理性の確信を共有し、さらには経験論の進展を通じて観念論がより高次のものへと移行していくための土台が準備される。こうした見かけ上相反する哲学的立場がそのじつ表裏一体のものであり、互いを前提しあっているということが、理性章のとりわけ前半部において示されているのである。

おわりに

以上、『現象学』理性章冒頭における「経験論」の内実と、それが有する「観念論」との関係を明らかにしてきた。これによって本稿が主張したのは、次である。すなわち、経験論とは単に他在を実在であると捉える立場であるだけでなく、それは「思考と存在の同一性」を確信する理性を背景として初めて生じる、「学」を自称しながら「存在」という形式において世界と自己とを統一的に捉えようとする立場でもあるということ、そしてこの経験論は観念論と見かけ上相剋しつつも、両者は交互的な仕方で発展するということである。以下、ヘーゲルのこのような見解が有する哲学的な意義を簡単に論じる。

以上みたとおり、『現象学』では理性章において初めて学を自称する哲学的理論としての経験論が登場し、それが観念論と交互的な仕方で登場する様子が叙述されている。こうした叙述構成の意義を考察するにあたっては、Daskalaki (2013) が着目しているように、カント『純粋理性批判』におけるアンチノミー論を引き合いに出すことができよう(6)。そこでは「定立」と「反定立」の対立が「独断論と経験論の対立」として捉えられ、この「ギガントマキア」がプラトンとエピキュロスから発して哲学史上で繰り返し生じてきたとされる（A471/

B499)。カントはここで「合理主義」と「経験主義」の各主張をそれぞれ並べ、これらの間の形而上学的論争を再演している（Daskalaki, 2013, p. 84)。

こうした二つの哲学的理論の抗争を再演するというモチーフが『現象学』理性章において引き継がれているのをみてとることができる。ここで注目に値するのが、ヘーゲルがその抗争を叙述する際の方法がカントのそれとは異なるということである。カントは「法廷」をモデルに二つの哲学的理論を並列し、この論争を「裁判官」の立場から冷静に吟味する（A424/B452)。他方これまで見てきたようにヘーゲルは経験論と観念論を並列するのではなく、両者が交互的に登場してくる一本のストーリーを描いている。この限りでヘーゲルは「法廷」よりもむしろ「歴史」をモデルに両立場を描いているのである。

さて、こうした異同は単にテクスト上の叙述構成に留まるものではない。『現象学』のこうした叙述方法は、特定の哲学的理論に対してどのような批判がなされるべきかということに対するヘーゲルの思考を明瞭に反映している。つまりヘーゲルは両理論に対して裁判官の立場から外的に批判を行うのではなく、その都度それらの理論を自ら引き受けながら、自らそれらの理論の立場に立った上でそこにおいてどのような矛盾が発見されることになるのかを追跡している（Vgl. GW9, 10f)。それによってヘーゲルが暴き立てるのは、両者はその見かけ上の二者択一性にも関わらず、その生成と展開の相においては互いを条件づけあっているということである。『現象学』序論では、「哲学の諸体系」が植物に喩えられつつ、互いに排斥し合うようにみえる植物の各形態はしかしその「流動的な本性」を通じて互いに抗争し合うことなく全体の生命を形作っているとされる（GW9, 10)。理性章における経験論と観念論の相互的な発展の歴史は、こうした『現象学』序論における「真なるもの」としての「全体」を示すというヘーゲルの試みの一端を担うものである。

参考文献

GW: Hegel, F. W. G., *Gesammelte Werke*. Hamburg, 1968f
V: Hegel, F. W. G., *Vorlesungen. Ausgewählte Nachschriften und Manuskripte*, Hamburg, 1983f
A/B: Kant, I., *Kritik der reinen Vernunft*, die erste Aufabe/die zweite Aufgabe
AA: Schelling, F. W. J., *Historisch-kritische Ausgabe*, Stuttgart, 1976f

Daskalaki, M.(2013)*Vernunft als Bewusstsein der absoluten Substanz: Zur Darstellung des Vernunftbegriffs in Hegel »Phänomenologie des Geistes«*, Berlin
Gadamer, H. G.(1980)Hegels Dialektik des Selbstbewußtseins, in: *Hegels Dialektik. Sechs hermeneutische Studien*, Tübingen（ガダマー『ヘーゲルの弁証法』山口誠一・高山守訳，未来社，1990 年）
Hyppolite, J.(1946)*Genèse et structure de la phénoménologie de l'esprit de Hegel*, tome I, Paris（市倉宏祐訳『ヘーゲル精神現象学の生成と構造 上巻』岩波書店，1972)
金子武蔵（1971）「訳者註 その一」in: ヘーゲル『精神現象学 上』金子武蔵訳，岩波書店
小井沼広嗣（2021）『ヘーゲルの実践哲学構想：精神の生成の自律の実現』法政大学出版局
Lefèvre, W.(2002)»Die Schwäche des Begriffs in der Natur«, in: *Hegel-Jahrbuch*

2001, erster Teil, Berlin

大河内泰樹 (2010)「理論的知の限界――『全知識学の基礎』における観念論と実在論の相剋」in: 木村博編『フィヒテ――『全知識学の基礎』と政治的なもの』創風社

Pippin, R.(1989)*Hegel's Idealism. The Satisfactions of Self-Consciousness*, Cambridge

Taylor, C.(1976)The Opening Arguments of the Phenomenology, in: MacIntyre, A. (Hg.), *Hegel. A Collection of Critical Essays*, Notre Dame 1976, pp. 151–187

Quante, M.(2011)Kritik der beobachten Vernunft, in: *Die Wiklichkeit des Geistes*, Suhrkamp

Wahsner, R.(2002)Das Naturwissenschaftliche Gesetz, in: *Hegel-Jahrbuch 2001*, erster Teil, Berlin

* 本稿はJSPS科研費23KJ0638による成果の一部である。その他研究会等を通じて執筆にお力添えいただいた方々に心よりお礼申し上げる。

注

（1）理性章では観念論に経験論が対置されている一方、上述したシェリングやまたフィヒテにおいては観念論と実在論の対置が行われるが、本稿が見てとる限りそこではいずれも無限なものと有限なものの対立が考えられている（Vgl. 大河内, 2010）。こうした用語法の齟齬と、ドイツ観念論における観念論と実在論の対立と調停をめぐる論争をヘーゲルがどのように受容したかについては、今後より慎重な議論が必要であると思われる。この点、査読者の方々からコメントやアドバイスを受け、課題と示唆を頂いた。謹んで感謝申し上げる。

（2）この点からヘーゲルはカント哲学の性格づける際『人間知性論』の序文を引用する（GW4, 326）。のち本文で見るように、ヘーゲルはロック哲学に「経験論」をみてとっており、それゆえここではカントが観念論と経験論の「二元論」に陥っていることを指摘している。

（3）厳密に言えばこれは〈経験論の立場は部分的に観察理性によって展開されている〉という仮説である。なぜならこの経験論はフィヒテの衝撃論を示すという指摘もまた妥当だと考えられるためである（Vgl. 小井沼, 2021, pp. 199）。私がここで提起したいのは、経験論が観察理性としても解されるということでB節とC節を含めた理性章の統一的構造をより豊かに解釈できるということである。この点、理性章Aにおける「存在」と理性章Cにおける「このそのもの」および「根源的自然」との接点を解明することが重要だと思われるが、紙幅の都合からこれについては他日を期することにしたい。

（4）理性章Aにおけるヘーゲルの自然科学論の詳細については、Lefèvre (2002) や Wahsner (2002) を参照。

（5）他方でしばしば行為理性は「実践理性」と呼ばれ、「理論理性」としての観察理性と対比的に捉えられる（Vgl. Hyppolite, 1946, pp. 223f）。この点については、たとえば『信仰と知』において、カントの理論理性が経験論に陥りつつも、その実践理性が観念論を提示しているとしていたことを想起されたい（GW4, 337f）。

（6）本稿では扱うことのできないものの、観察理性節に関しては目的論や法則をめぐってカントとの異同が問題となる。これに関してはLefèvre (2002) を参照。

〈応募論文〉

フッサール現象学における真理論の展開
――理論一般の可能性のノエシス的条件をめぐる考察

梶尾《かじお》　悠史《ゆうし》
（奈良教育大学）

はじめに

本稿の目的は、E・フッサール（1859-1938）が相対論との対決の中で提案した、理論一般の可能性の「ノエシス的諸条件（noetische Bedingungen）」（XVIII, 119）の意義を明らかにすることである。[1] フッサールによれば、相対論者は〈主観は普遍的真理を認識しえない〉という自身の主張によって、相対論そのものの妥当性を棄損する。このフッサールの見解の前提をなすのが、〈認識主体は、自身の理論的主張において普遍的真理に関わっていることを確信しなければならない〉というノエシス的条件である。

だが、認識主体は、いかにして、このノエシス的条件そのものを普遍的真理として確信することができるのか。この問いに答えるために、本稿はフッサールの真理論の展開に注目する。フッサールの現象学は、さまざまな事象に関する確信や判断の成り立ちを、意識そのものへの反省によって解明しようとする。こうした〈超越論的〉と呼ばれる現象学に固有の手法によって、先のノエシス的条件が主観によって確信される根拠は、どのように説明されるのか。この問題を論じることは、〈明証は普遍的真理を保証しない〉とする相対論と〈明証は真理自体の存在を保証する〉とする独断論との間で戦わされてきた論争に対して、現象学の立場から解決の方向性を示す意義がある。

フッサールは、独断論や相対論との対決を通して、真理に関する研究のアプローチを変化させてきた。本稿は、彼の現象学の中に、超越論的転回と倫理学的転回という二度の転回を認める。これらの転回を経て、フッサールは、真理のイデーを洞察することの可能性と、そして、この洞察が理論の可能性のノエシス的条件であるということの本来の意義を明らかにした。以下では、このことを論証する。

1　『論理学研究』「序説」における真理論

『論理学研究』（1900/01）の「純粋論理学序説」（以下それぞれ『論研』、「序説」と表記）において、フッサールは、当時流行していた心理学主義を厳しく批判した。心理学主義とは、論理学を心理学に基礎づけられる技術学とみなし、究極的には論理法則を諸主観のリアルな思考法則へ還元する立場である。この立場によれば、われわれの論理法則は、人類の進化の過程によって偶然に獲得されたものであり、したがって、数多くの可能な思考法則の一つにすぎないということになる。つまり、人類にとっての論理法則や、それに従って導かれる真理が考えられるのと同様、他の知的存在者にとっての論理法則や真理が考えられるというわけである。フッサールは、このような見解をとる心理学主義を「種的相対主義（spezifischer Relativismus）」（XVIII, 124）と呼び換えている。

加えて、フッサールは、以上の相対主義を「ノエシス的懐疑論（noetischer Skeptizismus）」（ibid., 120）の一形態と位置づける。そして、真理の存在を否定する「形而上学的懐疑論」と区別し、これこそが哲学的議論の俎上に載せるにふさわしい「本来の懐疑論」なのだという（ibid., 121）。ここでいうノエシス的懐疑論とは、次の主張を根幹に据える認識論的な議論である。すなわち、〈およそ認識主体は、おのれの種の構造やそれに由来する思考法則など、何らかの準拠枠に基づいて、おのれにとって妥当と思われる内容を把握するに過ぎない〉という主張である。

フッサールによれば、ノエシス的懐疑論は、自己矛盾を含んだ不合理な立場である。というのも、この懐疑論に立つ者は、〈ある言説はある者にとって妥当であるに過ぎない〉および〈おのれの言説は普遍的な真理である〉という、両立不可能な二つの主張を同時に行うことになるからである。ところで、二つの主張のうち、たしかに前者は懐疑論の思想内容そのものである。しかし、後者の主張については、〈認識者一般はこのように主張するはずである〉との予断のもと、懐疑論の外側にいる者が、懐疑論者に負わせるにすぎないかもしれない。だとすれば、懐疑論者は〈自説もまた自分にとって妥当であるに過ぎない〉と述べることにより、自身の立場を首尾一貫させることができるのではないか。

これに対して、フッサールは以下のように応じるだろう。原理的に言って「主張するとは〈あれこれの内容が真に存在する〉と言表することである」のだから、この原理に反する懐疑論の主張は「自分自身を廃棄する」ことになる（ibid., 129）。つまり、自分が主張する内容によって、自身の言い分を不合理な言説に引き下げる結果になる。このように応じるとき、フッサールは、以下のように定式化される一つの原理（原理N）を導入している。

原理N：認識は、真理に的中していることへの要求と、このように要求する権利の確信とを含んでいなければならない。

(cf. ibid., 118f.)

原理Nは、諸主観にとって理論一般が可能となるための「ノエシス的諸条件」(ibid., 119) の一つとして挙げられている。したがって、ノエシス的懐疑論は「ノエシス的諸条件が誤りであることを言明または分析的に含蓄する」ため、理論としての正当性を欠く疑似理論と評価されうる (ibid., 120)。このとき、このノエシス的条件は、主観が正当な理論や認識を形成する際に従うべき、一種の規範命題と理解されうるであろう。

しかし、原理Nは、果たして「あらゆる理論一般の明証的な可能性の条件」(ibid., 118) と呼ぶに値する普遍妥当性を有するだろうか。われわれは、どんな根拠から、この規範命題を立てたり、それに従うよう懐疑論者に要求したりするのであろうか。なにしろ、懐疑論者はこの命題をも相対化するかもしれないのだ。

この問いに関わって、さしあたりフッサールが提示するのは、認識主観と真理自体との結びつきが必然的であることを、「明証 (Evidenz)」という概念から分析的に導出する議論である。明証とは、対象や事態が明らかなものとして意識の前に現れることである。明証において主観は、みずからが体験する直観的所与をもとに、対象の存在や事態の存立など、世界の諸真理を確証する。したがって、明証とは端的に言って「真理の体験 (das Erlebnis der Wahrheit)」(ibid., 193) なのであり、それとの相関で言えば、真理とは各主観によって〈体験される真理〉にほかならない。

ただし、ここでフッサールは真理のイデア的客観性を主張する論理学主義に立って、〈体験される真理は、それ自体、真理の体験に先立って存在する〉という、相対論と正反対のことを言おうとしている。たとえば、彼は、知覚とのアナロジーから以下のように述べる。①「何もないところでは、何も見られないのが自明であるように、真理のないところでは真と洞察することも、換言すれば明証も、ありえないのは自明」である (ibid., 195)。そして、②「知覚の領域では見ないことと存在しないことが決して同じでないのと同様、明証の欠如も非真理と同義ではない」(ibid., 193)。以上は、条件法を用いて次のように記号化される。(T、Fは真理値を表す。)

① T：非真理 ⇒ 非明証
①′ T：明証 ⇒ 真理 (①より)
② F：非明証 ⇔ 非真理
②′ F：非明証 ⇒ 非真理 (①と②より)
②″ F：真理 ⇒ 明証 (②′より)

要点は、①′〈明証体験をもつならば真理が存在する〉と、②″〈真理が存在するのに明証体験をもたないときがある〉の二点である。確かに、これらは知覚との類比によって理解しやすい。第一に、ある事物が存在することによって、その事物を見ることが可能になるのであって、その逆ではない。第二に、ある事物が存在するとき、その事物が見られているとは限らない。

このように〈明証と真理〉の関係は、〈知覚と事物〉との類比からある程度理解されるが、加えて〈質料と理念〉の関係と重ね合わせて考えるのが有益であろう。『論研』「第五研究」で導入される「質料(Materie)」という概念は、一方で、「作用がまさにこの対象を、しかもまさにこのような仕方で〔……〕表象することを可能にする」、「客観化作用の契機」とされる(XIX/2, 616)。他方でそれは、当該の作用が〈どの対象〉を〈どのようなものとして〉統握するかを表す契機として、作用の「内容(Inhalt)」にほかならない。ここで質料(内容)は、個別の作用において理念(スペチエス;Spezies)を例化したものと理解される(XIX/1, 413)。記述心理学のアプローチを採る『論研』のフッサールは、質料という作用自身の実的(reell)要素に着目し、トークンにあたる個別の作用がどのような一般的タイプを例化するかという点から、各作用の志向的関係を説明する。

では、真理は、志向的体験の成立において、どのように寄与するのだろうか。この問題は次節で論じるとして、ここでは、以上の議論を踏まえて次の図式的な整理を行うにとどめる。「序説」のフッサールによれば、志向的体験は一般に、自らが例化する理念の存在を前提するわけだが、真理もまた明証という卓越した体験において例化される理念なのである。この理解に従えば、明証が成り立つとき、画然と真理が存在する。なぜなら、前もって真理の理念があるからこそ、その例化において「真理の体験」が可能になるからである。真理は体験にもたらされるのであるが、そのことは「イデア的なものがリアルな作用の中では体験たりうるのと別の意味においてではない」(XVIII, 193)。つまり、「真理も一つの理念であり、われわれはそれを、他のあらゆる理念と同様、直観に基づくイデー化作用〔……〕によって体験」するのである(ibid., 135)。

フッサールが言うように、「真理体験と真理の間の類的本質連関」を読み込むこの解釈によってのみ、「真として体験されているものは、端的に真であり、偽ではありえない」ということがアプリオリに主張されるのである(ibid., 194)。このように論理学主義の立場から、原理Nの正当化が試みられる。だが、原理Nが含意する普遍性が、以上の議論によって保証されるかどうかが、次に問題になる。

2　真理論の超越論的転回

2・1　『論研』「第六研究」における真理論

以上は、あくまでも真理自体に訴える論理学主義の立場からの議論にすぎない。原理Nに普遍性を持たせるためには、認識者一般にこの原理が妥当することの根拠を、むしろ経験の普遍的構造に即して明らかにすることが有効である。言い換えれば、真理の確信が構成されるさまを〈超越論的〉方法で解明することが、おそらく相対論を脱する数少ない道の一つであろう。実際、その後のフッサール現象学は、このような方向で真理論を展開していった。

既に『論研』「第六研究」の中に、論理学主義からの転換が見て取られる。というのも、「認識の現象学」を追求する「第六研究」の議論は、真理のイデーについて、志向的体験の所与との関わりから、いっそう具体的な内実を与えるからである。

ここで押さえておくべきは、「射映(Abschattung)」と呼ばれる、空間的事物に特有の与えられ方である。たとえば机を見るとき、その前面が顕在的・直観的に与えられるだけでなく、直観されない背面等も潜在的・表意的な様態において与えられる。これら二種類の所与の配合バランスに応じて、事物は多様な「充実化の程度」(XIX/2, 646) をもつとされるわけだが、われわれが事物を知覚しうるのは、事物自身が充実化可能な諸側面の総体として、そのつど一面的な射映を通して自己呈示してくるからである。

射映の一面性ゆえに、知覚は対象を「真に現在(ein wahrhaftes Gegenwärtigsein)させるのではなく、ただ単に現在するものとして現出(ein als gegenwärtig Erscheinen)させる」にすぎない(ibid., 646)。にもかかわらず、われわれはフッサールと共に知覚を明証の典型とみなすとき、個々の現出を超えた対象そのもの、「射映の充実が到達しうる理想的な上限」に措定される「絶対的なそのもの自身(das absolute Selbst)」へ接近する役割を、知覚に負わせているのである(ibid., 647)。ただし、フッサールは「真理(Wahrheit)」と「真実存在(Wahrhaft-sein)」は区別すべき相関概念であると指摘してもいる(ibid., 655)。ここでは、対象そのものに対して「真実存在」という語が適用され、「真理」という語は、主にこの対象的な理念を把握する作用の側に適用されている。

以上の議論から、真理論の超越論的転回に向けた、次の二つの論点が窺われる。(1)真理は、志向的体験において、対象の側の「存在」と相関的な作用の側の理念として、主観によって直観される。(2)真理は、志向的体験に対して、充実化の度合いを評価する基準として前もって存在している。

〈作用の真理〉と〈対象の存在〉との相関性に着目する(1)の考えを導入することによって、〈存在の確信〉の構成を解明することと、〈真理の体験〉について超越論的な根拠を与えることが、一体的に取り組まれるようになる。他方、(2)の考えは、〈充実化の上限〉という各体験を〈真にするもの〉を想定することによって、真理の体験を「一致(Adäquation)の理想」(ibid., 651) から説明する対応説に帰着する。フッサールによれば、この一致の理想には「二重の完全性」が含まれている(ibid., 648)。第一に、「直観との適合」(ibid.) の完全性であり、これは個々の空虚志向が直観的所与と合致することを意味する。そして、第二に「この完全性を前提する究極的な充実化(事象そのものとの一致)の完全性」(ibid.) である。まとめると、〈部分直観が全体としての純粋直観のイデーに適合するならば、われわれはこの直観において真理を体験する〉という真理条件が、(2)の主張から帰結する。

ダメットの言葉を借りて言えば、このような真理条件を立てる議論は、真理自体に加えて、「無限の領域を概観できるような、仮定的な存在者」[2] を統制的な理念として前提している。このように『論研』の真理論では、いくつかの意味で、体験に先立つものを想定するアプリオリズムが一貫して取られている。だが、このアプローチは、一人称の体験の中に明証の成立根拠を求める超越論的現象学のアプローチと相いれないのである。

2・2 『イデーンⅠ』における真理論

『イデーンⅠ』（1913）において、超越論的現象学のアプローチから、真理論が再構築される。真理を真実存在の側に引き寄せ、志向的意識との関りから理解しなおすことが、新しい真理論の要点である。いまや「真理の体験」は、主観に対する真理自体の不完全な開示ではなく、むしろ、主観が諸作用を通じて構成する全き存在確信にほかならない。主観にとって真理は、真理のイデーという参照項との比較においてではなく、直観的所与の体験において、そのつど完全な仕方で体験されると考えられる。

パツィッヒによれば、『イデーンⅠ』の議論は、「真理を明証のヒエラルキーのうちに解消」して「明証と真理の同一性」を主張するものであり、端的に言って「観念論への転回」にほかならない[3]。また、トゥーゲントハットは、このような転回を「『論研』のドグマティズム」から決別して「真理概念の流動化と拡張」を図る試みと評価している[4]。

これらの評価は的を射ているであろうか。また、正当な評価だとすれば、フッサールは上記の転回によって何を目指していたのか。このことを理解するには、『イデーンⅠ』の真理論および構成理論の中身について、検討しなければならない。

構成理論の展開にとって、「質料」や「内容」という概念の改変が、極めて重要な契機となったであろう。先述のように『論研』のフッサールは、作用の実的内容を記述することによって、その作用がどのように対象に関係するかを説明した。だが、なぜ作用自身のあり方を反省することが、非実的（超越的）対象を志向することにつながるのか。

おそらく、客観化作用の可能性をめぐるこの問いに導かれて、〈自己所与的かつ非実的〉という性格が、対象への方向づけを可能にする内容のうちに新たに見出されるようになる。そのような内容は、意識に直接与えられると同時に作用自身から区別されるもの、すなわち対象が呈示してくる諸現出だといえる。こうした内容概念の拡張は、最初、一九〇八年の「意味論講義」において着手された。この講義の中で、従来の実的内容は「現象的（phansisch）意義」と呼ばれ、それと区別して、対象の構成的契機である「存在的（ontisch）意義」が新たに導入された（XXVI, 30）。そして、『イデーンⅠ』では、さらに存在的意義が「ノエマ的意味（noematischer Sinn）」と呼び換えられ、ここに至って〈ノエシス‐ノエマ〉の相関からなされる構成分析が本格的に開始されたのである。

このように分析の道具立てが変化するのに伴って、おのずと「真理」概念の捉え方も変化する。というのも、構成分析を主要課題とする現象学にとって、真理の第一義的な意味は、対象を構成するノエシスの〈存在確信〉との相関から、ノエマ的対象の〈真実存在〉として理解されるからである。フッサールが以下に述べるように、この意味での真理は、「ある理想的な意識の理念」と相関している。

原理的に言って、（無制約的な本質普遍性というアプリオリにおいて）「真に存在する」どの対象にも、ある可能的な意識の理念が対応している。その意識においては、対象そのものが原的に、かつ、その際には完全に十全的に把握されることができるのである。逆に言えば、このような可能性が保証されているときには、それ自身からして当然、対象が真に存在しているのだ。(III/1, 329)

上の言明は、次の原理Wによって定式化される。

原理W：真実存在←相関→〈原的かつ十全的明証〉の理念[5]

ここで、原理Wを根幹に据える『イデーンI』の真理論に対して、まったく正反対の二つの批判が考えられる。一つ目は、『イデーンI』の真理論は相対論に陥るという批判である。以前に見たように、『論研』では真理の存在から出発して明証の可能性が議論され、たとえば、明証体験が可能なのは真理が存在するときのみであるとされた〈明証⇒真理〉。しかし『イデーンI』では〈真理があるから明証が成り立つ〉という説明方式が放棄され、代わりに〈明証と真理が理念として相関的に構成される〉という説明方式がとられる。この議論は、真理を諸主観の構成作用に還元するがゆえに、パツッィヒが評するように観念論、もしくは相対論と受け取られるかもしれない。だが同時に、原理Wは、諸主観の現実の認識能力を超える理想的な意識、ダメットが言う「無限の領域を概観できるような、仮定的な存在者」を想定するようにも見える。このことに着目して、統制的理念に訴える『イデーンI』は依然として独断論的アプリオリズムを脱していないという、二つ目の批判が生じる。

ところで、原理Wは、先の原理Nとどのように関わるのだろうか。認識主観は、自身のなす判断が真理であるということを確信しなければならない。このことが原理Nの要諦であった。この原理Nは、原理Wと結びついて、次のように再定式化されうる。

原理N′：認識主観は、自身の判断作用がある理想的な意識の実現に関与していることを自認しなければならない。

以下では、相対論と独断論の両方を回避する方向で、この原理N′の意味と妥当性を追求する。そのためには、まず『イデーンI』で導入される原理Wについて、構成論との関わりから詳しく検討する必要がある。

2・3 『イデーンI』に見る相対論と独断論

先述のように、〈非実的かつ自己所与的〉体験内容という着想が、『イデーンI』における「ノエマ的意味」に結実する。そして、ノエマ的意味の構造や、その構造に基づいて超越的対象が構成される際の、意識内在的な過程が具に分析される。分析の要点を簡潔に述べれば、次のとおりである。まず、フッサールは、諸述語（F、G、H、…）とそれらによって規定されうる主語（x）という、命題に即して区別される二つの構成要素からなるものとして、ノエマ的意味を捉え直す（III/1, 302）。ここで言う「述語」とは、各作用に与えられる多様な体験内容のことである。フッサールの構成分析によれば、それぞれの体験内容が斉一的な体系を形成するとき、諸々のｘは相互の重なり合いを通して、〈諸述語を束ねる統一体〉という余剰的な意味を帯びるようになる（ibid., 303f.）。このとき意識に現在化してくるのは、各体験を超えて経験される〈何ものか〉、別の言い方をすれば、諸々の現出を通して志向されるただ一つの〈現出者〉である。分析の成果として押さえておくべきは、このようにして主語と述語との間で生じる、意味の位相の差異化において、対象に関係する志向的体験が成立するということである。

ところで、主語ｘは、それ自体を抽象化して見れば、多様な規定を再編していく際に不動のままとどまる同一極として機能する。しかし、諸述語との関係で言えば、主語ｘは規定を統握する際に依拠すべき論理的枠組という働きを担っており、この枠組みのもとに纏め上げられる諸規定は、矛盾律に従って論理整合的な体系をなすことになる。たとえばFを担う対象ｘは、非Fを必然的に排除する。もちろん、錯覚や誤謬の事例から明らかなように、ｘに帰された当初の規定が経験の進行のなかで新たに改訂される可能性は否定されない。この場合、Fが非Fに置き換えられるわけだが、諸規定の調和を維持するために、同一極ｘについて異なる時間的部分（以下「個体相」と呼ぶ）が考えられうる。その限りで以下の判断に不合理な点はない。

$$x_1 \text{ is } (F \wedge G \wedge H\cdots) \wedge x_2 \text{ is } (\neg F \wedge G \wedge H\cdots).$$

上の表記で、時点t_1における個体相x_1は、時点t_2における個体相x_2に対して仮象と位置づけられる。そして、こうした仮象もまた多様な個体相を内包する一つの現実のうちに位置づけられ、複数の個体相を貫く不動の同一極ｘがこの現実に対応している。このように、フッサールが言う「仮象の現象学」は「真の現実の現象学」の中に正しく位置づけられるのである（ibid., 353）。

だが他方で、フッサールが認識主観に求めるノエシス的条件は、多様な仮象を含む多元的現実とは別に〈一元的真理〉へのコミットメントを含んでいる。個体相は常に流動的なのだから、各時点での「x_n は矛盾を含む/含まない」という主張は、ある個体について「それ自体としてF（または非F）である」という決定的な主張を含意しないはずである。(6) それにもかかわらず原理Nは、認識主観に対して、このような信念内容が決定的に真であると主張するよう求める。そして、原理Wが要請するのは、まさに、排中律にかかわる上の決定的な主張をなすような意識なのである。この意識の理念と相関的な〈真実存在〉は、述語論理の記号法により、時間的相対化（-n）を排して以下のように記述されうる。

$$(\exists x)(Fx \wedge Gx \wedge Hx \wedge \cdots)$$

このような存在命題の知識をもつことは「〜であるxは真に存在する」という確信を構成することであり、また「xは〜である」という真理にコミットすることである。このとき、真理述語の帰属によって元の内容に新しい意味規定が付加されるのではなく、むしろ元の内容そのものが主張の力による根本的な意味の変容を受ける。この変容は、ある個体相に特権性を与えることとも言える。というのも「〜であるxは真に存在する」という言明は、〈個体は変化の余地のない決定的な個体相をもち、その中である属性を持つか持たないかのどちらかに前もって決まっている〉という考えに基づいてなされるからである。見方を変えて言えば、真理述語を帰属するわれわれは、個体が指定する論理的枠組のもとに、充実化可能な体験内容の全体を先取りしているということである。フッサールによれば、無限の充実化を予描する一つの枠組みが、「カントの意味での理念」として十全的に、すなわち一つの形相として、完全に把握されるのだ（ibid., 331）。

以上で見てきたように、『イデーンI』の真理論は、「真理」概念を対象構成の過程に相対化させ、そして、真理体験が錯誤に転じる可能性を常に容認する。その反面、「真理自体」や「体験のイデー」など、『論研』以来の統制的理念が、依然として残り続けている。つまり原理N′は、仮にそのつどの存在確信の中に真理を解消するものだとすれば、懐疑的相対主義になり、また、仮に真理自体の洞察を素朴に肯定するものだとすれば、論理的絶対主義になる。このように、『イデーンI』の真理論は、相対論と独断論の相克という深刻な問題を孕んでいる。

3　真理論の倫理学的転回

3・1　排中律の超越論的基礎づけ

上記の問題の解決は、〈相対主義と論理学主義の両方を免れる仕方で、いかにして、理論のノエシス的条件として原理N′を現象学的に基礎づけるか〉にかかっている。フッサールはこの課題の困難について、一九一八年から一九二六年にかけての講義の論稿から成る『受動的綜合の分析』のなかで幾度か強調している。具体的には、以下のような記述である。

なんといっても真理とは究極的なものである。しかし自己所有や経験は〔他の〕経験と抗争することがあり、様相化が生じうる。このこと〔経験どうしの抗争〕が際限なく続いて、それゆえ決して究極的なものに到達しえないということはありえないか。そして、そのような究極的なものがあるとして、どのようにそれを知るのか。〔……〕あらゆる判断の背後に一つの究極的な真理が存在しているということは、経験の相対性ということからして、疑わしくなっている。（XI, 102f.）

そして、原理N′に関わる、この認識論問題は、「あらゆる論理学的規範の最終原理」である「矛盾律と排中律に関わっている」と言う（ibid., 103）。

ところで、矛盾律（¬(F∧¬F)）と排中律（F∨¬F）は、認識論的に区別される必要がある。矛盾律は整合性論理学に属する法則である。整合性論理学とは「真なる判断の可能な諸形式についての学問」（XVII, 58）であるにすぎない。したがって、「それ〔矛盾律〕によっては、あらゆる判断が一致へともたらされること〔あらゆる判断が真か偽かのいずれかに決定されうること〕はまだ言われていない」（ibid., 200）。ただし、われわれは、矛盾律を実際の判断に適用するとき、「そのような決定可能性を前提している」であろう（ibid.）。そのとき、実は、排中律という別の原則が、矛盾律という形式的な原則に対して実質的な意味を与えているのである。だが、たとえ判断体験が排中律を前提するとしても、「あらゆる信念は、伝統的な排中律の原則にあるように、妥当するかしないかという通常の意味で確証可能である、と主張しようとすれば、その主張には非常に多くのことが含まれることになる」とフッサールは言う（XI, 104）。

排中律が含む「非常に多くのこと」とは何か。〈真の実在によって、充実化可能な諸規定が前もって指定されている〉という主張が、その一つである。しかし、われわれは個々の体験を手掛かりとして暫定的に確信を形成するほかない。むしろ現象学は、この制約を志向的意識の本質として積極的に引き受けつつ、意識において構成される確信の根拠を反省的に問うてきたのである。ならば、体験の全体を未来にわたって俯瞰するかのような排中律の主張は、現象学の範疇を越えているように見える。だが、原理Nがこの主張と深く結びついていることは明らかである。

このように、理論のノエシス的条件（原理N）をめぐる問いは、排中律の超越論的基礎づけという課題に収斂する。[7] 果たして排中律そのものは、主観の意識内在においてどのようにして直観的に洞察されるのか。また、それが体験流のなかから妥当性を得る仕方は、どのようであるか。

この課題は、『受動的綜合の分析』や『形式的論理学と超越論的論理学』（1929、以下『論理学』と略記）において論じられている。しかし、これらの著作でフッサールは、排中律の超越論的基礎づけを問題として提起するにとどまるように見える。各著書から引用しよう。

ここでわれわれは次のことを問題とする。常に意識流とその動機づけの中で生じるすべての信念が、確証もしくは確証されない可能性に関して前もって（im voraus）決定されているということは、経験の志向性の本質から汲み取られ現実に洞察されうる本質的規則なのか。この「前もって」は、どのようにして洞察されることができるのか。（XI, 104f.）

実際に（*de facto*）最高の努力をしたとしても、直観的に証示できる判断がいかに少ないかを、われわれはみなよく知っている。しかしながら、肯定もしくは否定の意味で「それ自体（an sich）」明証化されえないような非明証的な判断は存在しえないことは、アプリオリに洞察されうるはずである。（XVII, 201）

後者の引用で言われるのは、あらゆる判断の決定可能性が、われわれ認識主体によって洞察されうるということである。すなわち、「あらゆる判断はそれ自体決定される」ということ、そして「あらゆる判断は、真か偽かの述語をその本質として持つ」ということが、体験流の只中の視座から、洞察されうるというのである（ibid., 205）。

だが、これらの著作において、排中律の超越論的な起源が十分に解明されているとは言い難い。たとえば『論理学』は、決定可能性の「前もって」というあり方を、ただ「驚くべきアプリオリ（ein erstaunliches Apriori）」（ibid.）と評するのみである。いわく「可能な判断のあらゆる主観に、したがってまたあらゆる人間とあらゆる考えうるものに、驚くべきアプリオリが負わされている」と（ibid.）。

この「驚くべき」という表現によって、何か実質的なことが語られているわけではない。しかし、この苦肉の表現は、理論理性の限界を示すことによって、かえって真理論の新たな転回を暗示してはいないだろうか。以下では、超越論的転回に次ぐ、倫理学的転回をフッサールの中に読み取る。注目するのは、『論理学』の続編として書かれ、フッサールの死後（一九三八年）に公刊された『経験と判断』の論考である。

3・2　フッサールの徳認識論

この書においてフッサールは、認識活動を「漸進的な解明」、「地平的に曖昧な思念を一歩ずつ充実化してゆく明晰化」（EU, 141f.）と捉え、規定的意味の沈殿（Niederschlag）や、それに伴う主題的意味の改定について、歴史的文脈の中に位置づけて究明している。この論考における特に重要な点は、それまで形式的に理解されてきた同一極xが、自身のうちに多様な規定と具体的内実を有する「類型（Typus）」というモチーフにおいて捉えなおされたことである。認識活動がどこで始まろうと、意識は対象を無から存在定立するわけではない。むしろ対象は、歴史的に既に形成された類型として、認識を取り巻く周囲世界とともに「常に既に前もって与えられている」のだという（ibid., 34）。われわれは、いつでも、対象を何ものか〈として〉知覚する。

このことは、対象をある相貌のもとに立ち上がらせる「類型的に親しまれた地平」（ibid., 172）が前もって習慣的に形成されることに拠っているというのだ。

　このように、『経験と判断』のフッサールは、歴史に組み込まれた有限なあり方や、歴史に規定された相対的なあり方が、認識の本質、もしくは認識主体たる人間の本質であると考える。このような〈解釈学的〉と言えるアプローチのもとでは、ただ一つの絶対的真理という考えは否定され、むしろ、認識者の生が置かれる文脈の違いに応じて、多様な真理という考えが積極的に容認されるであろう。[8]

　たしかに『経験と判断』においても、〈認識者の生〉を導く理念について言及されている。たとえば、「あらゆる認識運動に先立って、認識の対象は、既にエンテレヒーに至るべきデュナミスとして存在する」（ibid., 24）という言葉は、認識活動に携わるわれわれの流動的な生の諸相に対して、揺るぎない指導的理念が前もって存在しているかのような印象を与える。しかし、認識主体の歴史依存性を認めるフッサールは、「完全に規定された対象自身は理性の理念にすぎず〔……〕無限の過程のなかで可能性として直観されるほかない」（ibid., 346）と述べ、さらには「いかなる経験判断においても、たとえ経験がどれほど満足のいくものであろうと、判断が真なることがらそのものをうちに含むことはありえない」とさえ言うのである（ibid., 347）。

　では、われわれは、とりとめのない体験の流れや、生じては消えてゆく雑多な想念の渦に思考を委ね、真理の希求とは無縁に生きるのか。それもまた不可能であろう。現にわれわれは認識活動を行う〈いま・ここ〉において、自身が直面する矛盾や対立を、解決に向けて取り組むべき真正の〈問い〉として引き受けており、その際、真理という究極目標が、〈真理を希求すべし〉という規範命題の姿をとって、現在の認識活動を動機づけている。このことは、思考の実践を通じて絶えず実証されているのである。

　上の規範が行為主体に与えられる場面として、フッサールは、認知的な苦悩や葛藤をもたらす、いわゆるジレンマ状況に焦点を当てる。この状況において、われわれは、既存の認識枠から逸脱するさまざまな矛盾や対立を体験することになる。この状況は、不可避的に認識活動の基盤となる既知の類型を動揺させるが、話はそれだけに止まらない。フッサールによれば、類型的な知識の動揺は、究極的に、当該の知を体験流のなかで形成してきた自我、そして、その知に基づいて一つの生を遂行してきた「自我の、自己自身との不一致（Uneinswerden des Ich mit sich selbst）」という事態、端的に言って「自己分裂（Zwiespalt mit sich）」を引き起こす（ibid., 366）。フッサールは言う。

> 自身の態度決定の整合性を目指すという自我の本性的な努力傾向のゆえに、この分裂によって、自我は自己に対する不満をただちに喚起され、そして、分裂を乗り越えて一体性という正常状態に至ろうとする根源的な衝動を呼び覚まされる。〔……〕ごく一般的に言えば、問いとは様態的な変動・分裂・阻止から、確固たる判断の決断（Urteilsentscheidung）に至ろうとする努力である。（ibid., 372）

そして、まさに同じ努力について、フッサールは「単に一般的に決着をつけようとしているのではなく、認識の努力として真理を目指している」とも述べる（ibid., 341）。

以上のように、『経験と判断』において、真理は葛藤を強いてくる実存的な問いかけとの関わりから、第一に、論理的整合性を維持することによる〈問いの解決〉として、そして第二に、葛藤の克服によって実現される〈生の完成〉として、二様に理解される。いまや真理は、論理的イデーであると同時に、実存的な生にとっての倫理的イデーなのである。

ところで、このような議論の展開は、一九二〇年代のフッサール倫理学と関連づけて理解されるべきだろう。一九二〇／二四年の夏学期講義『倫理学入門』は、理論的営為と実践的営為の両方に関与する「理性一般」を考察する学として、「純粋倫理学」を構想する[9]。そして、この構想のもと、あらゆる実践を含む生全体という文脈から認識主体を捉えなおし、生全体の優れた在り様として人格の善さを論じるのである[10]。フッサールは言う。

> われわれは意志やその目標に向かう行為についてだけではなく、習慣的な意志の方向性という、人格性のうちで持続する性向（Gesinnung）についても「倫理的」と言う。〔……〕あらゆる習慣的な心情的性質、生得的なものであれ獲得したものであれ人格の全「性格（Charakter）」が、倫理的であるとか倫理的に非難されるべきであるといった評価の対象になるし、結局のところ人格（Person）それ自体が評価の対象になる。（XXXVII, 8）

認識活動においては、真理という論理的イデーとの関わりから知識の正当性が評価されるだけでなく、完成した人格という倫理的イデーとの関わりから認識主体のあり方が評価されうる。フッサールの考えでは、この倫理的イデーは、優れた生き方を追求する各主観によって、認識活動のそのつどの「態度決定（Stellungnahme）」ないし「確信（Gewißheit）」において構成される。このとき、問いを受けてなされるすべての態度決定が同じ認識価値を持つわけではない。「承認ないし否認する態度決定の確信そのものが、純粋性や不純性、完全性や不完全性といった様相を有しており」、中には「論理的な良心（Gewissen）の呵責に苛まれる、不純な、いわば病的な決断」もあると言う（EU, 368f.）。

論理的な良心に適う健全な決断は、自己の生を真理に至る過程として信頼しながら、そうした生の中で形成される、確信の態度決定である。こうした確信を通じてのみ、人は真理を希求することができ、また、そのイデーの下に統合された調和的な生き方を現実に遂行することができる。というのも、一般に〈Xを希求する〉態度は、〈Xを獲得できると確信する〉態度を伴わなければならないからである。仮に〈真理を希求する〉と〈真理に到達することはできない〉を同時に主張する人がいれば、その人は本心から真理を希求してなどおらず、「論理的な良心」に背く不誠実な態度をとっていることになる。しかし、真理は自身の手中にあると独断する人もまた、真理を希求する立ち位置にいない。真理を希求する人とは探求の途上にあることを自認する人なのであり、この自認が、原理N′で言われる〈理想的意識の自認〉の本来の意味なのである。したがって、われわれは、倫理学的転回を経た新しい原理N″を、以下のように述べることができる。

原理N″：認識主観は、真理のイデーに導かれて生きる者として、真理探求の途上にあることを自認しなければならない。

フッサールによれば、人格は個々の行為に対して責任を負うばかりでなく、行為の傾向性を培ってきた自己の生の全体に対しても責任を負う。純粋倫理学の一部門としての認識論は、論理的イデーと自らの認識実践との間にほとんど葛藤を覚えることがないほどまでに自己を作り替えることに成功した人格、それ自体を、認識のイデーとみなすのである。こうした見方に徳倫理との共通点を見いだすことは容易であろう[11]。ここにおいて〈理論のノエシス的条件〉は、認識者としてよりよく生きるための倫理的規範として、明確な位置付けを与えられる。そして、原理N″を侵害する相対論と独断論は、論理的な良心に反する立場として、徳認識論的な観点から拒絶されるのである。

原理Nから派生する諸命題は、認識的生そのものを成り立たせる超越論的条件なのであり、それはまた、認識者たるにふさわしい態度で生きるための倫理的規範でもある。おそらく、この規範は、理論理性によって命題的に語られることなく、むしろ、認識の実践を通して示されるのみであろう。言い換えれば、認識とは、その背後において働く倫理的規範の効力を——とりわけ哲学的困惑の克服において——証拠立てる実践であり、そうである限り、認識的生を駆動する「一切の理性は、同時に実践理性であり、したがってまた論理的理性である」とも言えるのである (ibid., 373)。

おわりに

第1節で見たように、『論研』の「序説」では、論理学主義の立場から〈真理のイデーへの関与〉が〈理論のノエシス的条件〉として突き止められる。

つづく第2節で確認したのは、『イデーンI』の超越論的転回において、このイデーが対象の構成と相関的に論じられるようになる経緯であった。また、相対論と独断論の対立が、超越論的現象学の克服すべき課題として顕在化してくる次第を読み取った。

次に、第3節において、この課題が排中律の超越論的基礎づけという問題に収斂してゆく様子を、おもに後期の諸著作を通して概観した。特に『経験と判断』では、この問題が倫理学的な関心からとらえなおされた。真理のイデーを実践的な認識活動の中に位置づける、この試みの中で、独断論と相対論の対立を乗り越えるものとして、現象学に固有の立場が確保されるのである。

以上の考察から導かれる、主要な結論は以下のとおりである。後期のフッサールは、〈認識対象の真理性〉について、倫理学的な関心に基づいて〈認識主観の誠実性〉との相関から考察するようになった。

このような倫理学的転回を経て、フッサールは現代の徳認識論（virtue epistemology）に近い立場から、〈知的に誠実であること〉を真正の認識者であるためのノエシス的条件とみなし、これを知識の正当化条件の中心に位置づけたのである。[12]

凡例

①フッサールからの引用については、『フッサール著作集』（*Husserliana, Edmund Husserl Gesammelte Werke*）の巻数をローマ数字で、頁数をアラビア数字で表記する。『経験と判断』（*Erfahrung und Urteil*. L. Landgrebe (hrsg.), Hamburg: Felix Meiner, 1999.）からの引用はEUと略記し、頁数を表記する。

②〈　〉は意味の纏まりや強調を表す。また、引用文中の〔　〕は筆者による補足を表す。

③引用文中の傍点は原典の強調表記を表す。

注

（1）理論の可能性のノエシス的条件は、理論それ自体の形式や内容について求められる条件ではない。「ノエシス」はギリシア語の nous（精神、理性）および noein（思惟する、直観する）から派生する言葉であり、〈意識の作用的側面〉すなわち〈意識が志向的対象に意味を与える作用〉を表す術語としてフッサールによって採用される。したがって、「ノエシス的条件」と言うとき、理論と呼ばれるある理念的対象が志向されるための可能性の条件が、もっぱら認識主体の意識の作用的側面から考えられているのである。

（2）Michael Dummett, *The Seas of Language* (Oxford: Clarendon Press, 1993), 61.

（3）Günther Patzig, "Husserl on Truth and Evidence," in J. N. Mohanty (ed.), *Readings on Edmund Husserl's Logical Investigations* (The Hague: Martinus Nijhoff, 1977), 195.

（4）Ernst Tugendhat, *Der Wahrheitsbegriff bei Husserl und Heidegger* (Berlin: Walter de Gruyter, 1970), 277f.

（5）Cf. Juha Himanka, "Husserl's Two Truth: Adequate and Apodictic Evidence," *Phänomenologische Forschungen* 2005 (2005): 101ff. フッサールは明証性について、自己所与性を意味する十全的明証性と不可疑性を意味する必当然性とを区別する。必当然性として念頭に置かれるものの一つが、二値原理のような論理的必然性である。ヒマンカによれば、超越論的現象学の立場は、必当然的明証を無批判に導入するかつての現象学を素朴な学と見なし、「何かが十全的に明証的であるとき、その何かが必当然性に至る」という考えに立って、必当然性を十全性によって基礎づける。

（6）Cf. Poul Lübcke "A Semantic Interpretation of Husserl's *Epoché*," Synthese 118 (1999): 6. 個体相の流動性に注目するとき、真理が枠組相対的に構成されると考えられる。この考え方は、それじたい、意味論的反実在論に近いものと言える。たとえばリュブケは自然的態度（論理学的対象を含めて何らかの実在を素朴に存在定立する態度）から現象学的態度への転換を、意味論的実在論から意味論的反実在論への転換として再構築することができると言う。

（7）排中律の問題は、実在論やそれを前提する対応説にかかわっている。ダメットによれば、一般に対応説は「ある言明が真であるなら、それによって言明が真となるところの、何ものかが存在しなければならない」という「原理C」を受け入れる（Dummett: 1993, 52）。この原理Cは、「ある言明が真であるなら、その言明は原理的に言って、真であると知られえなければならない」（ibid., 61）という「原理K」と結びつくことによって、統制的な性格を有すると言う。つまり、対応説は容易に〈無限の真理条件の知識〉や〈言明を真にする実在の観察〉という言説と結びつくのだが、こうした体験可能性を踏み越えた言説が持ち込まれる限り、対応説は形而上学の一つとなる。

（8）このような多元的真理観は、たとえば『論理学』の以下の言明などに表れている。「市場に身を置く商人には彼なりの市場の真理がある。その真理こそ、彼の置かれた関係の中で、良い真理、その商人に役立つ最良の真理ではなかろうか。〔……〕人々は「精密な」諸科学のイデア的で統制的な諸理念と諸方法に惑わされるのを、特に哲学と論理学において、そろそろ止めるべきである。」（XVII, 284）

（9）島田善行は学位授与論文『生の刷新のためのフッサールの現象学的倫理学』（同志社大学、二〇一四年）において、「倫理学は論理学や哲学をも包括する学である」という、哲学（論理学）と倫理学（実践学）との関係についての伝統的な考え方に反するかに見えるフッサールのテーゼの解明を試みている。

（10）一九二〇年代のフッサール倫理学に顕著なこうした特徴については、八重樫徹『フッサールにおける価値と実践』（水声社、二〇一七年）を参照。

（11）フッサール倫理学と徳倫理との接点については、トーマス・ニーノン（八重樫徹訳）「フッサール後期倫理学講義（1920/24）における理性と感情」（『哲学雑誌』一二六巻七九八号、二〇一一年）を参照。

（12）Cf. Linda Zagzebski, *Virtues of the Mind: An Inquiry into the Nature of Virtue and the Ethical Foundations of Knowledge* (United Kingdom: Cambridge University Press, 1996), 241. たとえば、徳認識論を代表するザグゼブスキは以下のように述べ、信念主体の知的徳、すなわち信念獲得のための安定した傾向性に、正当化（justification）の第一義的な意味を認めている。「〔正当化された信念とは〕知的徳に動機づけられた人、そして有徳な人が常々もつであろうような自分の認知的状況についての理解をもつ人が、類似した環境において信じるであろうような信念である。」

〈応募論文〉

メアリーが信じたこと
——知識論証に対抗する幻想主義的説明戦略

篠崎《しのざき》　大河《たいが》
（慶應義塾大学）

1　はじめに

心の哲学における一つの有力な立場として物理主義がある。物理主義とは、全ての事実は物理的事実であると主張する立場である。一方、物理主義に対する有力な反例の候補として現象的性質が挙げられる。現象的性質とは意識経験に現れるように思われる独特の質のことであり、ある意識経験を持つとはどのようなことかを決定するような性質として〈どのようなことか性（what-it-is-like-ness）〉などと呼ばれる。例えば、赤いもののありありとした赤さは現象的性質であるとされる。

現象的性質が物理主義の反例とみなされるのは、その存在が物理主義的に説明できないことを示す思考実験があることによる。その一つが「白黒の部屋のメアリー」である（Jackson 1982）。この思考実験は「知識直観」と呼ばれる直観を引き出すものになっている。知識直観とは、意識経験によってしか知られえない〈どのようなことかの知〉、すなわち、ある意識経験を持つとはどのようなことかについての知識が存在するという直観である（Chalmers 2018, p. 12; Stoljar & Nagasawa 2004, p. 2）。この直観から物理主義の否定を導く「知識論証」は、反物理主義的論証の古典であり、物理主義者はそれに対して様々な反論を試みてきたが決定的なものはまだない。

一方、近年新たな物理主義的立場として、幻想主義（illusionism）が注目されている。それは、現象的性質は実在せず、それらが実在するかのような直観を我々が持っているに過ぎない、と主張する立場である（Frankish 2017）。このような主張をするため、幻想主義者はそのような直観を我々が持つ理由を説明することが必要になる。それゆえ、その直観の一つである知識直観に関しても幻想主義者は説明すべきであることになる。しかし、これを個別に扱った幻想主義者からの応答はまだない。

そこで本論では、知識直観に対して幻想主義の立場から新たな説明戦略を提案することを試みる。具体的には私が「誤信念戦略」と呼ぶものを提案する。誤信念戦略とは〈どのようなことかの知〉として想定されていたものは、実際には知識ではなく、偽なる信念である、と説明する戦略である。本論は、まだ検討されていない、知識直観に対する幻想主義的説明戦略を提案すると同時に、知識論証に対抗する新たな物理主義的説明戦略として有望な選択肢を増やすものである。それゆえ、これは幻想主義を目下採用していない物理主義者にとっても意義を持つ。さらに以上の議論を通して、誤信念戦略は従来の説明戦略と同等以上に有望であるため、それ自体として幻想主義を動機づけると論じる。

本論の構成を述べる。第2節では白黒の部屋のメアリーの思考実験と知識直観および知識論証について紹介し、それに対抗するための物理主義の説明課題を特定する。第3節では知識論証に対する従来の物理主義的説明戦略を概観し、それらの問題点を見る。第4節では幻想主義を導入し、誤信念戦略を提案する。第5節では可能な反論に応答する。第6節は結論である。

2　知識論証と物理主義の説明課題

本節では、白黒の部屋のメアリーと知識直観、そしてそれらを用いた反物理主義的論証である知識論証を紹介し、それに対抗するために物理主義者に課せられる説明課題を明らかにする。まず、白黒の部屋のメアリーの思考実験は Frank Jackson (1982) が提示した次のようなものである。

メアリーは生まれつき白黒の部屋で育てられており、白黒以外の色を見たことがない。しかし、白黒の書物やモニターからあらゆることを学び、彼女は物理的事実、特に人間の視覚や色に関する物理的事実を全て知っている。すなわち、彼女は物理的事実に関して全知である。ある日彼女は部屋から解放され、初めて赤いものを見る。

思考実験の仮定によりメアリーは物理的事実に関して全知である。それにもかかわらず、直観的には部屋を出たときに何か新しいこと、すなわち、〈赤を見るとはどのようなことか〉を初めて学んだように思われる。したがって、物理的知識に還元されない現象的性質に関する知識、つまり〈どのようなことかの知〉が存在するように思われる。このように、白黒の部屋のメアリーの思考実験は知識直観、すなわち、意識経験によってしか知られえない事実ないし〈どのようなことかの知〉があるという直観を引き出す。Jackson はこの直観に訴えて物理主義を否定する論証を提示した。それは知識論証と呼ばれ、次のように再構成することができる (Jackson 1982)。

知識論証

1　メアリーは解放前に全ての物理的事実を知っていた。

2　メアリーは解放後に新しい事実（現象的性質に関する事実）を知った。

3　1と2が真なら、物理的事実ではない事実が存在する。

4　物理的事実ではない事実が存在するなら、物理主義は偽である。

5　物理主義は偽である。

前提1は思考実験の想定により真である。前提2は思考実験から引き出される知識直観により正当化されている。前提3は論理的に真である。前提4は物理主義の定義により真である。論理的真理と定義による真理を否定することは困難であるので、思考実験の想定を受け入れるとすると、物理主義者が否定を試みるのは主に前提2となる。その場合、知識直観の否定を試みることになる。

しかし、知識直観を単に否定するだけでは、物理主義者はその説明課題を達成したことにはならない。というのも、物理主義が正しく、知識直観が厳密には誤りであるにもかかわらず、なぜ我々はそれを持つのか、という問いが答えられていないからである。物理主義者は、この問いに答えるべきであるように思われる。なぜなら、我々が誤った直観を持つと単に主張することは、我々に大規模な不合理性を帰属することになり、理論的に望ましくないと思われるからである（Daly & Liggins 2009, pp. 217f）。したがって、物理主義者が知識直観を否定するときは、なぜ我々はそれを持つのかを説明することが同時に要請される。[1]

この要件を、David Chalmers (2018) が提案した「意識のメタ-プロブレム」にちなんで「メタ-プロブレム要件」と呼ぶことにしよう。意識のメタ-プロブレムとは、知識直観を含む、意識に関する（一見して反物理主義的な）直観を説明する、という課題である（Chalmers 2018）。

メタ-プロブレム要件：我々が知識直観を持つ原因を説明する。

知識論証に対抗する物理主義者の説明課題は、このメタ-プロブレム要件を満たす物理主義的説明を提示することである。

3　従来の説明戦略の問題点

本節では、知識論証に対抗し知識直観の説明を試みる従来の物理主義的説明戦略として代表的な四つの戦略を概観し、その問題点を見る。

（1）消去主義的戦略

まず、Daniel Dennett (1991) の議論に基づく、本論が消去主義的戦略と呼ぶものを見る。[2] 彼はメアリーの思考実験について、彼女が解放後に知識を獲得するということ（知識論証の前提2）を否定する。彼は、我々は思考実験においてメアリーが解放後に知識を獲得するシナリオを想像するが、そうでないシナリオも想像可能であるとして、青色バナナシナリオと呼ぶべきものを提示する (Dennett 1991, pp. 399-

400)。そこでは、メアリーを閉じ込めていた人々が用意した、青色に塗られたバナナを見たメアリーが、物理的知識のみによってそれを看破し、「バナナは黄色のはずですが、これは青ですよ！」と発言する様子が描かれる。Dennettによると、青色バナナシナリオのようにメアリーが知識を獲得したと考えない状況は、知識を獲得したと考える状況と同じように想像可能なので、メアリーの部屋の思考実験は知識直観を正当化しない。それゆえ、知識直観は全知の主体を、全知ではない我々がうまく想像できないことによる誤った直観であると思われる。したがってDennettは、知識直観が正当化されないので物理主義は論駁されないと結論づける。

消去主義的戦略の問題点はメタ-プロブレム要件を満たしていないことである。この戦略が描くメアリーは解放後に新しいものを何も獲得しない。そうだとしたら、なぜ我々はメアリーが〈どのようなことかの知〉を獲得したという直観を持つのかは謎のままであると思われる。

（2）非命題知戦略

ついで、本論が非命題知戦略と呼ぶものとして、特にDavid Lewis (1988)が提案した能力仮説を見る。LewisはDennettと同じく知識論証の前提2を否定したが、否定の仕方が異なる。Dennettがメアリーが解放後に知識を獲得したことを否定するのに対し、Lewisは彼女が知識を獲得するということを認め、その代わり、その知識は事実に関する知、すなわち命題知ではなく、ある特定の能力、すなわち方法知であると主張した。これが能力仮説である。

能力仮説によると〈どのようなことかの知〉は経験を想起、想像、再認する能力を含む一連の能力のクラスターである(Lewis 1988, p. 100)。それはLewisにちなんで「ルイス能力」と呼ばれる(Nemirow 2007, p. 33)。そして、ルイス能力は方法知に過ぎない。ルイス能力のような方法知はメアリーが解放前に学ぶ経験についての命題知とは異なるが、一般に、命題知と異なる方法知の存在は非物理的事実の存在を含意しない（e.g., 自転車の乗り方に関する命題知と方法知は異なるが、自転車の乗り方に関する非物理的な事実が存在するわけではない）。したがって、Lewisはメアリーの思考実験は非物理的事実の存在を示していないので物理主義は論駁されないと結論づける。

非命題知戦略によると〈どのようなことかの知〉は方法知と同一視できる。そしてメアリーは解放後に方法知を獲得したので、その意味で彼女が解放後に〈どのようなことかの知〉を獲得した、という我々の直観は正しい。これが我々が知識直観を持つ原因である。このように非命題知戦略は、方法知という概念を〈どのようなことかの知〉の対応物として提示している点でメタ-プロブレム要件を満たしているようにみえる。

しかし能力仮説に対してはEarl Coneeによる次のような反論がある。彼によると〈どのようなことかの知〉とルイス能力は同一視できない。なぜなら、ある主体が一方は持つが他方は持たないということが可能だからである。このことを示すためConeeはいくつかの例を挙げるが、ここでは紙幅の関係で一つだけ紹介する（Conee 1985, p.

298)。色盲により青色を視覚的に認識できない代わりに、青色のものが目の前にあるときに限り胸焼けする感覚を持つ主体を考えよう。その主体は、胸焼けの感覚によって今見ている色が青色であると判断することができるため、青色を再認する能力を持っているが〈青色を見るとはどのようなことかの知〉を持っていない（むしろ〈胸焼けするとはどのようなことか〉を知っている）。再認以外のルイス能力についてもConeeは能力仮説の反例であると思われる事例を挙げる（*ibid.*）。

もちろん、以上の事例において描写された主体が〈青色を見るとはどのようなことかの知〉を持っていない、という主張は、メアリーの例と同様、思考実験から引き出された直観によるものであり、これ自体、物理主義に反する知識直観を別の仕方で繰り返しているに過ぎないかもしれない。それゆえ、能力仮説の支持者は、以上の事例における主体は〈どのようなことかの知〉を持っていないという直観を物理主義に反するものとして端的に無視することもできる。しかしそれは能力仮説による知識直観の説明が不十分であること、すなわち、それがメタ-プロブレム要件を満たさないことを意味する。それゆえ、非命題知戦略はいずれにせよメタ-プロブレム要件を満たさないと思われる。

(3) 旧事実／新様式戦略

ついで、いわゆる旧事実／新様式戦略、特にBrian Loar (1990, 2004)が提案した現象概念戦略と呼ばれるものを見る。旧事実／新様式戦略も知識論証の前提2を否定するものであるが否定の仕方が他とは異なる。すなわち、それはメアリーが解放後に命題知を獲得したことは認めるものの、彼女は既知の事実についての知識を新しい仕方で獲得したに過ぎないと主張する。現象概念戦略によると、この「新しい仕方」とは「現象概念」を用いた仕方のことである。

現象概念は「物理的機能的概念」との区別において導入される（Loar 1990, p. 84）。一方で、物理的機能的概念とは科学理論が指示する仕方で性質を指示する概念のことである。他方で、現象概念とは直接的に性質を指示する概念である。両者は認知的に独立であるが、指示対象は同一でありうる。メアリーの事例に関して言えば、彼女が解放前に用いていたのは色についての物理的機能的概念であり、解放後に獲得したのは現象概念である（Loar 2004, pp. 223ff. cf. 山口 2012, p. 36）。しかし両者の指示対象は同一である。したがって現象概念戦略によると、メアリーは新たな事実についての知識を獲得したわけではないので物理主義は論駁されない。

この戦略も非命題知戦略と同様、〈どのようなことかの知〉の物理主義的な対応物を用意することでメタ-プロブレム要件を満たそうとする。旧事実／新様式戦略によると、〈どのようなことかの知〉は現象概念と同一視できる。そして、メアリーは解放後に現象概念を獲得したので、その意味で彼女が解放後に〈どのようなことかの知〉を獲得した、という我々の直観は正しい。これが我々が知識直観を持つ原因である。

旧事実／新様式戦略には、かねてより多くの反論が寄せられてきた[3]。その一つが、David Chalmersによる現象概念戦略はジレンマに陥るという指摘である（Chalmers 2010, pp. 312ff）。このジレンマを示すためにChalmersはメアリーと物理的に同一な哲学的ゾンビ[4]は現象概念を持つか、という問いを立てる。哲学的ゾンビとは、我々と物理的に同一だが、〈どのようなことかの知〉を持たない存在者である。Chalmersが提起した、「ゾンビは現象概念を持つか」という問いに「ゾンビは現象概念を持つ」と応答した場合、現象概念は解放後のメアリーの認識的状況を説明できないことになる。というのもゾンビは定義上〈どのようなことかの知〉を持たないので、ゾンビが現象概念を持つとしたら、現象概念は〈どのようなことかの知〉とは無関係であることになるからである。これは現象概念戦略がメタ-プロブレム要件を満たさないことを意味する。というのも、現象概念が〈どのようなことかの知〉とは無関係であるとしたら、それが〈どのようなことかの知〉が存在するという内容の直観である知識直観を説明するために十分にして適切とは一見して思われないからである。他方、「ゾンビは現象概念を持たない」と応答した場合、現象概念は物理主義と両立不可能ということになる。というのもゾンビは定義上メアリーと物理的に同一であり、メアリーが持つ物理的なものは全て持つため、ゾンビが現象概念を持たないとしたら、現象概念は非物理的であるからである。したがって現象概念戦略は、知識直観の説明が十分ではない、すなわちメタ-プロブレム要件を満たさないか物理主義と両立しないかの、いずれかを認めなければならないというジレンマに陥る。

（4）新事実戦略

最後にRobert Van Gullick (2004)が提案したいわゆる新事実戦略を見る。彼は他の戦略とは異なり、知識論証の前提2（メアリーが解放後に新しい命題知を獲得した）を認める。代わりに彼は前提1を否定し、そもそも白黒の部屋の中で全ての物理的事実を知ることができないと主張した。すなわち、白黒の部屋のメアリーの思考実験には不可能な想定が含まれているということである。これが新事実戦略である。

新事実戦略によると、白黒の媒体だけからでは知られえない物理的事実が存在する。新事実戦略はこれを主観的な物理的事実と同定する。それゆえ、メアリーが解放後に新しい知識を獲得するのは当然であることになる。したがって、Van Gulickは新たに獲得された知識は物理的事実に関する知識なので、物理主義は論駁されないと結論づける。

新事実戦略はメタ-プロブレム要件を満たす。というのも、それは知識論証の前提2を認めることで〈どのようなことかの知〉の存在を認めているからである。

新事実戦略の問題点は、それが従来の物理主義を棄却することによって、もはや物理主義的説明と呼べるかが疑わしくなっているということである。新事実戦略は、客観的事実に還元できない主観的事実の存在を認めることを要求する。この要求を受け入れることは、ある種の二元論、つまり、主観的なものと客観的なものの二元論を受け入れることを意味する。ここでの「二元論」とは、一方が他方に還元できないような全く異なる二種類の存在者を措定する見解のことである。そうだとすると結局、新事実戦略は、従来の物理主義を棄却し、二元論に「物理主義」という名前を付けて提示したに過ぎないように思われる。この意味で、新事実戦略は実質的に物理主義的と両立不可能であると言える。

以上の議論が正しければ、従来の戦略は、メタ-プロブレム要件を満たしていないか、物理主義的と両立不可能になるか、あるいはそのいずれかのジレンマに陥る。

さらに、個々の戦略から離れて、多様な戦略が提案されているということ自体の問題点も挙げられる。上で見たように物理主義的戦略は多様であるが、これは物理主義的戦略に一致が見られないことを意味する。そして、その事実は物理主義そのものに対する疑義になりうる。実際次のような指摘がされている。

> 本書の編者の二人[5]（D. Stoljar と Y. Nagasawa）は反対に、知識論証に対する物理主義的応答の不一致そのものが、知識論証が提起する挑戦に物理主義者たちが明確な答えを持っていないことを示唆する、と論じてきた。（Van Gulick 2004, p. 385）

従来の物理主義的戦略は、知識論証において否定する前提も異なれば、〈どのようなことかの知〉の物理主義的対応物として挙げるものも異なり、一致が見られない。このことは、知識論証に対する既存の物理主義的アプローチに何らかの問題があるのではないかという疑いをもたらしうる。というのも、一般に、あるアプローチの内部において、すでに多くの説明戦略が提案されているにもかかわらず、そのいずれの戦略にも見解が収束しないということは、そのアプローチの内部にそこへと収束すべき正しい戦略がまだ存在しないことを示唆するからである[6]。

もちろん、以上の問題点は従来の物理主義的説明戦略にとって致命的なものではない。しかし、従来の戦略と同等の説明力を持ちつつ、これらの問題点を回避している説明があれば、そちらがより良い説明であると言えるだろう。

4　幻想主義と誤信念戦略

本節では、幻想主義を導入し、知識論証に対抗する幻想主義的な応答である誤信念戦略を提案する。そして、その利点を明らかにする。

幻想主義とは、現象的性質は実在せず、ある種の幻想に過ぎないと主張する立場である（Frankish 2017; Kammerer, 2019; Shabasson 2021）。この幻想主義とは何かを理解するためには他の立場と比較することが有益である。すなわち、急進的実在論、保守的実在論、幻想主義の比較である。まず急進的実在論とは、現象的性質は実在し、かつそれは物理主義的に説明できないと主張する立場である。ついで保守的実在論とは、現象的性質は実在するが、物理主義的に説明できると主張する立場である。以上の急進的実在論と保守的実在論はいずれも現象的性質の実在を認めるという点で「現象実在論（phenomenal realism）」に分類される。最後に幻想主義は、現象的性質は物理主義的に説明できないが、その理由はそれが実在しないことであり、実在するのは、現象的性質が実在するかのように思わせる物理現象である、と主張する立場である。

幻想主義は消去主義と似た立場である。ただし、消去主義と比較したとき幻想主義の特徴は次の点を強調することにある。すなわち、実際は非現象的で物理的なものに過ぎない意識経験にはある種の幻想が含まれており、それが、その経験が現象的性質を持つかのように我々に思わせている、ということである。それゆえ幻想主義によると我々は「現象的性質が実在する」という誤った直観を自然と持つようになっている。幻想主義のこのアイデアを応用すると知識直観に対して次のような誤信念戦略を提案することができる。すなわち、メアリーは解放後に「現象的性質が実在する」という誤った信念を獲得したと主張する立場である[7]。

誤信念戦略のアイデアを理解しやすくするために、ここで私は、メアリーと自称超能力者という思考実験を提示したい。

メアリーと自称超能力者

メアリーは解放後、超能力者を名乗る人物にスプーン曲げを披露される。メアリーはその人物のことを信じ、超能力が存在するという信念を獲得する[8]。

メアリーと自称超能力者の思考実験から、超能力を用いた以下のような知識論証を作ることができる。

1 メアリーは解放前に全ての物理的事実を知っていた。
2 メアリーは解放後に新しい事実（超能力に関する事実）を知った。
3 1と2が真なら、物理的事実ではない事実が存在する。
4 物理的事実ではない事実が存在するなら、物理主義は偽である。
5 物理主義は偽である。

ここから現象的性質の場合と同様に、超能力の存在に関する三つの立場を考えることができる。すなわち、急進的実在論者は、超能力は実在し、物理主義的に説明できない、と主張し、保守的実在論者は、超能力は実在するが物理主義的に説明できる、と主張する。そして幻想主義者は、超能力は物理主義的に説明できないが、そもそも実在せず、超能力が実在するかのように見せかける物理現象が実在する、と主張する。もちろんここで正しいのは幻想主義である。すなわち、メアリーは超能力の実在を信じたとき誤った信念を獲得したのであり、知識を獲得したのではない。したがって超能力を用いた知識論証は前提2が誤っていたことになる。メアリーが解放後に知った超能力に関する事実とされるものは、実際には事実ではなく偽なる命題に過ぎない。

誤信念戦略はオリジナルの知識論証に関しても同様のことを主張する。すなわち、メアリーが解放後に知った現象的性質に関する新しい事実とされるものは、実際には事実ではなく偽なる命題に過ぎない、ということである。(9)

ここで、誤信念戦略は消去主義的戦略と同一であると思われるかもしれないので、両者の違いを説明しておこう。たしかに、消去主義的戦略は誤信念戦略と両立可能である。幻想主義的に理想的なメアリーは意識経験が幻想を含むと部屋で教えられている。それゆえ、メアリーが自分の教えられた知識に自信を持っていれば、自分の経験の幻想に騙されることはない。それは自分の知識に自信を持っているメアリーが超能力を信じないであろうことと同じである。しかし、誤信念戦略と消去主義的戦略はそれぞれが想定するシナリオにおいて異なる。一方で、消去主義的戦略は自信のあるメアリーを描いたシナリオ(青色バナナシナリオ)を想定する。他方で、誤信念戦略は自信のない、あるいは騙されやすいメアリーを描いたシナリオを想定する。すなわち、それぞれのシナリオにおけるメアリーは、次のように述べると考えられる。

誤信念戦略のメアリー：

「〈どのようなことかの知〉は幻想だと聞いていたけれど、信じられません。おそらく、幻想主義に何か誤りがあります。」

消去主義的戦略のメアリー：

「〈どのようなことかの知〉は幻想です。私は何も学んでいません。」

そして、このシナリオの違いは説明上重要である。というのも、以下で述べるように、それは誤信念戦略が知識直観を説明することを可能にするからである。

ここから誤信念戦略の利点を確認する。誤信念戦略の利点は二つある。第一に、メタ-プロブレム要件を満たすこと、第二に、物理主義への疑義を退け、それをより一貫した仕方で擁護することである。

まず、誤信念戦略はメタ-プロブレム要件を満たす。従来の物理主義的戦略は知識直観を物理主義と両立可能な仕方で説明できなかった。しかし、誤信念戦略はそれを可能にする。誤信念戦略によると、我々は通常(すなわち、幻想主義の論証を知らない状況において)現象的性質が幻想であるということを知らない。そして、現象的性質が幻想であると知らない人は、メアリーの部屋の思考実験を行うとき、彼女が知識を獲得したと考えることになる。(10)というのも、メアリーが獲得した信念が偽であると思っていないため、彼女が解放後に新事実に関する命題知を獲得したかのように思うからである。新しく獲得された誤信念は、新しく獲得された知識と主観的に区別できない。したがって、我々は知識直観を持つことになる。

ついで、誤信念戦略は物理主義への疑義を退け、それをより一貫した仕方で擁護する。先に見たように、従来の物理主義的応答には一致が見られなかった。そして、その事実は物理主義そのものに対する疑義になっていた。しかし、誤信念戦略はこの疑義を次のように退けることができる。

誤信念戦略によると、説明における不一致は物理主義の問題ではない。まず、従来の物理主義的戦略は、消去主義的戦略を除き、現象実在論に属し、〈どのようなことかの知〉の物理主義的な対応物を提示することを求められていた。そのため、非命題知戦略は方法知を、旧事実／新様式戦略は現象概念を、新事実戦略は主観的な新事実についての知識をそれぞれ〈どのようなことかの知〉の対応物として提示した。しかし、誤信念戦略が正しければ、〈どのようなことかの知〉は実際には存在しない。したがって、従来の物理主義は実在しないものの対応物を要求されていたことになる。すなわち、従来の応答の不一致の原因は現象実在論からの過剰な要求であり、物理主義の問題ではない。このことは、具体的には次のように示される。

第一に、非命題知戦略が提案した方法知は、たしかに〈どのようなことかの知〉と同一視できない。しかし、誤信念戦略によるとそもそも、いかなる能力とも同一視できないような〈どのようなことかの知〉の概念を提示せよ、ということが過剰な要求であることになる。第二に、旧事実／新様式戦略が提案した現象概念は、それがゾンビも持つものだとすると、たしかに、我々が〈どのようなことかの知〉を持つということを説明できない。しかし、誤信念戦略によるとそもそも、我々が〈どのようなことかの知〉を持つという考え自体が誤りであるため[11]、その考えを正しいものとして説明せよ、ということが過剰な要求であることになる。第三に、新事実戦略が提案した主観的事実は、実質的には物理主義と両立不可能なものになっていた。しかしその原因は、我々が〈どのようなことかの知〉を持つという考えを正しいものとして説明せよ、という現象実在論からの過剰な要求に応えるために用意されたものだからである。このことは、その要求に直截に応えるためには反物理主義的な道具立てを用意せざるを得ないことを示唆しているに過ぎない。

以上のように、誤信念戦略が正しければ、従来の物理主義的戦略の問題点とされていたものは、実際には現象実在論からの過剰な要求に由来するものであることになる。しかし、誤信念戦略が正しいとすると、現象実在論は誤りであり、その要求に応えられないことは物理主義の瑕疵ではない。いわば、問題自体が誤っていたのであり、それに正しい解答を与えられないのは当然である。このように、誤信念戦略は、物理主義への疑義を退け、一貫した仕方でそれを擁護することを可能にする[12]。

ここまでの議論が正しければ、誤信念戦略は従来の物理主義的戦略が欠いていた利点を持つ。これは、誤信念戦略が従来の物理主義的戦略と同等以上に説得的であることを示唆する。そしてこのことは、〈どのようなことかの知〉が誤信念であると考える根拠になるだろう。そして、もし誤信念戦略がメアリーの思考実験に対する最良の物理主義的説明だとすると、そのことは、物理主義者にとって幻想主義を魅力的にすると思われる。

5　反論と応答

本節では誤信念戦略に対する可能な反論に応答する。

反論1：誤信念戦略は幻想主義を前提したときに導かれる論理的に可能な説明の一つに過ぎず、具体的にどのようなプロセスで我々やメアリーが誤信念を形成するのかを示していない。したがって誤信念戦略はメタプロブレム要件を厳密には満たしておらず、説得的ではない。

応答1：誤信念戦略そのものはたしかに、可能な説明の一つに過ぎないが、既存の幻想主義的理論を援用することで我々やメアリーが誤信念を形成するプロセスを説明することができる。例えば、Daniel Shabasson が提案した幻想主義的理論である推論説は、我々が「非物理的な現象的性質が実在する」という誤信念を形成するプロセスを説明するが(Shabasson 2021)、誤信念戦略が正しければ、それはメアリーの事例にも応用することができる。

推論説によると、現象的性質とは主体が自身の「内観分類判断」を正当化する誤った無意識的推論によって措定されるもののことである。内観分類判断とはある感覚的状態トークンがある特定の感覚的状態タイプを例化しているという内観報告を行う傾向性のことであり、それは通常、現象的な語彙で表現される。例えば、赤の内観分類判断は、客観的な色とは区別される現象的な赤性を経験が例化しているという判断である。

Shabasson は推論説において、説明のために三つの仮説を立てる。第一に、内観的不透明性仮説である。それによると、主体は内観分類判断を形成する脳内のプロセスへの内観的アクセスを欠く。第二に、不可謬性直観仮説である。それによると、主体は感覚状態の分類について自分の内観分類判断は不可謬であると考える傾向性を持つ。第三に、正当化制約仮説である。それによると、主体がpと判断するなら、自分はpと判断することにおいて正当化されていると主体は信じる。

以上の仮説から、ある主体が赤の内観分類判断をするとき、主体は次のような無意識的推論を行うことが導かれる（Shabasson 2021, p. 436)。

1　私は不可謬な仕方で赤の内観分類判断が真であると知っている。
2　赤の内観分類判断が真なら、その判断を正当化する例化された性質（現象的赤性）が存在する。
3　したがって現象的赤性が例化している。

主体が前提1と2を信じることはそれぞれ不可謬性直観仮説と正当化制約仮説から導かれる。これらの前提から、主体は自身の経験に現象的赤性が例化していると信じる。そして、内観的不透明性仮説が正しければ、この推論において主体が、現象的赤性を脳の神経的性質と信じることはない。これにより、その主体は「非物理的な現象的性質が実在する」と信じる傾向を持つ。もちろん、内観分類判断は実際には不可謬ではないため、上の推論の前提1は誤っている。それゆえ、上記の結論は実際には正当化されていない。

Shabasson の推論説はあくまで、通常の状況下にある我々が現象的性質が非物理的であるという直観を持つプロセスの説明を試みるものである。それゆえ彼は白黒の部屋のメアリーのような特殊な状況を想定した思考実験や知識直観に関しては言及せず、それに関してどのような説明が提案されうるかは不明瞭である。しかし誤信念戦略が正しければ、推論説を応用することによって、メアリーが誤信念を形成するプロセスが次のように説明されると考えられる。まず、彼女は赤の内観分類判断を解放後に初めて行う。というのも、赤の内観分類判断はある感覚的状態トークンが赤の感覚的状態タイプを例化していると きに生じるが、メアリーは解放前に赤いものを見ないため、赤の感覚的状態タイプを例化している感覚的状態トークンを持つのは解放後だからである。ついで、彼女はそれにより、上で見た無意識的推論を行うことになる。そこから、「非物理的な現象的性質が実在する」と信じる傾向を持つ。

もっとも以上は、我々とメアリーが誤信念を抱く可能なプロセスの一例にすぎない。しかし、有望な説明モデルの形態を示している。すなわち、我々が内観システムの生得的な特徴によって信じる誤った前提から推論することにより、存在しない内的な性質を措定する、ということである。それゆえ、誤信念戦略にとって、具体的にどのようなプロセスで我々やメアリーが誤信念を形成するのかを示す展望は十分にある。

反論2：幻想主義が正しければ、物理的事実に関して全知であるメアリーは、自身の経験が幻想を生み出すことも知っているため、部屋を出たときに現象的性質が実在するという誤信念を形成しないはずである。したがって、誤信念戦略は幻想主義的説明戦略として不適当である。

応答2：まず、この反論は次のような論証を提示しているものと解釈できる。

1　メアリーは全ての物理的事実を知っている。
2　1が真なら、メアリーは解放後の自身の経験が幻想を生み出すことを知っている。
3　メアリーが解放後の自身の経験が幻想を生み出すことを知っているなら、彼女は現象的性質が実在すると信じない。
4　メアリーは現象的性質が実在すると信じない。

これに対して、誤信念戦略からは二つの応答が考えられる。第一に、上の論証のいずれかの前提を否定する応答、第二に、上の論証を受け入れたとしても、誤信念戦略は説明力を持つと主張する応答である。

第一の応答は次のようなものである。たしかに、幻想主義者にとって前提1と2は否定しがたい。しかし、前提3は否定できると考えられる。すなわち、メアリーが解放後の自身の経験が幻想を生み出すことを知っていたとしても、彼女が現象的性質が実在すると信じることはありうる。というのも、知識を持つ主体が信念の誤った改訂により知識を放棄するということは可能だからである。例えばメアリーが、クオリアが現前しているという（おそらく認知的に侵入不可能な）感覚の方を信じて幻想主義を棄却するということは可能である。したがって、メアリーが誤信念を形成することは可能であり、誤信念戦略は知識直観を説明できる(13)。

第二の応答は次のようなものである。仮に上の論証の結論が真だとしても誤信念戦略は依然としてその説明上の役割を果たすことができる。なぜなら、誤信念戦略は、メアリーを想像するときの我々が知識直観を形成する理由を説明できるからである。メアリーを想像するときの我々は、現象実在論が偽であると考えていない。それゆえ、メアリーが幻想主義について部屋の中で学んでいることも知らない。そうだとすると、実際のメアリーがどうあれ、彼らが推論説が提示するような誤った推論を通して〈どのようなことかの知〉をメアリーが獲得する、と我々は考えることになる。こうして誤信念戦略は、メアリーを想像するときの我々が知識直観を形成する理由を説明する。したがって、誤信念戦略の目標である、我々の知識直観の説明は達成されるため、それは説明力を持つと言える。

6　結論

以上、本論では、白黒の部屋のメアリーの思考実験が引き出す知識直観に対して、幻想主義を用いた新たな物理主義的説明戦略として、誤信念戦略を提案した。それによると、メアリーは解放後に「非物理的な現象的性質が存在する」という誤った信念を獲得した。誤信念戦略は、メタ-プロブレム要件をみたし（すなわち、我々が知識直観を持つ原因を説明し）、さらに従来の物理主義的戦略の不一致によって提起された物理主義への疑義を退けるため、物理主義のより一貫した擁護を可能にする。この利点により、誤信念戦略は、単に可能な説明の一つではなく、それ自体として物理主義者にとって魅力的であると思われる。誤信念戦略のもっともらしさは〈どのようなことかの知〉を誤信念と考える根拠を与え、幻想主義の説得性を強化するだろう。

謝辞

本研究はJST次世代研究者挑戦的研究プログラムJPMJSP2123の支援を受けたものである。本論の元となった応用哲学会第一六回年次研究大会における発表「幻想主義と白黒の部屋のメアリー」に対しコメントをしていただいたすべての参加者、および、本論を審査していただいた三名の匿名の査読者に感謝する。

文献表

Chalmers, D. (2010). *The character of consciousness*. Oxford University Press.（『意識の諸相』上・下、太田紘史、源河亨、佐金武ほか訳、春秋社、2016年。）

Chalmers, D. (2018). The meta-problem of consciousness. *Journal of consciousness studies*, *25*(9-10), 6–61.

Conee, E. (1985). Physicalism and phenomenal qualities. *The Philosophical Quarterly*, *35*(140), 296–302. https://doi.org/10.2307/2218909

Daly, C., & Liggins, D. (2009). In defence of error theory. *Philosophical Studies*, *149*(2), 209–230. https://doi.org/10.1007/s11098-009-9346-1

Dennett, D. (1991). *Consciousness Explained*. Little Brown.（『解明される意識』山口泰司訳、青土社、1998年。）

Frankish, K. (2017). Illusionism as a theory of consciousness. In K. Frankish (ed.), *Illusionism: As a theory of consciousness* (pp. 11–39). Imprint Academic.

Jackson, F. (1982). Epiphenomenal qualia. *The Philosophical Quarterly*, *32*(127), 127–136. https://doi.org/10.2307/2960077

Jackson, F. (1998). Postscript on qualia. In his *Mind, method and conditionals* (pp. 76–79), Routledge, reprinted in P. Ludlow, Y. Nagasawa & D. Stoljar (eds.), (2004) *There's something about mary: Essays on phenomenal consciousness and Frank Jackson's knowledge argument* (pp. 417–420). MIT Press.

Jackson, F. (2003). Mind and illusion. *Royal Institute of Philosophy Supplement, 53*, 251–271. https://doi.org/10.1017/S1358246100008365

Kammerer, F. (2019). The illusion of conscious experience. *Synthese, 198*(1), 845–866. https://doi.org/10.1007/s11229-018-02071-y

Lewis, D. (1988). What Experience Teaches. *Proceedings of Russellian Society*, reprinted in P. Ludlow, Y. Nagasawa & D. Stoljar (eds.), (2004) *There's something about mary: Essays on phenomenal consciousness and Frank Jackson's knowledge argument* (pp. 77–103). MIT Press.

Loar, B. (1990). Phenomenal states. *Philosophical Perspectives, 4*, 81–108. https://doi.org/10.2307/2214188

Loar, B. (2004). Phenomenal states (revised). In P. Ludlow, Y., Nagasawa & D., Stoljar (eds.), *There's something about mary: Essays on phenomenal consciousness and Frank Jackson's knowledge argument* (pp. 219–239). MIT Press.

Ludlow, P., Nagasawa, Y., & Stoljar, D. (eds.). (2004). *There's something about mary: Essays on phenomenal consciousness and Frank Jackson's knowledge argument*. MIT Press.

Nemirow, L. (2007). So this is what it's like: A defence of the ability hypothesis. In T. A. Alter & S. Walter (eds.), *Phenomenal concepts and phenomenal knowledge: New essays on consciousness and physicalism* (pp. 32–51). Oxford University Press.

Shabasson, D. (2021). Illusionism about phenomenal consciousness: Explaining the illusion. *Review of Philosophy and Psychology, 13*(2), 427–453. https://doi.org/10.1007/s13164-021-00537-6

Stoljar, D. & Nagasawa, Y. (2004). Introduction. In P. Ludlow, Y., Nagasawa & D., Stoljar (eds.), *There's something about mary: Essays on phenomenal consciousness and Frank Jackson's knowledge argument* (pp. 1–36). MIT Press.

Van Gulick, R. (2004). So many ways of saying no to mary. In P. Ludlow, Y. Nagasawa & D. Stoljar (eds.), *There's something about mary: Essays on phenomenal consciousness and Frank Jackson's knowledge argument* (pp. 365–405). MIT Press.

鈴木貴之 (2015)『ぼくらが原始の集まりなら、なぜ痛みや悲しみを感じるのだろう――意識のハード・プロブレムに挑む』勁草書房。

山口尚 (2012)『クオリアの哲学と知識論証――メアリーが知ったこと』春秋社。

注

（1）ここで、メタ-プロブレムに対して物理主義者が応答できたとしても、知識直観が誤りであることを主張せざるを得ない以上、不合理性を帰属することになるのではないか、と思われるかもしれない。しかしそうではない。なぜなら、ある主体に誤りを帰属することは、その主体が誤った理由が説明される場合、不合理性を帰属することを含意しないからである（天動説を信じていた中世の天文学者は不合理ではない）。物理主義者にとってメタ-プロブレムに応答するということは、我々が誤った直観を抱く理由を説明することによって、我々に不合理性を帰属せずに済むようにするということである（cf. Daly & Liggins 2009, pp. 216ff）。

（2）Dennett の意図は知識直観が正当化の役割を果たさないことを示すことにあり、特定の説明戦略を提示することにはない。ここで提示するのはあくまで青色バナナシナリオに基づいて構成される可能な戦略である。

（3）他の反論としては鈴木（2015, pp. 49ff.）；山口（2012, pp. 135ff）を見よ。

（4）ここで Chalmers は、我々を現象的意識を持つような存在者として想定している。もちろん、幻想主義が正しければ、我々は実際にはそうではない。

（5）Ludlow, Nagasawa, & Stoljar (2004) のこと。これはメアリーについての論文が集められたアンソロジーである。

（6）ここで、多くの戦略が提示されているならその中に正しい戦略がある可能性も高いのではないか、と考える人もいるかもしれない。しかしそれは、それらの戦略が前提とするアプローチが正しいときに限る。一般に、二つのアプローチがあったとき、その一方において多くの戦略が提案され不一致が解消されないことは、そのアプローチが他方よりもっともらしいことを含意しない。むしろ、そのような状況はそのアプローチのもっともらしさを損ねるだろう。

（7）興味深いことに、後年、物理主義者になった Jackson は誤信念戦略に近い議論を提出する（Jackson 1998, 2003, cf. Chalmers 2010, p. 30）。ただし当時は幻想主義がなかったため、本論が明らかにするような幻想主義との関係は当然論じられていない。

（8）ここで、物理的事実に関して全知であるメアリーは自称超能力者に騙されないのではないか、という疑問を抱く人もいるかもしれない。これに関しては第5節で論じる。

（9）ここで得られた偽なる命題は「これが赤を見るということである（This is something it is like to see red）」というようなものであると思われる。もちろん、ここで直示詞「これ（This）」は指示に失敗しているか、あるいは脳状態など物理的状態を指示している。紙幅の関係でこの命題の意味を精確に議論することはできないが、いずれにせよ〈どのようなことかの知〉に関する言明としては真ではない。

（10）ここでは、人々は幻想主義を通常信じておらず、少なくとも何らかの形の（現象的性質の非物理性を含意しない）現象実在論に親和的な前理論的直観を持つという仮定を措いている。

（11）この意味で幻想主義は、我々はゾンビと同じ認識的状況にあると主張する（cf. Frankish 2017, sect. 1.7）。

（12）ここで、誤信念戦略は新たな物理主義的戦略を一つ追加しただけであり、また、他の物理主義者が誤信念戦略に同意しないとすると、物理主義内部の不一致をむしろ増加させているのではないか、という懸念があるかもしれない。これには次のように応答できる。まず、誤信念戦略は新たな物理主義的戦略を一つ追加しただけではない。なぜなら、それは不一致への説明を与えているからである。従来の物理主義的戦略は、単に不一致を生じさせるのみで、なぜ不一致があるのかに関して説明を与えていなかったため物理主義への疑義を生じさせていたが、誤信念戦略はこの点を克服している。また、他の物理主義者が誤信念戦略に同意しないとしても、それは誤信念戦略のもっともらしさを損ねない。というのも、それは「不一致が解消する」という予測を与えるものではなく、むしろ、不一致が生じる原因を説明するものであるからである。それゆえ、仮に不一致が解消しないとしても、それは誤信念戦略にとって不利な証拠にはならない（戦争の原因を解明する理論が戦争を終結させるとは限らない）。

（13）メアリーが全知であるだけでなく認識的に完全に合理的であるという想

定を付け加えるとこの可能性はないだろう。しかしそのような想定はオリジナルのメアリーにはない。

〈応募論文〉

トマス・アクィナスにおける知性的経験の意味

芝元《しばもと》　航平《こうへい》
（上智大学）

トマス・アクィナスには人間の知性認識の様態に関する反省的認識を、「経験」（experimentum; experientia）による認識として語っているテキストがある。それらのテキストは、トマスが依拠しているアリストテレスが経験を知性認識以前の認識として論じていることを考えると奇妙な印象を与えるものである。

このような「経験」について、稲垣良典は、トマスが「能動知性の働きはわれわれの経験するところである（experimento cognoscimus）」と明言していることを指摘し[1]、それが「能動知性の光」の認識へとつながるものであると解釈している[2]。しかし、彼は感覚的経験の拡大としての「意味の連関」を認めているもののその詳細は論じていない[3]。また、近年Barkerは、このような「経験」は転喩・隠喩（metaphora）という仕方で語られたものであると提示しているが、その詳細は論じていない。われわれは、基本的にBarkerの主張の妥当性を認めるものであるが、どのような意味で「転喩的」に語られるのかということのさらなる検討が残されている。

本稿では次のように議論を進める。まず、トマスのアリストテレス注解においてどのように経験概念が論じられているのかを検討し（第1節）、次に、トマスが知性認識に関して語っている「経験」をどのように解釈できるかを検討する（第2節）。

1　アリストテレス注解におけるトマスの経験概念

トマスの経験概念に関する詳細な研究であるBarker (2012) は、トマスにおける「経験」（experimentum）の固有の意味は、「固有の抽象に先立つ思考力による共通性の帰納的採取」[4]（an inductive gathering of commonalities by the cogitative power prior to abstraction proper）であると結論づけている。彼はトマスのアリストテレス注解である『形而上学注解』および『分析論後書注解』を主に分析することによってこの結論を導いている。彼はまず、「ためす、試みる」を意味する動詞experiorに由来するラテン語のexperimentumとexperientiaについて、両者ともギリシア語の ἐμπειρία の訳語としてムールベケのグイレルムスによる『形而上学』のラテン語訳で用いられていること、そして、トマスは自らの著作で experimentum をより好んで用いる傾向があるが、トマスにおいて両者に明確な語義の差があるかどうかは不明瞭であることを指摘している[5]。さらに、トマスのアリストテレス注解のテキストに基づいて、多数の記憶から経験が生じ、多数の経験から技術や学知が生じるという人間における知性認識の生成の過程を詳細に論じているが、トマスに独自な点として、（1）経験が内的感覚[6]の一つである「思考力」（vis cogitativa）によって遂行されること、（2）経験が獲得される仕方を記述するために「比較対照」（collatio）の語を導入していることという2点を指摘している[7]。また、思考力の比較対照による複数の個的なるものについての類似の経験的把捉が、能動知性による普遍的なものの抽象の基礎となっていることも指摘している[8]。本節では、Barker の議論に沿う形でトマスの経験概念を整理するとともに、彼が十分には論じていない人間における思考力と知性との関係について検討する。

経験概念について論じられているアリストテレスの重要なテキストはアリストテレスの『分析論後書』第2巻第19章および『形而上学』第1（A）巻第1章である。トマスはどちらの著作にも詳細な註解を著しているが、ここではまず、トマスが経験概念そのものについて詳細に論じている『形而上学注解』のテキストを取り上げたい。

アリストテレスは『形而上学』第1巻第1章で動物の能力の区別を論じている。動物は感覚的な能力を持っているが、（1）動物の中には記憶力を持っているものとそうでないものがある。また、（2）記憶力を持っている動物の中にも聞く力を持っているものとそうでないものがあり、さらに、（3）聞く力を持っている動物の中に経験を持つものがある。アリストテレスは経験を持つ動物の範囲を明示していないが、極めて少ないことを指摘している。さらに、経験を持つ動物のなかでも人間は経験を通して技術（ars; τέχνη）や学知（scientia; ἐπιστήμη）へと至るとする。またアリストテレスは、経験の生成について、多数の記憶から経験が生じ、さらに、多数の経験から技術や学知が生じるとしている。そして、経験が「個的なるもの」（singularia; καθ' ἕκαστόν）に関する知であるのに対して、技術や学知は普遍的な認識であるとする[9]。

トマスは、基本的にアリストテレスの主張に沿った注解を行っているが、アリストテレスが明示的には語っていない「比較対照」[10]（collatio）の概念を用いて説明を行っている。

ところで、後で述べられるように、人間における記憶の上にある最も近接的なものは経験（experimentum）であり、ある動物はわずかにというのでなければそれを分有することはない。というのも、経験は記憶の内に受容された複数の個的なるものの比較対照に基づいて（ex collatione plurium singularium in memoria receptorum）いるからである。ところで、このような比較対照は人間に固有なものであり、思考力に関わるものである。その思考力は特殊的な理性（ratio particularis）と呼ばれ、さらに普遍的な理性が普遍的な概念を比較対照するものであるような仕方で個体的な概念を比較対照するもの（collativa）である。そして、動物は多くの感覚と記憶に基づいて何かを追求したり忌避したりする習慣があるので、このことから、〔その動物は〕わずかにではあるが経験の何ものかを分有しているように思われるのである。その一方、人間は、経験——それは特殊的な理性に関わる——の上に、普遍的な理性を持っており、自らの内で主要なものとしての普遍的な理性によって生きているのである。[11]

このcollatioは動詞のconferreに由来する名詞である。conferreはcon「共に」とferre「運ぶ」との合成語であり、複数のものを「運び集める」、「一緒にする」ということが基本的な意味である。[12] このテキストで、トマスは経験は個体的な概念の比較対照に基づいており、それは「特殊的な理性」とも呼ばれる思考力に関わると述べているが、これらのことはどのように理解できるであろうか。

そのためにトマスが経験と技術・学知の区別についてどのように語っているかを見てみよう。経験においては「個的なるもの」（singularia; καθ᾽ ἕκαστον）が理解されているが、技術や学知においては「普遍的なるもの」（universalia; καθόλου）が理解されているという点で相違があると彼は述べている。

> それゆえ第一に、人間における記憶から経験が引き起こされるということを〔アリストテレスは〕語っている。ところで、〔記憶が経験を〕引き起こす仕方は次の通りである。人間は一つの事物の多くの記憶から或るものについての経験を受容し、その経験によって〔人間は〕容易にかつ正しく行動するための能力を持つ者となるのである。それゆえ、正しくかつ容易に行動するための能力を経験が提供するので、〔経験は〕ほとんど技術や学知に類似しているように思われる。実際、〔経験と技術・学知の〕どちらの場合においても、多くのものから或る事物についての一つの受容がなされるという点で類似がある。[13] しかし、後で語られるように、技術によっては普遍的なるもの（universalia）が受け取られ、経験によっては個的なるもの（singuralia）が受容されるという点で非類似性がある。[14]

トマスはこのことを踏まえて、経験においては、ソクラテスやプラトンなどの個々の人間に対して医薬が効くということが認識されるのに対して、技術においては「規定された病気の種」においてすべての者たちに効くという認識がなされていることを次のように述べている。

> 人間が自らの認識において、この医薬がそのような病気で苦しんでいるソクラテスやプラトンに、そして他の多くの個々の者たちに効いた（contulit）[15] ということを受容したときには、それが何であれ、このことは経験に関わっている。しかし、或る者が、規定されたそのような病気の種において、そして、そのような複合に

従って――例えば、熱があり、粘液質であり、コレラに罹患している者たちにこれが効いたというように――、これがすべての者たちに役に立つということを受容するときには、それはすでに技術に関わっているのである。(16)

このテキストからは、トマスが、病気の種の概念規定を「普遍的なるもの」として把握しており、その規定が当てはまるすべての人間に医薬が効くことを認識しているという仕方で、学知には経験にはない普遍性があると見なしていることを読み取ることができる。これに対して、経験においてはソクラテスやプラトンといった個々の人間が理解されているにとどまっているのである。

それでは、経験における認識は単に感覚による「個的なるもの」の把捉に留まっているのであろうか。しかし、トマスは、経験が「特殊的な理性」とも呼ばれる思考力に関わっていると述べていた。それはどのような意味において「理性」であると言われているのであろうか。トマスは『分析論後書注解』において、『形而上学注解』と同様に「比較対照」の語を用いて経験概念を論じているが、そこでは経験における比較対照の働きが「特殊的なるもの」(particularia)(17) に関するものでありながら何らかの推理(ratiocinatio)(18) であり、その働きが理性に固有なものであると述べている。

ところで、さまざまな個的なるものにおける同じ事物をめぐって何度も作られた記憶から、経験が生じる。なぜなら、記憶において保存された多くのものから何らかのものを受容することに他ならないように思われるからである。しかし、経験は、特殊的なるものをめぐる何らかの推理を必要とする。それによって一つのものが他のものに比較対照される(confertur)のであるが、これは理性に固有なことである。例えば、或る者が、そのような草が多くの者を熱から何度も癒したということを思い浮かべるときには、そのような草は熱を癒すものであることが経験されたと言われる。しかし、理性は、特殊的なるものについての経験の内には存立しておらず、むしろ〔理性は〕それらにおいて経験されている多くの特殊的なるものから一なる共通的なるもの――それは魂の内に確立されている――を受容し、そして、いかなる特殊的なるものの考察もなしにこの共通的なるものを考察する。そして、〔理性は〕この共通的なるものを技術や学知の原理として受容するのである。例えば、医者が、この草が発熱しているソクラテスを、そしてプラトンを、そして他の多くの個々の人間を癒したのを考察したという限りでは〈経験が存在する〉。しかし、自らの考察が、草のそのような種が端的に発熱しているものを癒すということへと上昇するときには、このことは医学の技術の何らかの規則として受容される。(19)

このテキストでは、理性による学知は、「一なる共通的なるもの」を「いかなる特殊的なるものの考察もなしに」考察することであるという点で経験と区別されると述べられている。それでは、経験においては「一なる共通的なるもの」はどのように認識されているのであろうか。

その手がかりとなるテキストは、アリストテレスが論証の第一原理が経験から生じることを論じている箇所に対する注解である。そこでアリストテレスは、感覚が普遍的なるものを捕らえていると語っている。[20] そのアリストテレスのテキストは次の通りである。

　そして実際、個的なるものが感覚されているのであるが、感覚は普遍的なるものである。それは、人間の感覚であるが、カリアスという人間の感覚ではないようにである。……そのようにして、帰納によって第一の事柄を認識することがわれわれにとって必然的であることが明らかである。そして、感覚はそのようにして内部で普遍的なるものを作るのである。[21]

この箇所についてトマスは次のように注解を行っている。

　ところで、どのようにして（qualiter）この一つのものが受容されうるのかということを、続けて［アリストテレスは］解明している。実際、個的なるものが固有にかつそれ自体で感覚されるということは明らかであるが、しかし感覚は何らかの仕方で普遍的なるもの自体にも属している。というのも、［感覚は］カリアスをただカリアスである限りにおいてだけではなく、この人間（hic homo）である限りにおいても認識している。そして同様に、ソクラテスをこの人間である限りにおいて認識している。そして、このことから、感覚のそのような受容が先在するので、知性的魂は両者の内にある人間を考察することができるということになる。しかし、もし感覚がただ特殊性に属するところのもののみを把捉し、いかなる仕方でもこれと共に（cum hoc）特殊的なるものの内にある普遍的本性を把捉することがないというのであれば、感覚の把捉からわれわれの内に普遍的認識が引き起こされることは可能ではないということになるであろう。[22]

つまり、トマスは、経験においては、感覚が特殊的なるものの内にある普遍的本性を既に把捉しており、それが経験における感覚の把捉から普遍的な認識を人間理性が行うことができる可能条件であると見なしているのである。したがって、経験においては「共通的なるもの」と「特殊的なるもの」が共に考察されているということになるであろう。このテキストでトマスは、経験においてはソクラテスという個体を「この人間」である限りで認識していると述べているが、「この人間」という表現には「この」（hic）という個的なるものと「人間」（homo）という共通的なるものが共に含まれている。したがって、経験における比較対照とは、個的なるものと共に共通的なるものを認識することであると言うことができるであろう。[23] したがって、「この人間」としての経験においても共通的なるものは個的なるものと共に把捉されているのであるが、それが個的なるものから抽象によって分離されていないためにあらゆる人間に対して普遍的に適用することができないのである。

ところで、個的なるものと共にであっても、「共通的なるもの」を把捉するためには、知性との本質的な結びつきが何らかの仕方で必要であるように思われる。実際、トマスは先に引用した『形而上学注解』のテキストにおいても、経験を行う「思考力」は「特殊的な理性」であると述べていた。それでは、どのような意味で思考力は「特殊的な理性」であると言えるのであろうか。

この問題に関するトマスの立場が明確になっているのが、『霊魂論注解』である。[24] トマスは、『霊魂論注解』第2巻第13講（アリストテレス『霊魂論』第2巻第6章に対応）の、「付帯的に感覚されるもの」が論じられているその後半部分において、アリストテレスと同様に「経験」の語は用いないながらも、「特殊的な理性」である「思考力」による「比較対照」が「この人間」などを把捉することについて『分析論後書注解』同様の理解を語っている[25]（なお『霊魂論』のこの箇所においてアリストテレスは直接的には「特殊的な理性」や「思考力」の語を用いていない）。さらにトマスは、思考力が感覚的な部分において存在しているにもかかわらず、人間においては感覚が知性に結びつけられており、知性から「何かを分有している」と述べている。

しかしそれにもかかわらず、この力は感覚的な部分の内にある。なぜなら、人間――そこでは感覚は知性に結びつけられている――においては、感覚的な力は自らの最高のものにおいて知性的な力から何かを分有しているからである。しかし、非理性的な動物においては、個体的な概念の把捉は本性的な評定力によってなされる。そのことに従って、羊は聴覚や視覚によって子どもやそのような何かを認識するのである。[26]

このような知性との結びつきによって、人間における思考力と人間以外の動物における本能的な評定力の間には、その認識の仕方に区別がある。

しかし、これをめぐっては、思考力と評定力は異なった仕方である。実際、思考力は、共通的な本性のもとに実在するものとして（ut existentem sub natura communi）個体を把捉するが、このことは、同じ基体において知性的な力と合一されている限りでそれ〔思考力〕に起こるのであり、それゆえ〔思考力は〕この人間をこの人間であるものとして（prout est hic homo）認識し、この木材をこの木材であるものとして（prout est hoc lignum）認識するのである。一方、評定力が或る個体を把捉するのは、〔その個体が〕共通的な本性のもとにあることに従ってではなく、ただ、何らかの活動や情念の目的や始原であることに従ってのみなのである。それは、羊がこの小羊を認識するのは、この小羊である限りにおいてではなく、羊によって乳が与えられるものである限りにおいてなのであり、そして、この草を認識するのは、羊の食物である限りにおいてなのである。それゆえ、自らの活動や情念がそこまで拡大しないそれらの諸個体については、〔羊は〕それを本性的な評定力によって把捉することは決してない。実際、本性的な評定力が動物に与えられているのは、それによって追求されるべきものであれ避けられるべきものであれ、固有の活動や情念へと秩序づけられるためなのである。(27)

このテキストでは、思考力が「同じ基体において知性と合一されている」限りで、「共通的な本性のもとに実在するものとして個体を把捉する」という点で、人間以外の動物における本能的な評定力と異なるとされている。このように、人間の思考力は感覚に属するにもかかわらず、知性との本質的な結びつきによって「共通的なるもの」を(「特殊的なるもの」と共にではあるが)把捉していることが可能となっていると考えられる。

本節冒頭でも述べたように、Barker はトマスにおける「経験」(experimentum)の固有の意味が「固有の抽象に先立つ思考力による共通性の帰納的採取」であると結論づけていた。このような定義自体は妥当なものであると考えられるが、さらにトマスは経験が正当な学知の前提条件である「普遍的本性の把捉」であり、経験を遂行する思考力が知性と本質的に結びついていることについても語っている。これらのことは、Barker も指摘しているような、(28) アリストテレスとトマスにおける経験の「帰納」がヒュームのような単なる枚挙的な意味を持つものではないということを理論的に補強するものであると言えるだろう。したがって、トマスの経験概念におけるこれらの特質を踏まえることで、どのような意味で人間の知性認識において「経験」を語りうるのかという問題に対するより踏み込んだ解釈が可能になるように思われる。

2　人間の知性認識における「経験」の位置づけ

トマスが人間の知性認識を論じる際に「経験」(experimentum; experientia)について語っているテキストの例としては、主著である『神学大全』において人間の知性認識の能力について論じられている箇所(第1部第75問題~第89問題)から次の4つのテキストを挙げることができる。(29)

[1] もし或る人が知性的魂が身体の形相でないと言おうとするならば、知解することであるその働きがこの人間の働きである仕方を見出さなければならない。というのも、各々の者が、自分自身が知解する者であるということを経験している(experitur)のだからである。(30)

[2] そして、われわれは〔知性的魂の内に上位の知性から派生した或る力が存在するという〕このことを、われわれが普遍的な諸形相を特殊的な諸条件から抽象するのを知覚する(percipimus)限りにおいて、経験によって認識している(experimento cognoscimus)。そして、それが可知的なものを現実態においてあるようにすることなのである。(31)

［3］第二に、或る者が何かを知解しようと試みるときに、実例という仕方によって（per modum exemplorum）自らに対して何らかの表象像を形成し、それらの表象像の内に知解しようと努めているものをいわば見て取るのだということを、各々の者は自己自身の内で経験しうるからである。[32]

［4］そして、普遍的な諸原理を個々の結論へと導出することは、単純な知性の仕事ではなく、理性の仕事であるので、怒りの力と欲情の力は知性に服従するというよりも理性に服従すると語られる。さらに、このことは各々の者が自己自身の内で経験しうるのである。[33]

これらのテキストは、人間の知性的能力やその働きの様態について論じている。その内容を整理すると、それぞれ、［1］対象を現実に知解する働きが個体としての人間に属することに関する経験的認識、［2］能動知性による抽象の働きに関する経験的認識、［3］知性認識に際しては実例としての表象像への立ち返りが必要であることの経験的認識、［4］普遍的原理を個々の結論へと導出する理性に情念が従うことの経験的認識、と理解できるであろう。さらに、［3］と［4］には［1］の具体的な様態についての認識が含まれるので、これら4つの経験的認識は、認識対象の観点からは、普遍的な対象を現実に知解する可能知性の働きについての反省的認識（［1］、［3］、［4］）と能動知性による抽象の働きについての反省的認識（［2］）の2つに分類できるであろう。[34]

これらのテキストで、確かにトマスは知性の働きの反省について「経験」の語を用いて語っているのではあるが、このことは、前節で確認した「感覚的認識」について経験が語られるというアリストテレス注解におけるトマスの理解と矛盾しないであろうか。Barkerは、経験に関係する語についてその意味の分類を詳細に提示しているが、そこでは知性認識について語られた「経験」（experientia; experimentum）はあくまで隠喩的な用語法であるとされている。[35] 彼がその典拠として挙げるのは次のテキストである。

> 経験（experientia）は固有には感覚に関わっている。……実際、経験という名称は知性的認識にも転用される（transfertur）。それは、視覚や聴覚のような感覚の名称も〔知性的認識に転用される〕ようにである。[36]

トマスにおいて、「転用」ということは「転喩・隠喩」（metaphora）による語りについて用いられる。[37] 例えば、神について「神は巌である」（Deus est lapis）や「神はライオンである」（Deus est leo）と語る仕方が転喩的な語りである。[38]「ライオン」（leo）という名称は、それ自体としてはライオンの本質を持つ動物について固有の仕方で語られる名称であり、「名称によって意味表示されているもの」（nominis significatum）の内に質料的な条件が含まれているため、質料的な存在者ではない神には固有の仕方では語られえない[39]。しかし、ライオンの特質が卓越した仕方で神の内に存在する限りで、この名称は神にも転用されうるのである。その際、転喩的に語られる名称は、その名称の事物の固有の特質に関する限りで転喩的に語られるのである。トマスは、この点について『真理論』では次のように述べている。

　ところで、転用的に語られるものにおいて転喩が理解されるのは、いかなる類似性に従ってでもというのではなく、それの名称が〔他のものへと〕転用される事物の固有の特質に属するものにおける合致に従ってである。例えば、神におけるライオンという名称は、感覚性においてある合致のために転用されるのではなく、ライオンの何らかの固有性における合致のために転用される[40]。

　したがって、「経験」という名称についても、それが或る種の知性認識に対して転喩的に語られるのであれば、それは固有の意味で語られた感覚的な「経験」が持つ固有の特質に基づいて転用されるのでなければならないであろう。それは、外的感覚による認識とも共通する「感覚的」という性質ではなく、普遍的概念の抽象以前に「個的なるもの」において共通性を把捉しているという性質であるというべきであるように思われる。というのも、この点にこそ、人間の思考力による経験が他の感覚的認識から区別され、さらには、動物の評定力からも区別される特質があるからである。

　それでは、知性的認識について経験が語られる場合について、それは普遍的概念の抽象以前の「個的なるもの」と共に共通性を把捉する認識であると言うことができるであろうか。ここで注目するべきことは、経験が語られていたのは、現実に遂行されている知性的認識の個々の働きについての反省であったということである。このような反省においては知性認識の働きについての共通的な性質についても何らかの把捉があると考えられるが、反省されている知性認識の個々の働きは個々の人間に属しており、その段階では知性認識の働きの普遍的特質や人間の普遍的本質がそれ自体として把握されているわけではないと考えられる。したがって、このような知性的認識は、知性の働きに関する反省的な認識である以上、感覚的な認識ではありえないが、それでも「個的なるもの」についての認識であると言えるであろう。実際トマスは、知性認識の働きを通じた人間の自己認識の仕方について、特殊的な仕方と普遍的な仕方の2つを区別している。

　それゆえ、われわれの知性が自己を認識するのは、自らの本質を通してではなく、自らの働きを通じてなのである。そして、このことは二通りの仕方である。一つの仕方は、特殊的な仕方であり、ソクラテスやプラトンが、自らが知解していることを知覚する（percipit）ことに基づいて自らが知性的な魂を持っていることを知覚するという仕方である。もう一つの仕方は普遍的なものにおいてであり、われわれが知性の活動に基づいて人間精神の本性を考察するという仕方である[41]。

特殊的な仕方の自己認識においてはソクラテスやプラトンという個人が自己の特質について認識しているが、普遍的な仕方におけるように、人間精神の共通的な本性についてのただそれだけでの考察には至っていないという点で、感覚的認識における個的なるものに関する経験と普遍的な本性に関する技術や学知の区別に対応していると考えられる。また、この特殊的な認識について「知覚する」と語られているが、これは知性的認識について経験が語られている［2］のテキストにおいても「知覚する」ことが語られていることと対応しており、このことも知性的認識の「経験」が特殊的な仕方の認識であることを示していると言えるであろう。

しかし、このように「個的なるもの」についての認識である限りで、知性認識の働きについての反省的認識にも「経験」が比喩的に語られるとするならば、感覚的経験ではない知性認識において「個的なるもの」の認識が何に基づいてなされているのかということが問われなければならない。というのも、感覚的経験の場合であれば、個の認識に関わるのは感覚的表象であると考えられるのであるが、普遍的な認識に関わる知性認識が自らの働きの個としての性格を理解するのは感覚的表象に基づいてではありえないからである。

そのような役割を果たすのは、稲垣も「不分明かつ混乱した仕方で捉えられる有（ens）がわれわれによって最初に認識されるもので」[42]あると述べているように、「存在者・有」（ens）についての理解であると思われる。トマスのテキストには、知性によって最初に把捉されるものが「存在者」であると述べているものがある[43]。ここでは『神学大全』のテキストを挙げる。

> ところで、知性の概念把握（conceptio）において最初に落ち込んでいる（cadit）のは存在者である。なぜなら、『形而上学』第9巻で述べられているように、このことによって各々のものは現実に存在している限りで認識されうるものだからである。それゆえ、存在者は知性の固有の対象であり、そのようにして第一の可知的なるものである。それは、音が第一の可聴的なるものであるようにである[44]。

存在者が「最初に落ち込んでいる」ということは、ものが現実に「在る」という認識が、「何であるか」という本質の認識に先立っていることを意味すると考えられる。したがって、このテキストでもアリストテレスの言葉[45]として「各々のものは現実に存在している限りにおいて認識されうる」と語られているように、われわれは何らかの意味で現実に存在すると認識しているものについてそれが「何であるか」を探求し、そのものの共通的な本質・本性を知性の抽象の働きによって概念把握するのである[46]。

先に述べたように、トマスは、知性認識の働きには自己が認識していることの反省的知覚が伴っていると考えている。これは純粋に「何であるか」に関わる普遍的な本質認識とは区別される特殊的な認識であり、本質認識に先立っている。そして、現実に存在しているのは、普遍的な概念や意味内容ではなく、個々の事物である[47]。このことから、人間は、個体として存在する自己に属する知性認識の個的な働きについての知覚的認識を通して、知性的魂が個々の人間の身体の形相であることや、能動知性の個々の人間の知性的魂への内属や、個々の人間の知解の働きが感覚的表象への振り返りを必要とすることを認識すると考えられる。そして、そのような認識をトマスは「経験」という語で語っているのである。

結語

以上の考察から、トマスが「経験」という語を人間知性の反省的認識に対して語っているのは、感覚的な経験を遂行する人間の思考力には知性との本質的な結びつきがあることに基づくという解釈が提示された。経験は固有の意味では感覚的な認識であり、経験を遂行する能力である思考力は感覚に属する能力（内的感覚）であるが、その思考力が知性と本質的な結びつきを持つことによって、経験において個的なるものと共に共通性を把捉することが可能となっている。一方、知性の働きに関する反省的認識についても、それが普遍的概念の抽象以前の「個的なるもの」と共にある共通性の認識である限りで、「経験」の語は転喩的・隠喩的に語られうる。そして、「個的なるもの」として知性が自己の働きを認識することは「存在者」の理解が共通本性の認識に先立って知性の概念把握に落ち込んでいることによって可能になっているのである。

このように知性の働きについての反省的認識を「経験」として理解することからは、感覚的経験の場合と同様に、人間知性は複数回の知解の働きの遂行を通して自らの働きの在り方を徐々に自覚的・反省的に経験するようになるという漸進的なプロセスがあることが想定される。この点についての解明は、稲垣による「経験主義の徹底」としてのトマス解釈(48)をさらに発展させるのではないかと考えられるのであるが、それは今後の課題としたい。

謝辞

本稿は日本哲学会第八二回大会の一般研究発表での発表原稿に加筆修正を加えたものです。貴重なコメントをくださった、司会の辻内宣博氏、会場の参加者の方々、匿名の論文査読者の方々に感謝を申し上げます。

参考文献

Aertsen, Jan A. (1996) *Medieval philosophy and the transcendentals: the case of Thomas Aquinas*. Leiden ; New York : E. J. Brill.

Barker, M. J. (2012) "Experience and Experimentation: The Meaning of Experimentum in Aquinas," *The Thomist* 76, pp. 37–71.

McInerny, Ralph (1996) *Aquinas and Analogy*, Washington D.C.: The Catholic University of America Press.

石田隆太 (2016)「《individuatio》と《principium individuationis》の多様性」『哲学』第六七号、153-168頁。

稲垣良典 (1965) "Intellectus Agens and the "Empiricism" of Thomas Aquinas"『中世思想研究』第七号、121-140頁、および、「能動知性とトマス・アクィナスの「経験主義」（要約）」同上書、114–116頁。

――(1970)『トマス・アクィナス哲学の研究』創文社。

――(2013)『トマス・アクィナス「存在《エッセ》」の形而上学』春秋社。

内山真莉子 (2018)「トマス・アクィナスにおけるアナロギアと比喩」『中世思想研究』第六〇号、21-34頁。
加藤雅人 (1985)「トマスにおける「個」の意味」『中世思想研究』第二七号，133–141頁。
酒井健太朗 (2020)『アリストテレスの知識論――『分析論後書』の統一的解釈の試み』九州大学出版会。
高橋久一郎（2014）「分析論後書」『新版 アリストテレス全集２』岩波書店、327–523頁。
水田英実 (1998)『トマス・アクィナスの知性論』創文社。

※　引用したトマスのテキストは、レオニナ版全集のテキストから筆者が翻訳したものであるが、同全集では未刊行の『形而上学注解』についてはマリエッティ版のテキストを用いた。なお、〔…〕は筆者による補足であり、〈…〉はテキスト校訂者による挿入である。また、引用箇所の表示には次の略号を用いている。*In Met.*:『形而上学注解』、*In Ana. post.*:『分析論後書注解』、*In De anima.*:『霊魂論注解』、*In Periherm.*:『命題論注解』、*S. T.* I:『神学大全』第１部、*S. c. G.*:『対異教徒大全』、*De ver.*:『真理論』、*De malo*:『悪について』、q.: 問題、a: 項、c: 主文、ad: 異論解答。

注

（1）稲垣 (1965)、127頁、稲垣 (1970)、151頁、339頁を参照。
（2）稲垣 (1970)、159頁。
（3）同上書、339頁。
（4）Barker (2012), p. 71.
（5）Ibid., pp. 39-40. 実際、経験について主題的に論じられている『形而上学注解』第１巻第１講でもトマスは両者を用いているが、experimentum を用いることが圧倒的に多い（37用例中、experimentum が30例、experientia が７例）。また Barker は、experimentum が近代科学におけるような「実験」の意味でトマスが用いることは決してなく、この語を experiment と英訳することは誤りであり、（アリストテレスの用語としての「経験」ではなく）古典的な意味で用いている場合は test と翻訳すべきであることを指摘している（ibid., pp. 46-47)。
（6）トマスは、内的感覚の種類を、共通感覚（sensus communis）、表象力（phantasia）もしくは想像力（imaginatio）、評定力（vis aestimativa）、記憶力（vis memorativa）の四つに分類している。Cf. *S. T.* I, q. 78, a. 4. なお、思考力は人間に固有な能力として評定力に分類される。
（7）Cf. Barker (2012), pp. 58-60. Barker は、"Aquinas makes two historically significant additions" と述べている（ibid., p. 58)。
（8）Cf. ibid., p. 69.
（9）トマスは、singulare と particulare を同義的に用いており、これらの語は自存する実体としての個体（individuum）だけでなく、付帯性も含めた最も広い意味での「個的なもの」を意味している。この点については、加藤 (1985) 139頁、注3を参照。
（10）創文社版の『神学大全』の翻訳では、主に「比量」の訳語が用いられている。
（11）*In Met.*, lib. 1, lect. 1 (Marietti ed., n. 15).
（12）Barker (2012, p. 59) は、ここでの collatio には、"comparison", "gathering", "inference" の三つの意味が含意されていると述べている。
（13）「多くのものから或る事物についての一つの受容がなされる」というこの論述から、Barker (2012, p. 62) は、経験は "the recognition of a commonality as shared by several individuals" であると述べている。
（14）*In Met.*, lib. 1, lect. 1 (Marietti ed., n. 17).
（15）contulit は conferre の完了形であるが、この「効いた」という意味での使い方が、ラテン語訳のアリストテレスのテキストの第１章でこの語が使われている唯一の例（トマスの解釈同様2度出て来る）である（ギリシア語では συνήνεγκε < συμφέρειν）。しかし、文脈上、比較対照という意味にはならず、ここからトマスが何らかの着想を得た可能性はあるものの、それ以上の直接的な影響関係はないように思われる。

（16） *In Met.*, lib. 1, lect. 1 (Marietti ed., n. 19).

（17） トマスが particulare を singulare と同義的に用いていることについては本稿注9を参照。

（18） 「推理」についてトマスは、知解と比較して次のように述べている。「知解することは可知的な真理を端的に把捉することである。一方、推理することは、可知的な真理を認識するために、一つの知解されたことから他の知解されたことへと進むことである。」（S. T. I, q. 79, a. 8, c.）推理は人間に固有な認識の仕方であり、その能力が理性である。

（19） *In Ana. post.*, lib. 2, lect. 20 (Leonina ed., pp. 244-245).

（20） このことはアリストテレスの著作の中でも同書に特有な主張であるとされている。『新版 アリストテレス全集』（岩波書店）の「分析論後書」（高橋久一郎訳）における訳注では、「たしかに、「人間」が付帯的に感覚されうる対象として感覚されると論ずる可能性が閉ざされてはいないが、『魂について』における付帯的感覚の対象例は「カリアスの息子」といった、固有感覚の対象がたまたまそれであった「個別的な実体」であり、「感覚が実体（例えば、人間）を把握する」と論じているのはここだけである」（高橋（2014）、521頁、注17）と述べられている。また、酒井（2020, p. 171）は、「しかし、この経験概念の内実と、その論証的知識との関係は明確ではない。というのも、アリストテレスは『後書』第2巻第19章で経験の重要性を強調する一方で、『形而上学』A巻第1章等では経験と論証的知識の関係についてより慎重な態度を取っているからである」と指摘している。

（21） Aristoteles, *Ana. post.*, 2.19, 100a15-b5.（引用はレオニナ版全集のトマスの注解所収のラテン語訳からの翻訳）

（22） *In Ana. post.*, lib. 2, lect. 20 (Leonina ed., p. 246).

（23） Barker は、前掲のアリストテレスのテキストとトマスの注解のテキストの箇所に言及し、経験において共通的な特性に気づくことが実践的知識のみならず理論的知識の獲得の準備となることを指摘しているが、「共に」という契機については言及していない。Cf. Barker (2012), p. 61.

（24） Barker (2012) は『霊魂論注解』のテキストについては言及していない。

（25） 「しかし、〔固有の感覚によって認識されないものが〕もし個的なるものにおいて（in singulari）把捉されるのであれば、——例えば、私が色づけられたものを見るときに、この人間やこの動物を知覚する〈のであれば〉——、人間におけるこのような把捉は思考力（vis cogitativa）——それは特殊的な理性（ratio particularis）とも呼ばれる——によってなされるのであり、それは〔思考力が〕個体的な志向〔概念〕を比較対照するもの（collativa intentionum individualium）であることに基づく。それは、普遍的な理性が普遍的な意味内容を比較対照するもの（collativa rationum universalium）であるようにである。」（*In De anima*, lib. 2, lect. 13）

（26） *In De anima*, lib. 2, lect. 13 (Leonina ed., p. 122).

（27） Ibid.

（28） Barker (2012), p. 45.

（29） なお、『神学大全』の該当箇所の主文および異論解答で、人間の知性あるいは理性との関連で経験が語られているテキストは他に3つあるが、その内、q. 81, a. 3, ad 2 は［4］に、q. 88, a. 1, c. および q. 89, a. 1, c. は［3］に分類することができるであろう。

（30） *S. T.* I, q. 76, a. 1, c.

（31） *S. T.* I, q. 79, a. 4, c.

（32） *S. T.* I, q. 84, a. 7, c.

（33） *S. T.* I, q. 81, a. 3, c.

（34） トマスのもう一つの主著である『対異教徒大全』にも、可能知性による認識の働きと能動知性による抽象の働きについての経験的認識について語っているテキストがある。「しかし、両者の働き、すなわち可能知性と能動知性の働きが人間に適合している。というのも、人間は表象像から抽象を行い、現実態において可知的なるものを精神において受容しているからである。実際、それらの働きをわれわれの内で経験するのでなければ、これらの働きの知識へと至ることはなかったであろう。」（*S. c. G.*, lib. 2, cap. 76）「実際、それによってわれわれが知解するものである能力態における知性は、知解することというこの働きだけでなく、現実態において可知的なるものにすることというこの働きも持っている。というのも、われわれはその両者が実在することをわれわれの能力の内で経験するからである。」（*S. c. G.*, lib. 3, cap. 43）この2つのテキストは、[1]および[2]を同時に述べていると見なすことができる。

（35） Cf. Barker (2012), pp. 52-53, 55.

（36） *De malo*, q. 16, a. 1, ad 2. また、『神学大全』にも、「類似性に従って」語られるとする同様のテキストがある。「「経験」は天使と悪霊においては、現前する可感的なるものを認識するものとして、何らかの類似性に従って語られる。しかし、いかなる推論もなく〔認識するのである〕。」（*S. T.* I, q. 58, a. 3, ad 3）

（37） トマスにおける転喩的・隠喩的な語りとアナロギア概念との関係に関する研究としては、McInerny (1996, pp. 116-136)、および、内山 (2018) を参照。

（38） Cf. *S. T.* I, q. 13, a. 3, arg. 1.

（39） Cf. *S. T.* I, q. 13, a. 3, ad 1; ad 3. 他方、「存在者」（ens）、「善きもの」（bonum）、「生けるもの」（vivens）などの絶対的な仕方で完全性を意味表示する名称は、「名称によって意味表示されているもの」に関しては神に固有の仕方で語られるが、「意味表示の様態」（modus significandi）に関しては物体的な条件を含んでいるとされる。

（40） *De ver.*, q. 7, a. 2, c.

（41） *S. T.* I, q. 87, a. 1, c. なお、このテキストの内容についての解説としては、稲垣 (2013)、89-92頁を参照。

（42） 稲垣 (1970)、143頁。

（43） この問題に関する詳細な研究としては水田 (1998)、特にその第14章がある。なお、トマスの複数のテキストで言及されているように、この主張はアヴィセンナの『治癒の書』の『形而上学』第1巻第5章に由来する。同所でアヴィセンナは、「存在者」だけではなく、「事物」と「必然性」も知性に最初に刻印されていると考えている。一方、トマスは最初期の著作である『存在者と本質について』の序文では、「存在者と本質（ens et essentia）が最初に知性によって概念把握されるものである」（ens autem et essentia sunt quae primo intellectu concipiuntur）と述べているが、「事物」という名称によって表出されているのは存在者の本質・何性であるので、アヴィセンナの強い影響が認められる。もっとも、トマスはそれ以後の著作においては、アヴィセンナの名を挙げる場合でも、「存在者」のみを最初に概念把握されるものとして挙げている。この点に関しては、水田 (1998, pp. 273-374) を参照。

（44） *S. T.* I, q. 5, a. 2, c.

（45） Cf. Aristoteles, *Met.*, IX, 9, 1051a29-32.

（46） 「何であるか」（quid est）という問いは、在るかどうか（an est）という問いに続くものである」（*S. T.* I, q. 2, a. 2, ad 2）

（47） この点については、石田 (2016, p. 159) を参照。石田は、様々な存在のあり方と様々な「個性」と訳されうる individuatio のあり方が「パラレルに見出せる」という解釈を提示している。また Aertsen (1996, p. 223) は、トマスが、存在者が内的な個体性によってそれ自体で不可分的なものであるという理解を持っていることを指摘している。なおトマスは、普遍的な知解内容についても、その普遍的な意味内容と知解する個々の知性において付帯性として存在する個々の事物としての形象という二つの側面を区別している。「〔知解された本性は〕この知性やあの知性の内に存在を持つことに従っては、知解された或る特殊的な（particularis）形象である」（*De ente*, cap. 3）。もっとも、個体について語られる「在る・存在」（est; esse）ということをそれ自体として考察するならば、それはあらゆる個体について語られうる、「実体的であれ付帯的であれ、共通的に（communiter）すべての形相あるいは現実態の現実態性」（*In Periherm.*, I, lect. 5.）であり、このことが続く共通的な本質・本性の認識を可能にしていると考えられる。

（48） 稲垣 (1970, p. 145) は、「トマスの経験主義は能動知性論によって修正を受けたというよりは、むしろそれを通じて貫徹されている」と述べている。

〈応募論文〉

カントの徳理論におけるハビトゥスの位置づけ

清水《しみず》　颯《はやて》
（北海道大学）

はじめに

カント倫理学の中心理念は、自ら立法した道徳法則に従うことであって、つねに自身の感情や欲求を理性によって支配することが要求される。それゆえ、理性と感情は対立すると考えられており、道徳的に善い人であるためには理性がつねに主導権を握る必要がある。つまり、カントの徳とはそのような理性による感情の支配状態である。カントが構想する有徳な行為者は、自身の感情や欲求を理性によって制御する戦いの状態にあると考えられる。一方で、例えばアリストテレス的な徳理論では、人は習慣によって有徳となり、自らの自然本性によって善いものを欲求するようになるとされる。このように習慣を通じて獲得される熟達した状態はハビトゥスと呼ばれる。(1) したがって、アリストテレス的な見方では、ハビトゥスとして身に着いた有徳な性格をもつ者は、理性と感情の対立を経験せずに容易に有徳な行為を行うことができる。(2) たしかに、人間の有徳な性格を、善い行為をふさわしい状況においてなしうる一貫した状態として考えれば、徳をハビトゥスとして位置付けるのは適切であるように思われる。一方で、理性による自己支配を前提とするカントの徳理論は、それを否定しているように見える。実際にカントは、徳を訓練によって身につく長期にわたる行為の習慣とはみなさない。それゆえカントの徳理論は、有徳な行為者は善い行為を自ら欲求するハビトゥスを習慣的に形成しており、容易にそれを遂行できるという徳理論の議論と対立するように思われる。たしかに、アリストテレス的な徳理論に基づく一部の徳倫理学者が言うように（cf. McIntyre 1984: 149）、徳とは反抗的な傾向性や欲求を抑制することではなく、適切な欲求から行為することであるとすれば、カントの徳は限定的なものかもしれない。

この問題に対して、本稿の問いはこうである。アリストテレス以来の徳理論において重要視されてきた習慣やハビトゥスという概念を、カントは積極的に評価しないのだろうか。しかし、カントの徳理論を深堀すると、徳をハビトゥスという状態として考えることを完全に否定しているわけではないことがわかる。というのも、カントは『道徳の形而上学』の第二部「徳論の形而上学的原理」（以下『徳論』）において、徳に数え入れられる「自由なハビトゥス」という概念に言及しているからだ。実際、自由なハビトゥスが徳と両立するということは、いくつかの先行研究によっても示唆されてきた。例えば、Engstrom は、カントが単なる行動の習慣が徳になりうることを否定しつつも、自由なハビトゥスによって有徳な行為者を習慣の観点から説明していると指摘する（Engstrom 2002: 293, 306-7）。より最近の研究では、Trampota が Engstrom の見解に依拠しつつ、カントの自由なハビトゥスについてより詳細に論じている（Trampota 2021）。彼らが示すように、カントはある種のハビトゥスが徳と両立しうることを認めていた。したがって、カントの徳理論においても、有徳な行為者は道徳的に善い行為を容易に遂行できる状態にあるはずである。しかし、この考えは、有徳な行為者が習慣的な行為によってではなく、つねに道徳法則の表象によって自分の意志を決定しなければならないとするカントの道徳理論と矛盾するのではないか。もしそれが矛盾しないのであれば、カントはハビトゥスに異なる次元を設けていたことになる。では、その構造はどのようなものなのか。以上の問題の探究はいまだ十分ではない。そこで本稿は、カントの徳理論において、徳と両立しないハビトゥスと徳と両立するハビトゥスの両側面に光をあて、その位置づけを明確にすることを目指す。

本稿は次のように構成される。第一節では、カントの徳理論の構造を確認するために、理性と感情が対立する「戦い（Kampf）」という道徳的状態において発揮される強さとして定義される徳概念を概観する。そのうえで、第二節では、カントが徳は習慣によって獲得されないと論じるテクストに注目し、カントが行為のハビトゥスを徳の領域から排除する理由を明確にする。そして、第三節では、カントが行為の容易さと結びつく自由なハビトゥスを徳とみなしている議論を『徳論』に基づいて再構成する。そこで確認される重要な点は、自由なハビトゥスとは、つねに理性を働かせて感情に対する支配を維持する準備ができている状態を意味し、これをもつ者は、義務に基づいた行為を容易になしうるということである。さらに本稿は、自由なハビトゥスを、「現象的ハビトゥス（あるいは感官様式のハビトゥス）」と区別される「知性的ハビトゥス（あるいは思考様式のハビトゥス）」と特徴づけることによってその位置づけを明確にする。これらの議論によって、カントの徳理論において、徳は行為の習慣によって獲得されないとしても、行為の背後にある理性支配を維持するために働くハビトゥスは徳を構成する要素として認められていることが明らかになる。

1　カントの徳概念――理性による感情の支配

カントの道徳性を支えるのは紛れもなく理性の力である。カント倫理学の前提は、われわれ人間は感情や欲求に流されてしまうことがありながらも、理性的な存在として自律的に意志決定できることにある。この前提は、人間が感性的ではあるが、同時に理性的な存在であるというカントの人間観に基づいており、実際にカントの徳の説明にも反映されている。カントは徳の概念を、人間が義務に従う際の意志のあるいは格率の「強さ」と説明する。たとえば、カントは次のように徳を定義している。「徳とは、自分の義務に従う際の人間の格率の強さである」(MS, 06: 394)(3)。「徳とは、自分の義務に従う際の人間の意志の道徳的強さである」(MS, 06: 405)。このように徳が強さとして表現される理由は、感情や傾向性の誘惑を受けながらも、義務に基づいた道徳的な心構えを確実なものとして維持する強さが人間に対して要求されるからである。そして、徳の強さの程度は、「人間自身がその傾向性によってつくり出す障害の大きさによってだけ測定することができる」(MS, 06: 405)。それゆえ、徳は内的な敵を前提した概念となる。カントが言うように、「強力でしかも不正な敵に抵抗する能力および熟考された決意が、勇気(Tapferkeit: fortitude)であり、われわれのうちなる道徳的心術(sittliche Gesinnung)の敵に関しては、それは徳(Virtus, fortitudo moralis 道徳的勇気)である」(MS, 06: 380)。

徳は、自分の感情を優先したいという欲求を抱きながらも、理性的な意志規定をもとに義務に従おうとする強い意志である。それゆえカントの徳は、理性と感情が対立する構造を前提としている。実際にカントは、徳という道徳的状態は、内的な「戦い」のうちにあると主張する。カントが言うように、「人間がその都度とることができる道徳的状態は、徳すなわち戦いのうちにある道徳的心術で、意志の心術の完全な純粋性を所有しているとされる神聖性ではない」(KpV, 05: 84)。人間は純粋ではなく、道徳法則の命令を意識しながらも、それに反抗する傾向性に影響される存在である。ゆえに、徳は戦いという形態をとらざるを得ないのであり、人間に特有の道徳的状態なのである。対照的に、敵を想定することのない神聖な存在には、強さや戦いとして説明されるような徳は不要となる。実際に、カントは戦いの中で内的な敵に負けない人間の道徳的強さとしての徳を、敵を想定する必要のない完全な純粋さや神聖性との対比で説明することが多い。この対比が顕著に表れているのが以下の箇所である。

有限で神聖なる存在者(義務違反へと一度たりとも誘惑されえない存在者)にとっては徳論は存在せず、ただ道徳論のみが存在する。道徳論とは実践理性の自律のことであるが、徳論は同時に実践理性の自己支配を、すなわち直接には知覚されないが、道徳的な定言命法から正しく推論された、法則に反抗的な自分の傾向性を支配する能力の意識を含んでいる。こうして、人間の道徳性は、その最高度において、やはり徳以上のものではありえないのである(MS, 06: 383)。

つまり、義務違反の可能性がない神聖な存在者には徳論は存在しない。義務違反に誘惑されるが、しかしそれを理性によって支配できる人間にのみ「自己支配(Autokratie)」として徳論が存在するのである。それゆえ、徳は、つねに傾向性を伴うことが避けられない理性的でありかつ感性的な存在者である人間に特有の道徳的状態であると言える。

人間は理性的であるがゆえに、道徳法則からの要求を義務として意識することができるが、同時に感性的であるがゆえに、その要求に反抗しようとする不純な感情や欲求をもたざるを得ないのである。人間にとっての道徳性がつねに強制を前提した命令の形式をとることも、ここに由来している[4]。それゆえ、カントにおける有徳な行為者は、つねに理性を感性に対して上位に置き、その抵抗を乗り越える強さをもたなければならない。つまり、カントが言うように、「人間は徳（道徳的強さとしての）への義務を課せられている、ということもできる。なぜなら、たとえ感性的に反抗するすべての衝動に打ち克つ能力（facultas）を、人間の自由のゆえに確かに前提しうるし、また前提せねばならないとしても、やはりこの能力は、強さ（robur）として獲得されねばならないものだからである」（MS, 06: 397）。人間は自己に対する立法が可能であり、それゆえ自律を前提した自由な理性的存在者であるが、感性的な反抗に左右されぬよう、適切に感情を制限しなければならない。カントは、感情に流されず、理性的に自己を規定する「内的自由」を徳の条件とおき、以下のように述べる。

> それゆえ徳は、内的自由に基づくかぎり、人間にとって肯定的な命令、すなわち自分のあらゆる能力と傾向性とを自分の（理性の）支配下におくという命令、したがって自己支配の命令を含んでいる。そしてこの命令は、禁止、すなわち自分の感情や傾向性に支配されてはならないという禁止（アパテイアの義務）につけ加わる。というのは、理性が統御の手綱を握っていないと、感情や傾向性が人間を支配するからである（MS, 06: 408）。

ここでカントが言及しているように、理性による自己支配は、感情や傾向性に支配されないという禁止の義務（アパテイア）につけ加わるのである[5]。しかし、注意しなければならないのは、カントの徳理論は、感情や欲求をすべて理性によって押さえつけさえすればよいという、たんなる抑制だけを求めているわけではないということだ。

カントは、すべての感情に対して理性が闘争と抑圧を伴って制御することのみを意図しているのではない。たしかに、徳には戦いという状態で感情や傾向性を適切に抑制することが求められる。しかし、ここで重要なのは、理性による支配体制を維持することであり、その理性支配に悪影響を与えてしまう感情に対してのみ抑制が働く必要があるということである[6]。それゆえ、有徳な行為者は、悪に誘惑する不純な感情や欲求に煩わされないという確固たる理性的な決意を持っていなければならない。カントはこれを真の強さと呼ぶ。「徳の真の強さは、その法則を実行する際の堅い熟考された決意を伴った平静な心（Gemüth in Ruhe）」である。カントはその状態を、「道徳的生における健康の状態」とも呼ぶ（MS, 06: 409）。したがって、真の強さとは、平静な心を保ちながら、理性が感情や欲求に対する主導権を保持することなのである[7]。カントの徳理論において、有徳な行為者とみなされるのは、理性と感情の対立という戦いの中で、つねに理性を感情の上位におくことができる平静な強さをもつ者である。

ここまで見てきたように、カントの徳理論では、われわれが有徳な行為者であるためには、平静で強い心を獲得・維持し、つねに理性によって自己を支配しなければならない。たしかに、つねに自己を理性によって支配することは、必ずしもすべての感情や欲求を意識的に抑制しなければならない。しかし、人間が感性的側面を条件として有する限り、理性と感情が対立する可能性を排除することはできない。その意味で、カントの徳は戦いのうちにある。それゆえ、つねに感情や傾向性が理性の支配を脅かす可能性が排除できないという意味で、徳は一定に安定した状態ではないのである。これは、Schneewind が指摘するように、「カントが最もアリストテレス的ではない方法で徳を考えている」と評価できるだろう（Schneewind 2010, 199）[8]。カントの徳理論においては、戦いという状態の中で理性がつねに感情を適切に支配することが求められる。それゆえ、カントの有徳な行為者は、習慣によって形成された状態から、善を求める自然的な欲求に基づいて容易に善いことをなしうるわけではない。その意味で、習慣化によって自然と行動できる状態はカントの徳と両立しないのである。しかし、カントはなぜ徳を行為の習慣づけを通じて発達した状態として考えないのだろうか。次節では、カントの徳理論におけるハビトゥスの位置づけを明確にするため、カントが否定的に評価する行為のハビトゥスについて論じる。

2　カントの徳論と習慣の否定

まずは、カントが行為の習慣を徳と結びつけない理由を探ろう。前節で述べたように、カント的な徳とは、つねに働いている理性的な自己支配であり、それは習慣によって獲得されるものではない。カントの徳理論では、人間はつねに理性と感情が対立する可能性を有し、徳の状態に安住できないので、油断せず理性が監視の目を光らせていなければならないのだ。もし、ある行為が長期的なハビトゥスとなり、繰り返される訓練によってそれを行うことに慣れると、理性が鈍り行為はたんなるメカニズムになってしまう。これは徳に相反する状態である。それゆえカントは『徳論』において、次のように述べる。

> しかし、徳はたんにハビトゥス（Fertigkeit）にほかならず、（宮廷牧師コヒウスの懸賞論文に述べられているように）訓練によって身についた、道徳的に善い行為の長きにわたる習慣（Gewohnheit）にすぎないなどと説明したり、評価したりすべきでもない。なぜなら、もしこの習慣が、熟考されたうえでの、確固とした、そしてますます純化された原則の結果ではないならば、それは、技巧的＝実践的理性に基づく他のあらゆるメカニズム（Mechanism）と同様に、あらゆる場合に応じる準備もなく、また新たな誘惑がひき起こしかねない変化に対して十分に守られてもいないからである（MS, 06: 383-4）。

さて、引用文を紐解くにあたって、用語と翻訳を確認しなければならない。本稿が「習慣」と訳すGewohnheitは、訓練された行動パターンであり、特定の状況で機械的に引き出される反応に近いものである。一方で、本稿が「ハビトゥス」と訳しているのはFertigkeitであるが、この語は通常「技能」や「熟練」と訳される語であるから、この対応は奇妙に思われるかもしれない。実際に各翻訳を見渡しても、日本語では「熟練」と訳されることが多いし、例えばCambridge edition の英語訳は aptitude となっている(9)。しかし、哲学史的に見ると、Fertigkeit は実践を通じて身に着く能力であり、アリストテレスのヘクシスに対応するものである。次節で引用するが、実際にカントも、『徳論』で「Fertigkeit (habitus)」として併記している (MS, 06: 407)。本稿では、カントがFertigkeitをアリストテレス以来のハビトゥス（ヘクシス）概念の訳語として用いていたことを踏まえ、一貫して「ハビトゥス」と表記する。

引用文に戻ろう。カントによれば、われわれは、行為のハビトゥスという長期的な状態ではなく、つねに理性を行使することによって、有徳な心構えを維持しなければならない。理性の熟慮による確固たる原則がなければ、人は感情や欲求の誘惑に対して脆弱になってしまうからである。有徳な行為者は、衝動的な感情の影響に左右されることなく、道徳法則によって意志を決定する平静さを持たなければならない。徳に不可欠な理性の強さは、その行為が訓練によって身についた無思慮な反応である場合には欠落する。カントが習慣を否定するのは、習慣が行為を思慮のない機械的なものにし、理性を沈黙させてしまうからである。

かくしてカントは、徳が習慣を通じて長期的に身につくものではなく、「つねに新たに始まる」ものだと述べる (MS, 06: 409 Anm)。なぜなら、人間はその本性上、つねに傾向性の影響を受けるからである。カントが指摘するように、「徳はいったん採用した格率に落ち着いて静かにとどまるわけにはいかず、向上しなければ、必ず堕落する」(ibid)。ここから、「新たに始まる」ということの意味が次のように理解される。つまり、たとえ有徳な心構えを一度作り上げたとしても、人間は傾向性の影響によって堕落する可能性をもっているのだから、安心して気を抜くことなく理性の管理をつねに行き届かせて絶えず徳を維持し続けなければならないということだ。したがって、徳は習慣に基づくものではありえない。「もし徳の実行が習慣にでもなったとしたら、このことで主体は、自己の格率採用の自由を失うことになるだろうからである」(ibid)。カントは『人間学』においても、この事態を明確に記述している。

> 徳とは自由で適法的な行為におけるハビトゥスのことであると解釈することはできない。それは、そうすると徳は力の使用のたんなるメカニズムにすぎないことになるからである。徳とは逆に自分の義務を遵守するときの道徳的な強さであり、この強さはけっして習慣とならず、つねにまったく新たに、つまり考え方の奥底から根源的に生まれるはずのものである (Anth, 07: 147)。

カントが否定するハビトゥスとは、たんに法に適った仕方で行為することに習熟した状態、すなわち適法的な行為のハビトゥスである。カントの徳は、適法的であるだけでは十分ではなく、その行為の動機が道徳法則を根拠としていなければならない。したがって、ある行為が表面的には善であっても、その根拠となる理性的な道徳的強さのない単なる機械的反応であるならば、それは徳ではないということだ。つまり、徳とは、機械的に行動する感性のメカニズムとなる習慣ではなく、理性を用いてつねに新たに創始されなければならないものである。そうでなければ、人間の自由はたちまち消え去る。カントの徳においては、理性によって自らを律する「内的自由」が失われてはならない（MS, 06: 407）。それゆえ、行為が単なる反復として習慣化することは徳とは相容れないのである。言い換えれば、ある行為を単調に繰り返し同じような行動をとること、何も考えずに同じ行為を繰り返すことは否定されなければならないハビトゥスなのである。これは内的自由の喪失であるから、「善い行為からさえもその道徳的価値を剥奪する」（Anth, 07: 147）。理性が働かなければ人間は自身の感情や欲求に流されやすくなり、道徳法則を意識して義務を果たす心構えを確固として維持できないから、行為の習慣は徳と両立しない。しかし、逆に言えば、もしハビトゥスが自由と両立することができれば、それは必ずしも徳と相反するものではないだろう。実はカントも、その可能性を明確に指摘しているのである。

3　カントの徳理論とハビトゥス――行為の容易さとの結びつき

カントが習慣やハビトゥスに言及する際は、行為者が自由を失い、機械的になることへの批判的指摘がほとんどであるが、それがすべてではない。数少ない言及であるが、実際にカントは『徳論』において、「自由なハビトゥス（freie Fertigkeit (habitus libertatis)）」という概念を扱っている。その議論によれば、自由な道徳的ハビトゥスは徳として数え入れられうる。まずはカントのテクストを見てみよう。

> ハビトゥス（Fertigkeit/habitus）とは、行為することの容易さ（Leichtigkeit）であり、選択意志の主観的完全性である。しかし、このような容易さがすべて、自由な習性（habitus libertatis）というわけではない。なぜなら、もしその容易さが習癖（assuetudo）、すなわちしばしば繰り返された行為により必然性を有した行為の一律性であるならば、それは自由から生じたハビトゥスではなく、したがって道徳的ハビトゥスでもないからである。それゆえ徳を、法則に適った自由な行為におけるハビトゥスと定義することはできない。しかし、「行為に際して法則の表象によって自己を規定する」とつけ加えられれば、これでよい。そうすれば、このハビトゥスは、選択意志の性質ではなくて、意志の性質である。この意志とは、その採用する規則が同時に普遍立法的な欲求能力であり、そしてそのようなハビトゥスだけが徳に数え入れられうるのである（MS, 06: 407）。

徳と両立するハビトゥスを持つ人とは、道徳法則に従って行為する能力が習慣的な行為の繰り返しによって損なわれている人ではなく、道徳法則を立法する意志のハビトゥスを持ち、つねに道徳法則に基づいて自らを決定する人のことである。このハビトゥスは人間の自由を排除するものではない。有徳な行為者は、理性が主人であり、感情や欲求を適切にコントロールできる有徳な状態を身につけている。だからこそ、その人は自分の義務を難なく遂行することができる。これこそが真の強さとしての平静さである。したがって、カントは善い行為の容易さであるハビトゥスを徳に数え入れるのである。このように、カントの自由なハビトゥスとは、たんなる行為の一律性や習慣とは異なる意味を含む。それはむしろ、理性がつねに感情と欲求を支配することが思考様式として身についているがゆえに、感情が反抗するときにはそれらを抑制する準備ができている状態であると解釈できる(10)。

このようなハビトゥスとしての徳は、カントの徳理論が強調したように、徳はつねに新たに始まるものであり、習慣に基づく一定の長期的状態に安らいで落ち着くことはできないという主張と両立する。というのも、有徳な行為者が持つ自由なハビトゥスとは、つねに理性を感情の上位におくことで、徳を維持する準備ができている状態のことだからである。言い換えれば、自由なハビトゥスとは、つねに初めから新たに理性を行使することが可能な状態である。カントの徳理論が批判するのは、道徳法則を立法する意志が損なわれる機械としての自由でないハビトゥスだけである。もし行動が感性的なメカニズムに基づくならば、理性は完全に沈黙してしまう。それは、徳の条件である理性の自己支配という内的自由を欠くため、避けなければならない。それに対して、自由なハビトゥスはむしろ内的自由を前提とするのだ。

ここで再び、自由への能力を基礎とする意志のハビトゥスと、単調な反復によって考えることなく一律的な行動を容易にする行為のハビトゥスとの間のカントの明確な区別に注目すべきである。Trampota

が指摘するように、前者には道徳法則に起源をもつ実践的で客観的な必然性があるのに対して、後者には自由を不可能にする主観的な必然性がある（Trampota 2021: 59, 116, 193）。自由なハビトゥスは理性の自発性の表れであり、道徳法則を規定するのは意志のハビトゥスであるから、感情の影響から独立している（ibid: 119, 193）。このことは、立法的な実践理性としての意志の能力が、感情や欲求に左右されることなく働くことができる状態を意味する。この意味で、意志のハビトゥスを持つ有徳な行為者は、自由を失うことなく、つねに自発的に最初から出発することができる。この立法的意志のハビトゥスは、習慣的行動という主観的必然性によって行動を促進するのではなく、道徳法則という客観的必然性のもとで、理性の働きによって自由な行為を促進するのである。それゆえ、カントは、自由な行為のハビトゥスについて論じるとき、「法則に適った自由な行為におけるハビトゥス」に「行為に際して法則の表象によって自己を規定する」と付け加えたのである。したがって、カントにおいても有徳な行為者は、戦いの中で悩み困難さを感じながら善い行為をするのではなく、道徳法則によって自己を規定する意志の自由から生じるハビトゥスによって、容易に善い行為ができるのである。

カントが徳に結びつけるハビトゥスとは、理性と感情が対立する戦いの状態にならないような事前準備ではなく、戦いという条件の中で感情に主導権を渡さないための準備態勢である。カントの徳理論における有徳な行為者は、理性に反抗する感情の動きを検知したときに、すかさず理性が働いてそれを支配下にとどめるためのハビトゥスを身に着けているのだ[11]。カントがたんなる行為のハビトゥスを否定しながらも、自由なハビトゥスを徳に認めた背景には、行為を機械的にするハビトゥスと、行為の背後にある理性的な心構えを維持するハビトゥスを区別することがあったと考えることができる。後者は感情に左右されない理性の自己支配というカント的な徳の概念と一致する。それゆえ、機械的なハビトゥスは徳ではないが、自由なハビトゥスは徳であるという議論は、それぞれ次のように整理できる：

徳と矛盾する機械的なハビトゥスについての論証

1　徳とは、理性が感情を支配している状態（内的自由）であり、道徳法則に従おうとする意志の強さである（徳の定義）。

2　機械的なハビトゥスを持つ主体は、行為を繰り返すことによって機械的な反応をする状態にある。

3　機械的なハビトゥスは感性的なメカニズムであるため、理性の支配は不可能であり、内的自由は保証されない。それどころか、内的強制が存在する。

4　したがって、機械的なハビトゥスは徳と矛盾するため、徳に数え入れらない。

徳と両立する自由なハビトゥスについての論証

1　徳とは、理性が感情を支配している状態（内的自由）であり、道徳法則に従おうとする意志の強さである（徳の定義）。

2　自由なハビトゥスを持つ主体は、つねに道徳法則を立法し、それに従う準備ができている状態にある。

3　自由なハビトゥスは理性をつねに上位の動機とする意志のハビトゥスであるから、感情を理性の支配下に置く内的自由が保証される。

4　したがって、自由なハビトゥスは徳と矛盾するものではなく、むしろ徳に数え入れられる。

この議論から、次のような規定が導かれる。自由なハビトゥスを持つ有徳な行為者は、強い立法的意志を持ち、したがって感情の影響から独立している（感情の欠如を意味するわけではない）ので、善い行為を容易に行うことができる。彼らは一貫して、平静な心で道徳法則に従う準備ができている。このように、カントが徳を一種のハビトゥスとして定義しているのは注目に値することである。

また、この議論は、『宗教論』で登場する「現象的徳（フェノメノンの徳）」と「知性的徳（ヌーメノンの徳）」の区別にも対応していると考えられる。カントが『宗教論』で述べるように、現象的徳は「経験的性格としての適法性に関する」徳であり、「長い習慣」と特徴づけられる（RGV, 06: 47）。その徳のためには、その行為が義務に基づいているかどうかに関わらず、行為が道徳法則に適っていることが求められる。これは「感官様式」の漸次的改革ともいわれ、その心構えが本当に有徳であるかどうかを問わず、善い行為を習慣づけることである（ibid）。一方で、心構えの真の有徳さは「知性的徳」として言及される。これは、「心術の革命」と呼ばれる事態を前提とするものであり、つねに理性が感情や欲求の上位にあり、義務に基づいて善い行為をする心構えである（ibid）。これは「思考様式」の革命ともいわれ、善い行為をつねに善い動機からできるような状態を確立することである。この状態は、つねに理性が感情を適切に支配し、感情がその支配体制を崩さぬようつねに道徳法則によって自己を規定する準備ができる状態、すなわち自由なハビトゥスに対応する。

ここで注意すべきは、現象的徳は感官様式の漸次的改革に認められる徳であり、義務に適った適法的な行為をし続ける固い決意が伴っているため、必ずしも否定されるだけのものではないということだ。道徳法則に適った行為をする限りでは、現象的徳を身に着けた人間も、「法的によい人間」とは評価される（ibid）。しかし、機械的なハビトゥスと同様、現象的徳も道徳的な意味ではまだ真の徳ではない。カントによれば、本質的には、現象的徳もそれだけでは自由を欠いており、道徳的徳ではないのである。なぜなら、それはその行為の動機がなんであろうと、たとえ義務に基づいていなくてもよいからである（ibid）。その意味で、機械的なハビトゥスは「現象的ハビトゥス（あるいは感官様式のハビトゥス）」と呼ぶこともできよう。一方で、本当の意味で「道徳的によい人間」であるためには、自由なハビトゥスと関連する「知性的徳」、すなわちその動機から義務に基づいて善い行為をする思考様式のハビトゥスがなければならない。その意味で、自由なハビトゥスは「知性的ハビトゥス（あるいは思考様式のハビトゥス）」と呼ぶこともできよう(12)。現象的世界の中で習慣や経験を通じて徐々によくなるという現象的なハビトゥスは、それだけでは道徳的な自由を欠いているため、真に道徳的な徳ではない。カントの徳理論においては、知性的側面に認められるハビトゥスのみが道徳的な意味での徳に対応するのである。

カントもアリストテレス的な徳理論にみられるように、それがなければ困難である道徳的に善い行為を容易にする状態として徳を考えていたことがわかる。しかし、なぜ行為が容易であるのかを説明する構造が異なっている。(13) カントが徳に認めるハビトゥスとは、習慣を通じて善いことを自然と欲求するようになった状態ではなく、感情に支配されぬよう理性が監視の目を光らせており、つねに道徳法則によって意志を決定するという思考様式が発達した状態である。有徳な行為者が容易に善い行為ができるのは、理性と感情の戦いが解消されて善い行為をなすことへの欲求が形成されているからではない。むしろ、理性と感情の戦いの中でつねに理性が勝利し支配権を持ち続けるための確固とした知性的な性格が形成されているからである。

カント的な有徳な行為者像に特徴的なことは、人間の徳にはつねに理性と感情の潜在的な対立が存在するという洞察を前提にしながらも、善い行為を容易になしうる状態であるハビトゥスを徳と結びつけることである。というのも、人間本性から自然に有徳な行為を欲求する有徳な行為者のモデルとは対照的に、カントの徳理論が提示する有徳な行為者は、強い理性によって自然本性が欲求するものを制限し、つねに道徳法則に基づく善い動機から有徳な行為を行うからである。しかし、つねに感情的な抵抗と戦っているために有徳な行為を容易に実行できない人は、カントの徳理論においても有徳な行為者ではない。有徳な行為者は、道徳法則によって規定された意志に基づいて、なすべきときになすべきことを容易になしうる平静で強い心の持ち主でなければならない。そのためには、理性による安定した統治構造を確保するための知性的な思考様式のハビトゥスを獲得する必要があるのだ。

結　論

我々はいかにして有徳な人になることができるのか。この問いは、アリストテレス以来の徳理論の根本問題のひとつであり、習慣づけによって善い行為を難なく容易に遂行できる状態になるという答えは、一定の説得力を持つはずである。しかしカントには、習慣的によい行為を繰り返すことができているとしても、その背後に確固とした原理や理性的反省がなければ、いつ感情の影響によって誘惑されてそれを維持できなくなるかわからないという警戒がある。その意味でカントは習慣による徳の形成を否定的に評価する。しかし、本稿が明らかにしたように、カントは自由なハビトゥスという概念を使用することによって、道徳的行為を容易にする状態としての徳を認めていた。それを可能にするのは、行動に関する機械的なハビトゥス（現象）と、行為を道徳法則によって規定する立法意志に関する思考様式のハビトゥス（知性）という二つの次元が設定されているからである。後者はたしかにハビトゥスとなった状態であるが、つねに誘惑に対して自己を守る理性的な反省能力が機能し続けている。

実際、カント以外の徳理論においても、ただ自動機械のようによい行為を繰り返すメカニズムになることが徳であると評価することはないだろう。アリストテレスの徳理論において、習慣によって有徳な行為者に到達できるとしても、それは何も考えずに行為を繰り返すようなメカニズムとなることを意図しているわけではない。つねに善い行為を欲求するよう理性によって感情や欲求を修正し、実践知を働かせて有徳な行為が要求されている状況を見抜き、適切な行為を柔軟に導き出さなければならないはずである。このように、習慣によって身に着ける状態としてのハビトゥスがいかに徳を構成するのかについては、より広い文脈での検討が必要になるだろう。本稿はカントの徳理論解釈の枠内にとどまったが、アリストテレス以来の伝統的な徳理論の流れの中でカントの徳理論を評価し、カント特有の徳理論の特徴を浮き彫りにすることができた。これは、有徳な行為者はどのような状態にあり、それに至るためには何が必要であるのかを考えるための一つの指針となるだろう。

謝　辞

本論文執筆にあたり、平出喜代恵氏、長坂祥悟氏、西本優樹氏から有益なコメントをいただいた。記して感謝申し上げる。

参考文献

Baxley, Anne Margaret, 2010, *Kant's Theory of Virtue: The Value of Autocracy* (Modern European Philosophy). Cambridge University Press.

Burnyeat, Myles F, 1980, Aristotle on learning to be good. In Amélie Oksenberg Rorty (ed.), *Essays on Aristotle's Ethics*. University of California Press. pp. 69-92.（M・F・バーニェト「アリストテレスと善き人への学び」神崎繁訳、井上忠・山本巍編『ギリシア哲学の最前線Ⅱ』所収、東京大学出版会、1986年）

Engstrom, Stephen, 2002, "The Inner Freedom of Virtue", in: Mark Timmons (Hrsg.), *Kant's Metaphysics of Morals. Interpretative Essays*, Oxford University Press, pp. 289-315.

Frierson, Patrick, 2009, "Kantian moral pessimism", in Sharon Anderson-Gold & Pablo Muchnik (eds.), *Kant's Anatomy of Evil*. Cambridge University Press, pp. 33-56.

Kant, Immanuel: Gesammelte Schriften Hrsg.: Bd. 1–22 Preussische Akademie der Wissenschaften, Bd. 23 Deutsche Akademie der Wissenschaften zu Berlin, ab Bd. 24 Akademie der Wissenschaften zu Göttingen. Berlin 1900ff.

MacIntyre, Alasdair, 1984, *After virtue. A study in moral theory*. Notre Dame, IN: University of Notre Dame Press

Merritt, Melissa, 2018, "Virtue as a Skill". In *Kant on Reflection and Virtue* (pp. 159–183). chapter, Cambridge: Cambridge University Press.

Herman, Barbara, 1996, *The Practice of Moral Judgment*. Harvard University Press.

Schneewind, Jerome B, 2010, *Essays on the History of Moral Philosophy*. Oxford University Press.

Trampota, Andreas, 2021, *Kants Konzeption der Tugend als Habitus der Freiheit*. Nomos Verlagsgesellschaft mbH & Co. KG.

Wood, Allen, 2007, *Kantian Ethics*. Cambridge University Press.

千葉建，2021,「カント倫理学における徳と感情――シラー『優美と尊厳について』のカント批判への応答」，『倫理学』，筑波大学倫理学研究会，(37), pp. 63-79.

注

（1）「ハビトゥス（habitus）」はギリシア語で「ヘクシス（hexis: ἕξις）」であり、カントはこれをFertigkeitと訳している。この単語には、habit, aptitude, skill, readiness、多くの英訳がある。本稿では、訳語間の混乱を避け、かつ原語の含意を可視化するためにも、この語をそのまま「ハビトゥス」と訳す。また、繰り返しによって獲得される行為の習慣はカントがGewohnheitと呼ぶものであるが、これは「習慣」と訳す。

（2）「さてアリストテレスは、有徳な行為を行うのを学び知ること、それを習慣（habit）つまり第二の自然（second nature）とするということを、そのような行為を様々の事柄のうちでもとりわけ楽しむこと、つまりその行為を行うことに快――適切な快――を感ずるようになることを考えているのである。人が有徳な行為を楽しむことができるかどうかということを基準に、われわれは彼がそのような行為へと向かう適切な性向を形づくっているかどうかを判断するのである。」（Burnyeat 1980: 77. 邦訳『ギリシア哲学の最前線Ⅱ』100頁。なお、訳文は神崎繁氏の訳にほとんど従っているが、一部改変した個所もある。）

（3）カントの著作からの引用に関しては、アカデミー版カント全集の巻数と頁数を示す。使用されている略語は以下のとおりである。使用されている略語は以下のとおりである。KpV=（Kritik der praktischen Vernunft:『実践理性批判』）、GMS=（Grundlegung zur Metaphysik der Sitten:『道徳形而上学の基礎づけ』）、MS=（Die Metaphysik der Sitten:『道徳形而上学』）、RGV=（Die Religion innerhalb der Grenzen der bloßen Vernunft:『たんなる理性の限界内の宗教』）、Anth =（Anthropologie in pragmatischer Hinsicht:『実用的見地における人間学』）。

（4）道徳法則の表象がある意志にとって強制である場合、それは命令であり、その形式が命法と呼ばれるものである。『基礎づけ』で論じられているように、「すべての命法は、「べし（Sollen）」によって表現されるが、それによって、その主観的な性質のために客観的法則によって必然的には規定されないような意志と理性の客観的法則の関係（強制）を示している。」（GMS, 04: 413）「その主観的な性質のために客観的法則によって必然的には規定されないような意志」とはすなわち感性的側面を有するがゆえに、理性の指令に必ずしも従うとは限らない人間の意志を示している。

（5）周知のように、アパテイアを徳の理想とする発想はストア派以来のものであるが、実際にカントも、ストア派のアパテイアを道徳的理念として称揚している。例えば、カントは『人間学』で、アパテイアの原理を「ストア派のまったく正当で崇高な道徳原則」と評している（Anth, 07: 253）。

（6）カントは「自然的傾向性はそれ自体において見れば善である」と述べ、それを根絶しようとすることは有害ですらあると述べる。それゆえ、傾向性は「幸福という名の全体における調和にもたらされうるように、それを抑制すればよい。」（RGV, 06: 58）

（7）この点については、Baxleyの説明が正確である。彼女の著作によれば、カントにおいても真の徳は、「悪への性癖のために道徳法則に違反する可能性はあるが、この可能性にうまく対処しているために、義務に反して行為するよう（深刻に）誘惑されることはない」状態であり、それにうまく対処できないために誘惑に強く抵抗しなければならない「抑制」からは区別される（Baxley 2010: 81-2）。

（8）「カントは、徳とはつねに闘争するものであり、決して定まった原理ではないとして、最もアリストテレス的でない方法で徳を見ている。カントの分裂した自己のビジョンは、ここでは悪者であり、道徳は、非道な情念と対立する、どうしようもなく純粋な理性から生じており、永遠に規律を要求するものである。徳とは、人間の本性が最も発達したものの表現というよりも、本性のある部分が他の部分に打ち勝つことである」（Schneewind 2010, 199）。

（9）日本語訳は岩波文庫の宮村訳、岩波カント全集の池尾訳ともに「熟練」である。しかし、例えば「習性」という日本語訳（千葉 2021）や、英語訳としても“skill”（Merrit 2018）や“readiness”（Engstrom 2002）などがある。

（10）この解釈によって、Habitusの英語訳としては、readinessが適切であると提案したい。なお、この訳語はEngstromに倣ったものであり、Engstromは、カントの内的自由を能力（Vermögen）として指摘し、自由の能力が準備態勢（readiness）に発展し、その行使が促進される状態を自由なハビトゥスとして解釈する。したがって、Engstrom が適切に指摘しているように、「徳とはそれ自身を行使する準備が整った自由であり、自己を決定する準備に発展している限りにおいて、行為における法の表象を通じて自己を決定する能力である」。そうして、徳が最初に成り立つとされた「意志の道徳的強さ」は、その行使を可能にする自由の準備態勢として説明できることが判明した」（Engstrom 2002: 307）。本稿も、基本的には自由の能力とハビトゥスの結びつきを強調する Engstrom の解釈と同じ路線にいる。しかし、戦いや理性の支配として特徴づけられる徳の状態において、ハビトゥスがいかに位置づけられるのかという点について、現象的徳（感官様式）と知性的徳（思考様式）の区別などを導入しながら、より踏み込んだ説明をしている。

（11） 理性の支配を損なわせないような感情や欲求は無理に抑える必要はない、という立場は Herman もとっている。Herman は、義務は制限条件としてのみ機能するため、すべての非道徳的・理性的な動機（欲求、感情）を抑圧し排除する必要はないと考える（Herman 1996: chap. 2）。しかし、Herman はハビトゥスや長期的な有徳な心構えには言及していない。なお、Frierson は、Herman の立場を楽観主義的（optimistic）なものとして特徴づけ、カントの立場はより悲観主義的であることを指摘する（Frierson 2010）。本稿は、カントの徳は戦いの状態で痛みを伴うことを条件としつつ、その中で理性的な支配を安定させるハビトゥスの意義を論じているため、楽観主義と悲観主義の間にあると言えよう。

（12） 自由なハビトゥス（習性）が知性的徳（可知的徳）にも認められるようになったということは、千葉も注 36 で簡単に言及しているが、その対応関係の内実を議論しているわけではない（千葉 2021: p. 79）。なお、（ ）は千葉による訳である。

（13） Wood は、ここに両者の意見の相違はないと主張する。その理由は、両者ともに徳は有徳な行為をしたいという合理的な欲求に基づいた行為において発揮されるからである、と指摘する（Wood 2007: p. 145）。しかし、本稿が明らかにしたように、アリストテレスと違ってカントの徳理論では、合理的な欲求に基づいて行為が容易になったのではなく、つねに理性が感情や欲求を支配する準備ができている状態によって行為が容易になっている。

〈応募論文〉

「理由の空間」の諸相

白川《しらかわ》　晋太郎《しんたろう》
（福井大学）

序　論

ブランダムの推論主義（特にその規範的語用論）は、「理由の空間」における規範的な言語実践を解明しようとする言語哲学であるから、議論に不可欠な批判実践がその体系内で重要な位置を占めていそうなものの、実際にはそうなっていない。特に『信頼の精神（*A Spirit of Trust*）』においてヘーゲル的発想を取り込む形でますます寛大さを強める推論主義は、以前にもまして批判の位置づけが低くなってしまったようにみえる。

本論では、批判実践の積極的な意義を適切に捉えるべく推論主義を拡張する。具体的には、「理由の空間」を「普遍的／個別的」なものに区別し、個別的な理由の空間をさらに「私的／共同的／公共的」なものに区別する。この区別のもとに様々な批判のあり方を整理しながら批判の積極的な可能性を推論主義に取り込みたい。

1節では『信頼の精神』に見出される二つの寛大さを指摘した上で、推論主義の既存のモデルではその問題に対処できないことを確認する。2節で「理由の空間」に種々の区別を導入し、様々な批判のあり方を整理する。3節では、以上の区別をもとに寛大な精神においても批判が可能であることを示す。

1　『信頼の精神』の寛大さ

ブランダムの『信頼の精神』では、ヘーゲル『精神現象学』の独自解釈が提示されるとともに、『明示化（*Making It Explicit*）』で唱えられた推論主義が――歴史的な時間性を取り込む形で――精緻化される。同時代的のみならず、歴史的な相互承認により結びついた共同体（「我々」）がいかに成立し、そこで概念がどのように発展していくかが描かれる。この描像で登場する「承認」と「想起」という二つの鍵概念には特有の寛大さを見出すことができる。

1・1 「承認」の寛大さ

概念使用者からなる共同体は相互承認によって成立する。相互承認を成り立たせるのは《相手を承認主体として承認する》という特別な承認であり、これは「頑健な承認（robust recognition）」と呼ばれる（ST 253-258）[1]。AがBを承認主体として承認し、BがAを承認主体として承認するとき、互いに承認主体として承認する者によって承認されるという関係が成り立ち「我々」が生じる。頑健な承認は「相手を町内会のメンバーとして承認する」や「相手を部長として承認する」のように特定の規範的地位を相手に付与する「特殊な承認（specific recognition）」とは区別される[2]。両者の大きな違いは、頑健な承認には推移性（transitivity）が成り立つということである（ST 254-255）。AがBを頑健に承認し、BがCを承認するなら、AはCを承認しなければならない[3]。AがBに承認主体としての資格を認める以上、Bが承認する者は誰でも承認しなければならない。これは論理的な要請である。他方で特定の承認は、例えばAがBを町内会のメンバーとして承認し、BがCを町内会のメンバーとして承認したとしても、AはCを町内会のメンバーとして承認するとは限らないし、その必要もない。

しかし、こうした頑健な承認はあまりにも寛大さを求めすぎなのではないだろうか。AがひとたびBを頑健に承認したなら、Bの承認に関して不満を述べたり異議申し立てをしたりできないことになるからだ。AがBを頑健に承認し、誰かを「我々」という共同体に受け入れる資格をBに付与すれば、Bが「我々」のメンバーとして連れてきた者は誰であってもAは認めなくてはならない。いったん「我々」のメンバーとして承認された者は、何か問題が発覚しても簡単に排除することはできない。頑健な承認に成り立つ推移性は論理的要請であるため、承認が自由意志によるものではなくなってしまうということでもある（Bertram 2020）。

1・2 「想起」の寛大さ

概念には規定性（determinateness）がある（ST 610-620）。概念内容は明確で、一様に定まっている。「リンゴ」という語が人によって〈みかん〉や〈きゅうり〉を意味していたり、クリプキ（Kripke 1982）が描いたように「＋」の意味が〈プラス〉や〈クワス〉で競合している状態では規定性があるとはいえない。状況に応じて意味を変えるようなものは概念として機能しているとはいえないから、規定性は概念にとって本質的である。そして規定性が成り立つためには概念内容の正誤は客観的に判定できるのでなければならない（主観的判定で十分だとすれば、人によって概念内容は異なることになる）（cf. ST 615）。「リンゴ」は〈リンゴ〉を意味し、「＋」は〈プラス〉を意味するのが正しいと客観的にいえなくてはならない。

こうして概念なるものの成立のために《客観的正しさ》という観念が必要になるわけだが、セラーズの「所与の神話」批判やローティの反表象主義を受け継ぐ推論主義は、《非概念的な世界のあり方に対応しているものが客観的に正しい》といった表象主義的な理路を取ることはない。その代わりに訴えられるのが想起（recollection）という道具立てである。想起とは過去から現在に至る概念の変遷を表現的な進歩・発展の歴史として物語り、合理的に再構成するということである（ST 600-610）。こうしてより後にある概念がより客観的に正しいことになる。[4]

〈手〉という概念を例に考える（ST 604）。アリストテレスは「人間から切り離された手はもはや手ではない」と言い、ムーアが「ここに二つの手がある」と言った。アリストテレスにとって手は脳によってコントロールされるものではなく、ムーアにとって手はラザフォード原子（明確な境界を持つ球形の電子が球形の陽子と中性子の塊である原子核の周りを周回する小さな太陽系）から構成されたものだった。（現代からみれば）これらは事実に反するから、手に関する彼らの理解（conception）は客観的に誤っていたことになる。こうして概念の規定性が確保される。

そしてこのように語るために寛大さが求められるのである。アリストテレスやムーアの概念適用が客観的に誤っていたといえるためには、二人の概念適用は共通する一つの概念規範に従っていなくてはならないとする必要がある（もし各自が従うべき規範が別々にあるなら、それぞれの概念適用はそれぞれ正しいことになり、客観的な正誤判定ができなくなる）。アリストテレスもムーアも現代の我々も――主観的な概念理解や概念適用の仕方は異なるけれども――同じ客観的な手概念について語ろうとしている（いた）のだとしなければならない。[5]〈手〉という概念の変遷過程のなかに彼らも自分たちも位置づけるということである。客観性の観念を導出するためには概念の変遷を進歩・発展の歴史として語る必要があるのだったが、その歴史の中に彼らを位置づけるということは、彼らも何らかの仕方で概念の進歩・発展に寄与しているとみなすことにほかならない。たとえ客観的に誤っている概念適用であっても、進歩的な歴史において何らかの貢献をしていることを認め、その不完全性も置かれた時代や状況による限界からくる致し方ないものとして赦すということである。

かくして、寛大さは規定的内容を持つ概念なるものの理解可能性の超越論的条件・必要条件とされる（ST 615; 624）。概念内容の規定性ひいては概念そのものを成立させるために我々は寛大な態度で想起しなければならない。このように論じる『精神現象学』では「徳育的な企図をもった意味論」が展開されているのである（ST 32; 635; 637; 753）。

とはいえ、寛大な想起にも限界があるのではないだろうか。悪意や差別や偏見に満ちた概念や犯罪行為につながる概念適用を進歩・発展の歴史に位置づけるのは相当困難である（cf. Knappik 2020）。[6] いかなる問題含みの概念適用であっても、当時の状況や常識を考慮すれば致し方なく、「我々」がより正しくよりよい概念を得るために貢献したのだとするのは、さすがに寛大すぎる（甘すぎる）だろう。推論主義はどんな悪をも赦し正当化するものになりかねない。

もっとも、このように倫理的な観点から寛大さを非難するのは筋違いと言われるかもしれない。ブランダムはあくまでも概念成立の条件を問う言語哲学（意味論）を展開しているのだから、寛大さが要請されるといっても、倫理的寛大さは差し当たり関係ないからだ。たしかに狭い意味での言語哲学の領域に考察の範囲を限定するなら、このように言って済ますこともできる。しかし、推論主義が一般に規範的な言説実践を扱うものである以上、抽象的な言語哲学に留まらず、倫理学、社会学、政治哲学など、およそ規範に関わる学問分野で応用されることは自然であるし、多くの応用がすでになされている。(7) いざ応用を進めようとすれば、言語哲学的（意味論的）に要請される寛大さの倫理的含意が自然と問題になるのだから、たとえブランダム自身がこの点の追求に関心がないのだとしても、推論主義の倫理的帰結を明らかにすることには意義があるし、多くの応用研究がなされている現状では強く求められているとも言えよう。

1・3　求められる批判可能性

以下では、寛大な推論主義の枠組みでも成立する批判可能性を確保する方法を探りたい。まず求められる批判を次のように規定しよう。

> 批判：推論体系内部または外部との矛盾を指摘することで相手のコミットメントの変更（取り下げまたは修正）を迫ること。

既存の推論主義でもこうした批判実践を捉えられるかもしれないので、いくつかの観点から検討する。

（1）**未来からの批判**（ST ch.16）：想起によって合理的に再構成されたものであっても、将来的には改訂されうることは認められている（ST688-689）。未来に目を向けるなら有限な者の定めとして誤りや失敗は避けられない。未来世代からしてみれば、現在の我々が正しいとみなすことでも誤っていたと判明する可能性があり、ここに批判可能性を見出すことができるだろう。とはいえ、過去から現在そして未来へと概念が引き継がれていくためには、やはり（現在の我々と同様に）未来世代も過去世代を想起することが求められている。過去世代は未来世代に対して自らの限界を告白しつつ想起してくれるように請い、未来世代は寛大さを発揮することで赦す（想起する）――こうした「信頼」関係で結びついた共同体において概念が成立するとされるのだから（ST ch.16）、未来からの批判可能性はあるものの結局は融和的である。

（2）**理由を与え求めるゲーム**（MIE ch.3）：「理由の空間」の住人としての我々は、相手の主張に理由を求めるとともに相手から挑戦を受けたなら適切な理由をもって正当化しなければならない。こうした描像は批判的吟味の一面を捉えてはいるが、その主眼は理由の吟味にあって、相手のコミットメントの変更を迫る場合であっても、相手の推論体系の内的不整合を指摘するものが中心となる。そのため相手の主張と対立する自らの主張をもとに相手のコミットメントの変更を迫るような「真っ向からの批判」をこのモデルでは十分に捉えられない。

（3）**デフォルトと挑戦の構造**（MIE 177-178）：例えばAが「これはリンゴだ」と言ったときに、Bが「いや、これはミカンだ」と真っ向から反論する場合を考えてみる。ブランダムによれば、ある主張を行った者は、それに対して適切な反論がなされない限り、デフォルトでその主張の資格が認められる。今の場合ではBの反論に正当性が示されない限りはAの主張が認められることになる。たしかにこう考えることで無用な懐疑論にかかずらう必要はなくなる。だが、ひとたびこのモデルを倫理的な領域に適用すれば、望ましくない事態が生じうる。ある主張に問題を感じたとしても、その疑義を示すことに対して正当性が求められるからだ。社会的な不正義や悪が存在する場合、被害者側やそれに異を唱える側は多くの場合不利な立場に置かれており、正当性を証明する余裕がないことが多い。にもかかわらず、批判する以上はその正当性を示すことが求められるのだとしたら、あまりに過酷ではないだろうか。デフォルトと挑戦の構造は、その保守的な性質によって概念の安定性には寄与するものの、不正義や悪に対する批判や挑戦を抑制する方向に働く。これは倫理的に必ずしも適切ではない寛大さだと思われる。

（4）**事象帰属**（MIE ch.8）：Aが「φ（t）」と主張したとき（t：主語、φ：述語）、聞き手Bがその主張内容をAに帰属させる場面を考える。「Aはφ（t）と主張する」のように言われている内容そのものを帰属させるのが言表帰属であり、「Aは、tについて、φ（それ）と主張する」のように何について言われているかを特定する形で帰属させるのが事象帰属である。事象帰属で特定される内容が主張の客観的内容とされるから、事象帰属を用いることで「あなたの主張は客観的に誤っている」という批判が可能になるかしれない。例えば「この証言者は信頼できる」と主張するAに対してBが「Aは病的な嘘つきについて信頼できると言っている」と事象帰属する場面では、事象帰属によって《この証言者は信頼できる》と《この証言者は病的な嘘つきだ》というそれぞれのコミットメントの違いは明らかになる。しかしこれは相手に直接的にコミットメントの変更を求めているわけではない。事象帰属は、信念（コミットメント）の違いがありながらも議論の共通した対象を特定することでコミュニケーションを成立させることを主目的とするものであって、相手のコミットメントの変更を迫ることを主な機能とするものではないのである（cf. Satne 2017; Wanderer 2021）。

まとめれば、現行の推論主義にはたしかにある程度の批判の余地はあるものの全体として保守的で寛大な傾向が強い。相手の主張を真正面から批判し、双方のコミットメントが大きく変化していくような、うねりのあるダイナミックな議論のあり方を十分に捉えることができないのである。

2　「理由の空間」の拡張

以下では、批判の積極的な意義をより良く捉えられるよう推論主義の拡張を行う。そのため「理由の空間」にいくつかの区別を設けることで様々な批判を分類する。

2・1　理由の空間の諸相

「理由の空間」はセラーズの「理由の論理空間」（cf. Sellars 1956）に

由来する推論主義の中心的概念である。理由の空間の住人たる私たちは、日々理由を与え求めるゲームを営んでいる。そこで形成される推論ネットワークで果たす役割こそが言葉の意味であるというのが推論主義の基本テーゼだった。

「理由の空間」という概念は、規範的な言説実践を象徴的に捉えるための一種のメタファーとして用いられているが、本論ではより具体的で実質的内容を持つものとして捉え次のように整理したい。まず理由の空間は大きく「普遍的／個別的」なものに区別できる。誰かを承認主体として承認するような頑健な承認で成立するものを「普遍的な（universal）理由の空間」と呼び、誰かに特定の規範的地位を付与するような特殊な承認で成立するものを「個別的な（particular）理由の空間」と呼ぼう。普遍的な理由の空間は――ブランダムが一貫して解明を目指す――概念使用者としての理性的存在者たる「我々」が住む領域である。我々は互いに理由を与え求める者、推論的なコミットメントや資格を有する者として承認し合っている。各人はそれぞれの推論実践を営み、個々の理由の空間を形成している。[8] こうした個別的な理由の空間は、さらに「私的（personal）／共同的（joint）／公共的（public）」なものに分けられる。それぞれ私的／共同的／公共的にコミットされる命題および推論関係から構成される理由の空間として規定される。[9] 各コミットメントの特徴は次の通りである。

私的コミットメント：ある主体が引き受け、別の主体が帰属させることで成立するコミットメント。[10] 一人で取り下げ可能な点に特徴がある。（例）太郎の「毎日散歩する」という宣言。ジョン・ロックの「xはA国の人民である→xはA国政府が圧制を行った場合に抵抗する権利がある」という推論。

共同的コミットメント：複数の主体が引き受け、互いに帰属させ、各々の主体のコミットメントの引き受けが互いに相手のコミットメントの引き受けに依存する形で成立するコミットメント。取り下げるには関与するメンバー全員同意が必要となるが、それで十分でもある。その場にいるメンバーだけで形成したり変更したりできるという意味で「今ここ性」がある。（例）太郎と次郎の「毎朝一緒に散歩する」という約束。啓蒙思想家たちの「xはA国の人民である→xはA国政府が圧制を行った場合に抵抗する権利がある」という推論。

公共的コミットメント：明示的な規則や制度によって規定され成立するコミットメント。規則や制度を変更する正当な手続きを経ない限り、関与するメンバーのみの意向では取り下げられない。その意味で「脱今ここ性」がある（永遠不変ではない）。（例）「国民は毎朝散歩しなければならない」という法律。アメリカ独立宣言の「xはA国の人民である→xはA国政府が圧制を行った場合に抵抗する権利がある」という推論。

※（「猫は哺乳類である」など）「sはpである」という一般的な言

明は、「すべてのxについて、xがsならばxはpである」という条件文に翻訳できるので、一般的な言明で表現されるコミットメントは推論的コミットメントとしても捉えられる。

これらは連続的でもある。ロックが自らの考えを知り合いに話したり本として出版したりすれば私的コミットメントが成立し、その考えに共感した者たちが一緒にコミットすれば共同的コミットメントとなり、それがさらに拡がり文書として制度的に補強されれば公共的コミットメントになるといった具合である。

国や大学という公共的な理由の空間、町内会や研究仲間による共同的な理由の空間、哲学論文を書いたり一人で計画を練ったりする私的な理由の空間など、人は無数の個別的な理由の空間に属しながら生きている。無数の個別的な理由の空間すべてを包含し、個別的な理由の空間の間のコミュニケーションや相互作用を可能にする場が普遍的な理由の空間といえる。

本来のあり方からすれば、国という公共的な理由の空間の中に都道府県という公共的な理由の空間があり、さらにその中に町内会という共同的な理由の空間があるように、個別的な理由の空間同士にも複雑な包含関係がある。しかし、理由の空間の区別を導入することを主眼とする本論では、議論の過度な複雑さを避けることを優先し、今回は個別的な理由の空間の包含関係は考慮しないことにする。

2・2　批判の諸相

理由の空間の区別を念頭に批判の分類に取り掛かろう。まず批判は大きく「理由の空間内的な批判」と「理由の空間外的な批判」に区別できる。

2・2・1　理由の空間内的な批判

理由の空間内的な批判（以下、適宜「内的批判」と略）は、理由の空間内部でなされる批判である。主張の理由と帰結を吟味し、不整合があれば指摘して修正・撤回を迫る。内的批判の主な目的は、当該推論ネットワークをできるかぎり明示的かつ整合的にすることであり、議論の前提や何が適切な推論かという基本的な部分に関しては批判しない。相手が把握（意識）できていない推論ネットワークを広く見据えた上で、不整合を根気よく指摘することが有意義な批判につながる。どの理由の空間でなされるかに応じて、さらに3種類に区別できる。

（1）　**私的な理由の空間内的な批判**：私的なコミットメントからなる推論ネットワークの不整合を指摘する。自問自答的。（例）一人で哲学体系を構築する、一人で小説の設定を練る、一人で発表資料を準備する、知り合いの原稿へのコメント（一部）、ソクラテスの助産術（一部）など。

（2）　**共同的な理由の空間内的な批判**：共同的なコミットメントからなる推論ネットワークの不整合を指摘する。合意形成しつつ進められる。（例）ソクラテスの助産術（一部）、共著論文の検討、共同研究のミーティングなど。

（3）**公共的な理由の空間内的な批判**：公共的なコミットメントからなる推論ネットワークの不整合を指摘する。明示的な規則や規定を参照しつつ進められる。（例）国会の審議、裁判の評議など。

内的批判は「理由を与え求めるゲーム」でなされる推論体系の内的整合性の吟味と実質的に同種のものである。内的批判の意義は、当該の理由の空間内の推論ネットワークをできる限り整合的かつ明示的にする点にある。ある事柄についてよくわかっているつもりでも、改めて検討してみれば、矛盾的な信念を抱いていたり、理由や帰結をあまり意識していなかったことなどに気づくこともある。ソクラテスのように根気強く指摘し続けることで、より良い推論ネットワークを自覚的に形成することになる。

2・2・2　理由の空間外的な批判

理由の空間外的な批判（以下、適宜「外的批判」と略）は、ある理由の空間を別の理由の空間から批判することである。議論の前提や何が適切な推論なのかといった根本的な部分にも批判が及ぶため、たとえ相手の主張や議論に何ら不整合がなかったとしても批判されることもあるし、推論ネットワーク全体が否定されることもある。協力的な雰囲気で進みがちな内的批判と比べると論争的な性格を帯びる。どのタイプの理由の空間からどのタイプの理由の空間を批判するかに応じて、さらに9種類に分けられる。

（1）**私的な理由の空間→私的な理由の空間**：自らの私的コミットメントを根拠に相手の私的コミットメントを否定する。水掛け論になりやすい。（例）哲学者同士の論争、ケンカなど。

（2）**私的→共同的**：自らの私的コミットメントを根拠に特定集団の共同的コミットメントを否定する。批判が受け入れられれば、その私的コミットメントを取り込んだ新たな共同的コミットメントができる。（例）社会通念や常識の変化、新たな学説の登場、新たな思想の流行、因習打破、差別撤廃運動など。

（3）**私的→公共的**：自らの私的コミットメントを根拠に社会の公共的コミットメントを否定する。批判が受け入れられれば、その私的コミットメントを取り込んだ新たな公共的コミットメントができる。（例）革命的な人物による制度改革、独裁者による憲法改正、制度的な差別の撤廃運動など。

（4）**共同的→私的**：ある集団の共同的コミットメントを根拠に個人の私的コミットメントを否定する。集団への同調を促進する傾向がある。（例）査読、（一部の）教育、妄想の治療、空気の押しつけなど。

（5）**共同的→共同的**：ある集団の共同的コミットメントを根拠に別の集団の共同的コミットメントを否定する。集団同士の水掛け論になりやすい。（例）哲学的立場の批判、イデオロギー批判、宗教批判など。

（6）**共同的→公共的**：ある集団の共同的コミットメントを根拠に社会の公共的コミットメントを否定する。批判が受け入れられれば、共同的コミットメントを取り込んだ新たな公共的コミットメントができる。（例）署名活動による社会変革、社会運動による政治改革、世論に影響を受けた法律改正、学説の教科書内容化など。

（7）**公共的→私的**：社会の公共的コミットメントを根拠に個人の私的コミットメントを否定する。統制的・抑圧的な傾向がある。（例）（一部の）教育、法的な罰、矯正、言論・思想の統制など。

（8）**公共的→共同的**：社会の公共的コミットメントを根拠に特定の集団の共同的コミットメントを否定する。これも統制的・抑圧的な傾向がある。（例）国家による宗教統制、大学当局によるサークル団体への指導など。

（9）**公共的→公共的**：社会の公共的コミットメントを根拠に別の公共的コミットメントを否定する。水掛け論になりやすいだけでなく、規模が大きいため深刻な対立につながりやすい。（例）特定国から特定国への非難、国連から特定国への非難決議、政府から地方自治体への是正指示など。(11)

ところで外的批判の意義は何だろうか。理由の空間は私的、共同的、公共的の順に大きくなっているとすると、より大きなものへの外的批判は概してコミットメントの創造・変化に寄与し、より小さなものへの外的批判はコミットメントの安定・維持につながる傾向がある。これに対して同等の大きさ（同格）の理由の空間への外的な批判は、それを通してこれまで漠然と受け入れていた特定の推論ネットワークを「自分（たち）のもの」として明確に引き受けるという意義があると言えるだろう。コミットメントの部分的な変更で対応可能な内的批判に対し、推論ネットワーク全体にも批判が及びうる外的批判はコミットメント全体を揺さぶりうる。批判された側は「このコミットメントを譲っても自分でいられるだろうか」と当該コミットメントが自分にとってどれほど切実かを吟味する。周りの人からことごとく否定された状態で、ひとりコミットメントを保持し続けるのは簡単ではないし、逆に一人の人間に批判されたとしても、社会で広く共有されているコミットメントはほとんど揺るがない。ところが同格の者同士の真正面からの批判では適度なコミットメントの揺さぶりが生じる。揺さぶりをきっかけに自らのコミットメントを反省的に自覚することで、漠然と引き受けられていた推論ネットワークは「誰々の私的／共同的／公共的な理由の空間」という身分を得ることになる。同格なもの同士の外的批判は、このように諸々の理由の空間のアイデンティティを決定することにつながる[12][13]。

3　寛大な批判可能性

あらためて問題となる二つの寛大さを確認すると、《Aがひとたび Bを頑健に承認すれば、Bが承認する者はすべてAも承認しなければならない》という承認の寛大さと《概念が成立するためには問題含みの概念適用であっても、概念の進歩・発展の歴史に位置づけなければならない》という想起に関する寛大さだった。前節で導入した諸区別を活用してこれらの寛大さを無害化したい。基本となる戦略は、普遍的な理由の空間と個別的な理由の空間でなされる承認・想起を区別するというものである。

承認について

まず個別的な理由の空間の住人を決める特殊な承認には批判的吟味が可能である。サークルへの加入審査や入社試験などでは、相互に理由の空間内的批判や様々なレベルの外的批判による吟味がなされ、誰かの一存で承認されることは基本的にない。人事担当者が加入を認めた者であっても、何らかの問題が発覚すれば加入の決定が覆されることもある。権力者やワンマン社長などがいる場合は一存で決まることもあるが、一般論として承認の推移性が成り立たなければならないという構造にはなっていない。

他方で普遍的な理由の空間の住人を決める頑健な承認には推移性が依然として成り立つ。自分が頑健に承認した者が承認した者については批判的吟味を経ることなしに承認しなければならない。ある人がひとたび概念使用者として承認されたなら、その地位は覆らない。ここには非常に寛大な承認の形がある。

だが繰り返すように、個別的な理由の空間に属すためには多かれ少なかれ批判的な吟味がなされ、いったん属したとしても（その共同体で信奉されている教義に反した発言をし始めるなど）何らかの問題が見つかれば排除される可能性がある。個別的な理由の空間レベルでは厳しく冷静な相互批判のチェック体制が働いている。

このように、普遍的な理由の空間での承認には寛大さが求められ推移性が成り立つのに対して、個別的な理由の空間での承認には批判的な吟味が行われ推移性が成り立たないという対照的な構造がある。

想起について

想起も同じように考えることができる。個別的な理由の空間における概念の変遷や概念適用には内的または外的な批判がなされうる。各理由の空間を統べる規範の観点から問題が見出された場合は、合理的再構成や正当化することなしに相手のコミットメントの取り下げや修正が迫られる。例えば差別発言がなされれば、基本的に撤回を求められ、そのような発言も致し方なかったとして免責されることも倫理的に赦されることもない。

他方で、普遍的な理由の空間の概念適用に関しては寛大な想起がなされる。問題となる概念適用も自分たちと共通した概念規範に従うべきものとされ、完全には従うことができていないものの、それも致し方ないとして赦しつつ概念の発展・進歩の歴史に何らかの仕方で貢献したものとされる。

いずれにしても、普遍的な理由の空間レベルでは寛大さが成り立ち、個別的な理由の空間レベルでは批判可能性が成り立つ。こうして寛大な批判可能性が現出する。普遍的な理由の空間のメンバー（概念使用者）になるための承認は寛大であり、互いに想起しあうことで、同じ概念について語り同じ規範に支配されている仲間として認め合う。けれども、その中の個別的な理由の空間では、人々は互いに厳しい評価によって承認するか否かを判断し、それぞれの概念適用に関しても個別的な理由の空間の諸規範――倫理的、政治的、認識的、科学的等々――を基準に批判的に吟味される。

具体的に説明しよう。過去の哲学者の差別的な発言が見つかり問題になることがある。例えばヒュームの『道徳・政治・文学論集』に収められた「国民性について」というエッセイの脚注には人種差別主義とみられる発言がある。こうした発言を扱う際に常に問題になるのは、現代的観点から過去の発言を評価することの可能性と是非である。そもそも「人種差別主義」という言葉が登場するのは早くとも二〇世紀初頭であって、現代人が人種差別主義という概念を位置づけている推論ネットワークをヒュームは持ち合わせていないので、ヒュームの発言を現代人による人種差別発言と同じような仕方で理解することには一定程度の留保が必要である（澤田 2021, 32 頁）[14]。とはいえ、現代と当時の社会的背景は異なるのだから、我々とヒュームは異なる規範に従っており、論じている概念も別々のものなのだとしてしまえば、コミュニケーション（解釈）が成立しない。そこでまずは、我々もヒュームも同じ概念について語っているのだと考えなければならない[15]。ヒュームにとって〈非白人〉という概念は〈白人に劣る〉という内容を実質的に含意するものだったが、現代人にとっての〈非白人〉はそれを含意しない（資格保存的ではない）。両者の推論ネットワークは異なっているのでヒュームと現代人の〈非白人〉概念も異なっている、と考えるべきではない。同じ〈非白人〉という概念について語っているとして語りの対象を共通化した上で、ヒュームは〈非白人〉概念を統べる規範――そこには〈非白人〉から〈白人に劣る〉を導くことはできないというルールも含まれる――に従うことができなかったのだと考える必要がある。過去から現在に至る〈非白人〉の概念の変遷は進歩・発展していると想起し、その歴史の一幕にヒュームの概念適用を位置づける以上は、その概念適用も何らかの仕方で進歩・発展に寄与したとみなすことになる（寛大さの発揮）。

しかし差別的概念が概念の進歩・発展に寄与するとは一体どういうことだろうか。ひとつには「非白人」という概念に差別的ながらも明確な推論ネットワークが与えられたことが挙げられるだろう。これにより後の世代は前提や個々の推論ステップを詳細に批判的に吟味できるようになる。部分的な修正や新たな推論ネットワークの追加などによって、概念を改良することが可能になる。推論関係がまったく見出せない荒唐無稽な概念であれば、このような批判や改良の作業は行えない。それまでの「非白人」という概念を受け継ぎつつ、自らのコミットメントに基づいて、その推論ネットワークをより明示的にし、さらに充実させようとしたヒュームの努力自体は、同じ概念使用者として敬意を払うべきなのである。もちろん、その上で明らかになった推論ネットワークは個別的な理由の空間の基準から批判される。かくして、寛大さと批判可能性は両立するばかりか、批判が可能であるためには寛大さが求められていることがわかる(16)。

個別的な理由の空間でどれほど批判され、個々の個別的な理由の空間から追放された者であっても（どの個別的な理由の空間に入れない者であっても）、概念使用者としては尊重しなければならならず、普遍的な理由の空間という言説実践の領域からは排除してはならない。個別的な論点に関しては、相手をどれほど批判しても良いし、特定のグループから排除することも問題ないが、その人から言説主体としての地位や身分を剥奪することは許されない。その人が別の個別的な理由の空間に移ったり、まったく新たな個別的な理由の空間を立ち上げたりして、新たな概念の展開に寄与する可能性を否定することはできない。心情的には悪質な差別主義者などは一切のコミュニティから排除したくなるけれども、言説空間から排除してはならないのである。その倫理的にきわめて問題含みの概念適用であっても、それが明確な推論ネットワークを提示しているのなら、有意義な批判的吟味の題材を提供しているという意味において、概念の発展・進歩に寄与していると認めなくてはならない。

結論

本論では、理由の空間に区別を設けて、とりわけ推論主義の体系において言語哲学（意味論）の領域と倫理学の領域を切り分けることによって、寛大さと批判可能性を両立させた。推論主義を応用するときにしばしば生じる「推論主義は倫理的に寛大すぎるのではないか」という懸念に対しては、「言語哲学的な寛大さの要求は倫理的な寛大さの要求を含意するわけではない」と応えることができる。もちろん、領域が異なるとはいえ、寛大さと批判という逆向きのものを両立させることは容易ではない。明らかに悪質なことを言っている相手でも、まずは同じ規範に従う「我々」の一員として承認し、その上で個別的な観点から批判するという手間のかかった作業を遂行するには、なかなかに高度な寛大さが求められる。

『精神現象学』を一貫して言語哲学が展開されているものと解するブランダムにとって、寛大さは概念成立のために要請されるものであり、それ以上の意味はない。しかし推論主義を様々な分野に応用しようとすれば、遅かれ早かれ倫理的含意の検討を迫られる。ブランダムのプロジェクトは抽象的な言語哲学に限定されているのだからそのような批判は見当違いだと済ますことは簡単である。本論ではこの「見当違い」をあえて実りあるポジティブなものとして捉え、理由の空間の諸相を見出すことになった。実際この図式には多くの応用可能性がある。例えば「有意義な議論／不毛な議論」「答えのある議論／答えのない議論」「よい批判的コメント」の分析や、哲学的な議論の類型化などに役立つだろう。もっとも、本論は新たな分析枠組みの導入を主眼とするものであるため、実際の事例を用いた検討が行えなかった。現実の批判実践の分析にも有効であることは今後示していきたい。

謝　辞

本研究は JSPS 科研費 23K11995; 22H00601; 24K00422 の助成を受けたものである。本論のもととなった原稿や発表に対しては、安藤真之介、井頭昌彦、江﨑佳奈子、遠藤進平、大西琢朗、加藤猛、須田悠基、橘英希、松村忠幸、村山正碩、守博紀の各氏、科研費基盤研究（B）「現代推論主義におけるヘーゲル哲学の貢献とその応用の可能性について」（22H00601）のメンバー、日本哲学会第八三回公募ワークショップ「ブランダム『信頼の精神』と推論主義の可能性――ヘーゲル主義としての推論主義とその拡張」の参加者の方々、3名の匿名査読者から大変貴重なコメントを多数いただいた。心より感謝申し上げます。

参考文献

Bertram, G. W. (2020). Where is the conflict in Brandom's theory of recognition (and why should there be any)?. In *Reading Brandom* (pp. 75-86). Routledge.

Bouché, G. (Ed.). (2020). *Reading Brandom: On A Spirit of Trust*. Routledge.

Brandom, R. (1994). *Making it explicit: Reasoning, representing, and discursive commitment*. Harvard university press.

Brandom, R. (2019). *A spirit of trust: A reading of Hegel's phenomenology*. Belknap Press.

朱喜哲 (2024)『人類の会話のための哲学：ローティと21世紀のプラグマティズム』, よはく舎.

川瀬和也&白川晋太郎 (2024)「推論主義と承認欲求をめぐる往復書簡」,『宮崎公立大学人文学部紀要』, 31(1), 131-144.

Knappik, F. (2020). Brandom on postmodern ethical life: moral and political problems. In *Reading Brandom* (pp. 184-197). Routledge.

Koreň, L., Schmid, H. B., Stovall, P., & Townsend, L. (2021). *Groups, Norms and Practices*. Springer International Publishing.

Kripke, S. (1982). *Wittgenstein on Rules and Private Language: An Elementary Exposition*. Harvard University Press.

Loeffler, R. (2021). Implicit scorekeeping: A we-mode account of belief and interpretation. In Koreň, Schmid, Stovall & Townsend (2021), 59-81.

西本優樹 (2023)「企業倫理における企業の道徳的責任の問題――推論主義に基づく企業の道徳的行為者性の検討」, 北海道大学博士論文.

大谷洋貴 (2024)「教育実践における相対主義を回避する視座としての推論主義：統計教育の場合」,『科学基礎論研究』, 51(1・2), 23-35.

Satne, G. (2016). A two-step theory of the evolution of human thinking: Joint and (various) collective forms of intentionality. *Journal of Social Ontology*, 2(1), 105-116.

Satne, G. (2017). Brandom and the second person. *International Journal of Philosophical Studies*, 25(2), 189-209.

Satne, G. (2021). Collective Intentionality, Inferentialism and the Capacity for Claim-Making. In Koreň, Schmid, Stovall & Townsend (2021), 99-118.

澤田和範 (2021)「ヒュームの人種差別主義の哲学的基礎」,『思想』, No.1171, 28-49 頁.

Sellars, W. (1956) Empiricism and the Philosophy of Mind, *Minnesota studies in the philosophy of science* 1, no. 19: 253–329.

白川晋太郎 (2021)『ブランダム推論主義の哲学：プラグマティズムの新展開』, 青土社.

白川晋太郎 (2024)「道徳教育論と推論主義」,『科学基礎論研究』, 科学基礎論学会, 51 (1・2), 37-50.

杉田浩崇 (2024)「推論主義における規範、教育における規範（コメント論文）」,『科学基礎論研究』,『科学基礎論学会』, 51(1・2), 51-56.

田中凌 (2023)「〈書評〉ブランダムの推論主義における他者理解と客観性の問題（書評：白川晋太郎 (2021)『ブランダム 推論主義の哲学』（青土社, 338 頁））」. *Contemporary and Applied Philosophy*, *14*, 80-98.

Tomasello, M. (2014). *A natural history of human thinking*. Harvard University Press.

上ヶ谷友佑 (2024)「数学教育研究基礎論としての推論主義の可能性：よりよい transdisciplinary 研究を目指して」,『科学基礎論研究』, 科学基礎論学会, 51(1・2), 3-21.

Wanderer, J. (2021). An I without a You? An Exercise in Normative Pragmatics. In *The Social Institution of Discursive Norms* (pp. 197-222). Routledge.

注

（1） ブランダムの *Making It Explicit* と *A Spirit of Trust* を参照する際は、MIE、ST という略号にページ番号（章番号）を付す。

（2） 「承認資格」という特定の規範的地位を相手に付与しているという意味では、頑健な承認は特殊な承認の一種である（ST253-258）。

（3） 厳密にはBの承認には頑健な承認と特殊な承認の二種類が考えられる。

（i） AがBを頑健に承認し、BがCを頑健に承認するなら、AはCを承認主体として頑健に承認しなければならない。さらにCがDを承認するなら、AはDを承認しなければならない（CからDの承認にも二種類考えられるが、今と同様に考えることができる）。

（ii） AがBを頑健に承認し、BがCに特殊な承認をするなら、AはCに特殊な承認をする（特定の規範的地位を帰属させる）。さらにCがDを承認したとしても、AはDを承認する必要はない。

（4） このような「自己正当化」によって本当に客観的な正しさが確保されるのかに関しては疑問が残る（cf. 白川 2021, 第 7-8 章）。しかし本論では《客観的正しさ》という観念や《主観的／客観的》という形式的な区別が得られれば十分なため、こうした認識論的大問題に立ち入る必要はない。

（5） 〈手の概念〉ではなく〈手という対象〉について語っているのではないかと思われるかもしれない。だがブランダムが採用する概念実在論によれば、客観的世界はそれ自体で概念的構造をしているため、概念が指示対象になるのである（ST ch.1; 605）。

（6） 想起の対象になるのは、客観的実在を捉えようとする自然種的な概念（適用）のみならず、法的概念など価値や規範を含む概念も含まれる（cf. ST 601; 706-707）。

（7） 『信頼の精神』に関する論文集 Bouché (Ed.) (2020) には Knappik (2020) をはじめとして推論主義の倫理的含意を検討するものが多数含まれている。推論主義の他分野への応用は、最近のものだけでも西本 (2023); 大谷 (2024); 白川 (2024); 杉田 (2024); 上ヶ谷 (2024) などがある。

（8） 厳密には、今まさに普遍的な理由の空間が形成される場面で、互いに頑健な承認をしただけでまだ何の推論的コミットメントも互いに帰属させていない状況では、推論関係は一切成立してないから、「理由の空間」と呼ぶにはふさわしくない。とはいえ、現実的には普遍的な理由の空間は（後述する）無数の個別的な理由の空間を包含した形ですでに成立しており、その中の先住者が別の人を頑強に承認するため、すでに推論関係はいくつも成立している。

（9） 「普遍的／個別的」の区別は川瀬・白川 (2024)、「私的／公共的」の区別は田中 (2023); 朱 (2024)、「共同的／公共的」の区別は Tomasello (2014); Satne (2016) に由来している（ただしトマセロは「共同的（joint）／集合的

（collective）」という区別をしている。また彼は《言語なしの志向性から言語が誕生する》と考えているため、言語が志向性の源であるとするブランダム型の推論主義とは両立しない。そのため、志向性の順序についても彼の考え方を踏襲しない）。

(10)《別の主体からコミットメントを帰属されること》が私的コミットメントの成立要件に含まれるのは、たとえ「私的」なものであっても、コミットメントは社会的文脈ではじめて成立するものであり、私秘的（private）なものではないためである。

(11)推論主義は二人称関係を適切に扱えていないという批判がある。Satne (2017)によれば、互いの反論によってコミットメントを変化させる二人称関係によって言説実践は成立する。相互的な関係に立つためには、相手によるコミットメント帰属や相手からの批判を認めることが必要であるが、こうした要素が現状の推論主義にはみられない。またWanderer (2021)によれば、推論主義では〈我‒汝〉型社会性が強調される割に二人称的な「あなた（you）」を含む語法が重視されていない。言説実践では挑戦（challenge）と挑戦への応答（counterchallenge）を通して互いにコミットメントを変化させていくが、これらが成り立つためにも二人称的な「あなた」を含んだ語法が重要になる。一人称や三人称的な語法では真正面から対立にぶつかり合う状況を捉えられない。

いずれもコミットメント変更につながる批判可能性が推論主義に不足していることを指摘するものと解せるが、これには理由の空間外的な批判可能性に訴えることで応答できる。個別的な理由の空間外的な関係こそが二人称関係であり、そのとき相手を「あなた」と呼ぶということである。

(12)内的批判と外的批判はきっぱり切り分けられるのかと疑問になるかもしれない。ある共同研究のあり方を考えてみると、互いに相手のアイデアを外的に批判しつつも発表や論文の形にする際は内的批判がなされている。二つの批判は連続的で渾然一体となっているから、両者を明確に区別することはできないのではないか。

しかし一見したところの区別の曖昧さは、個別的な理由の空間同士の複雑な包含関係を考慮することで説明できると思われる。共同研究という共同的な理由の空間の中で個々の研究者の私的な理由の空間が対立しているとすれば、私的な理由の空間レベルでは外的批判がなされつつも共同的な理由の空間レベルでは内的批判がなされていると考えられる。これはかなり単純な例だが、外見上は区別が非常に曖昧であっても、包含関係をきめ細かく考えていくことで説明できるはずである（本論では包含関係の詳細を詰めないため、具体的に展開するのは今後の課題となる）。

(13)本節では（議論の必要上）「理由の空間の区別」と「批判の区別」の連続的に提示したが、本来は内容的に独立の問題である。

(14)澤田(2021)は、ヒュームの人種差別発言が（単に一つの注に現れたものではなく）その哲学の根幹に位置する「人間本性」という概念と不可分に結びついていることを明らかにし、「非白人は白人と同じ人間本性をもたない」「人間本性という水準で白人と非白人のあいだに理論的な線引きを行う」というヒュームの人種差別主義思想の核心をえぐり出している。

(15)ブランダムが採用する概念的実在論では概念が語りの対象となる。注5も参照。

(16)推論主義には〈共同体の一致〉の要素が欠けているという批判がある(Satne 2021; Loeffler 2021)。ブランダムは、共同体の一致を基礎に据える〈我‒我々〉型の社会性ではなく、対等で相互的な批判がなされる〈我‒汝〉型の社会性を重視する。共同体の一致でよしとすれば共同体が誤る可能性（＝批判可能性）が確保できなくなるからだ（MIE 599）。しかし言葉の意味や評価基準の一致などの基本的な部分の一致がなければ、言説実践は不可能だろう(cf. Peregrin 2023)。現状の推論主義では〈共同体の一致〉要素がなく、言説実践が成り立たなくなるのではなかろうか。

これらの批判には、理由の空間に関する「内／外」の区別で対応可能である。理由の空間内的な観点では〈我‒我々〉型社会性が成り立ち、理由の空間外的な観点では〈我‒汝〉型社会性が成り立つ。共通した理由の空間を足場として、異なる理由の空間同士の外的批判がなされると考えることができる。

〈応募論文〉

前期パトナムにおけるアプリオリ性の包括的解明

高木《たかぎ》　博登《ひろと》
（京都大学）

アプリオリな知識が存在するかどうかという問いは、今日の哲学においても盛んに論じられている。アプリオリな知識の存在を擁護する論者のうち、M・フリードマンやD・スタンプは、「相対的アプリオリ（the relativized a priori）」や「構成的アプリオリ（constitutive a priori）」と呼ばれるアプリオリ性の構想を擁護している（Friedman 2001; Stump 2003, 2015）。例えば、フリードマンがアプリオリな知識の具体例として挙げるのは、ニュートン力学におけるユークリッド幾何学や運動方程式、相対性理論における非ユークリッド幾何学や光速度不変の原理であるが、これらのアプリオリな知識は以下三つの特徴を持つとされる。すなわち、（1）改訂可能である、（2）何がアプリオリな知識であるかは科学理論に相対的である、（3）経験的法則のテストをはじめとする科学的探究を行うために不可欠の条件である、の三つだ。このうち三つ目の特徴は「構成的機能（constitutive function）」とも呼ばれる。

相対的アプリオリの先駆者としてはハンス・ライヘンバッハやアーサー・パップといった論者の存在が指摘されているが、[1] ヒラリー・パトナムもまた「特定の知識体系に相対的なアプリオリな真理」（PP1, x）や「枠組み原則」（AS, 39）といった表現を用いつつ、相対的アプリオリの構想を擁護したことが指摘されている。例えばJ・ソウによれば、パトナムはアプリオリな知識が科学理論に相対的であるという論点と、構成的機能を持つという論点を受け入れている（Tsou 2010）。また、「構成的機能」という表現こそ用いてはいないものの、A・ミューラーは「多くのデュエム的な［経験的予測の］含意に寄与するもののうち、何度も用いられる部分（recurrent parts of many Duhemian implies）」（Mueller 2013, 164）という表現で、M・ゲインズフォードは、「科学的探究やその他の種類の合理的探究に必要」で「その内部で経験的［…］探究が生じる概念枠に含まれる中心的な主張」という表現によって、同様の論点を指摘している（Gaynesford 2006, 73）。

一方で一九七五年以前のいわゆる前期パトナムは、アプリオリな知識の相対性と構成的機能について論じていただけでなく、アプリオリな知識と分析的真理の同一視に対しても批判を加えていた。パトナムは、分析的真理を「定義」によって特徴付ける立場を論敵として念頭に置きつつ、アプリオリ性と分析性を同一視すると、アプリオリな知識の改訂の前後において、新しい理論は既存の理論が用いていた語を再定義したに過ぎず、アプリオリな知識の改訂を認識の進展として説明することができなくなってしまうと主張した。すなわち、アプリオリ性と分析性を同一視すると、先に言及した相対的アプリオリの一つ目の特徴である、アプリオリな知識の改訂可能性を説明することができなくなるのだ。

　本稿では、前期パトナムがアプリオリな知識の改訂可能性をどのように説明したのかを明らかにすることによって、彼のアプリオリ性に関する立場の既存の説明を補い、その全体像を明らかにすることを目指す。(2) この時期のパトナムには、科学的探究の目的を世界に予め備わった構造の記述だと考える科学的実在論が帰せられてきた（e.g. Baghramian 2008, 18–23; 伊藤 2016, 172–173）。この解釈を取るならば、改訂後のアプリオリな言明は既存の言明より正しく世界のあり方を記述している、という仕方でアプリオリな知識の改訂可能性が説明されることになる。このような解釈に対して本稿では、前期パトナムにとって科学的探究の目的は探究上の関心や目的を可能な限り満たす理論を得ることにあり、アプリオリな知識の改訂による認識の進展とは科学理論が探究上の目的・関心をより満たすことであると主張する。

　また、本稿の議論には前期パトナムのアプリオリな言明に関する立場を明らかにすることに加えて、以下二つの副次的な意義も見込まれる。

　まず一つ目が、パトナムの哲学的遍歴に関する一般的な理解に再考を促すという意義だ。この一般的理解によれば、パトナムは一九七五年まで科学的実在論に与していたが、その後一九七六年にプラグマティズムの一種である内在的実在論に転向した。そしてその転向後に、世界には予め分節化された構造が備わっていることを否定し、どのような対象が存在するかは特定の関心や目的を反映した理論の内側でのみ問い得ると主張し始めたとされる。(3) しかし、本稿の主張が正しければ、前期パトナムと後期パトナムの存在論上の立場には、これまで考えられてきたほどの異同はないことになる。(4) 本稿での議論は、パトナム哲学により強固な一貫性を見出すための試金石となり得るはずだ。

　そして二つ目が、前期パトナムの科学哲学史における位置づけへの再考を促すという意義だ。前期パトナムは通常、論理経験主義をはじめとする反実在論的な色彩の濃い立場に対して、R・ボイド等とともに科学的実在論を擁護する論陣を張ったと理解される（see 戸田山 2015, ch.2）。しかし、本稿の議論が正しければ、前期パトナムはむしろ科学的反実在論の側に列せられるべきだということになる。

　本稿は以下の構成を取る。まず第一節では、クワインが「経験主義の二つのドグマ」で提示した分析・総合の区別に対する批判を行論に関係のある限りで導入する。第二節では、パトナムがクワインに抗して、科学理論に相対的で構成的機能を担ったアプリオリな知識の存在を擁護していることを確認する。最終第三節においては、アプリオリな言明の改訂可能性に関するパトナムの積極的な説明を再構成することを試みる。なお、この本稿導入では「アプリオリな知識」「分析的真理」という表現を用いたが、本論では「アプリオリ（アポステリオリな）な言明」「分析的（総合的）言明」に表記を統一する。

1　クワイン「二つのドグマ」における分析・総合の区別に対する批判

クワインは「二つのドグマ」において、当時の経験主義が依拠していた二つの主張、すなわち、（1）分析・総合の区別、と（2）「還元主義」に対する批判を展開した。「二つのドグマ」は第一節から第四節までの前半部分と、第五節・第六節から成る後半部分とに分けることができる。前半部分では「同義性」を用いた分析・総合の区別に関する既存の説明や、カルナップによる「意味論的規則」を用いた説明が失敗に終わっていることが指摘される。後半部分では、還元主義に対する批判と、還元主義に基づいて分析的言明を「改訂から免れた言明」として特徴付けるタイプの説明に対する批判が提示される。その上で、クワインが「ドグマなき経験主義」と呼ぶ信念改訂の新たなモデルと、分析・総合の区別に関する心理学的説明が与えられる。

「二つのドグマ」前半・後半のうち、パトナムのクワインに対する批判を理解するうえで重要なのは後半部分である。というのも、パトナムは「分析・総合の区別に対するクワインの攻撃は、アプリオリ・アポステリオリの区別に対する攻撃として再解釈されたならば正しいように思われる」（PP2, xvi）と評価するとともに、自身が「棄却することが合理的ではない」という意味でのアプリオリな言明の存在を否定すると述べているからだ（PP1, viii–x）。もちろん、次節で確認するようにパトナムはクワインの主張に批判を加えるわけだが、いずれにせよパトナムのクワインに対する批判を見るうえで重要なのは「二つのドグマ」後半部分であることに変わりはない。では、「二つのドグマ」後半部分を見ていこう。[5]

まず、クワインによれば還元主義とは、科学理論に含まれる個々の総合的言明には、それを確証する感覚経験と反証する感覚経験とが対応しており、したがって、総合的言明は理論に含まれる他の言明からは独立に感覚経験によって確証（反証）されるという主張を指す（TDE, 40–41）。そして、還元主義の枠内において、分析的言明はどのような感覚経験が得られようとも確証される、言い換えるならば、「何が起ころうとも成り立つ（hold true come what may）」ないし「改訂を免れている」言明として特徴付けられる（TDE, 43）。

この還元主義とそれに基づいた分析・総合の区別に対して、クワインは、理論に含まれる総合的言明は個別に感覚経験によって確証（反証）されるのではなく、感覚経験によって確証（反証）されるのは理論全体だと主張する（TDE, 41）。この主張の根拠となっているのはいわゆる「デュエム・クワインテーゼ」であり、このテーゼによれば、ある言明は理論に含まれるそれ以外の言明、つまり補助仮説と組み合わさることで初めて経験的な予測を生み出すことができる（Sober 2000, 267）。したがって、クワインによれば、科学理論全体が予測を含意するのに寄与しており、得られた感覚経験によって確証（反証）されるのは科学理論全体なのである。

そして、クワインはこの還元主義に対する批判に基づいて、還元主義に基づいた分析・総合の区別に対しても批判を加える。先述のように、科学理論全体が予測を生み出しているのに寄与しているため、予測に反した感覚経験が得られたときに、得られた感覚経験のみによって、科学理論に含まれているどの言明を改訂すべきかを一意に定めることはできない。クワインは、ここからさらに、科学理論のある箇所で大きな改訂を行えば、どのような言明であっても真であると見なし続けることができるし、同様の根拠によって、どのような言明であっても改訂を免れているわけではないと主張する（TDE, 42-43）。例えばクワインは、量子力学を単純化するために論理法則である排中律の改訂が検討された事例を挙げる（TDE, 43）。言い換えるならば、原理的に改訂を免れているような言明は存在しないのだ。

加えて、クワインは分析・総合の区別に関する心理学的説明を与える。クワインによれば、私たちが理論に含まれる言明を改訂する際には、理論の変化が最小限になるような仕方で改訂を行う。クワインは、私たちのこのような「自然な傾向性」を「保守主義」と呼ぶ（TDE, 44, 46）。先述のように、クワインによれば、科学理論に含まれるあらゆる言明が同等に改訂の対象である。しかし、例えば物理学における「高度に理論的な言明」や論理法則の改訂は、それ以外の多くの言明の改訂を引き起こす。そして、私たちはそのような大規模な改訂を避けたいと考えるので、一部の言明は他の言明に比べてより改訂の候補に挙がりにくくなる（TDE, 44）。したがって、分析・総合の区別は質的なものではなく、私たちの心理的傾向性に基づいた程度の違いでしかないのだ。

2　パトナムの「二つのドグマ」批判

本節以降では、パトナムのアプリオリな言明に関する立場を見ていく。パトナムは当初、クワインが「二つのドグマ」で提示した分析・総合の区別の否定に批判を加える形で自身の立場を定式化したため、「分析的と総合的」をはじめとする一九六〇年代の論文においてアプリオリ性への言及は見られない。しかし、後にパトナムは、「分析・総合の区別に対するクワインの攻撃は、アプリオリ・アポステリオリの区別に対する攻撃として再解釈されたならば正しいように思われる」と主張する（PP2, xvi）。したがって、本稿ではパトナムのアプリオリな言明に関する立場を（1）アプリオリな言明とアポステリオリな言明との間には区別が存在する、（2）アプリオリな言明と分析的言明を同一視することはできない、という二つの主張を含んだものとして再構成する。本節では（1）を、次節では（2）を扱う。

より具体的に、クワインの主張のうちパトナムが認めているものは以下の二つである。まず一つ目が、「私たちの概念体系の一枚岩的な性格（the monolithic character of our conceptual system）の強調」であり、これは感覚経験によってテストされるのは個々の言明ではなく、科学理論全体であるという主張を指す（AS, 40, 42）。この主張に関連して二つ目が、アプリオリな言明とアポステリオリな言明のいずれもが改訂の対象であり、改訂を免れている言明は存在しないという主張である。パトナムは明示的にこのことを述べているわけではないが、彼は「私たちは中心性（centralities）［…］の備わった概念枠を持って」おり、アプリオリな言明とアポステリオリな言明は「連続している」というクワインの主張に同意すると述べている（AS, 40）。「中心（性）」とは、クワインがアプリオリな言明の相対的な改訂のされにくさを表すために用いた表現であり（TDE, 44）、パトナムもまた、アプリオリな言明とアポステリオリな言明がいずれも改訂に服するという論点を認めていると言っていいだろう。

　このように一見したところ、アプリオリな言明に関するパトナムとクワインの立場には違いがないように思われる。しかし、パトナムは、アプリオリ・アポステリオリの区別は単に心理学的なものではなく「方法論上の重要性（methodological significance）」を持つために、クワインがその区別を完全に否定したことは誤りだと主張する（IANS, 248; see also AS, 33–34）。というのも、アプリオリな言明とアポステリオリな言明の改訂のされ方にはある非対称性が存在するとパトナムは考えるからだ。

> もし物理学者が計算を行って経験的に誤った答えを得たとしても、彼は計算において用いられる数学の諸原則（これらの原則が数学の定理であるとしよう）が誤っているだろうと疑うこともなければ、f=ma が誤っているかもしれないと疑うこともない。同様に彼は、アインシュタイン以前においては、$e=1/2mv^2$ が誤っているかもしれないとか、万有引力の法則が誤っているかもしれないと頻繁に疑うことはない。［…］これらの言明は棄却され得るが、それは個別の実験においてではない。それらが棄却され得るのは、それらの言明と両立不可能な原則が、成功した概念体系に組み込まれた場合においてのみである。［…］それらはライバルとなる理論が手に入るために退けられる。（AS, 45–46）

引用箇所において、パトナムがアプリオリな言明の事例として挙げているものの一つが、ニュートン力学における運動方程式 f=ma である。歴史的な事実として、この運動方程式は物体の速度が光速より十分遅い場合にしか適用できないことが明らかにされた。しかし、パトナムが主張するところ、運動方程式 f=ma は常に改訂の対象であり得たわけではない。というのも、相対性理論以前において、この方程式は、個別の実験において予測に反した感覚経験が得られたとしても改訂の対象になり得ないという意味において、ニュートン力学内で「優先的地位（preferred status）」に立っていたからだ。引用箇所では、運動方程式以外に万有引力の法則、運動エネルギーの振る舞いを記述する $e=1/2mv^2$ が個別の実験によって改訂されることのない言明の例として挙げられ、引用箇所以外では、ニュートン力学で空間構造の記述に用いられたユークリッド幾何学が挙げられている（AS, 46）。そして、これらのアプリオリな言明が改訂されるのは、例えば、空間構造の記述のために非ユークリッド幾何学を組み込んだ相対性理論が提示され、かつ相対性理論がユークリッド幾何学を用いるニュートン力学よりも理論として成功していた場合に限られるのである。

では、なぜアプリオリな言明はそれが組み込まれている科学理論の枠内においては改訂の対象となり得ず、その改訂にはより成功した代替理論の提示が必要とされるのか。この点を明らかにするためには、パトナムがアプリオリな言明の担う認識論的役割について説明している以下の箇所が参考になる。

> ［…］極めて中心的であるという特徴を持つので、膨大な数の実験結果における予測を立てるために補助仮説として用いられる［…］多くの原則が存在する。これは論理法則の古典的な役割だが、同様に f=ma のような物理学の原則や、先に論じた原則が担ってきた役割でもある。すなわち、ユークリッド幾何学の原則や法則 $e=1/2mv^2$ がまだ受容されていたときに［担っていた役割である］。（AS, 48–49［強調追加］; see also AS, 45）

引用箇所でパトナムが述べているのは、アプリオリな言明が経験的な予測を導出する際に単に補助仮説として用いられるということではなく、アプリオリな言明は「数え切れないほど」の実験において補助仮説として用いられるということだ。この点は次のようにも言い換えられよう。すなわち、パトナムにとってアプリオリな言明とは、力学エネルギーや力、空間といった理論的存在者に厳密な数学的定式化を与え、経験的法則をテストにかけることを可能にしているような言明である（cf. Friedman 2001, 40, 79–82）。つまり、アプリオリな言明は、経験的予測と実験一般が成立させるという構成的機能を果たしている（Tsou 2010, 433–435）。

そして、アプリオリな言明が構成的機能を担っているということによって、アプリオリな言明の改訂には別のアプリオリな言明を組み込んだ代替理論が必要である理由が説明される。すなわち、非ユークリッド幾何学が体系化される以前にユークリッド幾何学を棄却すると、そもそも物理学における実験や測定が不可能になってしまう。この意味において、代替理論なしにアプリオリな言明を棄却することは「私たちの概念を混乱させること」なのだ（IANS, 243）。したがって、理論に含まれるあらゆる言明が同等に改訂の対象ではあり得ない。

3　アプリオリ性・分析性・改訂可能性

前節では、パトナムがクワインの「二つのドグマ」に対して加えた批判について論じ、パトナムが、アプリオリな言明は科学理論において構成的機能を担っており、その改訂には代替となるアプリオリな言明が必要とされると主張していることを確認した。言い換えれば、前節で確認したのは、アプリオリな言明の改訂がどのようなプロセスによって行われるかに関するパトナムの主張である。

翻って本節では、アプリオリな言明の改訂がどのような基準に照らい、して改訂と言えるのかに関するパトナムの主張を再構成することを試みる。すなわち、アプリオリな言明の棄却や変更を「改訂」として特徴付けるためには、改訂の前後においてアプリオリな言明やそれを含む理論が既存のものより発展ないし改善している必要がある。少なくとも、探究主体はアプリオリな言明の改訂によって理論が何らかの意味で発展・改善していることを意図し、期待するはずだ。したがって、本節ではアプリオリな言明の改訂の基準という観点からパトナムのアプリオリ性に関する立場を明確化する。

本節ではまず、アプリオリな言明と分析的言明の同一視に対するパトナムの批判と、アプリオリな言明の改訂可能性に関する彼の主張の関係性を確認する（3.1）。その後、従来パトナムに帰せられてきた指示の因果説によってアプリオリな言明の改訂可能性を説明することの難点を指摘したうえで（3.2）、彼の自然種に関する理論を補助線としつつアプリオリな言明の改訂可能性に関するパトナムの立場を再構成する（3.3）。

3・1　アプリオリ性と分析性の同一視に対する批判

パトナムは、理論的存在者の性質を規定するアプリオリな言明を分析的言明と同一視することの問題点を、「力学エネルギー」を引き合いに出しつつ次のように説明している。まず、パトナムによれば「力学エネルギー＝$1/2mv^2$」はニュートン力学において「力学エネルギー」の定義と呼び得るものであった（AS, 42-43）。その後、アインシュタインの相対性理論の登場によって「$e=1/2mv^2$」は改訂されたが、パトナムの主張するところ、この歴史的な事象を単にアインシュタインによる「力学エネルギー」の定義の変更として捉えるのは誤りである。

> 「力学エネルギー＝$1/2mv^2$」は〔ニュートン力学において『力学エネルギー』の〕定義であり、アインシュタインは単にこの定義を変えたに過ぎないと述べることは明らかに事態の歪曲であろう。［…］アインシュタイン以前に「エネルギーの定義」の地位がどのようなものだったのであれ、アインシュタインはそれ〔力学エネルギー＝$1/2mv^2$〕を改訂する際に単に〔総合的言明に位置づけられる多数の自然法則と並ぶ〕もう一つの自然法則として扱ったのだ。（AS, 44-45）

パトナムによれば、アプリオリな言明と分析的言明を同一視すると、アプリオリな言明の改訂は理論語の定義を変更することでしかなくなるが、これは実際の科学的探究のあり方に関する正しい記述ではない（see also AS, 51, 53）。彼によれば、「$e=1/2mv^2$」の改訂に関する正しい見方は次のものである。すなわち、相対性理論とニュートン力学は同一の力学エネルギーについて語っており（AS, 52-53）、相対性理論は力学エネルギーが方程式「$e=1/2mv^2$」で記述される自然法則に実のところ従わないことを発見したのだ。

パトナムはアプリオリな言明の改訂可能性を説明するために、「法則集約概念（law-cluster concept）」という概念を導入する。法則集約概念とは、科学理論において「多くの法則に登場」し、「$e=1/2mv^2$」をはじめとする法則群がその同一性を決定するような概念のことを意味する（AS, 52）。つまり、科学理論に含まれる多くの法則の結節点となっているような概念のことを指す。そして、法則集約概念に結びつけられたアプリオリな言明はどれ一つとして法則集約概念を定義する分析的言明ではなく(6)、アプリオリな言明の改訂によって必ずしも法則集約概念の同一性が損なわれるわけではない（AS, 52）。パトナムは法則集約概念の同一性について論じた後に、アインシュタインの相対性理論の前後で「力学エネルギー」の外延が変化したわけではないと述べ直している。したがって、パトナムの主張はより正確には、アプリオリな言明の改訂は新旧理論に共通の探究対象たる理論的存在者の認識の進展として捉えられるべきだというものになる。彼はまた、空間構造の記述に用いられる幾何学体系がユークリッド幾何学から非ユークリッド幾何学へ変化した事例についても、同一の存在者に関する言明が誤りだと判明した事例として捉えるべきだと主張する（AS, 50）。

パトナムの論点は次のようにまとめられよう。まず、パトナムにとってアプリオリな言明とは、力学エネルギーや空間といった理論的存在者の性質を規定する言明である。ここで、理論的存在者とその性質を規定するアプリオリな言明のペアを「存在論的枠組み」と呼ぶことにしよう。そして、科学的探究の進展に伴って存在論的枠組みが変化したとしても、その前後で新旧理論が異なった理論的存在者について論じるようになったわけではなく、むしろ存在論的枠組みの変化は同一の理論的存在者に関する認識が進展したという事態として捉えられるべきである(7)。

ここで二つの問いが生じる。まず一つ目が、なぜ存在論的枠組みが変化しても枠組みで扱われる理論的存在者は同一だと言い得るのかという問いである。というのも、存在論的枠組みの変化の前後で理論的存在者にはまったく異なった性質が付与されるようになるからだ。そして二つ目が、既に論じたように、アプリオリな言明の改訂はどのような意味で認識の進展と捉えられるかという問いである。以下では、この二つの問いに対するパトナムの立場を再構成することを試みる。

３・２　指示の因果説解釈に対する批判

アプリオリな言明の改訂と理論的存在者の同一性に関するパトナムの主張は、次のように理解できるかもしれない。まず、法則集約概念は、探究主体が用いる存在論的枠組みとは独立に世界の側に実在する理論的存在者を指示しており、因果連鎖を通じて法則集約概念は同一の存在者を指示し続ける。そして、アプリオリな言明の改訂は、その改訂によって存在論的枠組みが当該の存在者のあり方に関するより正しい記述になるという意味において認識の進展をもたらす。パトナムの主張に関するこのような解釈は、法則集約概念の外延の貫理論的同一性を指示の因果説によって、アプリオリな言明の改訂による認識の進展を科学的実在論によって説明する伝統的な解釈だといえる（Baghramian 2008, 18–23; Burge 2013, 238–239; 伊藤 2016, 172–173; 植原 2013, 30–32）。しかし、このような解釈は満足のいくものではない。

まず、パトナムが法則集約概念の外延の同一性に関する説明として指示の因果説を採用していないことを裏付ける文献的箇所が存在する。パトナムは「言語と実在」において、彼の提示する「疑わしきは罰せずの原則（The Principle of Benefit of Doubt：以下PBD）」が、理論的存在者の従う法則についての信念が改訂されたとしても、法則集約概念が「表示（denotation）を固定し続けることができる」理由を、あるいは「理論変化を通じた指示の保存の手続き」を与えてくれると主張する（LR, 281–282）。PBDとは以下の原則である。

> ［…］命名者や、伝達や協働の連鎖の末端にいる人物がオリジナルの命名者でない場合には関連する専門家に対して、その人が自身の記述に対する合理的な改訂を受け入れるであろうと仮定して、疑わしきは罰せずを与えるべきである［…］（LR, 275［強調追加］）

引用箇所中の「命名者」や「関連する専門家」は、法則集約概念に誤った記述を結び付けた過去の専門家のことを指す。PBDによれば、過去の専門家たちが法則集約概念に誤った記述を結び付けたために実際には理論的存在者の同定に失敗していたとしても、現在の理論を当該の専門家たちが依拠する理論の「合理的な改訂」として受け入れるだろうと想定することによって、遡及的に過去の科学者たちは現在の理論で措定されている存在者を指示していると解釈される。例えば、パトナムによれば、ボーアや当時の物理学者たちは電子の振る舞いについて現代の理論から見て誤った信念を持っていたが、私たちは当時の物理学者たちが現代の理論を当時の理論より進展したものとして受容するだろうと想定することで、彼らが電子を指示していたと解釈するのだ（LR, 275）。

そして、パトナムが法則集約概念の指示の同一性は遡及的に担保されると主張している以上、彼に指示の因果説を帰することはできない。というのも、指示の因果説によれば指示の同一性は因果連鎖によって担保されるが（Kripke 1980, 139）、PBDによれば指示の同一性は遡及的に担保される以上、因果連鎖によって担保されるとは言えないからだ。そしてパトナムが指示の因果説の構成要素である因果連鎖による指示保存にコミットしていない以上、彼に指示の因果説を帰することもできない。

また、PBDの存在は指示の因果説解釈に対する反例となっているだけではなく、パトナムに科学的実在論を帰する解釈に対する批判材料ともなる。というのも、PBDそれ自体は科学的実在論と両立可能ではあるが、これら二つの主張をパトナムに帰属すると、彼に説明上の循環をも帰属してしまうことになるからだ。まず、彼は法則集約概念がアプリオリな言明の改訂の前後でも指示対象を共有するということによって、アプリオリな言明の改訂が認識の改善だということ説明しようとしていた。一方で、PBDにおいて指示対象の同一性は「合理的な改訂」、つまり認識の改善に説明上依拠している。このように、パトナムが理論的存在者は科学理論から独立に実在していると主張していると解釈するならば、彼に対して説明上の循環をも帰属することになる。

したがって、次節では、PBDにおいて法則集約概念の同一性が「合理的な改訂」に基づいていることに鑑みて、パトナム自身の記述から「合理的な改訂」やアプリオリな言明の改訂可能性に関する彼の主張を取り出すことを試みる。そして、パトナムにとって、理論的存在者や存在論的枠組みは、実在の構造を記述するために導入されるものではなく探求上の目的や関心を満たすための道具として導入されるという解釈と、上述した説明上の循環に対する解決策を提示する。

ただし、PBDを除けば、パトナムが法則集約概念の同一性やアプリオリな言明の改訂可能性について詳細に論じている箇所は存在しない。というのも、一九七〇年の論文「意味論は可能か?」以後、パトナムは自然種や自然種語に関する議論に専心するようになるからだ。しかし、パトナムは自然種語に関するその立場を論じるに当たって、自然種語の外延が自然種の観察可能な振る舞いによって分析的に定義されると主張する立場を批判するところから始める(ISP, 140–143)。というのも、自然種語の外延がその観察可能な振る舞いによって分析的に定義されると、理論変化の前後で自然種語は指示対象を共有しないことになり、理論変化をある対象に関する認識の進展だと見なすことができなくなるからだ(MM, 236–237)。このように、自然種語と法則集約概念に関する論点は類似しているため、自然種および自然種語に関するパトナムの立場は法則集約概念や理論的存在者に関する彼の立場を明らかにする際に参考になるはずである。

3・3　自然種の理論からアプリオリな言明の改訂可能性へ

パトナムは金、レモン、トラ、酸を例に挙げつつ、自然種を「その通常の顕著な特徴が深層メカニズムによって『まとめ上げられたり』、説明されたりする分類」と特徴付ける(ISP, 139)。すなわち、レモンの観察可能な振る舞い(酸味、果皮、黄色 etc.)がその染色体構造によって説明されるように、パトナムは自然種を観察可能な性質が微視構造によって因果的に説明されるような分類だと考えている。そして、パトナムがこのような微視構造を「本質的性質(essential properties)」と呼んでいることから、彼の自然種に関する立場はしばしば、自然種実在論、その中でもとりわけ古典的本質主義に分類される(e.g. Tahko 2015; 植原 2013)。自然種実在論は、探究主体が用いる科学理論や分類体系とは独立に、世界の側に個体の分類が実在していると主張する立場のことを指し、古典的本質主義は微視構造が自然種の必要十分条件を定めると考える。

前期パトナムに自然種実在論や自然種本質主義を帰する理解は伝統的なものであるが、この解釈は再考に値する。というのも、I・ハッキングやA・ヴィクフォースが指摘する通り、パトナムが水を自然種の例として用いつつ、水の同一性関係が探究者の関心に相対的であると主張している箇所が存在するからだ(Hacking 2007, 9; Wikforss 2013)。

> 水であるためには、例えば、特定の事物と同一の液体であるという関係を取り結ばなければならない。[…] xは以下の場合にお

> いて、yと同一の液体であるという関係を取り結ぶ。すなわち、（1）xとyがいずれも液体であり、かつ、（2）xとyが重要な物理的性質において一致している場合である。［…］重要性とは関心相対的な（interest-relative）概念だ。通常であれば、液体や固体などの「重要な」性質は構造的に重要な性質のことである。言い換えるならば、当該の液体や固体が究極的には何から作られており［…］、そして、表面的な特性を産出するためにどのようにしてそれらが配置され、組み合わされているかを特定するような性質である。（MM, 238-239［強調追加］）

パトナムにとって、水の同一性関係がその微視構造によって同定されるのは、H_2Oを本質的性質とする自然種が世界の側に実在しているからではない。そうではなく、水がH_2Oと同一視されるのは、科学者たちが、無味無臭で沸点が一〇〇℃といった水の観察可能な性質が、どのような基底的メカニズムによって因果的に生じるのかを説明することに関心があるためなのだ。そして、引用箇所で自然種の同一性関係を規定する性質が、「通常であれば」自然種の観察可能な振舞いを説明する微視構造だと述べられているように、パトナムは自然種の同一性関係が微視構造以外の性質によって同定される可能性を排除していない。別の箇所では、パトナムは彼の主張が「自然種語の外延の成員が必然的に共通の隠れた構造（hidden structure）を持つ」という説明として理解されるべきではないと断りを入れている（MM, 240）。

パトナムは同様の指摘を、多発性硬化症や結核を例に挙げつつ疾患の分類についても行っている。多発性硬化症は手足の感覚障害や運動障害、失禁や認知機能の低下が症状として現れる原因不明の疾患であり、またこれらの症状は多発性硬化症以外の神経症にも現れることがある。パトナム曰く、当時は多発性硬化症の原因がウイルス感染によるものではないかと考えられていた。ここでパトナムは、多発性硬化症の原因がウイルス感染であることが明らかになり、多発性硬化症がその症状ではなく感染源によって識別されるようになった場合でも、理論変化の前後で科学者は「多発性硬化症」で異なった疾患について語っているわけではないと主張する（BB, 311）。しかし、これはパトナムが多発性硬化症や疾患について自然種実在論を取っていることを意味しない。

> ［…］隠れた構造を持たないと判明した疾患が存在する（典型的な事例に共通しているのは一群の症状だけだったのだ）。その一方で、（例えば結核のように）病因という意味において（in the sense of a etiology）共通の隠れた構造を持つことが明らかになった疾患もある。私たちはまだ［何が病因であるか］について知らないこともある。多発性硬化症については依然として議論が巻き起こっている。（MM, 241［強調追加］）

引用箇所で言及されている結核は結核菌に感染することが原因で起こる病気であるが、結核が同様の症状を引き起こすが結核菌感染が原因ではない病気と区別される、つまり、結核が結核菌という「共通の隠れた構造」を持つ病気として分類されるのは、病気の原因と発生機序を研究対象とする病因学の観点に照らしてのことでしかない。

ここまでの議論をまとめるならば次のようになる。パトナムにとって自然種とは、ある探究上の関心や目的に応じて措定される分類体系なのであって、世界の側に実在する分類体系ではない（Hacking 2015, 354）[8]。パトナムは、古典的本質主義はおろか自然種実在論にさえコミットしていないのである。そして、パトナムが一見したところ自然種実在論や自然種本質主義を取っているように読める箇所は、現代科学が自然種の観察可能な振る舞いを基底的メカニズムによって因果的に説明するということに関心があるために、自然種を微視構造によって同定することが多いという科学的探究に関する事実を記述しているに過ぎない。事実パトナムは「今日の私たちであれば、レモンの事例においてはそれ［本質的性質］が染色体構造であり、酸の事例においては陽子供与体だと述べるだろう」と主張する（ISP, 140［強調追加］）。

力学エネルギーのような理論存在者はユークリッド幾何学や微積分などを用いてその性質が数学的に定式化される一方で、自然種の特徴付けには必ずしも数学的定式化を伴わないという違いはあるものの (cf. Friedman 2001, 124)、パトナムの自然種に関する理論を参考にするならばアプリオリな言明や存在論的枠組みの役割について次のような含意が得られる。まず、存在論的枠組みは世界それ自体の構造を記述することを目的として科学的探究において導入されるわけではない。そうではなく、例えば天体現象に関する説明を与え、予測を行い、あるいは極めてミクロな現象について説明・予測を行うことを目的として存在論的枠組みは導入される。そして、存在論的枠組みは法則集約概念の意味や外延を定義しているわけではなく、理論的存在者に関する異なった特徴付けが探究上の関心や目的にとってより有用である場合に改訂され得るという意味において作業仮説的な役割を果たす。これが3・1末尾で提示した「アプリオリな言明の改訂はどのような意味で認識の進展と捉えられるか」という問いに対する答えである。

そして、このことはPBDによって法則集約概念の外延がアプリオリな言明の改訂の前後でも保たれる理由を与えてくれる。まず、探究主体がその探究主体の関心や目的に応じて存在論的枠組みを設定するという探究観は、法則集約概念の指示対象の同一性についてパトナムが論じた際に暗黙裡の前提となっていた。この探究観によれば、探究主体や通時的に拡大された探究共同体はその関心・目的により適う存在論的枠組みを設定することに成功した場合、当該の存在論的枠組みを探究において措定される理論的存在者に関するより改善された数学的定式化ないし枠組みだと捉える。言い換えるならば、探究主体・共同体は探究上の関心や目的を可能な限り満たすような存在論的枠組みを求めており、この関心や目的が共有されている限りにおいて、アプリオリな言明の改訂を理論的存在者に関する特徴付けの「合理的な改訂」だと捉える。これが、PBDにおいて指示対象の同一性が「合理的な改訂」に説明上依拠している理由であり、パトナムが冒しているように思われた説明上の循環は、彼が言及していた事例に即するならば、ニュートン力学と相対性理論が関心・目的を共有する通時的に拡大された探究共同体だということによって説明される。

結　論

本稿の議論をまとめよう。まず、第一節と第二節においては、クワインの分析・総合の区別に対する批判とパトナムのクワインに対する批判を論じた。議論の結果明らかになったのは、パトナムが科学的探究を可能にする構成的機能を担った言明という形でアプリオリな言明の存在を擁護していたことだ。その後第三節においては、パトナムの理論の枠内においてアプリオリな言明がどのような意味で改訂可能なのかという問題を論じた。本稿の解釈によれば、パトナムにとって理論的存在者とその性質を規定するアプリオリな言明は探究上の関心や目的に応じて措定されるものであり、当該の関心や目的により資するアプリオリな言明が存在し得るという意味において、アプリオリな言明は改訂可能性に開かれている。

謝　辞

本稿はJST次世代研究者挑戦的研究プログラムJPMJST2110の助成を受けた研究成果の一部である。また、草稿にコメントをくれた鈴木英仁氏と古手川由樹氏、応募原稿に建設的な指摘を下さった匿名の査読者三名に感謝申し上げる。

文献表

引用・参照の際に略号を用いた文献について、略号を文献情報末尾に［ ］内に示した。

Baghramian, M. 2008. "'From Realism Back to Realism': Putnam's Long Journey." *Philosophical Topics* 36 (1). 17–35.
Creath, R. 1991. "Every Dogma Has Its Day." *Erkenntnis* 35. 347–389.
De Gaynesford, M. 2006. *Hilary Putnam*. McGill-Queen's University Press.
Devitt, S., and K. Sterelny. 1987. *Language and Reality: An Introduction to the Philosophy of Language*. Basil Blackwell.
Fridman, M. 2001. *Dynamics of Reason*. CSLI Publications.
Hacking, I. 2007. "Putnam's Theory of Natural Kinds and Their Names Is Not the Same as Kripke's." *Principia* 11 (1): 1–24.
——. 2015. "Natural Kinds, Hidden Structures, and Pragmatic Instincts". In Randall E. Auxier, et.al (Eds.), *The Philosophy of Hilary Putnam* (pp. 337–364). Open Court.
Kripke, S. 1981. *Naming and Necessity*. Blackwell Publishing.
Mueller, A. 2013. "Putnam versus Quine on Revisability and the Analytic–Synthetic Distinction." In M. Baghramian (Ed.) *Reading Putnam* (pp. 145–178). Routledge.
Putnam, H. 1962a. "It Ain't Necessarily So." In Putnam (1979). 237–249. [IANS].
——. 1962b. "The Analytic and the Synthetic." In Putnam (1980). 33–69. [AS].
——. 1962c. "Brains and Behavior." In Putnam (1980). 325–341. [BB].
——. 1970. "Is Semantics Possible?" In Putnam (1980). 139–152. [ISP].
——. 1974. "Language and Reality." In Putnam (1980). 272–290. [LR].
——. 1975. "The Meaning of 'Meaning'." In Putnam (1980). 215–271. [MM].
——. 1978. "There Is At Least One A Priori Truth." *Erkenntnis* 13. 153–170.

——. 1979. *Mathematics, Matter and Method: Philosophical Papers, Volume 1* (second edition). Cambridge University Press. [PP1].

——. 1980. *Mind, Language and Reality: Philosophical Papers, Volume 2.* Cambridge University Press. [PP2].

——. 1994. "Rethinking Mathematical Necessity." In J. Conant (Ed.) *Words and Life* (pp. 245–263). Harvard University Press.

Quine, W. V. O. 1951. "Two Dogmas of Empiricism." In Quine (1980) *From A Logical Point of View* (2nd ed) (pp. 20–46). Harvard University Press. [TDE].

Soames, S. 2003. *Philosophical Analysis in the Twentieth Century, Volume 1, The Dawn of Analysis*. Princeton University Press.

Sober, E. 2000. "Quine's Two Dogmas." *Aristotelian Society Supplementary Volume* 74 (1). 237–280.

Stump, D. 2003. "Defending Conventions as Functionally a Priori Knowledge." *Philosophy of Science* 70 (5). 1149–1160.

——. 2015. *Conceptual Change and the Philosophy of Science: Alternative Interpretations of the A Priori*. Routledge.

Tahko, T. 2015. "Natural Kind Essentialism Revisited." *Mind* 124. 795–822.

Tsou, J. Y. 2010. "Putnam's Account of Apriority and Scientific Change: Its Historical and Contemporary Interest." *Synthese* 176. 429–445.

Wikforss, Å. 2013. "Bachelors, Energy, Cats and Water: Putnam on Kinds and Kind Terms." *Theoria* 79. 242–261.

井頭昌彦．2007．「〈分析性〉は理解不可能な概念なのか?——記述か規範的提案か」．『哲学』58. 131–145.

植原亮．2013．『実在論と知識の自然化——自然種の一般理論とその応用』．勁草書房．

伊藤邦武．2016．『プラグマティズム入門』．筑摩書房．

戸田山和久．2015．『科学的実在論を擁護する』．名古屋大学出版会．

注

（1）相対的アプリオリに関する科学哲学史についてはStump（2015）が詳しい。

（2）なお、内在的実在論以降のパトナムはPutnam（1978）において改訂不可能なアプリオリな真理が存在するという主張にコミットするものの、Putnam（1994）ではその主張を撤回している。

（3）パトナムの哲学的遍歴に関する一般的な理解を提示している先行研究としてはBaghramian（2008）を参照されたい。

（4）この主張を十分に展開するためには、前期パトナムに帰せられる主張のうち少なくとも意味論的外在主義と奇跡論法を再構成する必要がある。この課題は別稿に譲りたい。

（5）「二つのドグマ」全体に関する詳細なコメンタリとしてはCreath（1991）、Soames（2003）を参照せよ。また、カルナップの「意味論的規則」による分析性の規定と、それに対するクワインの批判については井頭（2007）を見られたい。

（6）ただし、パトナムは「二つのドグマ」におけるクワインとは異なり、分析的言明が存在しないとまでは主張しない。パトナムによると、自然言語には「独身者」のようにその語を適用するための基準がただ一つしか存在しない「一基準語（one-criterion word）」が数百ほど存在する。

（7）パトナムが「力学エネルギー」の事例において「『私たちが語っているもの』に影響を与えるのに十分なほど意味が変化したわけではない」（AS, 53）と述べているように、存在論的枠組みの変化が理論的存在者の同一性を損なう事例が存在することを彼は認めている。ただし、そのような事例について本稿では立ち入らない。

（8）また、指示の因果説は指示固定（reference-fixing）の理論として自然種実在論を含むため（Devitt and Sterelny 1987, 70–71）、パトナムがこの立場にコミットしていないことは、彼が自然種名についても指示の因果説にコミットしていないことを示す。

〈応募論文〉

遠ざけることで近づける

——ハイデガーの遺稿に基づく「次元（Dimension）」概念の解釈：「「…詩人的に人間は住む…」」（1951）の「次元」概念と「時間と存在」（1962）の「時間の第四の次元」を結ぶもの

貫井《ぬくい》　隆《たかし》
（京都大学）

本稿の目的と概要

ハイデガーの後期思想は、基本的には「四方域 Geviert」を鍵概念として展開する議論であると言えるだろうが、その解釈は難解であることで知られる。二〇一一年にグレアム・ハーマンは、ハイデガーの後期思想に関して、四方域の意味が明確に説明されておらず、「より厳密な理論的枠組みにおいて解釈するための手がかりが、ハイデガーの著作にはほとんど存在しない」と指摘している(1)。しかし、二〇一四年以降、ハイデガーの遺稿集が『ハイデガー全集』九四—一〇二巻、八〇巻、八二巻、九一巻等として立て続けに出版され、後期思想を解釈する「手がかり」は、ここ約一〇年間で少なくとも量的には増大した。四方域の発想を含め、ハイデガーの後期思想を「より厳密な理論的枠組みにおいて」再解釈しうる可能性が高まってきていると言えるだろう(2)。

また、後期ハイデガーでは『存在と時間』での時間論に比肩するような、世界概念の成立に関わる重要な時間論は展開されず、ハイデガーは時間に対する以前のような関心を持たなくなったと考える向きが従来は強かった(3)。しかし、本稿でも述べるように、近年刊行された上述の遺稿群には時間と四方域に関する重要な考察が多く含まれており、そのような見方が誤りであったことが明らかになりつつある。

そこで本稿では、上で挙げたような近年刊行された遺稿を用いて、後期ハイデガーの鍵概念である四方域と、後期ハイデガーにおいて論じられている時間概念の関連性を明確にすることを目的とする。その際、ハイデガーが「次元 Dimension」と呼ぶ事柄（本稿第1章にて詳述）が、四方域と時間概念の両方に強く関係することを指摘した上で議論を進める。そのようにして、ハイデガーの後期思想の四方域と時間論を別々に扱うのではなく、両者を互いの密接な関連のもと、より一体的なものとして解明することを目指す。また、そうすることで、これまでハイデガーの後期思想に対して（例えばデリダやドゥルーズによって）向けられてきた、それが〈異なるものを同一のものに固定的に収斂させる還元主義である〉という批判を退けることができると考える。

上記の目的を達成するために、本稿では以下の順序で議論を展開する。まず、ハイデガーの生前の公刊著作に収録されている「「…詩人的に人間は住む…」」（1951）における「次元」概念と、「時間と存在」講演（1962）における「時間の第四の次元」を整合的に解釈する。両テキストに見られる「次元」という語は、従来の研究では、同じ語が用いられているものの互いに関連はなく、統一的に解釈することは困難であると考えられてきた（以上、本稿第1章）。しかし、近年刊行された遺稿（特に九八、九九、八二巻等）を参照すると、それらの中で「次元」という表現に対してハイデガーが厳密な概念規定を行なっていることが明らかになる。それはすなわち「測り通すこと（貫通して・横断して - 測ること）Durchmessung」という規定であり、〈当該の事柄どうしを互いに「遠ざける」（無理やり同一化するのではなく、差異化する、固有化する）ことにより逆説的に「近づける」（初めて本来のしかたで関係させる）〉という運動である（以上、本稿第2章）。そのような「次元」の規定を踏まえた上で改めて前掲の二つの公刊著作の記述を確認すると、「「…詩人的に人間は住む…」」では特に「四方域」の四契機（天空・大地・人間・神々）を可能にするものとして、また「時間と存在」講演では時間の三契機（到来・既在・現在）を可能にするものとして、この「次元」の運動が記述されていることが明らかになる（本稿第3章）。ハイデガーによれば「次元」＝「測り通すこと」、すなわち遠ざけることで近づける運動とは、この運動に関わる各項を、言わば、その内のどれか一項による自同化する運動（たとえば人間（現存在）中心主義や現在中心主義（その結果としての非本来的時間））に不当に巻き込むことから「遠ざける」ことで（つまり各事柄が何らかの中心や基礎に還元されることなく、互いに固有化・差異化されることで）、各項が互いに同一化し合わない対等な立場を保持したまま、初めて本質的な仕方で関係を結ぶ（「近づく」）、という運動を指す。またその際、それらの各項は、特定の自同化する基準によって還元され一義化されることがないため、そのそれぞれが多様な関係へと開かれた、多義的な仕方で存在することになる（よって、多義的な詩的言語でのみ、存在は語られうるということになる）。そして、存在するものは「物」として、四方域を構成する諸々の関係性（多義的な天空・大地・人間・神々との関係、また、存在の歴史の時間における多義的な到来・既在・現在との関係）へと開かれるようになる。そのようにして「次元」＝「測り通すこと」が、ハイデガーの後期思想における「四方域」としての世界を言わば空間的・時間的に（ハイデガーの言葉では「時-空 Zeit-Raum」として）可能にする根本動性を成していることを本稿は明らかにする（以上、本稿第4、5章）。

以上の仕方で示される本稿の「次元」＝「測り通すこと」の解釈

は、ハイデガーの後期思想における四方域と時間概念の本質的な連関を解明することに寄与し、それ自体でハイデガー解釈史上の意義を持つと考えられる。しかし、それだけでなく本稿の分析は、ハイデガーの後期思想に対してこれまでなされてきた代表的な批判に応答することを可能にする。ハイデガーの後期思想は、たとえばドゥルーズによって、「異なるものを同じものに収斂させる」「還元主義を招いている」と批判されてきた(4)。ドゥルーズから見るとハイデガーは「差異よりも存在を特権化することによって」「存在（の意味の問題）の単一性から存在者を考える以外にない」事態に陥っていることになる(5)。このような批判によれば、ハイデガーにとっての存在は、絶え間ない差異化の運動が最終的にそこで止まってしまうような、絶対的な地点であるということになる（同様の批判はデリダにも見られる）。しかしハイデガーにとって、存在者が存在することにおける「次元」の運動では、そのつど、統一化（近づけること）と共に差異化（遠ざけること）の運動が同時的に生じている。或る存在者が「同じもの」として何らかの統一のもとで存在することとは、自他を互いに差異化し合う運動においてのみそのつど可能になる。この絶え間ない差異化の運動のもとでこそ、四方域において、また、存在の歴史の時間において、差異化された自他との統一的な関係が、保持される。ハイデガーにとっての存在は、それ以上の差異化を許容しない権威的地点ではない。存在することにおいては、統一化（近づけ）だけでなく差異化（遠ざけ）の運動が、等根源的に常にすでに同時に生じ続けている（以上、本稿第6章）。

以上のように、後期ハイデガーにおける重要な運動概念である「次元」の分析により、これまで見られた代表的なハイデガー批判に反して、後期ハイデガーが差異化の運動をより重視していることが明らかとなる。以上の仕方でハイデガーの後期思想の内実をより明瞭にすることが、本稿の目的である。

1　生前の公刊著作における「次元」概念

周知のように時間は、『存在と時間』(1927) における主要テーマの一つである。しかし、一九三〇年頃を境に、ハイデガーは刊行著作の中では、時間を主題的に論じることを控えるようになり、それはハイデガーの焦点が「存在の意味」から「真理」や「場所」へと移行することと並行している。そんな中、例外的と言えるものの一つが一九六二年に行われた「時間と存在」講演である。しかし、「時間と存在」は『存在と時間』の未公刊部にあたる第1篇第3部の表題と同一ではあるものの、その内容は『存在と時間』の時間論とは直接には連続していない。『存在と時間』と「時間と存在」での時間の論じ方の違いは、次のように対照することができる。

まず『存在と時間』において、時間とは「現存在の時間性」(SZ, 331) を指し、その構成契機は「脱自態」と呼ばれ、それらは「将来」、「既在性」、「現在」の三者である。三者の「統一」は「本来的時熟」と呼ばれる (SZ, 329)。それに対して「時間と存在」講演では、時間は「物の時間」(GA14, 6)、あるいは「存在の歴史」の「送り遣わされたものGeschick」に関する時間とされ（GA14, 14）、その構成契機は諸々の「次元」と呼ばれ、それらは「到来」、「既在」、「現在」である。それら三者の「統一」は「時間の第四の次元」（GA14, 20）と呼ばれる。

『存在と時間』での「時間性」についての記述と比べ、「時間と存在」講演での「時間の第四の次元」は脈絡を欠いて登場し、十分な説明がなされているとは言い難い。また、「時間と存在」講演では、そこでの時間についての記述と、ハイデガー後期思想の主要概念である四方域との関係も明瞭ではない。従来の研究では、「時間と存在」講演での「時間の第四の次元」を、「「…詩人的に人間は住む…」」などの他の刊行物に登場する「次元」概念（GA7, 198）と関連づけることは難しいと考えられてきた(7)。

「「…詩人的に人間は住む…」」での「次元」概念と、「時間と存在」での「時間の第四の次元」についての記述を比べると、前者では、「次元」は「それによって天空と大地の間が開いているようになること」（GA7, 198）と語られている。それに対して後者では、「次元」は「将来、既在、現在の空け開く〈互いに-差し出し合うこと〉」（GA14, 19）とされる。

共通点は、いずれの「次元」も、「測り通すこと（端から端まで〈貫通、横断、踏破して〉徹底的に測ること）Durchmessung」と言い換えているという点である（GA7, 198; GA14, 19）。しかし、この「測り通すこと」に関して、両者を関連づけるような記述がなされているわけではない。たしかに生前の公刊著作を参照するかぎり、両者の本質的な関連を指摘することは困難であると考えられる。

公刊著作での「次元」についての言及は、「「…詩人的に人間は住む…」」が分量としては最も多いが、他にも一九四四／四五年の「野の道での対話」、一九四六年の「詩人は何のために」、一九四七年の「ヒューマニズム書簡」、一九四九年の「形而上学へとは何か」への序論第5版での注釈、一九五〇年の「言葉」「物」、一九五一年の「建てる、住む、考える」などにも見られる(8)。しかし、いずれも数行程度にとどまり、それらと「時間と存在」講演での「時間の第四次元」との関連を指摘することは困難である。

2　遺稿（全集82, 98, 99巻）での「次元」概念

そこで本稿では、近年刊行されたハイデガーの遺稿を参照する。そこには、「時間の第四次元」概念と、その他の「次元」概念を関連づけることができると考えられる記述が見られるからである。そして、この両者を関連づけることは、本稿で後述するように、ハイデガーの後期思想における四方域と時間概念の連関の解明に寄与すると考えられる。本稿では、主に一九四〇年代後半から一九五〇年代前半に書かれた遺稿を検討する(9)。

（1）まず、公刊著作では語られることのなかった「次元」概念の語源的由来について、遺稿ではハイデガーはこれをdi-とmensionに分けて詳しく説明している。このdi-は「端から端まで」（GA99, 153）、「離れ離れに」（GA82, 256）を意味し、mensionは、「行くよう

に指し示すこと」（GA99, 153）、「接合すること」、「測ること」（GA99, 27）を意味するという。

また、この di- と mension は、古代ギリシア語やラテン語の語源に遡って説明されている。di- はギリシア語のディア διά（GA82, 256）と関連し、mension はメトロン μέτρον（GA99, 27）[10] やラテン語のメンスーラ mensura と関連するとされる（GA99, 82）。ディア διά は、「アレーテイア ἀλήθεια としての空け開けの、〈端から端まで〉と〈離れ離れに〉」という意味を持つとされる（GA82, 256）（また接頭辞 Ek- もこれと同様の意味を持つとして、「脱自態 Ekstase」と「次元」の事柄上の共通点が指摘されることもある（GA82, 256））。メトロン μέτρον は、「行くように指示すること Weisen」、「接合すること Fügen」、「測ること Ermessen」と言い換えられている（GA99, 27）。

右で述べたように、「次元」は、既刊著作における「「…詩人的に人間は住む…」」（1951）と「時間と存在」講演（1962）の両方で「測り通し Durchmessung」と言い換えられていたが、そこではその言い換えの理由は判然としていなかった。それに対して、この言い換えの背景には、「端から端まで di-、測ること mension」という語源的な解釈があったことが、遺稿を参照することにより、初めて明らかになる。「次元」という語は、ハイデガーの語源的理解によれば、「特定の領域」を意味するのではなく（GA99, 129）、「端から端まで測ること、離れたところ（端）同士を（離れたまま）接合する動き」を指す（そして、本稿第3章での結論を先取りすれば、この「離れたところ」こそが四方域の「四方 Vier」であり、また「存在の歴史」における「既在」・「到来」であるということになる）。

（2）次に、同じ遺稿によれば、「測ること messen」に際しては、測るための「尺度、基準 Maß」が必要である（本稿第3章で詳述するが、このことについては特に「「…詩人的に人間は住む…」」に多くの言及がある）。その「尺度」は遺稿では「性起の尺度」（GA99, 130）や「慎み深い関係 Ver-hältnis の尺度」（GA99, 82）と呼ばれている。この尺度は「量的なもの」とは関係がないとされ（GA99, 153）、これは通常「尺度」ということで想像される数量的な基準ではない。また、尺度は性起の外部から追加的に付与されるものではなく、性起において、その性起が性起自身を測り、自身が自身の尺度となるという性格を持つとされる（GA99, 27）。さらにハイデガーによれば、適切な尺度によって「測り通し」がなされるとき、「空け開き、隠し蔵す」（GA99, 129）、遠ざけることで近づける（「遠ざける近さ die fernende Nähe」（GA99, 139））、という運動が可能になるという。「時間は〔…〕四つの「次元」を持つが、第四の次元が第一のものである。第一の次元は〔…〕性起において本質的なものを指す。〔…〕この第一の次元が、空け開きつつ - 隠し蔵す（遠ざける）、性起における、間渡す離別の unterschiedlich「近さ」である」（GA82, 250）[11]。つまり、この「尺度」によって測られるものは、遠ざけられることで、逆説的に、近づく（親密になる）。

（3）さらに、「次元」の運動は、同じ遺稿のなかで、四方域としての「世界の性起」（GA99, 26）という、根源的な位置付けを与えられている。「性起の唯一の次元は、それ自体で、四重的である。この次元は、あらゆる根本中の根本 das Elementare aller Elemente であり、本質的なものが本質活動するのが、この次元においてである。世界が性起する次元とは、物の根本である。物「の」親密な場所――物は、〈近く〉で、本質活動する」(GA99, 130)[12]。また、ハイデガーは遺稿の中で「時間の第四の次元」を「四方域の次元」とも言い換えている(GA98, 172)。さらに、「時間の、次元の四性は、間渡す離別の四方域に安らう」(GA99, 139)、「四的な四方域の内で、時間の完全な本質活動がある」(GA99, 139)とも述べられており、時間の第四次元が、四方域を可能にする動性であることが示されている。

以上の遺稿に見られる「次元」の規定を一旦まとめると、以下のようになる。(1)「次元」(Di-mension)は、特定の領域ではなく、「測り通す」という動きを指す。(2)測り通すことは、それに固有の、量的でない「尺度」によって、測られるものを、「遠ざけることで近づける」(その際「測られる」ものは、四方と物、既在・到来・現在の時間である)。(3)「時間の第四次元」は「四方域の次元」であり、四方域を可能にする根本的な動性である。

3 「「…詩人的に人間は住む…」」(1951)と「時間と存在」(1962)の「次元」概念の再解釈

では、以上のような「次元」の規定を踏まえた上で、改めて「「…詩人的に人間は住む…」」(1951)と「時間と存在」講演(1962)の「次元」について検討することにしよう。すると、以下で示すような、両者の「次元」の共通点を明らかにすることができる。

3・1 「「…詩人的に人間は住む…」」(1951)における「次元」

ハイデガーは「「…詩人的に人間は住む…」」において、「次元」に関して次のように述べている。まず、「次元」とは「十分に差し出された、測り通すこと」であり、この「測り通し」においてこそ、天空と大地の「向き合い」が初めて起こる。天空と大地がそれぞれ独立に存在し、それらが「測り通し」によって初めて結び付くというわけではない(GA7, 198)。「測り通し」という「間」を切り開く動きにおいて、天空と大地が、互いが互いを成り立たせるものとして初めて成立する。「次元」の「本質」は、「天空」と「大地」の「間」を「測って付与すること Zumessung」である(GA7, 199)。

次に、この天空と大地の間を測ることができるためには、その測る際の「尺度、基準 Maß」として、「天空的なもの」、あるいは「神性」が必要であるとされる。この「尺度」が得られることで、大地と天空の間が初めて測られる。また、「人間」も「天空的なもの」、「神性」と自身を比べることで、「大地」の上に「住む」死すべき者として存在することが初めて可能になる。「人間は自己自身を、人間として、つねにすでに、何か天空的なものによって測り、天空的なものと競ってきた。〔…〕「人間は…神性と競ってきた」。神性とは「尺度」である。それによって人間が、人間の住むことを、すなわち、大地の上そして天空の下に滞在することを、正確に測るような」(GA7, 199)。つまり、「測り通し」の「尺度」は大地や人間の側にはないということである。[13]「天空的なもの」「神性」を尺度（基準）にして初めて、天地の間、神と人間の間――それらを適切に分ち、だからこそ互いに繋ぎうるような間――が測られ、開かれる。こうして人間は、初めて天地の間に住むことができるようになるとされる（GA7, 199）。

ただし、ハイデガーによればこの「尺度」は、厳密には天空そのもの、神そのものではないという。「尺度は、知られないままである神が、そのように知られないままで、天空を通して明らかになるその仕方 Weise の内に存する」（GA7, 201）。尺度とは、天空を通して神が、隠れたまま現れるその「仕方」である。つまり、「隠れたまま現れる」（「遠ざかったまま近づく」）という運動それ自体が、「尺度」であるとされる。

数量的な計測では、この「隠れたまま現れる」という事柄を捉えることはできない。先述の遺稿でも述べられていた（GA99, 153）ように「尺度の本質は〔…〕量ではない」（GA7, 203）からである。ハイデガーがここで語る「測ること」は、一義的な数によるものではなく、「多義的」な言葉、すなわち「詩作」によるものである。「測ることは、その独自のメトロンを持っており、ということは、固有の韻律論 Metrik を持つ」（GA7, 199）。「詩作することは、測ることである」（GA7, 200）。あるいは詩作とは「言葉の厳密な意味において理解された」[14]「尺度の-受け取り Maß-Nahme」（GA7, 200）である、と言われることもある。[15]

ハイデガーによれば、量的で自明な、隠れを持たない尺度が用いられる場合に、世界の全てが自明、一義的に捉えられ、計算可能になる。そうして世界は〈世界には隠れがない（し、あるべきではない）〉という様相を呈するようになる。それに対して「隠れたまま現れる」という動きそのものが尺度として受け取られ、この尺度に対して人間が「詩作」として応答する場合、天空と大地は互いに距離をとり開いておかれ、四方としての隠れを、隠れのまま保つことが可能になる。四方を取り集める「物」もまた、隠れと共にあるものとして現れることができるようになる。以上が「〔…詩人的に人間は住む……〕」における「次元」概念に関する記述であると言える。次に「時間と存在」講演の場合を見ていきたい。

3・2 「時間と存在」講演（1962）における「次元」

「時間と存在」講演の「時間の第四次元」に関する議論では、直接「尺度」という語は登場しないものの、「〜から von … her」という表現によって、何をいわば〝基準〟にして時間の三要素（次元）の統一的運動がなされるか、ということが主題となっている。

ハイデガーによれば「現在を基準に von der Gegenwart her」時間が解釈される場合に、時間は「今連続」として捉えられる（GA14, 15）。そのとき、時間は厳密に（本稿の論旨に引き付ければ、いわば一義的に）計算可能なものとなる。こうして時間が自明なものとなり、そこに隠れの介在する余地がなくなるとき、「時間に固有なもの」について思索する機会は失われる（GA14, 15）。このような計算可能な時間は「一次元的な時間」（GA14, 19）と呼ばれる。なぜなら、時間現象のなかで最も「手近にある、自明なもの」（GA14, 19）であるとされる「現在」のみを頼りに、同じように自明なもの（計算可能なもの）として「将来」と「既在」が解釈されるため、それは本質的には「現在」（という一次元）のみによって構成される時間でしかないからである。「今連続」には言わば第二、第三の「次元」（到来や既在）が介在する契機がなく、そこではこれら三次元が相互作用する働きを指す「時間の第四の次元」も成立することがない。

それに対して、ハイデガーによれば、「あらゆる時間計算以前に、そして、それら時間計算に依存することなく、将来、既在、現在の空け開く〈互いに-差し出し合うこと〉のうちに安らうのが、本来的な時間の時-空に固有なものである」（GA14, 19）。そして、このような「本来的時間」に固有な運動が、「次元」であり、「測り通すこと」であるとされる（GA14, 19）。「次元」に特徴的な動性は「空け開きつつ差し出すこと」、「達し通すことHindurchlangen」である。「到来が既在をもたらし、既在が到来をもたらし、この到来と既在の相互関係が、開けた場の空け開けをもたらす」（GA14, 19）。この運動は「三重の差し出し」と呼ばれる（GA14, 19）。

こうして、現在だけでなく、既在、到来も含めた三つの時間次元の言わば相互作用そのものが「尺度」となる場合（すなわち、既在と到来が隠れつつ（現在から遠ざけられつつ）現在とかかわる（現在に近づく）場合）、「今連続」以前の、時間の根源的な面があらわになるとハイデガーは考えている。そして、この三つの次元が互いに差し出される運動が、時間の「第四の次元」（GA14, 20）と呼ばれる[16]。「本来的な時間は四次元的である。〔…〕この差し出しは〔…〕到来、既在、現在を空け開き、離れ離れに保つ。そうすることで、それらが近さNähe の内で、一緒に互いに向き合うように保つ」（GA14, 20）。到来、既在が現在として到来する場合に、時間は「今連続」となり、「一次元」的な、すべてが自明な、わかりやすい、隠れ（非現前性）のない時間となる。それに対して、到来そのもの、既在そのものが現在から距離をおいて、開いておかれる——つまり、時間の三つの次元を相互に差し出す動き（時間の第四次元）が生じる——ことにおいて、現在もまた本質的に隠れと共にあるものとしてあらわれるようになる。

また、時間に関するこうした遠ざけと近づけの運動は、「言葉」講演（1950）では、まさに言葉において可能になることとして語られる。言葉は、それによって名指される「まだ現前してはいないもの」を「より近くに連れてくる」。しかし、これは同時に、それらが「遠いところ」で「まだ非現前のもの」として「留まる」ようにしてであるとされる（GA12, 18）。時間の第四次元と言葉とのこうした密接な関係は、先述の遺稿では「近さ（時間の第四の次元）を言葉へと、言い換えれば、語られないものの内にもたらすこと」（GA99, 23）として述べられている。本稿第3章第1節で確認した四方域の次元だけでなく、時間の第四次元も、語られないものを語ろうとする言葉、つまり、多義的、詩的な言葉のうちで、保蔵されるということである。

３・３　第３章のまとめ

以上のように、遺稿での次元概念についての記述を参照した上で公刊著作における「〔…詩人的に人間は住む…〕」と「時間と存在」講演を改めて確認すると、後者二つのテキストの次元概念には以下の共通点があることが明らかになった。すなわち、次元＝「測り通すこと」とは、当該の事柄を一義的な記号に置き換えて計算するような計測ではなく、そうした計算では測ることのできない、隠れを伴ったまま現れるという動きそのものを尺度に、事柄を捉えようとすることを意味する。その際、測られる諸々の事柄は互いに固有な距離に離され、その意味である種、互いに隠れたままにされ、本質を匿われ（そうして固有化、差異化され）、そうすることで逆説的に、互いに近づけられる（固有なもの同士が、離れたままで、互いに本質的な関係を結ぶ）。こうした「次元」の運動を保蔵するために必要とされるのが、数のような一義的な言語ではなく、多義的な言葉（詩作）なのである。

「「…詩人的に人間は住む…」」では、「次元」の「測り通し」によって測られ、互いに離されることで近づけられるのは、四方域の四方（天空、大地、人間、神々）である。「時間と存在」講演では、「時間の第四次元」の「測り通し」によって測られ、互いに離されることで近づけられるのは、時間の三つの次元（到来、既在、現在）である。

また、四方（天空、大地、人間、神々）間と時間の各次元（到来、既在、現在）間に加えて、「次元」＝「測り通し」は、「物」と「世界」の「間」を開くとされる。「物の振る舞いと、世界の恩恵は、互いを測り通す」（GA12, 24）。「世界の純粋な明るさと、物の端的な輝きは、世界と物の間――間渡す-別離 Unter-Schied――を測り通す」（GA12, 25）。

以上の議論により、「次元」とは、四方域としての世界を構成する様々な「間」、距離を、まさにそのような「間」として成り立たせる根本的な動きである、と結論することができるだろう。

4　「次元」と時間――「四方域」と「存在の歴史」の時間

以上の議論により、「次元」の運動が、四方域と時間の両方の諸契機に関して、同じ〈遠ざけつつ近づける〉という動きであることが確認された。ハイデガーの遺稿には、四方域と後期時間論の密接な関係が示唆される箇所が少なくない。たとえばGA99, 65では、四方域における「慎み深い関係 Ver-hältnis」は「現在」、「将来」、「既在」であり、そこでの「現在」は「性起的な現在 ereignishafte Gegen-Wart」、「将来」は「性起的な将来 Zu-Kunft」、「既在」は「性起的な既在 Ge-Wesen」と形容される。それぞれの時間次元を示す語には間にハイフンが挿入されており、「現在」には「対峙して-見張る Gegen-Wart」、「将来」には「将に-来る Zu-Kunft」、「既在」には「集-本質活動 Ge-Wesen」の含意があるとされる（cf. GA91, 405; GA100, 257）。さらに、現在は「物」、将来は「性起」、既在は「護り保ちの荒廃 Verwahrlosung」とも言い換えられている（GA99, 65）。以上から、四方域における時間としての「現在」は四方域の性起の内で「物」を「見張ること」を指し、「将来」は存在の歴史における「性起の出来事」の到来可能性を指し、「既在」は存在の歴史においてこれまで「護り保ち」が「荒廃」してきたことを指す、と考えることができる。

こうした存在の歴史における時間の解釈は「今連続」の時間観から

は導出されえない。自明な過去から自明な現在が、また自明な現在から自明な未来が因果的に予測される今連続とは異なり、ハイデガーの四次元的時間においては、将来や既在、現在がより多義的に――より複数の可能性に常に開かれている事柄として――解釈されるからである。

右の箇所で語られる「将来」における「性起」の可能性や、「既在」における「護り保ちの荒廃」は、開かれた、多義的な時間解釈のうちの一つであると考えることができる。「技術への問い」(1953)でも述べられるように、「存在の歴史」における「将来」は「性起」(「救い」)の可能性だけでなく、性起を喪失する「危険」にも開かれている(GA7, 34)。また、「存在の歴史」における「既在」には「ピュシスとロゴスの護り保ちの荒廃」(GA99, 77)(あるいは「工作機構」(GA99, 23))だけでなく、豊かな「原初」(例えば「アレーテイア」、「ロゴス」、「ピュシス」としての「既在」(GA7, 185))を反復する可能性も潜在するとされる。「存在の歴史」における「現在」も、四方域において「物」を見守る可能性と、「総駆り立て体制」のなかで、(たとえば「水圧供給者」として川を捉えるように(GA7, 16))特定の一義においてしか存在者を解釈しない可能性(「危険」)にも開かれている。そして、こうした極端な二つの可能性の間にも、さまざまな諸形態が潜在していると考えることができる。

ハイデガーによれば、本稿が第3章第1節で論じた「次元」の「尺度」――「隠れたまま現れること」――も、時間と関連している。「隠れたまま現れる動き」としての「尺度」はそれ自体、「存在の歴史」の時間において、「既在」から「到来」する事柄である。「詩作は、光り輝くものの語りかけを口真似することとして、一つの光り輝くことである。それは、尺度の到来に〔…〕応答する」(GA91, 699)。「尺度」は「送り遣わされたもの Ge-schick である」(GA99, 82)と言われることもある。ハイデガーが「次元」(Di-mension)を構成するδια を「アレーテイア」の動きと関連付けていること(GA82, 256)、また、「既在」の例として「アレーテイア」を挙げていること(GA7, 185)を考慮すると、ここでの「尺度」の「到来」とは、「アレーテイア」という「既在」する運動の「到来」であると考えることができる。ハイデガーによれば、アリストテレス以来支配的な時間観は「連続的に進行する時間的持続の量的あるいは質的計算の次元」であるが、「しかし、真の時間は、既在的なものの到来である」(GA12, 55)。「アレーテイア」という動性が「既在」的なものとして「到来」することにおいて、つまり、時間の諸次元の「互いに差し出し合うこと」としての「測り通し」(「時間の第四の次元」)の「尺度-付与」においてこそ、四方域の天空と大地の間、人間と神々の間も、「次元」=「測り通し」において開かれる、ということである。性起とは、天空、大地、神々、人間、物の既在的到来、性起の既在的到来(語りかけ)を、人間が現在において「見張り」、詩作として「復唱」し、受け止めることである。ハイデガーによれば、このような仕方で人間が詩人的に「住む」ことも、「既在する住むこと」(GA7, 162)、すなわち既在する可能性である。本稿第2章で参照した遺稿(GA98)の中で「時間の第四の次元」が「四方域の次元」と言い換えられていたのは、こうした密接な関係が、存在の歴史の時間と四方域の間に成立しているためである、と考えることができる。[17]

5　「次元」と言葉――「一義性」と「多義性＝四義性」

また、以上の議論で明らかになったのは、自明なものが「尺度」となることが一義的な言葉と関係し、また「遠ざかることで同時に近づく」という運動が「尺度」となることが、多義的な言葉と関係するということである。

存在するものは、「総駆り立て体制 Ge-stell」においては、何らかの目的のために調達された、その目的に資するだけの、一義的なものとして把握される。たとえば、「家」は「単なる住むための容器」（GA13, 138）（「ヘーベル――家の友」）として、「ライン川」は、水力発電の目的との連関では「水圧供給係」（GA7, 16）として、また、観光産業の目的との連関では「観光するのに絶好の対象」として捉えられ、他の仕方で解釈される可能性は塞がれる。しかし、「遠ざかりつつ近づく」という「尺度」の到来において、たとえば「家」は大地の上、天空の下に死すべき者が住むことを可能にするものとして、通常の目的論的な一義的な把握からは逸脱して[18]、多義的に捉えられる（GA13, 138-139）。ライン川も、ヘルダーリンの詩によまれるような、同じく天地人神と連関する多義的なライン川として捉えられるようになる（GA7, 16）。四方と関連する言葉のこの種の多義性（Vieldeutigkeit, Mehrdeutigkeit）をハイデガーは遺稿の様々な箇所で「四義性 Vierdeutigkeit」と呼んでいる（GA99, 107）。

一義的か多義的（四義的）か、というこの違いは、ハイデガーによれば「ただ二種類の言語の区別のようにしか見えないもの」ではなく、「人間を支配しつつ、ほかでもない人間の世界関係を襲い、揺り動かす生起」（「伝承された言語と技術的な言語」）（1962）（GA80.2, 1195）に他ならない。言葉は元来、異なる意味を一つ（一語）に集め、同時に表現することができる。よって、プログラミング言語のような、一つの意味と厳密に一対一対応する〝言語〟は、ハイデガーにとって言葉の本来の姿ではなく、その派生体とされる。ハイデガーにとって物の存在は、その物のさまざまな（天地人神と関わる）あり方が、その物において集められ、それらの多様なあり方が、その物の存在において、隠れたまま（断絶のあるもの、異質なものとして遠ざけられたまま）現前する（近づけられる、接合される）事態である。その事態を端的に表すのが、後期ハイデガーが存在に付すようになる十字抹消の印（×）である。十字抹消は、ある物が、天地人神との多様な「関係」の下でのあり方を、その内に取り集めていることを表す。「十字抹消の印は〔…〕四方域の四つの領域へと、そして、十字抹消の場における、それら四つの領域の取り集めの、四つの領域へと指し示す」（GA9, 411）（「存在の問いへ」）。

こうして、たとえば「橋」や「水差し」、「野の道」は、四方域との連関において、多義的（四義的）に語りかける。多義性（四義性）を規定する四方への赴きは、遺稿では「語られないもの」への「不可思議な促し Ratsal」として語られ（GA99, 107）、詩人でさえも、そのつど開かれる多義的な「言い示しの領域」の「全貌を知らない」（GA70, 153-154）とされる（ハイデガーによれば、この「多」や「四」は「数」ではないため「数え-られない」（zahl-los）（GA99, 32, 57））[19]。それに対して、さまざまな異なる意味を一語のうちに響かせることのない〝自明な〟言葉、さまざまな異なるあり方の可能性を、目の前で目立っているあり方の背後に暗に示すことのない、目の前に現れているものが全てという存在の仕方が、ハイデガーの批判する言葉や存在の様態である。

6　非還元主義的な「次元」の運動

以上のように本稿が示したハイデガーの後期思想の解釈は、ハイデガーの後期思想に向けられてきた代表的な批判への再批判を可能にすると考えられる。たとえばドゥルーズは、四方域における「取り集め」が、「異なるものを同じものに収斂させる限りで、ある種の還元主義を招いている」として、ここに「脱領土化」の運動の不徹底、「還元主義」的傾向を見てとる[20]。ドゥルーズからすれば、存在において異なるものが同一のものへと収斂するならば、空間的・時間的な差異化の運動が存在においては止まってしまうことになる。ドゥルーズは、異なるものの間の差が、統一的な関係のもとでは消失し、そこでは「脱領土化の運動」が「凝固し se figer」、根源的な過去（「より原初的なもの」[21]）と同じものが現在、未来においても反復されると見ている[22]。

しかし、実際のところ、ハイデガーとドゥルーズは、各々の存在者の「存在様態」が、そのつど互いに差異化される（言わば、各存在者のそのつどの存在は一回的である）と捉えている点では共通していると言える[23]。ハイデガーは差異化だけでなく統一化の運動についても言及するが、そのことによって同一化の運動を差異化の運動に対して特権化しているわけではない。この二つの運動は、本稿がこれまで見てきたように、「次元＝測り通し」の「遠ざけ」と「近づけ」の運動として、あくまで同列に捉えられている。「次元」の運動においては、「遠ざけ」（差異化）と、「近づけ」（統一化）が常に同時に、互いが互いを可能にする仕方で生じているからである。「近づけ」だけが特権化されているわけではない。レイがドゥルーズに抗して述べているように、「ハイデガーにとって「存在」とは、「一」であると同時に「多」である」[24]。ハイデガーの「存在」とは、「単数であると同時に複数である、あるいは同一であると同時に異なっている」ことなのである[25]。

ハイデガーの語る「遠ざけ」（差異化）の運動は、四方域における物と四方同士を、また、時間における現在・既在・到来を、そのつど互いに本質的に区別する。そうして初めて、それらのうちの特定の一者（たとえば人間や現在）が他を自同化して永続化することがなくなり、性起の出来事の、そのつど一回的な固有性が可能になる。ハイデガーにとって「取り集め」としての諸関係は、既在の到来として、非因果的に、そのつど解消されては新たに結び直されるものである。確かにハイデガーはこの運動を「原初」、「大地に住むこと」、「命運」、「固有化」などの、何かを固定するイメージを喚起させる表現と関連させて語るが（デリダも「ゲシュレヒトⅢ」などで、そうした点を批判することがあるが[26]、それらはドゥルーズがそう見做すような「領土化」的——硬直的、永続的——な事柄ではなく、「そのつど固有な jeweils eigen 現前」（GA14, 20）である。それは、そのつど新たに生起する、その時、その場所、その物においてしか可能でないという意味で「固有」な、一回的な「固有性」である。だからこそ、ハイデガーは「次元」や四方域に関連して、諸々の時間次元の「立ち寄り〔立ち去り〕Vorbeigang」（GA7, 186）、「そのつど-しばらく留まるもの das Je-weilige」（GA9, 350）としての「物」、性起の出来事の「不意さ Jähe」（GA97, 217）など、一回性の側面をあらわすための表現も多用している。

ドゥルーズの述べるように、たしかにハイデガーはギリシア的なもの（「原初」、「アレーテイア」）の「反復」を重視している[27]。しかし、本稿の第4章で確認したように、その際に「反復」される「アレーテイア」とは、「隠れたままに現れる」という「次元」的運動の「尺度」そのものであり、そこではたしかにそのつど同じ形式が「反復」（既在的に到来）してはいるが、反復するたびに、そのつど異なるものが取り集められている。同じ形式の反復、という点はドゥルーズ自身の反復概念との相違点にはならず、ハイデガーをドゥルーズが批判するような単純な意味での「還元主義」と看做すことはできない[28]。

ハイデガーが計算不可能なものとしての「次元」や世界の「尺度」を論じる際の主眼は、「世界という-秘密 Welt-Geheimnis」を「保蔵すること」である（GA99, 162）。ハイデガーの四方域において取り集められる四方（天空・大地・人間・神々）は各々、それ自体が「秘密」や「不可思議 Ratsal」、隠れに満ちた、言わば「遠さ」を伴う事柄であり、それに応じて、それら四方を取り集める「物」そのものも、「秘密」を纏うものとして存在し、それ故に畏敬の念をもって慈しまれるべきとされる。そのことをなお異なるもの（「四」）の「一」への「還元主義」と呼ぶのであれば、それは還元されるものも、それらが還元される先も、完全には把握不可能であるような、特殊な「還元」であると言うべきであろう。すなわち、還元されるものも、還元される先も、隠れ（沈黙としての多義性）を伴う「次元」の運動の内にあり、そのつど常に「途上」（GA12, 249）であると同時に「完了」（GA101, 162）しているような「還元」[29]である[30]。

謝辞

本稿の元となる発表の機会を設けてくださったEnvironmental Philosophy and Interreligious Dialogue（二〇二二年、一二月一五日、於スペイン、ロヨラ大学）、そして関西ハイデガー研究会（二〇二三年、一月二二日、於京都大学）に参加されていた方々から、多くの貴重なコメントをいただき、感謝申し上げます。また、本稿の審査において、三名の査読者の方から多くの有益なご指摘をいただきました。この場を借りて御礼を申し上げます。

付記

本研究はJSPS科研費JP21J01493の助成を受けたものです。

注

（1） Harman, Graham: *The Quadruple Object*, Alresford, 2011, p.82 ただし、本稿による四方域の解釈は、様々な点でハーマンの解釈とは異なる。

（2） ハイデガーの中後期の遺稿に基づいた時間論については、詳しくは拙著「ハイデガーはなぜ言葉の多義性を重視するのか」（『アルケー』関西哲学会編、三二号、二〇二四年、67-79頁）、「一九三〇年代半ばのハイデガーの時間論」（同上、三〇号、二〇二二年、90-102頁）、「ハイデガーの「存在の問い」におけるテンポラリテート論の意義」（同上、二八号、二〇二〇年、124-136頁）を参照されたい。

（3） Römer, Inga: *Das Zeitdenken bei Husserl, Heidegger, und Ricoeur*, Heidelberg, 2010, S.214

（4） 廣瀬浩司、増田靖彦「フーコー、ドゥルーズ――主体と真理、存在と出来事」、266頁（『続・ハイデガー読本』秋富克哉・安部浩・古荘真敬・森一郎編、法政大学出版局、2016年、261-269頁）

（5） Rae, Gavin: *Ontology in Heidegger and Deleuze—A Comparative Analysis*, London, 2014, p.137

（6） 山本英輔「ハイデガー「時間と存在」（一九六二年）に関する研究覚書」（『哲学・人間学論叢』vol.10、2019年、21-32頁）28頁

（7） Kettering, Emil: *NÄHE—Das Denken Martin Heideggers*, Pfullingen, 1987 によれば、ハイデガーがこの事柄を「時間の第四次元」と呼ぶ理由は、当時次元という語が流行していたからに過ぎず、「不適切」（S.301）な命名であるという。しかし、ハイデガーによれば「時間の第四の次元」は「事柄に基づいて」（GA14, 20）命名されており、「今連続」としての「一次元的な時間」（GA14, 19）との対比において名付けられている。また、本稿で示すように遺稿では次元概念の詳細な記述が見られるため、これを恣意的な命名と考えることは困難である。

（8） これらの文章が書かれた時期は、本稿が第2章で参照する遺稿の書かれた時期と重なる。

（9） 全集八二巻の「「存在と時間」の「時間」――道」（GA82, 237-266）（243頁には一九四七年という年号が見られる）、一九四七―五〇年に書かれた全集99巻「四ノート」IとII、1948/49-51年に書かれた全集98巻『注釈』を検討する。

（10） 「次元」とメトロンの関連については、既刊著作でもGA7, 199で言及されている。

（11） ハイデガーによれば「間渡す‐離別 Unter-Schied」のUnterはラテン語のInter由来である（GA12, 22）（GA97, 268）。これは四方域における様々な「間」を指し、Unterは繋がりを、Schiedは別れを表す。これは別れることで同時に逆説的に繋がるという、「次元」＝「測り通すこと」の運動（遠ざけることで近づけること）と同様の動きを指す語である。

（12） 「時間と存在」講演でも、「時間の第四の次元」は「すべてを決定する差し出し」（GA14, 20）として、根源的な位置付けを与えられている。

（13） 「思惟とは何の謂いか」（1951-52）でも、測り通しの際の「尺度」が「大地」の側にはなく「天空」の側にあると語られている（GA7, 197）。

（14） 別の遺稿でも「詩作することは、尺度の話りかけ――それによって全ての本質活動が測られるような――を、復唱する」（GA91, 699）と述べられている。

（15） 一九六〇年の「言語と故郷」（GA7, 176）、一九七〇年の「人間が住むということ」（GA13, 215-216）でも同様のことが繰り返されている。

（16） この運動は「投げ送り合い Zuspiel」とも呼ばれるが（GA14, 20）、四方域の「反照‐遊戯 Spiegel-Spiel」にも同じSpielの語が用いられている。後に本論で述べるように、両者には本質的な連関があると考えられる。

（17） 以上のGA99, 65での記述を踏まえた上で、ブフナー宛の手紙に書かれた、四方域と時間の関係についての記述を参照したい。それによれば「〈もはやない〉〈既在〉はそれ自身、その汲み尽くせない本質の隠れた到来の〈まだない〉である」（GA7, 185）。既在は、既在として到来しないかぎりは、到来としては「まだない」。到来とは、既在の到来である。ハイデガーはここで既在の具体例として「アレーテイア、ロゴス、ピュシス」を挙げているが（GA7, 185）、これらの到来が、四方域における性起であると考えられる。よって、

存在を見守ることは、時間的に言い換えれば、既在の到来可能性を見守ることであるとも言える。現在「目を覚まして存在を見守ること」（GA7, 185）は「既在しつつ到来しつつある、存在の送り遣わされたものに、常に気を配っていること」（GA7, 186）でもある。こうした既在や到来は、そのつどの現在における四次元的な「差し出し」としてのみ成立し、今連続としての通俗的時間上で発生するわけではない。まずゲシュテル、それが過ぎ去った後に四方域、という「今連続」上の継起としてではなく、そのつどの現在において、〈ゲシュテルか、あるいは、原初（性起）の到来か〉が問われていることになる（GA7, 186）。ハイデガーによれば、思索すべきことは四方域としての「世界の可能な到来」（GA7, 186）である。すなわち、四方域としての世界は、そのつど到来する可能性があるものとしての世界であり、四方域は、四次元的時間の「投げ送り合い」においてこそ可能になる世界である。

（18）　物の多義的なあり方が目的論的でないと言えるのは、四方へ向かう関係そのものがある意味、自己目的的になっており、また四方域は、四方域の外部に更なる目的を持たないからである。ただし、これは存在するものの四方への還元主義とは言えないと考えられる。なぜなら、四方も物も、それ自体、「隠れ」や「遠いところ」であり、物と四方との関係がどこに向かうかは、本質的に見通せず、そのつど隠れをともなって未完了的にあらわになるものだからである。ハイデガーは「次元」を「近さ」と言い換えるが、この「近さ」の「本質的なもの」は「道拓く動き Be-wëgung」であるとされる（GA12, 200）。そして「道拓く動きというのは〔…〕何よりもまず「…への途上」をもたらし、そのようにして、道「が存在する」ことを指す」と述べている（GA12, 249）。ただしこの「道」は「到達可能な目的ではなく」、「あらゆる道は、そのつど、道拓く動きの内にのみ、その完-了を持つ」（GA101, 162）とも言われる。つまり「次元」としての「道拓く動き」は、「…への途上」としてすでに「完成」するという、未完了かつ完了的な性格を持つ。また、これは目的論的な「存在の歴史」への還元主義とも言えない。なぜなら、存在の歴史の将来（到来）は、ハイデガーにとってアレーテイアやロゴスの「隠れたまま現れる」という形式の反復（既在的到来）の可能性を指すにとどまり、これは任意の具体的目的（神の国の到来のような）ではないからである。

（19）　多義的（四義的）な言葉による語りは、物という「個別的なもの」の意味を四方域という「普遍的なもの」によって表すことでも、四方域という「普遍的なもの」の意味を物という「個別的なもの」によって表すことでもない。「近さ（時間の第四の次元）を言葉へと、言い換えれば、語られないものの内にもたらすこと」は「個別的なもの」として表すことでも、「普遍的なもの」として表すことでもない（GA99, 23）。また、この時期に、ハイデガーの多義性が四義性と言い換えられる理由や、「多義性＝四義性」と四方域の関係についての詳論は、貫井隆「ハイデガーはなぜ言葉の多義性を重視するのか」（『アルケー：関西哲学会年報』関西哲学会編、三二号、二〇二四年、67–79頁）を参照されたい。

（20）　廣瀬浩司、増田靖彦、前掲書、266頁

（21）　同上

（22）　Deleuze, Gilles/ Guattari, Félix: *Qu'est-ce que la philosophie?*, Paris, 2005, p.91

（23）　Rae, Gavin, op. cit., p.137

（24）　Rae, Gavin, op. cit., p.23

（25）　Rae, Gavin, op. cit., p.26
　また、レイは前掲書において、ハイデガーの存在概念における差異化と同一化の動性を「存在の運動の揺らぎ sway of being's becoming」（p.92, 99）として捉えており、これは、本書が「次元」の運動として捉えている運動と同様の事柄を指すと考えられる。ただしレイは、「次元」については言及していない。

（26）　Derrida, Jacques: *Geschlecht* III, Editions du Seuil, 2018, p.97
　こうしたデリダのハイデガー批判に対するハイデガー側からの可能な応答については、またの機会に別論したい。

（27）　Gilles Deleuze/Félix Guattari, op. cit., p.91

（28）　「ドゥルーズは〔…〕反復するという事実が同じであるだけで、回帰する運動はそのつど一回限りの特異性をもたらすと考えるのである。同じものの

反復は、原初的なものへ近づくどころか、その逆に、そこから遠ざかる異他化を促す働きであるはずだ」（廣瀬浩司、増田靖彦、前掲書、266頁）。しかし、ハイデガーの「次元」の運動においても、ドゥルーズの場合と同様に、「原初的なもの」（既在）が現在から「遠ざかる異他化」が生じており、だからこそ「原初的なものへ近づく」ことが可能になる（遠ざかることで近づく）。このような運動を肯定する点では、ハイデガーはむしろドゥルーズに近いと言えるだろう。

(29) 引用箇所の詳細については、注17を参照されたい。

(30) たしかにハイデガーはドゥルーズが想定するよりはドゥルーズに近いと言えるが、しかしドゥルーズと異なるのは、ドゥルーズが言わば「脱領土化」の運動に関わる存在者の種類を限定しない傾向があるのに対し、ハイデガーは「次元＝測り通し」（遠ざけつつ近づけること）が関わる運動に、四方域としてのある種の限定（天空・大地・神々しいもの・死すべき者・物・時間こそがこの運動に関わる、という限定）を与えている点にある。こうした特徴の意味をより明らかにすることが、更なる四方域の理解や、ハイデガー的な非還元主義の意義を明確にするためには必要となると考えられるが、紙幅の都合もあり、詳細な議論についてはまたの機会としたい。

〈応募論文〉

メルロ＝ポンティにおける意味の経験と存在の経験

――表情経験の考察を通じて

野々村《ののむら》　伊純《いずみ》
（東京大学）

はじめに

当代の碩学であったE・カッシーラーは、伝統的な認識論を乗り越えるために、理性の批判ではなく文化の批判を課題に据え、人間の活動全体を問題にする自らの哲学を展開した。M・メルロ＝ポンティは、そのカッシーラーの思想に影響を受けながら、自らの哲学的思索を紡いでいった。彼はその主著『知覚の現象学』において、「私の身体は表情〔expression〕（Ausdruck）の現象の場、正確に言えばむしろ、表情の現実〔actualité〕そのものである」（PhP, 271-272）と述べている[1]。併記されたドイツ語は、カッシーラーが『シンボル形式の哲学』第三巻「認識の現象学」（一九二九年）で論じている意味だと明記され、この点でメルロ＝ポンティはカッシーラーの「正嫡の子」（忽那・熊野 1982, 237）とも評されてきた。

メルロ＝ポンティはカッシーラーのこの表情（あるいは「相貌」とも言いかえられる）概念を積極的に受け入れているが、それは批判的検討の上での受容である。これから明らかにするように、メルロ＝ポンティはカッシーラーによる表情概念では知覚経験における存在という側面が捉えられないと論じる。つまり、ある主体の知覚経験には、主体に対して生じ把握される内容としての意味だけでなく、当の主体を超えて独立しているという超越としての存在に関する性格もあるのだ。こうした知覚経験を捉えるには、主体が捉える意味が事物から生じるという点にも目を向けなければならない。

メルロ＝ポンティは、このような事物が属している世界を自然的世界と呼ぶ。これは存在や自然的世界を知覚経験の基礎に置いているように見え、実際、後述するようにいくつかの先行研究はその様に理解してきた。しかし、知覚者と無関係に自存する、知覚経験の根拠を見出すことは、知覚経験を別の定立物に還元する一つの抽象化であり、その点でこうした見解は、知覚経験を逸脱した客観的思考へと陥ることにならないのだろうか。カッシーラー批判を行うメルロ＝ポンティの立論と照応させると、この問題は、メルロ＝ポンティの立場が注目すべき問題を孕んでいる可能性を示している。すなわち、カッシーラーへの批判が、彼自身の立場に自分の基本的な探求方針と相容れない主張を導く恐れがあるという問題である。

メルロ＝ポンティによるカッシーラーの表情概念の批判的受容とそれをめぐる問題は、先行研究において検討されているとは言い難い。先行研究では、メルロ＝ポンティの論述において身体がその枢要的な役割を果たしていることから、類似した考えを持つ二人の哲学者の見解における身体の役割を問い、その答えに両者の相違点を見出そうとしてきた(2)。両者における表情という概念の関連性を指摘する論者も、メルロ＝ポンティがカッシーラーの表情概念を批判的に受容している点については注目してこなかった(3)。

カッシーラーの表情や相貌の概念を批判的に受容するメルロ＝ポンティにとって、これらの概念はどのようなものなのか。そして、知覚者が捉える生き生きとした意味と、その意味把握には尽くしえない存在という二つの側面を具える知覚経験を捉えるとは、どのようなことなのか。本稿は、これらの問題に対して最終的に、セザンヌが描き出すものに関するメルロ＝ポンティの論述を解釈することで、存在の側面を伴う表情概念を明らかにする。ここで彼のセザンヌ論を参照するのは一見唐突のように思えるかもしれない。しかし、メルロ＝ポンティにとってセザンヌの芸術活動は、生きられた世界を露わにする点で現象学に相当し、またそれはこの画家が「相貌」を追求することで成就するものであった。そのため、セザンヌ論における相貌の議論を解釈することで、メルロ＝ポンティがカッシーラーの表情概念を高く評価しながらも、さらに発展させている点が見出される。そして一連の考察は、生きられた世界を解明する上で意味と存在の対概念が、自然と文化の対概念以上に有効であることを示すだろう。

本稿は以下のように議論を進める。第一節では、カッシーラーの表情概念の中心的特徴を論述した上で、メルロ＝ポンティがそれを積極的に受容していることを確認する。第二節では、メルロ＝ポンティがカッシーラーに対して存在という観点から批判を向けている点を明らかにする。第三節では、メルロ＝ポンティによるカッシーラー批判の帰結が、当の批判者自身の整合性に疑念を生じさせる恐れがあることを指摘し、この問題を考察する上で彼のセザンヌ論を参照することが有益であることを示す。最後に第四節では、不気味な相貌という彼のセザンヌ論で論じられている存在の経験を取りだすことで、表情が意味と存在の側面を主体にもたらしうるというメルロ＝ポンティの考えを明らかにする。

第一節　表情としての世界把握

メルロ＝ポンティにおけるカッシーラーの表情概念の批判的受容を明らかにするために、本節では、まずカッシーラーが論じる表情概念の特徴を概観し、次にメルロ＝ポンティにおける表情の位置づけを確認する。

1・1　カッシーラーにおける「表情」

『シンボル形式の哲学』第三巻が「認識の現象学」と題されていることは注目に値する。E・スキデルスキーが指摘するように、その現象学は正統なものとして通常考えられるフッサールのそれとは異なる（Skidelsky 2012, 108）。とはいえ、カッシーラーも現象学と呼びうるものを試みている[4]。カッシーラーの現象学では、理論的に世界把握をする際に通常前提されている物理的存在と心的存在という二元論的区別に関して、その区別が成立する可能性の諸条件をむしろ問い、精神の進展の諸契機——出発点、途中過程、終極点——を統一的な運動全体の不可欠な諸契機として考察する。

　この考察は二つの段階を経る。第一に、現象学はその根本的目標からして、物理的存在がいかにして心的存在となるのかを明らかにするのではなく、「知覚を遡って、それが事物の知覚ではなく、純粋な表情知覚であるような地点」（PSF, 95）を明らかにする。そして第二に、この表情の世界が「表示」という別の形式へと移行し、最終的には「意義」の形式へと進展することで、いわゆる「客観的」現実で捉えられるような、事物相互の因果的関係が正当に成立するようになることを示す。すなわち、世界把握のために精神が持つ「純粋な表情機能（reine Ausdrucksfunktion）」、「表示機能（Darstellungsfunktion）」、「意義機能（Bedeutungsfunktion）」という三つのシンボル機能と、それらの間の関係の解明がカッシーラー的現象学の課題となる（PSF, 114）[5]。

　純粋な表情現象は言語や理論的認識を支える基層であり、我々に対して直接現れる現実にほかならない。こうした経験は、我々が他者の表情や振る舞いを見たとき、それらの原因や理由を知らなくとも、その人の感情を直接的に把握できることに典型的である。表情を把握する際には推論を必要とせず、ただ対峙だけが求められる。こうした現実の様態は神話的思考にも保存されているとされる。例えば、雨乞いのような呪術的な行為のなかで水が撒かれるとき、住民にとってその水は雨の単なる象徴や類似物ではない。水の中には雨の精霊が存在している[6]。「神話の世界では、すべての現象が常に本質的に受肉している」（PSF, 75）。神話的世界における神は、主観による想像物ではなく、まさにそこに「現前（Präsenz）」しているのである。

　表情は直接的で無媒介的な「真の原現象（echtes Urphänomen）」（PSF, 98）であり、その意味は流動的に変容している。カッシーラーによれば、ここにはまだ「事物（Ding）」と「属性（Eigenschaft）」の区別がない。これらのカテゴリーが純粋な表情の現象に定立するには、主に言語の形式が割り当てられている表示機能の作用が必要である。言語が状態を名指し固定化することで、ある時点で現前している現象が別の時点での現象の「再現前（Repräsentation）」であると発見され、流動的な表情現象に一定の持続性と同一性がもたらされる。流動的な現象を硬直化する働きによってはじめて、感覚的体験のうちに恒常的な契機としての事物と、可変的な契機としての性質の区分が規定される。このように、純粋な表情の世界は、精神の機能の働きに応じて表示の世界へと進展する。

しかし、表情と表示の違いはほとんど明確ではない。なぜなら、科学的認識に先立つ「自然的世界概念」(PSF, 323)としての我々の日常的な経験では、現前だけでなく再現前も同時に成立しているからである。とはいえ、「言語という媒体のうちではじめて、無限に多様で定めなく揺れ動く多彩な表情体験が固定しはじめる」(PSF, 86)という記述に注目すれば、カッシーラーが二つの機能の間に明確な違いがあることを強調しているのが分かる。彼にとって純粋な表情と表示の主な違いは、意味の媒介性と流動性の有無にある。つまり、純粋な表情の固有性は無媒介で流動的な意味の生成という点に存するのである。

1・2　メルロ＝ポンティにおける「表情」

メルロ＝ポンティは、以上のようにカッシーラーが特徴づけた「表情」の様態に哲学的意義を認め、自身が論じる知覚経験の主要な特徴に位置づける。しかし、メルロ＝ポンティにおける表情概念を検討すると、概念の内実には細かな点で違いが見出せる。

『知覚の現象学』では、客観的思考によって経験を理念(idée)で語るとき、主体における知覚経験は喪失すると主張され(PhP, 85-86)、この思考において見逃されてきた知覚経験とは世界へと臨む実存であると論じられる。この議論に見出せるのは、メルロ＝ポンティが知覚における形態としての「相貌(physionomie)」と、悟性を通じて抽象化された理念としての「意義(signification)」を、主体が把握する意味の区別として導入しているということである(cf. PhP, 491)。例えば我々が出会うりんごの形は、悟性によって捉えられる数学的に定義された球体ではなく、ヘタのある上部がより膨らみ、次第に細くなっていく形である。何らかの数式でもってこの形を厳密に表すことも可能だが、我々の知覚経験にそうした厳密さはない。むしろ、りんごが完全な球体であれば模造品であることに気づく。瑞々しい新鮮なりんごは扁円形に宿り、しぼんだ形は腐っていることを示す。知覚者はしばしばりんごの形でもってその鮮度や味を見て取ってもいるのである。「もろもろの存在は「特性」によってよりはむしろ相貌的性格によって定義されている」(PhP, 335)。このように、理念的意味ではなく相貌的意味が知覚経験において捉えられている。

知覚経験における相貌的性格を論じるとき、メルロ＝ポンティは、カッシーラーに由来すると見出せる語を使用している。[7]

> ある事物の意味は、心が身体に宿っているのと同様にこの事物に宿っている。つまりそれは諸々の現れの背後にあるわけではない。灰皿の意味(少なくとも、知覚のなかであたえられるような、その全体的・個体的な意味)は、その感覚的外見を整序する理念、また悟性のみ近づきうるような灰皿の理念ではない。それは灰皿に生命を与えるものであり、灰皿のなかで明証的に受肉している。だからこそ我々は、知覚において事物は「生身で」または「骨肉をそなえて」我々に与えられると言うのだ。他人のまえで事物は表情〔expression〕の奇蹟を現実化しているのである。
> (PhP, 369)

意味を受肉する知覚された事物の表情は、それが生き生きとしたものである限り、知覚主体に対してその事物に応答することを惹き起こす。例えばテーブルの上の灰皿は、喫煙習慣のある者に、それを近くに寄せて、ポケットからタバコとライターを取り出すことを動機づける。それに対して、非喫煙者には、自分から遠ざけるかあるいはそもそも着席しないことをしばしば動機づけている。

この連関的なあり方をする知覚経験は、共感覚経験と呼ばれるものと類似し、常識的な考え方と対立する。後者の客観的思考では、独立した感官はそれぞれ異なる感覚の把握を担っているとされる。例えば視覚は、りんごとポストに共通する赤さを捉えるが、りんごの赤さによってその味覚的な甘さを把握しているとは考えない。しかし、我々の知覚経験には、異なる感官が捉えるはずの内容が相互に結びついている事態が見出せる。例えばひとがグラスに目を向けるとき、その硬さともろさ、さらには割れるときの澄んだ音までも含みこむ仕方でそれを見ている。視覚的感覚には触覚的特性や聴覚的特性が含まれ、事物において「転調（moduler）」（PhP, 266）が生じる。そのため、知覚者にとってのりんごの赤さは、ポストと共通する性質としての赤さではなく、りんごの瑞々しさや甘さを象徴する色である。我々は、客観的思考ではその感官が担うはずのない質を当該の感官によって知覚してもいる。感官は、客観的思考が知解するようには分断しておらず、むしろ共感覚が示すように密接に連関し合っている。

したがって、メルロ＝ポンティの相貌概念を理解する上で重要なのは、「視覚経験と聴覚経験は互いに他方を孕んでいる」（PhP, 272）という、「象徴的「懐胎」」（PhP, 337）である。ここでは、ある感覚が別の感覚内容を示すという、知覚経験における感覚相互の象徴性が強調されている。「象徴的」という語に引用符が付されていないのは、シンボルに対するメルロ＝ポンティの精緻な読解に由来している。カッシーラーにおける「シンボル的懐胎」では、感覚的なものに非直観的意味が含まれる（cf. PSF, 231）。しかし、その非直観的意味は、先でメルロ＝ポンティが退けた悟性によって把握される理念を指している。つまりこの考えは、客観的思考による産物であり、知覚経験を忘却している。そのためメルロ＝ポンティは、「懐胎」という概念だけを慎重にカッシーラーから受容しているのである。

第二節　メルロ＝ポンティによるカッシーラー批判

前節では、メルロ＝ポンティがカッシーラーの表情概念を積極的に受容することで、理念とは異なる知覚経験の意味を表情ないし相貌として特徴づけていることを確認した。しかし、彼はカッシーラーの見解を全面的に受け入れているわけではない。本節では、メルロ＝ポンティが批判するカッシーラーの表情概念の論点を明らかにする。

『知覚の現象学』では、カッシーラーの記述が現象学的で実存的な分析であると評価されつつも、シンボル機能の論述が結局のところ主知主義に陥っている点に批判が向けられている。その批判には複数の論点があるが、本稿では次の箇所に注目したい(8)。

カッシーラーいわく、「シンボル能力一般」というものは存在せず、反省的分析は知覚、言語、行動に関する病理学的諸現象の間に、「存在における共通性」ではなく、「意味における共通性」を確立しようとしている。〔…〕しかし、まさに存在における共通性と意味における共通性との区別、実存の次元から価値の次元への意識的な移行、意味と価値とを自律的なものとして主張することを認めるような転倒は、実のところ一つの抽象と等しい。なぜなら、最終的に立つことになる観点からすれば、諸現象の多様性は無意味で理解不可能なものとなるからである。（PhP, 145）

カッシーラーの考えでは、多様な現象を生じさせる唯一のシンボル能力を実体的に措定する必要はない。なぜなら、彼は「存在における共通性（Gemeinsamkeiten im Sein）」と「意味における共通性（Gemeinsamkeiten im Sinn）」を区別した上で（PSF, 319）、能力の存在ではなく経験の意味の多様性を問題にしているからだ。しかしメルロ＝ポンティの考えでは、カッシーラーが設ける存在と意味の区別は、意識に与えられる限りでの意味という観点だけで経験を捉えることを正当化し、その意味を生じさせる「共通分母」（PSF, 319）としてのシンボル機能の働きだけに注目することへと繋がる。すると、様々な現象が最終的に精神機能の発揮の違いという理由に一元化される。この場合、失語症、失行症、失認症といった多様な病状が、シンボル機能の障害として過度に単純化されてしまい、それぞれの患者が持つ経験の固有性をカッシーラーは捉えられなくなってしまうのである。

この批判の哲学的眼目は、シンボル機能を要請して世界経験を説明すると、意識に与えられる意味だけが問題となり、存在という次元が縮減されるという点にある。カッシーラーの見解に立ち戻れば、表情経験はひとつの現実であり、主体に対して意味が現れ、それを把握するなかで存在の契機が示されている。例えば鳥が陽気にさえずり、風が厳しく吹き荒れるという表情経験は、鳥がいて風があることを含意する。そこに物理的対象や実体を想定する必要はなく、含意された存在性格だけで十分である。なぜなら、「「表情の理解」は「事物の認識」よりも本質的に先行する」（PSF, 69）と主張するカッシーラーにとって、精神が事物を直観できるようになるのは、前節で確認したように、精神の進展によって純粋な表情経験に同一性と持続性がもたらされ、事物というカテゴリーが成立するときだからである。その事物のカテゴリーを純粋な表情経験に当てはめるのは、カッシーラー的現象学にとって考察の倒錯でしかない。

しかし、この考え方では、意味がどれほど豊饒で流動的であるとしても、結局それは意識に与えられている内容にすぎない点で、存在の経験を適切に捉えられない。例えば、藪に蛇が見えたが、実はそれは縄であったという経験を考えてみよう。この経験では、主体に蛇が現前していたとしても蛇の存在は退けられることになる。単に流動的意味経験だけが問題であれば、恐ろしい蛇も変哲のない縄も存在に関して等しい現前として理解されるだろう。しかしその縄には、見間違えた恐ろしい蛇にはない存在という性格が含まれているはずである。経験における生き生きとした意味だけでは、意味を超えた存在を保証できない。こうしてメルロ＝ポンティは、シンボル形式の哲学が存在という様態を十分に確保できず、それぞれの経験で直面している固有性が捉えられないと批判するのである。

　このようにカッシーラーを批判するメルロ＝ポンティにとって、表情としての知覚経験を十全に捉えるには、「事物とは私の分割されざる実存がみずからの前に投射する絶対的充実である」（PhP, 368）という点に目を向ける必要がある。彼の考えでは、知覚経験における存在の側面は、「事物」ないし「即自」という契機において示される。すなわち、「逆説的なことに即自が我々に対して存在する」（PhP, 86）ことを、つまり観点からの制約を脱しているものとしての即自が、ただある主体の観点に対してしか存在しないという知覚のパラドックスを了解しなければならないのである[9]。

　このパラドックスについて『知覚の現象学』では、知覚における「事物の経験（expérience de la chose）」（PhP, 376）の現象学的記述を通じて、さらなる明確化が試みられている。その際、客観的思考によって理念的に捉えられた、知覚者に依らずに存立する単なる事物が問題になっているわけではない。なぜなら、主観から独立した即自的なものないし単なる感覚的与件、様々な特性をその背後から支える実体を想定している場合、それらは知覚経験を理念的に捉えた産物、つまり意味と対置される事物という抽象的な構築物でしかないからである。問題になっている事物は、あくまで我々とは独立に存在するという性格が伴う事物を我々が経験しているという限りでのものなのである。

　この「事物の経験」の現象学的記述によって明らかになるのは、「事物が私の認識する身体の相関者であることと、それがこの身体を否定する」（PhP, 375）ことという、事物の両義性である。この両義性のもとでは二者択一性が排除され、相反するあり方が相補的に作用する緊張関係が成立する。事物は、一方で生きられるものであり、知覚における私の身体の相関者である。他方で事物は、我々の知覚が汲み尽くすことのできない「斥力の極」（PhP, 374）でもある。メルロ＝ポンティはそれを「実在的なものは無限の探求に応ずる」（PhP, 374）と特徴づける。つまり、人為的に付与された意味が規定として完結するのに対して、知覚される事物について人間はそのすべての特徴を挙げることができない（cf. Toadvine 2009, 59）。これが事物の汲み尽くせなさとしての未規定性である。この未規定性によって、知覚は内在的なものではなく、超越的なものとして経験される。

　以上のように、メルロ＝ポンティにとって知覚経験を表情として捉えることは、知覚者に対して現れる意味の次元だけを捉えることではない。理念としての真なる実在とは異なる仕方で、我々の生を越えていながら我々によって生きられる、そういった二重性をもって自存する事物の経験が知覚経験である。カッシーラーへの批判を踏まえて、知覚経験を単に表情的意味の経験として捉えるのではなく、存在の次元が伴った知覚経験の究明が試みられている。

第三節　メルロ＝ポンティに対する疑念

前節までに、メルロ＝ポンティはカッシーラーの表情概念の重要性を認めると同時に、それが意味というあり方だけに縮減されていると いう批判を通じて、知覚経験の二重性を主張していることが明らかとなった。しかし、このメルロ＝ポンティの思索は結局のところ成功しているのだろうか。本節では、先行研究を参照しながらこの点について検討した上で、この問題に関してメルロ＝ポンティのセザンヌ論に注目することの意義を明らかにする。

カッシーラーとメルロ＝ポンティの立場を比較する研究のなかには、メルロ＝ポンティが「カッシーラーに比べれば、はるかに〈自然〉の近くにいた」（中 2008, 279）と解釈する者がいる。中敬夫の考えでは、カッシーラーが文化的シンボルの浸透する経験を明らかにしながらもそれに留まってしまうのに対し、メルロ＝ポンティは、あらゆる文化的対象や人為的創造に先立って原初的に存在する自然ないし自然的世界を指摘している。実際、メルロ＝ポンティは事物の未規定性を論じる際に、キャンバスを破壊し絵画と言えなくなっても残り続ける画布があり、石を砕いても石のままであると主張する。これはまさに、自然的世界を人間の活動と無関係にあるものとして指示しているように思える。

またメルロ＝ポンティは、現象学に比する企てとするセザンヌの芸術活動についても（cf. PhP, XVI）、『知覚の現象学』と同年に発表された論攷「セザンヌの懐疑」において、先と同様に次のように記している。「セザンヌの絵画は、これらの習慣を一時的に停止させ、人間がその上に置かれている非人間的自然という地を露わにする」（SNS, 28）。こうした記述に基づいて先行研究では、「原初的世界」（SNS, 23）とも呼ばれる「非人間的自然」は、「自然的世界を隠蔽する文化的世界を周囲にもった、文明化された人の世界ではなく、初めて地上に降りてきた人が見るだろう世界」（Madison 1981, 79）であり、「人間的意味を剥ぎ取られた物そのもの」（佐野 2019, 88）から成ると解釈された。『知覚の現象学』や「セザンヌの懐疑」における自然は、人間的なものや文化が依拠しながらもそれらと対置される自然、人間の活動から独立し人間的意味を欠いたものと捉えられてきたのである。

しかし、すでに円谷裕二が指摘するように、チュイルリー宮殿の石垣の「歴史を持たない石」や「絵画の下に透けて見える画布」（PhP, 339）と言われるときに想定されている自然的世界が、「人間による歴史的産物とまったく無縁の生まの即自的な自然自体」（円谷 2014, 72）を意味するのであれば、メルロ＝ポンティは「自然的空間に定位して、生きられる人間的空間を基礎づけなければならなかった」（円谷 2014, 72）ことになる。つまり、このように解された自然は、還元主義的な科学が想定する自然と同じ身分にあるということだ。しかし、これは彼の立場にとって問題となる。なぜなら、知覚経験を人間の活動を超えて自存する何かしらの存在に還元することは、メルロ＝ポンティ自らが批判する客観的思考の見解に陥っているからである。

この点をカッシーラーの立場から評価すれば、メルロ＝ポンティは表情概念の眼目を捉え損なっていることになる。なぜなら、自然の次元を、知覚経験における存在を裏づけるものとして認めることは、表示形式で成立する「事物」のカテゴリーを表情経験のうちに誤って適用する考察の転倒へと陥っていることの証だからである。

　こうした問題を回避するために、先行研究では、メルロ゠ポンティが論じる自然はあくまでただ遡及的に捉えられうるだけの自然であり（円谷 2014, 72）、またセザンヌが描き出すものは、個別的で物理的な自然物さえも支えるような、より根源的な自然であると解釈される（加國 2002, 42; Hamrick & Van der Veken 2011, 58）。しかし、知覚経験のうちに遡及的に定立されるものは、もはや具体的な知覚経験ではない。その意味で、これらの解釈における自然は現象の背後に要請される抽象的構築物となり、実体や基体の別の表現に留まっていると言えるだろう。

　以上のように、メルロ゠ポンティがカッシーラーを批判することで至った立場は、彼自身の中核的な方針と相容れないように思われる。それでは、メルロ゠ポンティの考察は失敗しているのだろうか。この問題を検討するために、本稿はセザンヌが描き出すものに関する彼の考えに注目することを提案したい。その理由は第一に、先で確認した解釈は、セザンヌの絵画のモチーフであると同時に彼が経験する「原初的知覚」（SNS, 26）を明らかにできていないからだ。セザンヌは決して「非人間的自然」だけを描くわけではない。メルロ゠ポンティは、セザンヌが描き出す「原初的世界」を次のように特徴づけてもいる。

> 我々は事物を知覚し、事物に関して互いに理解を一致させ、事物のなかにしっかりと結びついているのであって、「自然」というこの礎石の上に、我々は様々な科学を築きあげている。（SNS, 23）

意味と存在の両側面を認めなければならないとする『知覚の現象学』の見解からも示唆されるように、彼にとって事物は単に非人間的なものではなく、人間と関わるものでもある。セザンヌはまさに「生きられた事物」（SNS, 26）を取り上げ、この結びつきを描き出そうとしていた。「原初的世界」には人間と事物が関係する次元、「あらゆる文化的な概念と制度の資源としてある、人間的生という原本的過程」（Figal 2010, 34）が含まれている。この意味で、「この〔原初的〕世界は実のところ非人間的ではなりえない」（Figal 2010, 34）とするG・フィガールの解釈も一定程度妥当である。

　とはいえ、メルロ゠ポンティは描かれたものを明確に「非人間的自然」とも呼ぶ。フィガールは、人間の悟性で捉えられない側面が自然にあるという意味で、認識論的観点から「非人間的」と形容されていると解釈する（Figal 2010, 35）。しかしこの解釈では、メルロ゠ポンティやセザンヌが捉えようとした自然の両義性を解体してしまう。[10] なぜなら、フィガールの解釈にとって描かれた自然は、認識論的観点を超えたいわば実践的な人間との関わり合いのなかの人間的なものに限られるからである。セザンヌが描くものの性格を人間的であるかどうかのいずれかで捉えている点で、フィガールは結局のところ先の解釈と同様に、自然の両義性を捉え損なっている。セザンヌが描き出すのは、「自然的であることと人為的であることの区別を引くことができない地点」（Toadvine 1997, 546）と捉える方がより正確である。つまり「非人間的自然」とは、セザンヌが暴き出している、人間的な意味の把握に留まらない知覚経験の一側面を表す。したがって、セザンヌが描く自然、メルロ＝ポンティが論究する知覚経験は、人間の活動と無関係の自然ではないが人間との関係に尽きないという点で、人間的意味の側面と非人間的存在の側面という両義的性格を持っていると考えるべきなのだ。

本稿がセザンヌ論に注目する第二の理由は、セザンヌは「相貌」を追求することで、人間と結びついた非人間的自然というあり方を描き出しているとメルロ＝ポンティが論じるからである。

> セザンヌは物体や顔の相貌を無視したわけでもなく、彼はただ、その相貌が色から出現するときにそれを捉えようとしただけだ。
>
> （SNS, 26-27）

セザンヌは「原初的世界」や「自然」を明らかにしていたが、直接的に試みたのは物体や顔の「相貌」を描くことだった。つまり相貌は、単に内面を表示する記号でもなければ、絵画制作のために用いられる象徴作用でもなく、色を通じて出現してくる瞬間に描かれる対象である。したがってセザンヌは、本稿がこれまでに論じてきた知覚経験における表情に独自の仕方で迫っている。この点でメルロ＝ポンティは、セザンヌが現象学的な絵画制作を行っているとみなすのである。

もしセザンヌが、静物や風景や人物の相貌を描くことで自然の両義性を描き出しているならば、我々の知覚経験における両義性それ自体も、理論的構築物のような抽象的な仕方ではなく、具体的な仕方で明らかとなるだろう。なぜなら、セザンヌが描いた具体的な作品があるからである。メルロ＝ポンティの現象学的分析を通じてセザンヌの絵画から両義性を読み取るのは、絵画の単なる鑑賞経験ではなく、現象学的探究の追体験となる。したがって、セザンヌの絵画に関する分析を検討することで、両義性に関する追理解への可能性がより開かれるだろう。

以上のことから、セザンヌはどのように相貌を通じてこの両義性を表現しているのかが問わなければならない。ただ混沌としたものを描くだけでは、理解不能なものが表象されるだけで、人間と関わる事物の非人間的性格を描き出したことにならない。セザンヌが描いたものの両義性を指摘する論者も（Andrews 2020）、なぜそのような両義性が絵画において描き出されているのかについて論じていない。しかしこの点に、カッシーラーから表情の概念を学びながらも、メルロ＝ポンティによるさらなる進展が見出せるだろう。

第四節　セザンヌにおける不気味な相貌の描出

第一節と第二節では、知覚経験には表情としての意味と知覚者から超越した存在という相異なる側面があるとするメルロ＝ポンティの論点を跡づけた。そして第三節では、存在に関する主張が最終的にメルロ＝ポンティの中核的な態度と相容れない見解へと導く可能性があることを指摘した上で、この問題に取り組むにはセザンヌ論への注目が有益であることを明らかにした。本節では、セザンヌが描き出すものに関するメルロ＝ポンティの論述を通じて、本稿の主題的問題に一定の応答を行う。

『知覚の現象学』では、「表情は〔…〕事物の布置から生じる」（PhP, 372）こと、つまり事物の意味は知覚者に対して事物からいわば「湧き上がってくる」（PhP, 30）ことが主張される。共感覚経験に関連して論じたように、知覚経験では一つの実体が多数の性質を持つというあり方をしているのではなく、ひとつの多彩な事物がある。そして知覚経験において一なるものに多様なものが示されるのは、「象徴的「懐胎」」において論じたように、他の感官的特性や他のものとの共存が現れる象徴という働きが知覚経験において作動しているからである。我々が出会う表情は、部分がその全体を示す全体的部分となった象徴の働きによって実現している。

こうしたあり方をメルロ＝ポンティは moduler（転調）と記したが、この語はセザンヌの技法を特徴づけることでも知られる。セザンヌは事物における相互の象徴性を捉え、それ自体の内に風景の匂いが含まれる物体を視覚的に描き出そうとした。「第一に、松のただただ紺碧の香りというものは、陽光のもとにあると、毎朝涼しくなる牧場の緑っぽい香りや、石ころの匂い、サント・ヴィクトワールの遠方の大理石の香りと結ばれていなければならない。〔…〕それを表現しなければならない。しかも色において、文学ぬきで」（Gasquet 2002, 240）。セザンヌの絵画作品における或る色には、別の感官において問われる答えが示されている。特定の形や触覚的特性、音や香りを持たなければ当該の色にはならないからである。そのため、このような絵画を制作するとき、「一塗りの色が多くとも少なくとも、画家にとっては肖像のまなざしを変えるのに十分である」（PhP, 372）。セザンヌの絵画は、このような自然発生的な事物の秩序を表現している。

以上を踏まえて、論攷「セザンヌの懐疑」で「非人間的自然」が言及されている箇所を検討しよう。当該箇所を少し長く引用する。

我々は、人間によって構築された諸対象の環境のなかで、様々な道具のあいだ、家や街路や町のなかで生きており、たいていの場合、我々はそれらのものを、それらが作用点となりうるような人間の行動を通じてしか見ていない。我々はこうした一切が、必然的に存在し、揺るぎないものであると考えることに慣れている。セザンヌの絵画は、これらの習慣を一時的に停止させ、人間がその上に置かれている非人間的自然という地を露わにする。それゆえ、彼が描く人物はなんとも奇怪であって、他の種族に属する存在によって見られているようである。自然そのものから、自然をアニミスティックな一致へと導くような属性がはぎとられている。風景は風をもたず、アヌシー湖の水は動きをもたず、凍てついた物体が大地の起源にでもあるかのようにためらっている。これは何の親しみもない世界であって、ここでは何の心地よさもなく、この世界は、人間的なものがあふれ出ることをすべて禁じている。(SNS, 28)

まず、前半部の「これらの習慣」では、日常生活でひとが関わるものはただ行動の作用点としてしか認知されず、それによって周囲のものは自明なものであると思い込む、と言われる。つまり日常における対象は、豊かな構造的表情と対置される完結的に規定された理念的意義としてしか認識されていない。このような認識は、生きられた事物の次元から逸脱している。セザンヌが停止させるのはこうした習慣である。したがって、セザンヌは意義ではなく表情でもって交流する次元を捉えようとしている、とメルロ＝ポンティは論じている。

それに続いて、非人間的自然を暴き出すセザンヌの絵画は「奇怪」であり、また「親しみ」や「心地よさ」のないものになっていると指摘される。つまりこの画家が描く物体には、気味の悪い仕方で人間と関わることによる不気味な表情がある。この不気味さは、単に恐ろしい表情でもなければ、幾何学遠近法によって描かれた理念としての自然がもつ、人間的意味の欠いた「無‐表情」(菅野 2011, 118) でもない。ここでの不気味さは、交流する相手を自分の理解枠組みで規定することに失敗し、相手の得体の知れなさそれ自体を把握することに由来する。不気味な表情を通じて、事物や人物の異他性が捉えられているのである。表情は単に親しみを示す徴表に限られない。事物の不気味な表情が絵画において表現されることで、事物の汲み尽くせなさが表される。表情は、人間が事物とともに生きる交流であると同時に、非人間的なものへの通路でもあるのだ。

セザンヌの引く色の線は、笑みやふくらみをもたらすと同時に、人間的意味に限られないという事物の両義性を表現する。しかし、なぜそうした不気味さを描き出せるのだろうか。それは、セザンヌが描く相貌には、全体的部分となる象徴性と意味の自然発生性という特徴があり、その全体には、乗りこえられない絶対的充実として、人間的意味に汲み尽くせない側面も含まれているからである。それゆえ、相貌は無尽蔵さを示せる。ここに、相貌という知覚者が捉える意味経験を通路としながら、主体が意味に留まらない存在と対峙しているというあり方が露わとなる。

以上のことから、相貌を通じてその意味の経験を超えた存在の経験へと至っている点に、メルロ＝ポンティがカッシーラーから表情ないし相貌という概念を受け継ぎながらも批判的に展開している点が見出せる。石を砕いたときに残るものは石の断片だという『知覚の現象学』の記述は、人間から独立した即自的自然について記されているわけではない。メルロ＝ポンティの表情論からすれば、砕かれた石は単なる元の石の構成要素ではない。むしろそれには砂や粉の相貌がある。もし相貌的内容だけが問題となっているならば、何についての経験かという意味の問題にしかならない。しかし、ここで述べられているのは、人間的なものに「はかなさの様相（air de fragilité）」（PhP, 339）を与える堅牢さであり、存在の経験である。

こうした記述を考慮すれば、例えば育てていた植物が枯れたときに直面する、水分が抜けて変色したまま残っている葉であっても、メルロ＝ポンティが主張する存在の経験が現れる場面であるとみなせる。その枯れ葉はかつてあった瑞々しさを失い、ただその残骸となっている。そこには枯れ葉という相貌があるにしても、それだけでなく、残骸といわれるだけの重みがあり、存在が経験されている。葉が持つ重みとしての存在は、枯らしてしまった葉にあるよそよそしい不気味な表情を通じて、はっきりと体験される。主体は、表情経験を通じて意味だけでなく、意味を超えた存在という側面も経験するのである。

おわりに

本稿は、メルロ＝ポンティの「表情」に関する見解の内実を明らかにすることを目的とした。彼は、カッシーラーにおける表情概念を評価しながらも、それが主体に対する流動的な意味の側面だけに留まり、存在の側面を斥ける点を批判する。知覚経験は知覚者に現前する意味経験に限られず、絶対的な充実である事物の存在経験でもある。しかしこの両義性の主張は、メルロ＝ポンティ自身の根本的な方針と相容れない帰結を導くという疑念を引き起こす。本稿は、表情を追求しているセザンヌが描き出すものに関するメルロ＝ポンティの論述を基に、この疑念に応答した。彼によればセザンヌは、不気味な相貌を描くことで、主体が捉える表情経験に存在の側面が示されることを明らかにする。世界との交流媒体である表情のうちで存在の契機が経験されると論じることで、メルロ＝ポンティは表情概念を批判的に発展させているのである。

以上の考察は、より一般的な哲学的意義も示している。生きられた世界の解明には、自然と文化という対概念よりも有用な対概念があるということだ。T・トードヴァインが論じるように、メルロ＝ポンティの議論は、文化的領域と原始的自然領域をノスタルジックに区分する誤謬、また自然と文化をどちらか一方に抽象的に還元する誤謬を避けることができ、生きられた世界を捉える方途を切り拓いている（Toadvine 2009）。知覚的世界は自然的であると同時に文化的でもある。しかし、世界を自然と文化の混交として捉える限り、その雑駁な平板化は生きられた世界を解明できない悪しき両義性に留まる。

もちろん、人間にとって自然はどのように文化的で、文化的なものがなぜ人間には自然的となるのかを問うことで、この対概念を活かしながら経験を捉え直せる。しかしこれは、経験における意味の成立を、カッシーラーの批判哲学のように探求するというのに留まる。根源的な〈自然〉を代わりに見出しても事情は変わらない。〈自然〉には思考を超えた超越性と意味付与に先立つ意味があるとされることがある。この場合、環境危機も視野に含む現代の自然哲学は、その最も基礎的な概念である「自然」を、科学的対象や疎外に代わる仕方で捉え直せる、と論じられる（Toadvine 2009, 131）。しかし、〈自然〉を捉え、文化をその延長物とみなしたとしても、両者を区別する点で、この考察は悪しき両義性を保存したままであろう。

メルロ＝ポンティは、文化の批判哲学と異なり、表情的経験における意味と存在の二重性を示した。この考察は、意味と存在の対概念が伝統的な対概念以上に生きられた世界を適切に捉えることを示している。なぜなら、経験の意味はどのように存在のもとで具体的に生じるのかという探求の指針が与えられるからである。実際メルロ＝ポンティは、後期思想に特徴的な独特の概念で意味と存在をさらに考究しているのである。

謝　辞

本研究は、JST 次世代研究者挑戦的研究プログラム JPMJSP2108、JSPS 科研費 23KJ0442 の支援をうけたものである。執筆にあたり、有益なコメントをくださった検討会参加者の方々、審査に際して、問題点を指摘してくださった三名の匿名査読者の方々に、心から感謝申し上げる。

文献表

Andrews, J., 2020, *The Question of Painting: Re-thinking Thought with Merleau-Ponty*, paperback edition, Bloomsbury, [2019].

Cassirer, E., 2010, *Philosophie der symbolischen Formen: Dritter Teil Phänomenologie der Erkenntnis*, Felix Meiner Verlag GmbH.（『シンボル形式の哲学〔三〕 第三巻認識の現象学（上）』, 木田元・村岡晋一訳, 岩波書店, 1994;『シンボル形式の哲学〔四〕 第三巻認識の現象学（下）』, 木田元訳, 岩波書店, 1997.）＊PSF と略記。

Figal, G., 2010, "Merleau-Ponty and Cézanne on Painting" in *Merleau-Ponty at the Limits of Art, Religion, and Perception*, Edited by Kascha S. and Neal D., Continuum, pp.30-40.

Gasquet, J., 2002, *Cézanne*, encre Marine.（『セザンヌ』, 與謝野文子訳, 岩波書店, 2009.）

Hamrick, W. S. & Van der Veken, J., 2011, *Nature and Logos: A*

Whiteheadian Key to Merleau-Ponty's Fundamental Thought, Suny.
Janz, N., 2001, *Globus symbolicus : Ernst Cassirer un épistémologue de la troisième voie ?*, Kimé.
Krois, J. M., 1985, „Einleitung," in Cassirer, E., *Symbol, Technik, Sprache*, Felix Meiner Verlag GmbH.
Madison, G. B., 1981, *The Phenomenology of Merleau-Ponty: A Search for the Limits of Consciousness*, Ohio University Press.
Matherne, S., 2014, "The kantian roots of Merleau-Ponty's account of pathology", in *British Journal for the History of Philosophy*, vol.22, no.1, pp. 124-149.
——, 2017, "Merleau-Ponty on abstract thought in mathematics and natural science", in *European Journal of Philosophy*, pp.780-797.
——, 2021, *Cassirer*, Routledge.
Merleau-Ponty, M., 1945, *Phénoménologie de la Perception*, Gallimard.（『知覚の現象学』，中島盛夫訳，法政大学出版局，改装版 2018, 初版 1982.）＊PhP と略記。
——, 1966, *Sens et Non-sens*, Nagel, [1948].（『意味と無意味』，滝浦静雄・粟津則雄・木田元・海老坂武訳，みすず書房，1983.）＊SNS と略記。
Skidelsky, E., 2008, *Ernst Cassirer: The Last Philosopher of Culture*, Princeton University Press.
Toadvine, T., 1997, "The Art of Doubting: Merleau-Ponty and Cezanne" in *Philosophy Today*, vol. 41, 545-553.
——, 2009, *Merleau-Ponty's Philosophy of Nature*, Northwestern University Press.
猪股無限，2018,「神話的思考から身体へ――メルロ＝ポンティとカッシーラーにおける「表現」」，筑波大学文化交流研究会『文化交流研究』（13），15-26.
印部仁博，2023,「メルロ＝ポンティにおける生きられた物の充実と実在性について」，日本メルロ＝ポンティ・サークル『メルロ＝ポンティ研究』（27），1-19.
加國尚志，2002,『自然の現象学――メルロ＝ポンティと自然の現象学』，晃洋書房.
忽那敬三・熊野純彦，1982,「他我論の問題構制と〈象徴形式の哲学〉」，『思想』，1982 年第 8 号，岩波書店，213-238.
國領佳樹，2019,「メルロ＝ポンティの実在論的現象学――グールヴィッチとの隔たり」，日本メルロ＝ポンティ・サークル『メルロ＝ポンティ研究』（22），61-78.
齊藤伸，2011,『カッシーラーのシンボル哲学――言語・神話・科学に関する考察』，知泉書館.
佐野泰之，2019,『身体の黒魔術、言語の白魔術――メルロ＝ポンティにおける言語と実存』，ナカニシヤ出版.
菅野盾樹，2011, 注釈，『知覚の哲学――ラジオ講演一九四八年』，筑摩書房.
円谷裕二，2014,『知覚・言語・存在――メルロ＝ポンティ哲学との対話』，九州大学出版会.
中敬夫，2008,『歴史と文化の根底へ――《自然の現象学》第二編』，世界思想社.

注

（1）略号については文献表を参照。引用文はすべて、邦訳のあるものについてはそれを参考にしているが、新たに原文から訳し起こしているため必ずしも既訳の文言と一致していない。

（2）マザーンは、メルロ＝ポンティと比べてカッシーラーがシンボル機能の身体的側面を軽視する点に両者の違いがあると主張する（Mathern 2014）。しかし研究者のなかには、カッシーラーがメルロ＝ポンティに先立って身体の重要な役割を見出していると主張する者もいる（Krois 1985; Janz 2001）。

（3）メルロ＝ポンティにおけるカッシーラーの表情概念の受容が持っている重要性を指摘する忽那・熊野（1982）や猪股（2018）も、他の先行研究と同様に、表情ではなく身体の点に二人の哲学者の立場の違いを見出している。ただし前者が、「私の身体」に重きを置くメルロ＝ポンティの見解では、カッシーラーの見解を縮減してしまうと批判するのに対して、後者は、メルロ＝ポンティの身体に関する論述によってカッシーラーの主知主義的見方が乗り越えられると論じている。

（4）カッシーラーの場合、現象学と呼ばれるプロジェクトの背景にはヘーゲルの哲学がある（cf. PSF, VIII-IX; Mathern 2021, 122-124）。

（5）本稿の検討対象は「表情」であるため、「表示機能」と「意義機能」の関係には立ち入らない。

（6）この事例は『知覚の現象学』でも言及される（PhP, 335）。

（7）引用中にある「受肉（incarnation）」や「生身で（en personne）」および「骨肉をそなえて（en chair et en os）」は、『シンボル形式の哲学』における Inkarnation や leibhaft の仏訳であると推察できる（PSF, 75）。

（8）シンボル諸機能間の関係が不明瞭なままになっているという指摘（PhP, 148）について、例えば Krois（1985）や猪股（2018）が検討している。齊藤（2011, 188）は、メルロ＝ポンティによる批判からカッシーラーの立場を擁護している。

（9）國領（2019）によれば、メルロ＝ポンティが現象学の実在論的展開を試みるのは、ミュンヘン＝ゲッチンゲン学派と問題意識を共有しているからである。また印部（2023）は、メルロ＝ポンティの実在論についてシェーラーとの関わりを論じている。

（10）またフィガールは、自然における人間的側面をメルロ＝ポンティは「無意識のうちに認めていた」（Figal 2010, 34）と解釈するが、メルロ＝ポンティは知覚的世界の両義性を主張するため、明確に認識していたと考えるべきである。

〈応募論文〉

生命の労働――ハンナ・アーレントの労働論の解釈

橋爪《はしづめ》　大輝《たいき》
（山梨県立大学）

はじめに

労働は、人間にとってきわめて基本的な活動のひとつである。さまざまな哲学者たちが、〈労働とはなにか〉について規定しようと試みてきた。だがマイケル・チョルビ（Cholbi 2022）が指摘するように、「労働」と呼ばれる営みは非常に多様であり、しかもその相互が似ていないことも間々ある。彼によれば、定義の困難から、あくまで「家族的類似」としての緩やかな労働概念しか構築できないとする哲学者もいる。とはいえ、彼は従来のさまざまな哲学的な概念化を検討し、主たる見解をおおむね以下のようにまとめている。

・労働は世界をなんらかの偶然的でない仕方で変容させるという意味で原因的な活動である。しかも、その変容は有価値な仕方でなされるので、労働は「客観的」な価値の生産と密接に関わる。

・労働することで私たちは財 goods を生み出す。財は物質的対象でもあれば、経験や心の状態等でもありうるが、〔生産者以外の〕他者が価値づけ享受しうるものである。

・労働は人間的な必要を満たすために必要なものである。

しかし、このような従来的な概念化や価値づけと、大きく異なる意味づけを労働に与えた哲学者がいる。ハンナ・アーレントである。彼女は、その哲学的主著である『人間の条件』（一九五八、英語版）／『活動的生』（一九六〇、ドイツ語版）において人間存在が置かれた条件を探求するとともに、その条件に対応する三つの活動性 activity/Tätigkeit を哲学的に究明した。そのひとつが労働であった。彼女によれば労働は生命という条件のもとで行われるという。

> 労働は、人間身体の生物学的プロセスに対応する活動性である。人間身体の自発的成長、物質代謝 metabolism、最終的衰退は、労働によって生産され、生命プロセスに供給される生命の必要物 vital necessities に結びついている。労働の人間的な条件とは生命そのものである。（HC: 7）

一見するとこの規定は、生命を養ったり維持したりするためには働かなければならないという、日常的・常識的な観念を表明したものにすぎないかのように見える。しかし彼女の労働論において、労働と生命の関係はひとかたならぬものである。なぜなら彼女の議論には、じつは生命そのものが労働し、だからこそ人間も労働できる／せねばならないという発想があるからである。生命はたしかに労働の条件であるが、しかしたんなる条件ではない。彼女の労働論は、生命のために行われる人間的労働と、生命そのものが行う根源的労働という、二重の構造において語られているように思われる。

アーレント自身が確認しているように、労働は従来人間的なものと考えられ、ときにまさに人間を動物から区別する当のものであるとも思念されてきた(1)。たしかにアーレント自身、さきほどの引用から分かるとおり、労働を生産という人間的な営為として捉えているように見える。しかし彼女は、まさに生産としての労働を記述していくことによってそれが生産でないことを開示していく。そして、労働がたんに人間的なものにとどまらず、〈生命の労働〉という非人間的な核心を有することを明らかにしていく。こうして、労働概念を根本から再構成しようとするのが、彼女の労働論なのである。

労働を検討する先行研究は数多くあり、生命と労働の関係を掘り下げて検討しているものも少なくないが、管見のかぎり〈生命の労働〉という次元に触れているものは見当たらない(2)。〈生命が労働する〉とはどういうことか。人間的な労働とどのように連関するのか。本稿はこうした問いに答えることを通じて、アーレント労働論の独自性の解明を目指すものである。

以下、本稿の議論はつぎのように進められる。まず私たちは、生命とは何かに関するアーレントによる規定を明らかにする。そして、その生命が必要とする消費財の生産という労働規定を検討する（第一節）。つぎに、にもかかわらず彼女が、労働が生産であることを否定していることを示し、そもそも生産は仕事（制作）にしか可能ではないという彼女の理路を解釈する（第二節）。代わりに彼女が示すのが労働を物質代謝として理解する議論であり、そこで労働は生命内部において起こる物質代謝＝消費と同型的なものと捉えられる。この物質代謝＝消費こそ、生命が根源的に行っている労働なのである（第三節）。最後に、生産性を本来持たないはずの労働がなぜ生産的と見なされたかを検討し、アーレントがその根底に繁殖性という生命のあり方を見ていることを示す（第四節）。

第一節 「生命の必要物」を生産する労働

1・1 生命とは何か

「はじめに」で引いた箇所では、「労働の人間的な条件とは生命そのものである」といわれていた。もし〈生命〉という存在様式をもたない存在者であれば、おそらく人間は労働を行わなかったであろう。人間は、生命として存在しているのである。とはいえ、「生命である」あるいは「生きている」とは、どのような存在仕方を意味しているのだろうか。アーレントはそれをつぎのように記述する。

生物学的プロセスは〔…〕人間と与えられた物質の物質代謝である。〔…〕主体と客体の分裂はあらゆる意識プロセスに内在しており、人間という思考するもの《レス・コギタンス》と人間を取り囲む世界という延長するもの《レス・エクステンサ》の対立であるデカルト的対立においては、この分裂は癒しがたい。だが、この分裂は生きる有機体の場合には完全に消え去る。有機体の生命プロセスは、自分と物質を混ぜ合わせ、延長するものと一体化 sich einverleiben し、物質を消費し、そして外界にいわば再び返却することにあるからである。（VA: 398）

アーレントはここで意識構造において主体と客体が分裂するという事態を取り上げ、それを「思考するもの」と「延長するもの」の対立と重ね合わせる。だが、ここでデカルト的な術語に過度に囚われる必要はない。私たちにとって重要なのは、そうした分裂が「生きる有機体」の場合には消え去るという消息である。

　生きるものは、自らの外なる物体・物質を自らに取り込み、それと文字通り「一体化」する。というより、〈外なるものを内に取り込み、それと自らを一体化させる〉というあり方そのものが、ほかならぬ「生きている」ということなのである。他方、生命はまた物質を外界に「返却」しもする。このようにして生きているものはその境界を保つことによって内と外を区別しながらも、たえず外を自らに浸透させている。[3] 生命はその限りで、閉じられつつも開かれたあり方をしている。そしてこの生命の物質を交換するプロセスが「物質代謝 Stoffwechsel, metabolism」と呼ばれるのである。物質代謝こそ生命にとって構成的なあり方なのだ。

　それは同時に、生命はたえず自らが取り込むものを必要としているということも含意する。冒頭で引いた定義では、そのような必要物を生産するのが労働であると言われていたのである。ではその生産物とはどのようなものであろうか。

1・2　生命の必要物――消費財

「はじめに」で引用したとおり、「人間身体の自発的成長、物質代謝、最終的衰退は、労働によって生産され、生命プロセスに供給される生命の必要物に結びついている」（HC: 7. 既出）。人間的な労働は生命のために行われる。労働は生命が必要とするものを生産し、供給するということである。

　生命の必要物とは、「生命がそれを通して自分自身の生き延びの手段を保証する消費財 consumer goods」（HC: 94）である。その具体例としてアーレントが挙げるのは「パン」（ibid.）であり、つまり食糧と言ってよい。つぎの引用で「善きもの good things」と呼ばれているものも消費財である。

> 触れうるもののなかでもっとも持続性に乏しいのは、生命プロセスそのものに必要とされるものである。そうしたものの消費は、それを生産する行いよりもほとんど長続きすることがない。ロックのことばでいえば、「人間の生命にとって」、そして「生存の必然性」にとって「本当に有益な」「善きもの」は、「概して短命である。使用によって消費されなければ、自ら腐り、滅んでしまうようなものである」（『統治論』）。善きものは世界に短期滞在したのち、人間動物の生命プロセスへの消化吸収 absorption もしくは腐敗を通じて、それらを生んだ自然プロセスに還る。（HC: 96）

引用では、ロック『統治論』第五章「所有について」の表現を引き合いに出しつつ、消費財について、つぎのような特徴を認めている。すなわち、①それは生命プロセスが必要とするものであり、そこへと「消化吸収」されるものである。そして②もっとも持続性に乏しく、かりに人間が〝使用〟しなくても、おのずと腐敗して自然プロセスに回収される「短命」なものである。

　消費財は、文字どおり「消費」されるべく作られるものであるから、それははじめから消滅することを定められている。たほう消費財（食糧）は、塩分のような無機物を除けば基本的に有機物で、それ自体生命的であるがゆえに、消費されなくとも「腐敗」する。「消費されるための「善きもの」は、その自然性をけっして完全に失うことはない」（HC: 103）。生命が必要とする消費財そのものが、それ自体もともと生命であるという点には注意したい。

　まとめれば、生命は物質代謝することで供給されるべき外部のものを必要としており、人間的な労働とはその物質代謝に供給するための消費財の生産であるということになる。これで労働は十分に規定されたのだろうか。じつはそうではない。労働が「生産」であるとする見方は、アーレント自身によって解体されていくからである。労働の〝生産物〟である消費財は「本来生産《エアツォイゲン》される必要はなく、ただ調理されたり用意されたりする必要のみがある」（VA: 115）。これはどういうことだろうか。

第二節　労働は生産しない——労働と仕事（制作）

労働は、一般に生産性をもつと称される（“ihrer [der Arbeit] angeblichen Produktivität” VA: 104）けれども、アーレントによればじつは労働は生産できず、「生産性」をもたない。

　アーレントは、労働に生産性を認める誤りを「制作にのみ備わる性質を労働に帰属させようとすること」（VA: 105. 傍点付加）と言い表している。つまり生産は制作が行うものだということである。では制作とはどのような活動性であり、それはどうして生産性をもつのだろうか。

「制作 Herstellen」とは、アーレントが『活動的生』で分析を加える三つの活動性の一つであり、英語版『人間の条件』では「仕事 work」と呼ばれている。アーレントは通例同じものと見なされることも多い労働《レイバー》と仕事《ワーク》を、別物として区別しているのだ。では、労働とは異なる仕事＝制作とは、いったいなにか。ここでは、ドイツ語版『活動的生』の第一章における規定を引きたい。

> 制作において明らかとなるのは、自然に依存する一存在〔人間〕がもつ、反自然的な部分である。制作が生産するのは人工的な〈物〉の世界であり、この〈物〉は自然物にたんにつけ加わるだけではなく、一定程度まで自然に対抗し、生命のプロセスによって容易に消耗されない点で自然物とは区別される。本性上、自然のなかでは家なしである人間的生命は、この物世界のなかで住まいを得る。世界は、人間的生命を越えて持続し、それに対立し、客観的・対象的なものとして立ち向かうかぎりで、人間に故郷を提供する。（VA: 16）

アーレントは制作（仕事）が生み出すものを〈物〉Ding, thing と呼ぶ。〈物〉は「生命のプロセスによって」「消耗」されることがなく、自然のただなかに自然とは区別されるものとして置かれることになる。生命は、生まれ・成長・衰退し・滅ぶという絶えざる運動のうちにあるが、〈物〉はそうした運動のうちにない。すなわち〈物〉には、変化せず同一的なものとしてあるという「持続性 Dauerhaftigkeit, durability」があるのである。これは、仕事（「物化」とも呼ばれる）が自然界のなかから「固さ」を取り出して、固い「素材」を生み出し、そしてその固さによって〈物〉を持続的なものとして作り上げるからである。

その持続性ゆえに、〈物〉は人間的生命に「対立し、客観的-対象的なものとして立ち向かう」ことができる。つまり、生命過程に飲み込まれることのない自立性を有する。「今後、人間の助力なしに世界のうちに留まるのに十分存続的で自立的であるような、あるまったく新しい〈物〉が、ひとの手による造形に付け加わったとき、制作過程は終わりに達する」（VA: 169）。〈物〉はこのようにして、人間が住まう「世界」を作り上げる。

それゆえ〈物〉は、消費財とは対照的なあり方をしていると言える。なぜなら、消費財は物質代謝において人間（生命）の一部となって対象性を喪失するところに本質があったからである。

以上のような仕事（制作）の分析から、アーレントが「生産性」をどのように捉えているかが見えてくる。彼女によれば、労働が生産性をもたない「そのわけは、労働が客観的に手で掴めるものを何もあとに遺さないこと、そしてその労苦の成果は再び同じように貪り食われ、労働を超えて持続することがほとんどないということが、まさしく労働のあかしだからである」（VA: 104）。つまり彼女は、生産を〈客観的に手でつかめる、持続性をもつもの〉を生み出すこととして捉えているのである。

仕事が生み出す〈物〉は、その持続性によって主体から独立したあり方を獲得し、また他の〈物〉とともに人間的な世界を形成する。私たちの〈外側〉にこのような自立性と持続性をもって存立するものを生み出すことこそ、本来的な意味で「生産」なのである。物質代謝によって取り込まれる消費財にこのような自立性はない。

本節で明らかになったのは、仕事（制作）が持続的で自立的な〈物〉を世界につけ加える点に、アーレントは生産性を見ているということである。そこからすれば、消費財を生み出す労働は生産性をもたないということになる。しかし、それだけではない。アーレントは、労働が持続的で自立的なものを生産することを否定するばかりでなく、そもそも〈なにかを生み出す〉営為であることそのものを否定するに至るのである。では、労働とはいったい何なのか。

第三節　物質代謝としての労働

3・1　身体への「混合」

人間の労働は生命に供給される消費財の生産であり、たとえばそれはパンの生産である、はずであった。しかし、アーレントは労働が生産であることを否定する。いいかえれば、彼女はパンを〝作る〟という一見〝生産〟に見える営為を、「生産」と記述することが適切ではないと考えているということである。では、生産ではないとすればそれはいかなる営為なのか。

そこで彼女が提示するのは、「取り込む incorporate」こととしての労働という見方である。彼女はつぎのようにいう。

> 労働は、自然から与えられたものを取り込む、すなわち[4]「採集し gather」、身体的に「それらと混合 mix with[5]」する〔…〕。(HC: 100)

この引用では、「取り込み」が「採集」と「身体的混合」という二つの契機に分節化されている。そこで、以下ではそれぞれの契機を「身体的混合」と「採集」という順番で取り上げ、パンという具体的な消費財に即して考えてみたい。

小麦を挽き、粉を捏ね、形を作って焼き上げる。一見すると、それは形を与え、〈物〉を制作する仕事と異ならないように思われ、また「生産」であるように見える。だがそうではない。

> 〔…〕労働がその素材に加える「仕事」は、その最終的な破壊のための準備に過ぎない。(HC: 100)

アーレントによれば、パンを〝作る〟作業に見えるものは「破壊の準備」であり、それ自体破壊である。どうしてだろうか。パンを作ることは、一見すると仕事と同様、形をあたえ〈物〉を作っているように見える。しかし、そこにおいてパンに人間主体から自立可能な持続性を与えるとすれば、パンは消費不可能なものとなってしまうだろう。

パンを〝作る〟ことは、むしろ穀物の硬さや消化しにくさを「壊す」ことにある。[6] それゆえ、労働が素材に「仕事」を加えることは一種の破壊ということになるのである。

3・2 労働と消費——人間的な労働と〈生命の労働〉

けれども、この破壊はなお「最終的な破壊」の「準備」にすぎない。では、最終的な破壊はどこでどのように行われるのだろうか。

> 〔…〕労働は、身体が自らの栄養を消費するときに、さらなる内奥において more intimately 行っていることを、能動的に為す。どちらも〔労働も消費も〕物質を掌握し破壊する、貪り食うプロセスである〔…〕。（HC: 100）

穀物を〈破壊〉し、パンを〝作り〟上げた。そのパンはやがて食べられる。咀嚼され、粉々にされたパンは消化され、身体の内奥の機構によってより徹底的にその成分へと解体されて、ついに文字通り身体と「一体化」されるに至るだろう。このような「消費」の過程こそ、さきほど「最終的な破壊」と呼ばれていたものに他ならない。パンを〝作る〟という〈破壊〉は、この徹底的な破壊の準備だったのである。こうして、労働とは消費財を破壊し、「身体」へと「混合」するものとなる。

引用でアーレントは、この「消費」による徹底的な破壊と、人間的な労働を並置し、どちらも同じことを為していると述べている。これは、二通りの方向で理解できる。一つはすでに見たとおり、人間的な労働の実質が消費と同じく破壊だということである。もう一つは、身体の内奥における消費の過程が生命そのものが体内で果たす労働であるということである。この〈生命の労働〉は、それがなければ人間的労働が不可能になるような労働の可能性の条件であるとともに、人間の労働がその模倣であるような労働の範型でもある。かくて、私たちはここに根源的な〈生命の労働〉を見出すのである。

この〈生命の労働〉を、じつは私たちはすでに本稿1・2で見ていた。〈生命の労働〉は、対象を身体へと一体化するものであった。これは、アーレントが生命の本質として見ていた「物質代謝」の過程に他ならない。こうしてアーレントは——マルクスに依拠しつつ——この労働を「物質代謝としての労働」（VA: 134）[7] と呼び表わすことになる。

> マルクスは労働を「人間の自然との物質代謝」と定義した。そのプロセスのなかで「自然の物質は、形態変化によって人間の欲求に適合〔され〕」、かくして「労働は自らをその対象に一体化させる incorporate」。そのとき彼がきわめて明白に示唆しているのは、彼が「生理学的に語っている」こと、そして労働と消費は永遠回帰する生物学的生命の二段階に過ぎないということである。（HC: 98f.）

マルクス解釈としての正誤を仔細に検討することはできないが、[8] アーレントはここで『資本論』の一部を引用しつつ、消費財を自らに一体化させることとしての労働という概念を彫琢しようとしている。そして、あらためて労働と消費を「生命」という同一過程の「二段階」と記述するのである。『人間の条件』第一章の規定においては、労働は物質代謝のために生産し供給すると言われていたのに対し、ここでは労働とは物質代謝であると言われている。

こうして私たちは、生産とは異なる〈物質代謝としての労働〉という概念を獲得した。それは人間的な労働と〈生命の労働〉の二重性からなる。両者は模倣と範型の関係でもあり、マクロとミクロの関係でもあり、また前者が後者に接合される〈人間が労働を施したものを生命へと供給する〉関係でもある。——ところで、パンは穀物から〝作られ〟ていた。その穀物は、どのようにして獲得されるのだろうか。その問いは「採集」という回答に接続する。

3・3　自然が与えるものを〈採り集める〉こと

本節の冒頭の引用によれば労働とは「取り込む」ことであり、その「取り込み」は具体的には「採集」と「身体的混合」の二契機に分節化された。アーレントはもう一つの契機を「採集」とみなすことによって、労働が「生産」であることをより強固に否定しているように思われる。

パンを〝作る〟ためには小麦が必要である。その小麦は、本来生命として自然界に生まれてくるものである。生命は人間が〝造る〟のではなく、〈採り集め〉られるのである。

> それら〔＝善きもの、つまり消費財〕は世界に短期滞在したのち、それらを生み出した自然のふところに帰る。人間的生物のプロセスがそれらを食い尽くしたにせよ、このような中間段階を経ることなく自然の生成《ヴェーゼン》と腐敗《フェアヴェーゼン》に戻るにせよ、である。〔…〕〔人間が建設する〕世界の立場から見るとそれらは〔…〕人間が生み出したあらゆるもののなかでもっとも自然的である。それらは本来生産《エアツォイゲン》される必要はなく、ただ調理されたり用意されたりする必要のみがある。そしてそれらはそのような世界のなかの自然として、自然的なものの永遠回帰する回転運動と同調して、到来し退去する。（VA: 115）

消費財となる「善きもの」はすでに見たとおりそれ自体生命的であり、それゆえに人間が消費せずとも自ずと腐敗して自然へと還るのであった。それが自然的であるのは退去するときのみならず、到来するときも同様である。それは自然の運動と同調して生まれ、人間的な世界のなかにあくまで「自然」として到来する。ただしそれらの自然の贈与は偶然的な仕方で分散的に配分されるために、人間はそれらを〈採り集める〉のである。

しかし、ここで一つ疑問が残る。このような物質代謝としての労働は、あくまで自然の与えるものを消費する活動性であり、何らかの

「増大」を生むことはないはずである。そのような労働が、なぜ「生産性」を有すると誤って考えられたのだろうか。この点を考えることは、じつは物質代謝とは異なる仕方で、〈生命の労働〉と人間的な労働の関係を考えることにもなる。節を改めて検討しよう。

第四節　繁殖性と労働力

4・1　労働力の論理

一見消費財という〝対象〟を〝生産〟しているように見える労働は、アーレントによって解体され、破壊を通じた「取り込み」、すなわち〈物質代謝としての労働〉として再定式化された。しかし、私たちは最後に〈なぜ生産をしない労働が〝生産的〟と思念されたのか〉という問題に逢着した。

アーレントによれば、労働は（自立的な対象が世界につけ加わるという意味での）生産性をもたない。にもかかわらず、その労働がある意味で〝生産〟的だからこそ、それは生産性をもつと「誤って考えられた」（"ihre vermeintliche »Produktivität«," VA: 119）。では、なぜそのような労働が「生産性」をもつと誤って考えられたのだろうか。結論からいえば、アーレントはそれを「労働力」という生命がもつ力の増大であると考えている。労働は〈物〉を生み出すことがないかわりに、より大きな「力」の「量」を生み出すというのである。

> 〔…〕労働する活動性そのものが〔…〕それ固有の「生産性」を持っている。その生産物がいかに儚く持続的でないとしても、それは関係ない。この生産性は、いかなる労働の生産物のうちにもなく、人間の「力」のうちにあるのだ。その力の強さは、自分自身の生計と生存の手段を産出しても使い果たされることがなく、「剰余 surplus」を産み出すことができる。つまり、自分自身の「再生産 reproduction」に必要である以上を産み出すことができるのだ。労働そのものではなく、人間の「労働力」（*Arbeitskraft*）の剰余が、労働の生産性を説明する〔…〕。（HC: 88）

ここで出てくる「労働力」という概念は、もともとマルクス『資本論』の概念である。[9] マルクスにとっては、労働力とは市場において売買される商品であり、労働力商品の一日分の価値（それは投下労働価値説を前提として、その商品の生産に必要な価値、つまり労働者の一日の生活費となる）と、その労働力商品が一日に生産する商品の価値の差異によって、剰余価値を生産する存在であった。[10] しかし、アーレントはこの概念をアレンジしている。

アーレントは労働に固有の「生産性」を、その「生産物」ではなく労働力という力のうちに見る。この力は「剰余」を生み出す力である。彼女は労働を、力の拡大再生産を行うものと捉えているのである。この剰余は二重の剰余として解釈可能である。労働力そのものの剰余と、生み出される消費財の剰余である。

たとえば、x時間の労働を行うには、y量の労働力が必要だとしよう。しかし、x時間の労働の結果、3y量の労働力を生み出せるとすれば、同一時間（x）の労働を繰り返すにはy量のみを投入すればよいので、剰余となる2y量の労働力はさらにべつの労働に投入できる（2x時間の労働が行なえる）。

この力の抽象的な増大は、具体的には消費財の量の増大で考えることができる。たとえばz量のパンで労働者がx時間働くことができ、労働者はそのx時間の労働で3z量のパンを生み出すことができるとすれば、労働者はやはり2z量の剰余（パン）を生み出していることになる。労働者自身はz量を摂取すれば同一時間（x）の労働をふたたび行えるのだから、その他の2z量の剰余は他の生命の再生産に用いることができる（そして他の生命が労働者であれば、これらの労働者は2x時間労働できることになる）。このとき、消費財そのものはいずれにせよ消滅する（パンは生命に投下され、消滅する）と考えるならば、ここで起こっているのは一方で労働力、他方で生命が、量的に増大するという事態だということになる。かくしてつぎのように言われる。

> 〔…〕労働力の生産性が対象を生産するのはひとえに偶然的にすぎず、それが第一にかかわるのは自分自身の再生産の手段である。労働力は、自分自身の再生産が保証されたときに、使い果たされることがない。それゆえ、この力は、ひとつの生命プロセスより多くのものを再生産するのに利用されうる。だが、それが「生産」するのは、生命以外の何ものでもない。（HC: 88）

労働は、一見すると消費財という「対象」を生み出しているが、これは労働にとっては偶有的であり本質的ではない。なぜならその対象は、生命とは異なる「他」なるものとして世界に存立するのではなく、生命に消費される糧だからである。それゆえ、消費財という「生産物」が媒介していたとしても、それが結局「生産」しているのは生命である[11]。生命が生命を生み出している。それは、生命という同一性の内部から出ることはない。つまりここでは労働が、投下されることで労働力と生命を自己増殖させる機構として、捉えられているのである。

しかし、一見すると滑らかなこの議論は、ある穴を抱えている。それは、労働力の増殖を説明できていないということである。たとえばy量の労働力を投入して、3y量の労働力を生み出すことができるのはなぜなのか。ここで具体的に、たとえばz量のパンでy量の労働力を生み出すことができ、そのy量の労働力によって3z量のパンが得られるなどと考えても、問題は消えない。投入された労働力を上回る労働力を生み出す消費財がなぜ得られるのかは、示されていないのである。

労働力には、なぜそのような剰余を生み出す力が備わっているのだろうか。そこでアーレントが提示するのが、「繁殖性 Fruchtbarkeit, fertility」という概念である。

> 生命の力とは繁殖性である。生きた有機体は自分自身の再生産を供給しても使い果たされることはない。その「剰余」は、その潜

在的な増殖のうちにある。（HC: 108）

つまり、生命そのものの繁殖する力が、労働力の増大、剰余の生成を説明するというのである。だが、この説明は成立するのだろうか。

4・2　生命の再生産と労働の再生産

本稿1・1において生命のあり方を検討したとき、取り上げられなかった要素があった。それは、生命が繁殖＝再生産するということである。「〔生きた有機体の〕力のもっとも自然な過剰は、それが自己を増殖し、複製できる点にある」（VA: 127）。アーレントは生命の繁殖にマルクス労働論の原形を見、それを引き合いに出すことで労働力の増大を説明しようとしているように見える。

> マルクスの思考のレベルと、現象的な現実についての彼の描写の忠実さを、つぎのこと以上にはっきりと示すものは、おそらくなにもない。すなわち、労働することと子を儲けること begetting とは同一の繁殖的な fertile 生命プロセスの二様態であるという理解に、彼の理論全体を基づけたことである。労働とは、彼にとって「ある者の自分自身の生命の再生産 reproduction」であり、この再生産が個の生き延びを保証する。そして子を儲けることは「他なる生命 foreign life」の生産であり、この生産が種の生き延びを保証する。この洞察は、時系列的に見て、彼の理論のけっして忘れられたことのない起源である。その後彼は、生きた有機体の労働力を「抽象的労働」に置き換え、労働の剰余を、労働者自身の再生産のための手段が生産されたあともまだ残っている労働力の量として理解することで、自らの理論を仕上げた。（HC: 106）

アーレントは、『ドイツ・イデオロギー』におけるマルクスの（とされる）[12]労働理解に、彼の思考のいわば「原型」を見たうえで、その発想が後期にまで残り続けるとみている。それが生命の「再生産」としての労働という観点である。

生命は二重の「再生産」を行う。⑴生命は、物質代謝によって自分自身をたえず生み出し続けることによって存在する。つまり数的同一性において、自己を再生産する。他方で⑵生命は子を儲ける、つまり他の生命を生み出すことで存在し続ける。この場合は、種的同一性において、自己（個体レベルでは〈他〉だが、種的レベルでは〈同〉）を再生産する。この原型的発想が、「労働力」の概念として形成されてくるというのが、アーレントの理解である。

しかし、これは生命の増殖の説明にはなるかもしれないが、労働力の増殖の説明にはならないだろう。なぜなら、労働力の投入はあくまで消費財の獲得につながるのみであり、その消費財を他の生命に振り分けることはできるにしても、生命そのものを生み出すことにはならないからである。逆にいえば、生命が生命を生むという増殖の論理では、労働力が労働力を生むことを説明できない。ここでの労働と生命活動のアナロジーは（物質代謝とは違い）破綻しているように思われる。

たしかにそうである。だが、ここで事態を人間という種の内側でみるのではなく、他の生命も含めたより大きな自然のレベルでみるならば、どうだろうか。やや踏み込んで解釈するとき、ここに人間的な労働と〈生命の労働〉の別様の関係がみえてくるように思われる。

労働力を投入することによって投入した以上の労働力を得ることができるというこの過程において、そのあいだには消費財の獲得という具体的な契機がはさまる。思い出せば、この消費財もまた、自然が与える生命であった。そして、その生命そのものを人間は生産することができない。生命は生命が生むのである。しかし、労働力の増殖の契機はここにあるように思われる。

> 自然との人間的な物質代謝の繁殖性は、労働力の自然な過剰から生まれてくるものだが、それはなお、自然の家政のいたるところに見られる過剰な豊富さ superabundance に与かっている。（HC: 106）

たんに自然界のものを「採り集める」のではなく、たとえば土地を耕し、肥料を与え、穀物を増産するとしよう。[13] この労働を通じて、投入した労働力を回復するのに十分な量を超えた消費財が、つまり「剰余」が得られるであろう。このときしかし、「剰余」を〝与えた〟のは、人間の労働と本当に言ってよいだろうか。否、それはむしろ生命そのものの自己産出であろう。生命自身が拡大再生産する力を備えていなければ、労働は対象を増殖させることはできない。

人間の労働は消費財を、ひいては労働力を増殖させる。しかしそのような人間的な労働の背後には、生命そのものの増殖がある。この生命の自己産出は、物質代謝とは別の仕方で、人間の労働を先取りし、それを可能化する〈生命の労働〉だと言える。人間的な労働は、それに便乗することで自己の拡大再生産を果たしている。物質代謝とは、私たちの内奥における〈生命の労働〉であった。他方、ここで起きている生命の自己産出は、私たちの外における〈生命の労働〉である。生命は私たちに深く内在するとともに、外に通じている。そして人間もまた生命である限り、かかる〈生命の労働〉を自覚的な営みとして引き受けなおし、人間的な労働として遂行しつづけるのである。

結　論

本稿は、人間の労働の根底に〈生命の労働〉を見出す、アーレントの労働論の独自性を探究してきた。では結局、労働とは何だったのか。まとめよう。

労働は、人間的な労働と〈生命の労働〉の二重性において実現している。一方で、消費財の〝生産〟と思われたものは、私たちの身体の内奥における徹底な破壊と内化である「物質代謝」を、自覚的・拡大的に再現した、破壊を通じての同化の営みであった。これは、個の次元における生命の自己再生産と言える。他方、その〝生産〟を通じて、労働力を（つまり人間という種を）増大させていく拡大再生産の根底には、その消費財——つまりそれ自体生命である——が、それ自身生命として拡大再生産しうる「繁殖性」を備えているという事実があった。以上から結論を出せば、労働とは、生命が生命を自己再生産することの、自覚的遂行のことである。[14] 根底において、生命が生命を再生産する〈生命の労働〉が起きている。人間的な労働はその根源的労働に乗じて、それを助長しまた統制するものであり、その埒を出ることはないのである。

アーレントの労働概念は、彼女が『人間の条件／活動的生』で検討している他の活動性にくらべ、あまり積極的な意義を与えられておらず、従来解釈でもその肯定的な意味はほとんど見いだされてこなかった。たしかに、彼女の労働論は労働の全面化が世界を掘り崩す点を批判するものであり、その批判もまた労働論の大きな寄与である。しかし本稿が明らかにしたのは、アーレントはこの概念によって、まさに人間が生命であるという次元を開示し、それを記述したということである。それは同時に、人間が人間であるかぎりはおそらく消えることのない動物性の次元をも、しっかりと見据えたものである。労働に動物と人間の差異の根拠を見ようとする労働論もあるなかで、むしろ生命という普遍的連続性を見出し[15]、人間の動物性を正面から見据えようとする点にも、アーレント労働論の固有の輝きがあるように思われるのである。

謝　辞

本論文は、JSPS 科研費 JP21K00042 および JP21K00100 の助成を受けた研究成果の一部である。

一次文献（アーレント Hannah Arendt の著作は、つぎの略号に頁数を付して引用した）

DT: *Denktagebuch*, 2 Bde., 2. Aufl., Piper. 2003.

HC: *The Human Condition*, 2nd ed., The Univ. of Chicago Pr. 1998[1958].

TWB: *Thinking Without a Banister: Essays in Understanding 1953-1975*, ed. by J. Kohn, Schocken. 2018.

VA: *Vita activa oder vom tätigen Leben*, ungekürzte Taschenbuchausg., 9.Aufl., Piper. 2010[1960].

二次文献

Aristoteles, *De anima*. 中畑正志訳「魂について」『アリストテレス全集』第七巻、岩波書店、二〇一四年。

Bakan, Mildred. 1979. “Hannah Arendt’s Concept of Labor and Work,” in: *Hannah Arendt: The Recovery of the Public World*, ed. by M. A. Hill, St. Martin’s Pr., pp.49-65.

Bowring, Finn. 2011. *Hannah Arendt: A Critical Introduction*, Pluto Press.

Braun, Martin. 1994. *Hannah Arendts transzendentaler Tätigkeitsbegriff: Systematische Rekonstruktion ihrer politischen Philosophie im Blick auf Jaspers und Heidegger*. Peter Lang.

Cholbi, Michael. 2022. “Philosophical Approaches to Work and Labor,” in: *Stanford Encyclopedia of Philosophy*.（https://plato.stanford.edu/entries/work-labor/ 最終閲覧日：二〇二四年五月三日）

Heidegger, Martin. 2006[1927]. *Sein und Zeit*, 19.Aufl. Max Niemeyer.

Lévinas, Emmanuel. 1990[1961]. *Totalité et Infini: Essai sur l’extériorité*. Le Livre de Poche.

Locke, John. 1988[1689]. *Two Treatises of Government*, student ed., ed. with an introd. and notes by P. Laslett, Cambrige U.P.

Marx, Karl. 1977 [1867]. *Das Kapital*, Bd.1, Dietz Verl.

Marx, Karl/ Engels, Friedrich, hrsg. v. W. Hiromatsu. 1974[1845-46]. *Die Deutsche Ideologie*. Kawadeshobo-shinsha Verl.

Sayers, Sean. 2007. “The Concept of Labor: Marx and His Critics,” in: *Science & Society*, vol.71, no.4, pp.431-454

Voice, Paul. 2014. “Labour, Work and Action,” in: *Hannah Arendt Key Concepts*, ed. by P. Hayden, Acumen.

Weisman, Tama. 2014. *Hannah Arendt and Karl Marx: On Totalitarianism and the Tradition of Western Political Thought*, Lexington Books.

今村健一郎 2011『労働と所有の哲学――ジョン・ロックから現代へ』昭和堂。

韓立新 2001『エコロジーとマルクス』時潮社。

斎藤幸平 2019『大洪水の前に――マルクスと惑星の物質代謝』堀之内出版。

齋藤宜之 2019「農業とはいかなる営為なのか――トンプソン・アーレント・マルクス」『環境倫理』第三号、中央大学理工学部寺本剛研究室、一〇三 - 一三〇頁。

佐々木隆治 2017『私たちはなぜ働くのか――マルクスと考える資本と労働の経済学』旬報社。

百木漠 2018『アーレントのマルクス――労働と全体主義』人文書院。

森一郎 2017『世代問題の再燃――ハイデガー、アーレントとともに哲学する』明石書店。

――2018『現代の危機と哲学』放送大学出版会。

森川輝一 2010『〈始まり〉のアーレント――「出生」の思想の誕生』岩波書

店。

注

（1）「近代において労働が上昇したまさにその理由が、その「生産性」であった。（神ならぬ）労働が人間を創った、もしくは（理性ならぬ）労働が人間を他の動物から区別するという、マルクスの一見冒涜的な観念は、近代全体が同意するものをもっともラディカルかつ一貫性をもって定式化したものに過ぎなかった」（HC: 85f. cf. 84, 101; TWB: 36）。

（2）Bakan（1979）、Sayers（2007）、Voice（2014）、Weisman（2014）、百木（2018）、森（2017, 2018）、森川（2010）などを参照。

（3）この生命の規定は、アリストテレスの「栄養摂取するもの」という生命規定を彷彿とさせる。*De anima*, 413a22ff., 415a23ff.

（4）引用した箇所の原文は、“it [=labor] ⓐ incorporates, ⓑ ‘gathers,’ and ⓒ bodily ‘mixes with’ the things provided by nature” である（丸英字は引用者による）。この三つ列挙されている動詞のうち、私たちはⓐ〈取り込む〉とⓑ+ⓒ〈採集し、身体的に混合する〉を同格と捉え、〈ⓐ取り込む、すなわちⓑ採集し、ⓒ身体的に混合する〉と訳した。一見すると三つの動詞はすべて並列され、ⓐ+ⓑ+ⓒ〈取り込み、採集し、身体的に混合する〉と述べられているように見える。しかし二つの根拠から、この箇所は私たちが示したように読まれるべきである。

第一に、三つともすべて並列されていると捉える場合、ⓐ〈取り込むincorporate〉とⓒ〈身体的にそれらと混合する bodily “mix with”〉という同じような意味の動詞が最初と最後に二回登場するという不可解さを説明できない。

第二に、後二者の動詞ⓑ“gather”とⓒ“mix with”は、引用符に括られているところから分かるとおり、じつはロック『統治論』第五章からの引用である。これに対して、ⓐ“incorporate”はアーレント自身が準術語的に用いる動詞である（のちに引用する箇所に含まれるマルクス『資本論』の英訳にも見られる）。

以上から、この箇所は〈労働は自然が与えるものを incorporate するものである、つまり（ロックのことばを借りて）より具体的にいえば、それを「採集」し、身体的に「混合する」ことである〉（ⓐ=ⓑ+ⓒ）と述べていると解釈すべきである。

（5）断片的に引用されているのは、『統治論』でいわゆる「労働所有説」を説いた有名な箇所である。「大地、そしてあらゆる下等な被造物は、おしなべて万人の共有である。けれども、各人は自分自身の人身 *Person* には所有権をもっている。人身については、自分自身を除いては、だれもなんの権利も持っていない。ひとの身体の労働と、その手の働きとは、固有にそのひとのものであると、私たちはいうことができる。このとき、自然が提供し、そのままにしておいた状態からひとが取り除いたものは、なんであれ、ひとは自らの労働をそれと混合したことになる。そして、それになんらか自分自身のものを付け加え、そうしてそれを自分の所有物とする」（Locke 1988[1689]: 287-88）。この「混合」をどう理解するかについてはさまざまな解釈がある（今村2011: 第2.1節）が、アーレントは文字通り労働（する主体）が対象を自らに同化することと捉える（HC: 115）。

（6）Weisman（2014: 67）はユニークな対比によって、労働と仕事の生み出すものの違いを提示している。すなわち、生地をこねてパンを一個形づくるのと、モルタルをこねてレンガを一個形づくるのは、物理的なプロセスとしては類似していても、その生産物の違いによって区別できる。

（7）「人間と自然の物質代謝としての労働は、労働する者をその純然たる生命存在《レヴェンディヒザイン》のうちに捕らえる。そうしてこの労働者は、労働以外の活動性を知らなければ、そのつど、身体機能の永遠回帰する円環運動を超え出ることも、そこから解放されることもできないのである」（VA: 134. 傍点追加）。Cf. DT: XV [16].

（8）マルクス『資本論』第一巻第五章によれば「労働とはさしあたり人間と自然のあいだの一箇の過程であり、その過程のなかで人間は、自らの自然との物質代謝を自分自身の行為によって媒介し規制し制御する」（Marx 1977[1867]: 192. 傍点付加）。ただしこの箇所には①労働が物質代謝であるとする解釈（韓 2001: 95 etc.）と、②あくまで労働は物質代謝を「媒介・規制・制御」するだけで、それ自体は物質代謝ではないとする解釈（佐々木 2017: 32ff.; 斎藤幸平 2019: 115）と、二通りの解釈が存する。

（9） 労働力もマルクスから受け継がれた概念だが、はたしてアーレントがそれを自分の概念として用いているのかと疑問を覚える向きもあるかもしれない。『人間の条件／活動的生』の労働章はマルクスの批判を企図したものだと言われていたからである（HC: 79. アーレントとマルクスの関係については百木（2018）や Weisman（2014）を参照）。しかし彼女は同時にマルクスを、労働を現象に忠実に記述した人物としても評価している。マルクスが「諸現象を、それらが彼の眼に対しておのれを呈示してくるとおりに記述することにおいて忠実かつ実直であったことは、疑いえない」（HC: 105）。なおこれはハイデガーによる現象学の定義、「おのれを示すものを、それがおのれ自身のほうからおのれを示すとおりに、それ自身のほうから見えるようにさせること」（Heidegger 2006[1927]: 34）を踏まえた表現だと思われる。

（10） 「労働力の一日の価値は、三シリングである。労働力そのもののうちに、半労働日が対象化されているから、つまり日々労働力を生産するのに必要な生活手段に半労働日を費やすからである。けれども、労働力のうちにひそむ過去の労働と、労働力が遂行し得る生きた労働、つまりそれを毎日維持するためのコストと、それを毎日支出することは、二つのまったく異なる量である。前者が規定するのは労働力の交換価値であり、後者はその使用価値をなしている。労働者の生活を二四時間維持するのに、半労働日〔のみ〕が必要だからと言って、労働者が丸一日労働することのさまたげにはならない。したがって、労働力の価値と、労働過程のなかで労働力が起こす価値増殖とは、二つの異なる量である。労働力を購入したさい、資本家の目にはこの価値の違いが映っていた」（Marx 1977[1867]: 207-8）。

（11） それゆえ労働の〝生産物〟としての消費財は生命プロセスから「こぼれ落ちた《アブファール》生産物《プロドゥクト》」＝「廃棄物」とも呼ばれる（VA: 105f.）。

（12） 廣松渉の考証によれば、アーレントの引用した箇所はエンゲルスの記述。Marx/ Engels 1974[1845-46]: 24.

（13） ただしアーレント自身は農業を主題的に取り上げるときは、それが土地を作る「仕事」とも言えることを強調する。「人間のもっとも必要で基本的な労働、つまり土地を耕すことは、いわばプロセスにおいて労働が仕事へと変化する完璧な例であるように見える。〔…〕その生産物は、自身の活動性よりも長続きし、人間的工作物に持続的に付け加わるものを形成する」（HC: 138）。農業論については齋藤宜之（2019）も参照。

（14） アーレントは『活動的生』ではこれを〈現実化〉realisieren, aktualisieren という概念で説明している（VA: 407）。〈現実化〉という概念の彼女固有の用法は、VA: 264 を参照。

（15） Weisman（2014: 89）によれば「〔…〕アーレントはこの動物のような生存を、人間存在の必然的な条件として定立する」。また Braun（1994: 55, Anm.105）はこの点について、「ハイデガーの現存在は飢えない」と批判した Lévinas（1990[1961]: 142）と通底する批判的意識がアーレントにはあると指摘している。

〈応募論文〉

『哲学探究』二七〇節は本当に「呑み込みがたい」議論なのか？

――「感覚の同定などどうでもよい」という野矢のまとめと感覚語の使用の問題

橋本《はしもと》　正吾《しょうご》
（大阪大学／関西学院大学）

はじめに

ルートヴィヒ・ウィトゲンシュタインは『哲学探究』（以下『探究』）のなかで、諸々の哲学的テーマに対し日常言語の観点から批判的考察を加えている。なかでも二四三節から三一五節（1）のテーマは一般に「私的言語論」と称される。「私的言語」とは、その「言語に属する語は、話者のみが知ることのできるものを、すなわち話者の直接的で私的な感覚を指示する」言語であり、「他人には［…］理解できない」（PU 243）言語である（2）。本稿では、私的言語論のなかでも、当の本人のみが感じうる私的感覚の「同定（Identifizierung）」に関する批判に着眼点を置く。

さて、この私的言語論に含まれる二七〇節のなかでは、ある決まった感覚を感じるときに何の器具も使わずに、血圧の上昇を言い当てることができるという例が挙げられる。そして二七〇節では「さてこの例で、その感覚を私が正しく再認したのか、そうでないのか、はまったく無関係であるように思われる」などの一連の主張が続く。これらの主張を野矢茂樹は「感覚の同定などどうでもよい」とまとめた上で、「どうにも呑み込みがたい議論」と見なす（野矢 2022 pp. 149f.）。というのも、野矢の指摘によれば、感覚の何らかの「再認」や「同定」がなければ、例えば「痛み」などの感覚語の使用に支障を来すように思われるためである。それに対し、本稿では、二七〇節の議論からこのような感覚語の使用の問題はそもそも帰結しないことを示していく。

本稿の構成は以下のとおりである。第一節では、「どうでもよい」という表現に着目しながら、二七〇節の議論、そして野矢が危惧するその問題点を具体的に見ていく。第二節では、二七〇節の議論に関わる「同定（再認）」の用法を確認し、その語は同定基準の必要性から、私的に過ぎない感覚には適用できないことを指摘する。第三節では、二七〇節の主張の背景には、感覚の内的指示が同定基準を定め、その「同定」を可能とするという哲学的見解があることを明らかにする。第四節では、この哲学的見解が二七〇節で見られる感覚語の使用と無関係であることを指摘する。第五節では二九〇節などの考察から、ウィトゲンシュタインは、基準によって「感覚を同定する」という考えからの解放を説く一方で、基準によらない感覚の特定自体は否定していないことを示す。本稿ではこれらの考察を通じて、二七〇節とそれを「呑み込みがたい」議論と見なす解釈には隔たりがあり、そこから感覚語の使用の問題は生じないことを結論づけたい。

第一節　「どうでもよい」に関わる二つの主張と感覚語の使用の問題

第一節では、二七〇節の議論と野矢の指摘を概観する。はじめに両者の主張を順に追いながら、野矢が危惧する感覚語の使用の問題、ならびに、それぞれの主張で「どうでもよい」とされているものを詳細に見ていく。

まずは二七〇節を見てみよう。ウィトゲンシュタインは二七〇節や二五八節などで、当の本人のみがもちうる私的感覚について日記をつけるという想定をする。この想定では、繰り返し感じるある感覚（例えば痛み）に「E」という記号を結びつけ、その感覚を感じた日に「E」を日記に記入していく。この「感覚日記」に関して二七〇節では、「「E」という記号を私の日記に記入することのある使い方」が次のように説明される。

> ある決まった感覚を感じるとき血圧計を見ると、いつも血圧が上がっている。こうして私は器具を使わずに自分の血圧が上がったと言えるようになる。これは役に立つ結果だ。[PU 270]

「E」の記号の説明に当の記号が一切登場しないのはさておき、ある感覚を感じたときに血圧の上昇を言い当てられるのであれば、その予測の際に器具を必要としない点で、これは確かに役立つ結果だと言えるだろう。この経験に対して、ウィトゲンシュタインは以下のように続ける。

> さてこの例で、その感覚を私が**正しく**再認（wiedererkennen）したのか、そうでないのか、はまったく無関係であるように思われる。感覚を同定する際に私がいつも間違っていたとしても、何の違いも生じないのだ。そしてすでにこのことが、この間違いの想定が見かけのものに過ぎなかったことを示している。[ibid.; 強調原著者]

ここでは、この血圧計の例で、感覚の「再認」や「同定」は「無関係」だという趣旨が述べられている。けれども、素朴に考えれば、感覚を正しく再認すれば、血圧の上昇の予測が成功し、その再認に失敗すれば予測も失敗すると思われる。つまり、一方で、血圧の上昇の感覚があるときに、きちんとそれを認識できれば、いま血圧は上昇しているという予測が当たることになるだろう、と。他方で、血圧の上昇の感覚があるのにそれを見逃したり、その感覚が生じていないのにそれが生じていると誤認したりしてしまうと、血圧の上昇の誤った予測をすることになるだろう、と。だが、このような「感覚の再認は当の予測に関係がある」という素朴な考え方に対し、二七〇節では、その考え方が間違っていると言われている。

ここで、二七〇節の議論に対する野矢の反応を見ていきたい。野矢はこの議論を「どうにも呑み込みがたい議論」（野矢 2022 p. 149）と評しながら、次のように述べる。

> ここでは感覚と血圧の上昇の相関関係が言われている。だとすれば、当の感覚を正しく同定しなければ血圧の予測にも失敗すると思われる。だが、ウィトゲンシュタインはここでは感覚の同定などどうでもよいと論じる。少なくとも私はこの議論に多少の当惑を禁じえないが、それは私が「言語以前に感覚を同定する」という考えから抜け出せないでいるからだろう。あるタイプの感覚が同定されていないのであれば、何を「痛み」と呼んでいるのか分からないじゃないか。私はなおそんな思いから離れられないでいる。ウィトゲンシュタインは「つねにその同定をまちがえていたと仮定しても、何の違いも生じえない」と言う。[ibid. p. 150]

この引用部では二七〇節の主張が「感覚の同定などどうでもよい」という簡単な表現で総括されている。ここでの「どうでもよい」という表現が上述のように、「血圧の予測にとってまったく無関係である」を意味することに異論はないだろう。また、二七〇節の「再認」と「同定」を「同定」という一語でまとめても、内容上の問題はないと思われる。さらに引用部では、二七〇節の議論が単に血圧計の例だけでなく、「痛み」などの感覚語の使用という一般的なケースにも該当することが示唆されているが、これもウィトゲンシュタインの意図に沿うと考えられる。つまり、二七〇節の議論は、私たちの感覚語を用いた日常的な言語のやりとり、言い換えれば、感覚語の言語ゲーム一般にも該当するものである。

このように野矢は二七〇節の議論を簡潔にまとめた上で、感覚語の使用に関する一つの問題を指摘する。当の問題は、野矢の表現を用いれば、「言語以前の感覚を同定する」という考えの否定に起因する。「言語以前の感覚の同定」とは、例えば「痛い」といった感覚語を発する前に、「同様の［痛みの］経験をするたびに「またあれが生じた」と判断する」（ibid. p. 149）ことだと説明される。もちろん、私たちが日常で感覚語を発するとき、いわばある感覚を単にその感覚として特定していると考えるのが自然だろう。この自然な見方に沿うように、野矢は「（言語以前の）感覚の同定」という表現を用いながら、もしそれがなされないならば、そもそも何を「痛み」と呼んでいるのか分からないのではないか、という感覚語の使用の問題が生じると指摘するわけである。

けれども、本稿が示すとおり、実際には、二七〇節の意味で「感覚の同定」を否定しても、感覚語の使用に支障は来さない。感覚語の使い方が分からなくなり、その使用がいわば当てずっぽうになるとすれば、それは私たちが日常でしているような感覚の単なる特定が否定されるときである。言い換えれば、二七〇節では感覚の特定までは否定されていないのである。

　野矢は二七〇節に触れたのち、『探究』の二九〇節などの一連の考察も「言語以前の感覚の同定」という考えを批判するものだと説明する（ibid. pp. 151-157）。その説明に従えば、「言語以前の感覚の同定」がなされることはなく、それゆえ「同定」の誤りがないのは当然であり、その誤りのなさはそもそも「同定」していないことに起因する（ibid. p. 330 注 57; cf. p. 151）。それらの考察を通して、野矢が最終的にウィトゲンシュタインに賛同し、二七〇節の議論に対してなおも抱いていた感覚語の使用に関する当惑を解消したのかどうかは、本稿が扱うテーマではない。そうではなく、本稿のテーマはむしろ、野矢の当初の当惑を切り口に、感覚語の使用の問題が二七〇節の議論の出発点からそもそも生じうるような問題ではないことを、その背景や関連する考察から明示的に示すことである。そのため、本稿では、便宜上「野矢の指摘」や「野矢の見解」などの表現を用いるが、それは野矢の結論ではなく、野矢が二七〇節に対し投げかけた当初の危惧に関わることを断っておきたい。

　これまでの経緯を「どうでもよい」という表現で整理すると、二七〇節と野矢が提示した危惧の間に見られるギャップがより明らかになるだろう。二七〇節の議論はそもそも「感覚を正しく同定したかどうかはどうでもよい」というものであった。この議論を野矢は「感覚の同定などどうでもよい」と表現した上で、例えば何を「痛み」と呼んでいるのか分からなくなるという感覚語の使用の問題を指摘していた。ところが、実際にこの問題が生じるとすれば、それは、二七〇節の意味で「感覚を正しく同定する」ことが否定されるときではなく、感覚の単なる特定が否定されるときに限られる。この二つの行いには、決定的な違いがあるわけである。簡潔に述べれば、「感覚を正しく同定する」には、その「正しさ」を判定する公共的な同定基準が必要となる。それに対し、「感覚の単なる特定」では同定基準が一切必要でないどころか、私的感覚のケースではそもそもそのような公共的基準が設けられない。この観点から見れば、二七〇節と感覚語の使用の問題の議論では、「どうでもよい」とされているものに、内容上重要な違いがあることになる。

　本稿の以下の議論では、上記の違いに着目しながら、二七〇節の議論は実際には、感覚語の使用の問題を引き起こすような「どうにも呑み込みがたい議論」ではないことを示していく。まず次節では、二七〇節とも密接に関わる「同定」という行いが同定基準を要すること、そして、感覚のケースにおける「同定」の問題点を見ることとする。

第二節　同定基準と感覚の「同定」の不可能性

第二節では、二七〇節でも問題となる「同定」とその「同定基準」に着眼点を置く。まず、『探究』の複数の節で登場する"Kriterium der Identität"というドイツ語表現に着目し、この表現が多くの箇所で「同定基準」を指しており、それが「同定」の際に不可欠であることを示す。続いて、このような同定基準に依拠する「同定」は、感覚などの内的・心的なものには適用できないことをウィトゲンシュタインの考察から明らかにする。

はじめに、"Kriterium der Identität"の訳を見てみよう。この表現は、例えば鬼界訳では「同一性の基準」という日本語で一律に訳されている（PU 253, 288 & 322; cf. 404）。けれども、『探究』全体を見れば、この表現は「同一性の基準」だけでなく、「同定基準」という表現で訳し分けた方が、議論がより明確になると思われる。当然ながら、本稿のテーマに関わるのは「同定基準」である。

実際に例えば二五三節では、「同一性の基準」と呼ぶべき基準が問題となっている。その第一段落では、この基準と関連して、物理的な対象の場合で「まったく同じ二つのもの」（PU 253）について語ることが述べられている。ここでは例えば、「この椅子」と「昨日ここで見た椅子」に関して、その同一性ならびにその基準が問題とされる(3)。同様に第二段落では、「私の痛み」と「彼の痛み」が同じだと述べることの意味が問われ、この痛みの同一性を述べることは、非常に稀なケースでしか意味をもち得ないことが示されている。両段落では、二つ以上の仕方で表記されたものの同一性が述べられていると考えられるだろう。

けれども、『探究』の他の箇所では、上述の「同一性」の説明とは異なる説明がなされている。例えば二五三節の第三段落では、自身で胸を叩き、「私が今もっている痛み」を「この痛み」と強調する議論があることが述べられる。そして、その強調によって"Kriterium der Identität"は定まらないことが指摘されている。もちろんここでは、「私の痛み」と「彼の痛み」などの異なる表記に関わる同一性とその基準が問題にはなっていない。単に「私が今もっている痛み」をそれとして同定する「同定基準」が述べられていると理解するのが自然だろう。同様に、このドイツ語表現が現れる二八八、三二二、四〇四節においても、「同じもの」に対する二つ以上の異なる表記が挙げられているわけではないため、単にある対象を同定する際の同定基準が問題になっていると考えられる(4)。

この"Kriterium der Identität"という表現とともに、ウィトゲンシュタインは他の考察のなかで、私的・内的な意識状態とその「認識」について述べている。そこでも「同じもの」の異なる表記が現れないため、上記の区別から「同定基準」という訳語が適切だと思われる。その考察は以下のとおりである。

> ……人は、ある状態をもっているとき、それをとにかくそれとして認識していると言うのは無意味である。というのも、どうやっ

て、それを認識するのだろうか？
（同定基準）［BPPII 44; 強調原著者］

引用部の「ある状態」とは私的・内的な意識状態を指している。そして、最後の「同定基準」という表現から、ここでの「認識（erkennen）」も二七〇節の「再認（wiedererkennen）」と同様に、「同定」と見なすことができるだろう。引用部が示唆するように、ある対象を同定するには、その同定基準が必要であり、それによって対象を同定できねばならない。言い換えれば、同定基準が欠ければ、同定は不可能である。ここで重要なことは、心的・内的状態だけでなく、感覚においても、それらが私的である以上同定基準という公共的基準がないために、それらを「同定」することはできないことである。二七〇節のように「感覚を正しく同定する」という表現が使われたとしても、それを判定する同定基準が必要となるのであれば、感覚を「正しく同定」することも同様にできないことになる。

以上のように、“Kriterium der Identität”という表現は、ウィトゲンシュタインの多くの考察のなかで、二つ以上の仕方で表記されたものの「同一性の基準」というよりも、単に、ある対象をそれとして同定する「同定基準」として理解できる。これらの考察に従えば、公共的な同定基準がなければ、ある対象を「同定」することはできない。とすれば、感覚などの私的・内的なものを「同定」することは、そのような同定基準がないために、当然不可能となる。そして、二七〇節で問題となる「感覚を正しく同定する」という行為にも同定基準が必要だと考えれば、同じ理由でそれを「正しく同定する」こともできないのである。では、なぜこの「同定」の批判がわざわざ私的言語論でなされるのだろうか。次節では、議論の背景として、感覚を「正しく同定する」という哲学的見解があることを見ていきたい。

第三節　内的指示を用いた「同定」という哲学的試み

第三節では、私的言語論のなかで、内的指示に依拠した感覚の「同定」という哲学的試みが批判的に論じられ、それが二七〇節の主張の背景にあることを確認する。まずは、二五八節でなされる感覚の内的指示の説明を見る。続いて、すでに引用した二五三節の分析から、感覚の「同定」に内的指示の必要性を説く哲学的見解が実際には批判されていることを指摘する。

はじめに、二七〇節と密接に関連する二五八節の考察を見てみよう。ここでも同様に上述の感覚日記の例が想定されている一方で、感覚への内的指示が批判的に論じられている。ある感覚に「E」という記号を結びつけ、それを感じた日に、日記に「E」を書き込むのが感覚日記の想定であった。二五八節では、物理的対象のケースと違って、この記号の意味を固定するための定義はできないと述べられる。それは、「自分自身に対して一種の直示的定義」、言い換えれば、「E」を発したり、書き込んだりする際に「注意を感覚に集中する」あるいは「内的に感覚を指し示す」という試みをしても同じである。二五八節ではとりわけ記号と感覚の結びつきに着眼点が置かれるのだが、私的でしかない感覚においては、この結びつきを正しく思い出すための「正しさを判定する基準」がそもそも与えられないのである。このような基準がなければ、この結びつきを思い出すことに対して、客観的な意味で「正しさ」を述べることなどできない。仮に注意を集中することで、感覚を「内的に指し示」そうとしても、その「正しさを判定する基準」は定められないのである。

　この二五八節の議論を考慮に入れながら、引き続き二五三節の考察を振り返りたい。前節で見たように、第三段落では、ある人が自身の胸を叩き、自身の痛みを「この痛み」と強調する議論があり、この強調をしても「同定基準」は定まらないことが述べられていた。厳密には二五八節では、記号と感覚の結びつきを正しく思い出すための「正しさを判定する基準」に言及されているという違いはあるものの、感覚に関する公共的基準は定められないという点で、両節が共通しているのは明白だろう。あいにく、二五三節で批判される議論についての詳細は『探究』では明記されていない。けれども、『探究』以外の考察から、二五三節の「同定基準」の議論が二五八節と同様に内的指示と関わることが明らかとなる。

　では、「この痛み」と強調する議論は具体的にどのようなものなのだろうか。実際にはウィトゲンシュタインの一九四〇年の講義録に、これと同じ議論への言及がある。講義録では、この議論を行う哲学者はG. E. ムーアにほかならず、現に自身の胸を叩きながら、「この痛み」と強調する議論をしていたことが示唆されている（WWCL p. 165）[5]。さらには「この」という強調は、例えば机などの家具を指し示す「記述（description）」と同じ役割でなされていると述べられる。つまり、「机を外的に指示できるという意味で、痛みを内的に指示できる」という見方がこの強調表現に含まれており、「何らかのものを指し示すとき、それにしばしば意識を集中するが、同様に、痛みにも意識を集中することができる」という考えが根底にある（ibid. p. 116）。この説明から、一見不明瞭であった二五三節の強調表現と二五八節の考察との関連が見て取れるだろう。すなわち、「この」という強調は単に大きな声を発するのではなく、二五八節で表現されているように、「感覚に注意を集中」し、「内的に感覚を指し示す」ことを含むのである。また、上述の「記述」という表現は、本稿の議論にとって重要な二九〇節とも密接に関わるため、この点は第五節で振り返ることとする。

　「この」という強調表現と内的指示との関係から、二五三節の主張も明確になるだろう。強調によって同定基準を定められないということは、痛みなどの感覚を「内的に指し示した」としても、その基準は定められないということである。ここで批判されているのは、裏を返せば、自身の感覚を内的に指示することで、その同定基準を定めることができ、その結果、あるタイプの感覚の同定が可能となるという哲学的見解だと考えられる。けれども、ウィトゲンシュタインによれば、このような内的指示は単なる「儀式」（PU 258）に過ぎず、感覚の「同定基準」を定めることもなければ、私たちの感覚語の言語ゲームとも無関係なのである。このような「感覚の同定」ならびにその基準に対する批判が、二七〇節以前の私的言語論の考察ですでに暗示的にせよ、論じられているわけである。

以上をまとめよう。二五三節では、自身の胸を叩きながら、自身の痛みを「この痛み」で強調する議論が述べられていた。この強調は、二五八節や関連する講義録の考察から、痛みなどの感覚の内的指示を兼ねていると理解できる。しかるに二五三節の批判点は、「この」という強調により、感覚を内的に指し示そうとしても、感覚の「同定基準」は定められないことにある。そしてその批判は、内的指示が感覚の「同定基準」を定め、感覚の「同定」を可能とするという哲学的見解に向けられていると考えられる。次節では、ウィトゲンシュタインがこのような内的指示とは違った仕方で、感覚と感覚語の間の関係を考えていたことを明らかにするため、二七〇節の議論を検討していく。

第四節　内的指示と関わらない感覚語の使用

第四節では、前節で見た感覚の内的指示が、二七〇節で説明される日常の感覚語の使用とは関わらないことを見ていきたい。まずは、内的指示と関連して、「対象の指示」に立脚するアウグスティヌス像を概観する。その上で二七〇節が、「指示」とは異なる仕方で、感覚と感覚語の関わりを捉えていることを指摘する。これらの考察から、「感覚を正しく同定する」ことへの二七〇節の批判は、内的指示や同定基準とは無縁である日常の感覚語の使用の観点からなされていることを確認する。

まずは『探究』におけるアウグスティヌス像の批判に触れておく。それは端的には「語は対象を指示する名である」という言語像である。そこでは、「語」は対象を「名付け（benennen）」たり、「表し（bezeichnen）」たりする役割をもつと考えられ、“bezeichnen”を中心とした言葉の使い方には「指示」の意味が含まれる。[6] けれども、『探究』一節ですでに批判されるように、その指示性は常に自明であるわけではない。ウィトゲンシュタインによれば、この言語像は私たちのすべての言葉の使用に適用できるものではなく、痛みなどの私的感覚への適用もその不適切な例なのである（cf. PU 26 f.; Schroeder 2009 p. 121）。この点で、セヴェリン・シュレーダーが述べるように、アウグスティヌス像批判は私的言語論の議論とも密に関わると考えられる（ibid. p. 120; cf. Hacker 2019 p. 55）。

このような「指示」の意味を含意する“bezeichnen”の用法に着目しながら、二七〇節を見てみよう。第一段落では、ある感覚を「E」で表す感覚日記を想定した上で、その感覚を「正しく同定する」ことは感覚語の言語ゲームにとって無関係であると述べられていた。そして第二段落では、「E」に関して、次のように続けられる。

> それでは、どんな根拠で我々はここで「E」をある感覚の名（Bezeichnung）と呼ぶのか？おそらくは、この記号がこの言語ゲームにおいて用いられる用いられ方のためである。

ここでは上述の第一段落を踏まえた上で、「E」を感覚の名と呼ぶ根拠が問われている。ウィトゲンシュタインの答えは、この感覚語の言語ゲームにおける「E」の用いられ方がその根拠だというものである。もちろん二七〇節では、ある決まった感覚を感じるときに「E」を日記に書き込むことが想定されているに過ぎず、感覚に意識を集中させ、それを「E」によって——ましてや感覚を「正しく同定」するために——内的に指示などしない。ここで「E」は、ある決まった感覚を指示する「名」としては使用されていないのである。言い換えれば、「E」を感覚の名と呼ぶにしても、それはアウグスティヌス像における「名（Bezeichnung）」の用法ではないことになる。[7]

では、なぜ第二段落で「E」を感覚の「名」と呼ぶ根拠がわざわざ問われているのだろうか。それは、感覚を「正しく同定する」という考えの否定と関連していると考えられる。本稿第一節で述べたように、感覚を「正しく同定する」には、その「正しさ」を判定する同定基準が必要となる。二五三節で見たようにムーアなどの哲学者であれば、感覚に注意を集中することで、感覚の「同定基準」を定めることができ、その結果感覚を「正しく同定」できるという考えに惑わされるかもしれない。けれども、私的に過ぎない感覚に対し、内的指示を試みても、公共的な「同定基準」は定まりえないのである。それどころか、感覚日記での「E」という記号自体が、感覚の内的指示とは無関係に使用されているというのが第二段落の主張だと理解できるだろう。そもそも「E」を感覚という対象の（内的）指示として用いていないのだから、それによって「同定基準」が定められることもないし、当然ながらその基準によって「感覚を正しく同定する」こともないわけである。

二七〇節のこの批判は、「E」という記号だけでなく、日常の感覚語の使い方においても成り立つ。というのも、日常においても「感覚を正しく同定する」ことによって、「痛い」などの感覚語を使用していないためである。仮に「なんでもお見通しの〈神〉」[8]がいようがいまいが、事態は何も変わらない。その〈神〉が何らかの超能力をもって私たちの感覚を「正しく同定」したと考えても、それは私たちの感覚語の言語ゲームとは一切関わりがない。例えばウィトゲンシュタインは「神もまた数学的なものは数学によってしか決定できない」（BGM p. 408）と述べている。その意図は、〈神〉であっても私たちの扱う数学に取り組むのであれば、その数学の言語ゲームのなかでしか数学的なものを決定できないし、判断できないということだと理解できる。同様に、〈神〉も私たちの感覚語の言語ゲームを行うならば、そのゲームのなかで行われているように、感覚語を用いなければならない。私たちの感覚語の言語ゲームを行う以上、感覚を「正しく同定」することは余計であり、必要でもない。

したがって、日常の感覚語の言語ゲームにおける感覚と感覚語の関係は、対象の指示を基盤とするアウグスティヌス像に合うものではない。感覚の内的指示を通じて、その同定基準を定めることができるという哲学的見解があったとしても、そもそも日常の感覚語の使用の際に内的指示などしていない。そして日常では当然ながら、内的指示で定められると見なされた同定基準によって、感覚を「正しく同定」することもないのである。では、この二七〇節の議論から、感覚の特定自体が否定され、感覚語の使用の問題が生じることになるのだろうか。次節では、その特定自体は実際に認められていることを確認する。

第五節　基準によらない感覚の特定と哲学的セラピー

第五節では、ウィトゲンシュタインが感覚の特定自体は否定しておらず、基準によらない感覚の特定を認めていることを明らかにしたい。はじめに、そのことを示唆する二九〇節や他の関連する考察を概観する。そして、これらの議論で見られるのは、感覚語の使用の問題ではなく、基準に照らして「感覚を（正しく）同定する」という考えから解放する「哲学的セラピー」であることを指摘したい。

まずは二九〇節を見てみよう。この節は二七〇節と同様に「言語以前の感覚の同定」を否定していると野矢は説明する。その第一段落は以下のとおりである。

> 言うまでもないが、私は基準によって自分の感覚を同定しているのではない。そうではなく、私は同じ表現を使用するのだ。だからと言ってそれでこの言語ゲームが終わるわけではない、それはそこから始まるのだ。［PU 290; 傍点原著者］

ここで着目すべきは、「基準によって自分の感覚を同定する」ことが否定されている点である。野矢の解釈のように、二九〇節では「言語以前の感覚の同定」が否定されていると理解しても、その否定が意味しうるのは「同定基準による感覚の同定」の否定にすぎない。ここで「基準によって」という表現が重要であることは、二九〇節の初期草稿を見ても明らかだろう。初期草稿では、「言うまでもないが、私は自分の感覚を同定しているのではない」（MS 124, p. 286; MS 165, p. 160）[9]と書かれているのだが、後の草稿であるMS 129で初めて「基準によって」という表現が付け加えられ、それが『探究』でも踏襲されている。ここでは、同定における「基準」が強調されていると理解するのが自然だろう。シュレーダーの表現では、「ウィトゲンシュタインによれば、人はそれこそ基準に基づいて、自身の感覚を認識し表出するのではない」のである（Schroeder 2009 p. 145; 強調筆者）。私たちは感覚語を用いるとき、そもそも同定基準によって感覚を「同定」していないし、ましてやムーアのように、この同定基準を定めようと感覚の内的指示を試みるわけでもない。二九〇節の主張がこのような「感覚の同定」の否定である以上、そこから感覚の特定自体の否定や、それによる感覚語の使用の問題は帰結しないのである。

そして実際に、ウィトゲンシュタインが感覚の特定自体を否定していないだけでなく、基準によらない感覚の特定を認めていることも他の考察から読み取れる。例えば、ある感覚をもっているならば、それは自身にとって疑いようもないことであり、その上でその疑いがないことを示す基準もない（BPPI 137）。基準がなくても、自身がある感覚をもっていることは確実であり、日常の感覚語の言語ゲームで通常疑われることもない。この疑いようのなさから、「同じ」タイプの感覚を一つの感覚語で表現することも通常は疑いえないことになる。ここで言われる「同じ」とは、何らかの基準による判断ではなく、単に「同じと感じる」ことなのである（ibid. 395; cf. PU 258）。ここでウィトゲンシュタインが感覚を「同じと感じる」ことを「同定」という語で表現していない点は特筆すべきだろう。「同じ」タイプの感覚を自覚すること、例えば日常で様々な痛みを「お腹の鈍痛」や「歯のズキズキする痛み」という表現で分別しているのは、本稿の表現では、基準によらない感覚の特定にほかならない(10)。これは「基準によって感覚を同定する」（PU 290）ことでもなければ、同定基準に照らして「感覚を正しく同定する」（PU 270）ことでもない。重要なことに、感覚語の言語ゲームにとって、同定基準を用いずに感覚を表現することは、単なる当てずっぽうでもなければ、不当な使い方でもないのである（PU 289）。

もちろん、「言語ゲームは同じ表現を使用することから始まる」という二九〇節の発言は、字句どおりに取れば誤解を招きうるだろう。というのも、もしそうであれば、基準による感覚の「同定」どころか、基準によらない感覚の特定までもが否定されているように思われるためである。けれども、二九〇節で着目すべきは、野矢が引用していない第二段落であろう。そこで問題とされるのは、「だがその言語ゲームは、――私が記述する――感覚から始まるのではないか」という反論である。この「記述する（beschreiben）」という語に惑わされることが二九〇節で指摘される一つの重要な問題なのであり、いわばこの幻惑から私たちを解放するのが、この節の一つの役割だと考えられる。二九〇節の発言もこの文脈で述べられていると理解すべきだろう。

では、「記述」に関わる問題とはどういうものだろうか。それは、感覚などの私的・内的なものの「記述」と、他人に向けて指示で示せるような物理的対象の「記述」を混同してしまうことである。この混同はまさに本稿第三節で見たものにほかならない。例えばムーアは、「この痛み」という強調表現で、痛みを机などの物理的対象のように「記述（description）」できると考えていたのであり、強調による内的指示により、感覚を「同定」できると見なしていた。この「記述」の誤用は、二九〇節でも繰り返しテーマとなっているわけである。この背景から、二九〇節の反論は「感覚語の言語ゲームは、――私が記述する、つまり、物理的対象のケースのように、その同定のために内的に指示する――感覚から始まるのではないか」という哲学者の反論だと見なせるだろう。二九〇節の主張がこの反論への批判を含むことを考慮すれば、その批判の矛先は、内的指示による感覚の「同定」が感覚語の使用に不可欠だと見なす哲学的見解にあると理解できる。

この二九〇節の内容を考えれば、その極端と思われる発言は、一種の「哲学的セラピー」と捉えるべきだろう。このような「治療的性格」は三〇九節の「ハエ取り器」の比喩を筆頭に、私的言語論の多くの箇所で見られる(11)。二九〇節を含めた私的言語論の一つの目的は、基準によって感覚を「同定」するという考えから私たちを解放することであり、それには、感覚の内的指示がその「同定基準」を定め、「同定」を可能とするという哲学的見解も含まれる。そして、同様のことは二七〇節の議論でも言えることである。これまで見てきたように、感覚を「正しく同定」することは感覚語の言語ゲームと無関係だというのが二七〇節の議論であったが、ここでも、感覚を「正しく同定」するという哲学的な考えからの解放が説かれていると考えられるだろう。もちろん、感覚の「同定」の批判が二七〇節や二九〇節の主張であることは、私たちが日常で行っているような「この感覚」や「あの感覚」の特定が否定されていることを意味しない。さらにこれらの節は、基準によらない感覚の特定を否定するものでもないし、否定するように勧めているとも思われない。

したがって、二七〇節や二九〇節を含む考察からは、感覚の特定自体が否定されていることは読み取れない。私たちは日常では、物理的対象の場合と違って、同定基準によって感覚を「同定」せず、基準によらずに私たちが感じるように「あの腹痛」や「この歯痛」を特定している。そして、このような言葉の使い方は当てずっぽうでもなければ、不当なものでもない。とりわけ二九〇節で批判されているのは、同定基準によって――例えば、内的指示をもとに定められた同定基準によって――感覚を「同定」するという考えであると同時に、同定基準による感覚の「同定」から感覚語の言語ゲームが始まるという考えである。ここで見られるのは、感覚語の使用の問題を引き起こすような感覚の特定自体の否定ではない。それはむしろ、日常の言語ゲームとは無縁の「感覚を（正しく）同定する」という考えから私たちを解放しようとする哲学的セラピーである。

おわりに

『探究』では、ある決まった感覚を感じるときに、日記に記号「E」を書き込むという想定がなされる。とりわけ二七〇節では、その感覚を頼りにして、血圧の上昇を言い当てられるという例が挙げられる。そこで二七〇節では、「この例で感覚を正しく再認したのか、そうでないのか、はまったく無関係である」と論じられる。この議論を野矢は「感覚の同定などどうでもよい」とまとめた上で、「どうにも呑み込みがたい議論」と見なす。というのも、野矢によれば、そもそも感覚に何らかの「同定」がなければ、「痛み」などの感覚語一般に関しても、何を「痛み」と呼んでいるのか分からない、という感覚語の使用の問題が生じるように思われるためである。

本稿は、何が「どうでもよい」と見なされているのかに着目しながら、二七〇節の主張と先の野矢の見解との違い、ならびに野矢の指摘する問題は二七〇節の主張からは帰結しないことを議論してきた。第一節では、二七〇節への野矢の反応がどのようなものであるかに関して、二七〇節では厳密には「感覚を正しく同定する」ことが問題とされているのに対し、野矢は「感覚の同定などどうでもよい」という表現を用いて、感覚の特定自体の否定を前提とするような感覚語の使用の問題を指摘していることを確認した。第二節では、感覚を「正しく同定」するとはどういうことかを検討するため、そのような「同定」には「同定基準」が必要であること、私的に過ぎない感覚に対し、基準による「同定」という語は適用できないことを指摘した。第三節では、なぜ感覚の「同定」が私的言語論で問題となるのかを検討するために、感覚の内的指示によって、その同定基準を定めることができ、その結果感覚の「同定」が可能となると考える哲学的見解がその背景にあることを明らかにした。第四節では、この哲学的見解と二七〇節の立場がどのように異なるのかを見るために、日常の感覚語の使用は内的指示とは無関係であり、そもそも「同定基準」とも無関係であるという二七〇節の主張を確認した。第五節では、二七〇節から実際に感覚の特定自体の否定と感覚語の使用の問題が帰結するのかについて、その帰結は成立しないことを述べながら、二七〇節などの議論で見られるのは、基準による感覚の「同定」という考えから私たちを解放する哲学的セラピーであることを示した。

以上の考察に基づけば、二七〇節で「どうでもよい」とされているのは、同定基準が必要であるような「感覚を正しく同定する」ことである。日常の感覚語の言語ゲームでは、そもそも感覚を「正しく同定」などしていないのであり、その基準を定めるとされる内的指示もその言語ゲームと関わりがない。ウィトゲンシュタインにとって、基準によらない感覚の特定そのものは「どうでもよい」ものではなく、むしろ認められているものである。ここでは感覚語の使用の問題は杞憂に過ぎず、それゆえ二七〇節の議論は「呑み込みがたい」というよりも、むしろ日常の感覚語の言語ゲームに沿った適切なものだと言えるだろう。

謝辞

本稿の審査・採用に当たり、貴重なご意見をいただいた査読者の方々ならびに日本哲学会の編集委員会の方々には、この場を借りて心より感謝申し上げたい。

文献表

Ludwig Wittgenstein の著作

BGM: *Bemerkungen über die Grundlagen der Mathematik*. In: *Werkausgabe*, Band 6, G. E. M. Anscombe, R. Rhees & G. H. von Wright (eds.), Frankfurt am Main: Suhrkamp Verlag, 1984（中村藤吉・藤田晋吾（訳）『ウィトゲンシュタイン全集7　数学の基礎』大修館書店、1976年。）

BPPI: *Bemerkungen über die Philosophie der Psychologie Band I*. In: *Werkausgabe*, Band 7, G. E. M. Anscombe, & G. H. von Wright (eds.), Frankfurt am Main, Suhrkamp Verlag, 1984, pp. 7-215.（佐藤徹郎（訳）『ウィトゲンシュタイン全集補巻1　心理学の哲学1』大修館書店、1985年。）

BPPII: *Bemerkungen über die Philosophie der Psychologie Band II*. In: *Werkausgabe*, Band 7, G. H. von Wright & H. Nyman (eds.), Frankfurt am Main, Suhrkamp Verlag, 1984, pp. 217-346.（野家啓一（訳）『ウィトゲンシュタイン全集補巻2　心理学の哲学2』大修館書店、1988年。）

LPP: *Wittgenstein's Lectures on Philosophy of Psychology 1946-*

7, notes by P. T. Geach, K. J. Shah, A. C. Jackson, P. T. Geach, H. Wheatsheaf & H. Hempstead (eds.), Sussex: The Harvester Press, 1988.

MS: ウィトゲンシュタインの遺稿のマニュスクリプト。（引用の仕方は *Wittgenstein's Nachlass: The Bergen Electronic Edition*, Oxford: Oxford University Press に準ずる。）

PU: *Philosophische Untersuchungen*. In: *Werkausgabe*, Band. 1, G. E. M. Anscombe & R. Rhees (eds.), Frankfurt am Main: Suhrkamp Verlag, 1984, pp. 235-618.（鬼界彰夫（訳）『哲学探究』講談社、2020年。）

WWCL: *Wittgenstein's Whewell's Court Lectures Cambridge, 1938-1941 From the Notes by Yorick Smythies*, edited, introduced and annotated by V. A. Munz & B. Ritter, Maldan, MA: Wiley Blackwell, 2017.

他の文献

陈嘉映（訳）（2005）『哲学研究』、上海人民出版社。

Frege, Gottlob（1892）'Über Sinn und Bedeutung', in: *Zeitschrift für Philosophie und philosophische Kritik*, N. F., Bd. 100/1, pp. 25-50.（土屋俊（訳）「意義と意味について」黒田亘・野本和幸（編）『フレーゲ著作集〈4〉哲学論集』勁草書房、1999年、pp. 71–102。）

Hacker, P. M. S.（2019）*Wittgenstein: Meaning and Mind (Volume 3 of an Analytical Commentary on the Philosophical Investigations), Part 2: Exegesis, §§ 243-427*, 2nd Edition, Wiley-Blackwell.

——.（2021）*Insight and Illusion: Themes in the Philosophy of Wittgenstein*, 3rd Edition, Foreword by C. Sandis, London: Anthem Press.

James, William（1983）*The Principles of Psychology*, Cambridge: Harvard University Press.

野矢茂樹（2022）『ウィトゲンシュタイン『哲学探究』という戦い』、岩波書店。

Russell, Bertrand（1949）*Mysticism and Logic and Other Essays*, 8th Impression, London: George Allen & Unwin.

——.（1992）*Theory of Knowledge: The 1913 Manuscript*, E. R. Eames (ed.), New York: Routledge.

Schroeder, Severin（2009）*Wittgenstein lesen: Ein Kommentar zu ausgewählten Passagen der "Philosophischen Untersuchungen"*, legenda 5, Stuttgart: Frommann-Holzboog Verlag.

von Savigny, Eike（1994）*Wittgensteins "Philosophische Untersuchungen" Ein Kommentar für Leser, BAND I, Abschnitte 1 bis 315*, 2. völlig überarbeitete und vermehrte Auflage, Frankfurt am Main: Klostermann.

注

（1）本稿での「某節」という表記は、『探究』の該当節を指す。

（2）参考文献の訳出にあたっては既存の翻訳に依拠しつつ、適宜筆者が修正を加えた。また、ウィトゲンシュタインの著作の引用の際には、略称および節番号または頁数を表記する。

（3）本稿のテーマから逸脱するため、例えば椅子の例で述べられる「同一性」についての詳細な議論は避ける。詳しくは Hacker 2019 p. 42 や von Savigny 1994 p. 305 を参照。

（4）　実際に、チェン・ジアインは『探究』の中国語訳のなかで、“Kriterium der Identität”という表現を訳し分けている。二五三節の翻訳では、「同一性的标准」という「同一性基準」に当たる中国語が用いられているのに対し、例えば、二八八節の翻訳では、「感覚を識別する一種の基準」（「一种识别感觉的标准」）に当たる訳がなされ、その意は「同定基準」にほかならない（☒ 2005 §§ 253 & 288）。

（5）　該当の講義録の編者によれば、二五三節の人物はムーアにほかならないと判断されている（WWCL p. 136）。けれども、「これ」という強調表現を用いて、類似した議論を行った哲学者には、ウィリアム・ジェームズやバートランド・ラッセルも挙げられるだろう。例えば、ジェームズは、同定（identification）するためには、他から区別されるのであれば、いかなる事実も「これ」や「あれ」という語で指し示すだけで十分だと述べている（James 1983 p. 437）。またラッセルによれば、感覚器官を通じて個人の意識に現れた色などの「感覚与件」は「これ（this）」という強調により、問題なく指示されうるものである（cf. Russell 1992 p. 65）。そして本稿にとって特筆すべきは、ラッセルは少なくとも一時期において、「心的」と「物的」を明確に分け、感覚与件を「物的」の側に位置付けていた点である（cf. Russell 1949 pp. 149 & 151）。実際にウィトゲンシュタインも、ラッセルの「これ」を用いた感覚与件の指示について述べており、この表現は「直示的定義ではない」と断じている（LPP p. 318）。

（6）　ゴットロープ・フレーゲの意味論においても、「（対象を）指示する」を意味する“bedeuten”、“bezeichnen”、“beziehen”、“beschreiben”の用法が見られ（cf. Frege 1892）、私的言語論ではこの用法が多くの箇所で念頭に置かれていると考えられる。例えば二七三節では、指示の意味で“bezeichnen”と“beziehen”が用いられていると理解できるが、そこで例として挙がっている文はフレーゲからの引用である（cf. Hacker 2019 p. 78）。

（7）　ピーター・ハッカーは、二七〇節においても、記号「E」への「私的直示的定義」、つまり、内的に感覚を指示して、「E」を定義することが批判されていると解釈している（Hacker 2019 p. 73; cf. pp. 3f.）。また、ハッカーは、私的感覚と、感覚語によってあたかも指示されたと考えられた「私的対象」を区別し、「私的対象」は二九三節でも批判されていると指摘する（Hacker 2021 pp. 269 f.）。「私的対象」という考えは、二九三節の表現を用いれば、「対象と名（Bezeichnung）」のモデルを土台としており、この“Bezeichnung”の用法は、アウグスティヌス像に見られるものである。ハッカーの提示する解釈は、「語は対象を指示する名である」という考えが二七〇節の批判の背景にあるという点で、本稿の理解と一致する。

（8）　ここでは野矢の挙げた例を用いている（野矢 2022 pp. 150 f.）。野矢によれば、このような〈神〉においては、感覚の同定やその失敗が可能であるが、その〈神〉は存在しないので、それらは不可能である。しかし、本稿の理解では、そのような〈神〉がいるとしても、その仮定は私たちの私的感覚の言語ゲームにとって何の役割ももたない。

（9）　特に MS 165 では、「基準によって」という表現を欠いた二九〇節の初期草稿の冒頭に「?.」が付されている。ただ、この疑問符が何を指しているのかは明らかではない。

（10）　私的イメージなどに関して、私たちが「同一（identity）」や「違い」を「基準なく」話すことは、短いながらもウィトゲンシュタインが実際に認めている内容である（LPP p. 223）。

（11）　「治療的性格」という表現はアイケ・フォン・サヴィニーによる（von Savigny 1994 pp. 366 f.）。フォン・サヴィニーによれば（ibid. pp. 297-367）、この「性格」は私的言語論の複数の節（PU 247, 254, 267, 277, 306 & 315）で見られる。加えて、MSS 124, 129 & 165 では、二九〇節の考察の直後に、「治療的性格」をもつとされる三一五節の考察が記されていることも特筆すべきだろう。

〈応募論文〉

交錯としての世界
——『純粋理性批判』第三類推の視角

浜田《はまだ》　郷史《さとし》
(明治大学)

はじめに

本稿の目的は、カントの『純粋理性批判』(以下『批判』)「原則の分析論」(以下原則論)第2章第3節の3「経験の類推」のC「第三の類推」(以下第三類推)を、実体の相互作用(Wechselwirkung / Gemeinschaft)の観点から検討することである。

近年、『批判』第三類推については、先行するバウムガルテンらヴォルフ派の世界論との歴史的関連性が指摘されている(増山 2015, 2020)。第三類推では、「あらゆる実体は、空間中に同時的なものとして知覚される限り、汎通的 durchgängig な相互作用を持つ」(B256)という原則が述べられる。バウムガルテンは「汎通的規定」を説明する際に durchgängig を訳語に当てており(Baumgarten, §148)、カントはこれを念頭に置いたものと見られる。カントはこの相互作用を実体の「力学的 dynamisch な相互作用」(A212/B259)とも呼び、これにより「世界の統一」が帰結すると述べる(B265/A218, Anm.)。第三類推は、事物のその都度の相互関係の議論に尽きない世界論としての意義を有しているのである。

しかし、Watkins 1997 や増山 2015 など従来の相互作用のモデルは、世界と呼べるほど複雑な構造を有していない。これに対して、増山 2020 は、どのような項から成る相互作用も「世界」の一部分であることを指摘し、部分から全体を類推することで相互性カテゴリーが世界全体の認識への接近となることを示している。しかし、カテゴリーをそのように理解するためには、三項以上の関係においてカテゴリーがどのように機能するかを示すことが必要である。なぜなら、部分と全体の関係は、いかなる類推も当該の関係(最も単純な場合で二つの実体の関係)より多くの実体が存在することを前提とするからである。こうした想定自体が、多数の実体を独断的に措定するモナド論や原子論との対決の論点なのではないか。

そこで本稿は第三類推に基づいてこの問題に取り組み、従来のものに代わる相互作用のモデルを提示したい。続いて、相互作用の概念があってこそ、空間的相互関係の「時間における位置を規定する」（A212/B259）ことが可能であることを論じ、最後に自然科学の基礎としての第三類推の意義を確認する。

行論は以下のようである。第1節ではヴォルフ派の議論から、世界論にとって重要となる論点を列挙する。それをもとに第2節では第三類推の先行研究を概観する。第3節では、第三類推のテクストの分析を行い、カントの相互作用論がヴォルフ派に対峙するためには幾つか問題があると指摘する。その解決のために4～5節では相互作用を超越論的に制約する条件を概括的に論じ、6～7節では更に踏み込んで相互作用の内実を論じる。8節では、以上に述べられるカントの相互作用論が『自然科学の形而上学的原理』（以下『原理』）に適用できることを示す。

1　ヴォルフ派の相互作用論

Watkins 1997はカントの第三類推の課題の一つはモナド論の克服にあるとし（Watkins 1997: 412）、三つの類推はいずれも「出来事」間の関係ではなく「実体」の状態変化を主題とすると論じている（*ibid.* 440-441）。また増山2015はバウムガルテンの実体論・世界論との比較を通じて、第三類推では相互因果的に結合された諸実体の全体が主題となると指摘している（増山2015: 155ff., 171ff.）。実際、カントの世界論には、先行するヴォルフ派の世界論と重なる論点が見出される。そこで本稿も増山2015に従い、バウムガルテンの相互作用論の特徴を列挙する（ただし論点は多少異なる）。

バウムガルテンは、

（1）モナド論の見地から、実体の因果的相互関係を否定する。[1]

（2）能動を作用と、受動を反作用と同一視する。この点は後でカントの相互作用論を検討する際に重要なので、やや詳しく説明する。

> 作用actioとは自分自身の力による実体における状態の変化であり、一般には自分自身の力による実体における偶有の実現actuatioだ。受動passioとは状態の変化であり、一般には他の力による実体における偶有の実現だ。（Baumgarten, §210）。

バウムガルテンが用いる「自分自身の力による」「他の力による」という対概念は、相互作用に独特の意味を与えている。作用actioは「自分自身の力による実体における状態の変化」と規定される。この「作用」が「能動」と見なされるために、「反作用」は「受動passio」とされる。つまり、反作用は事物が働きかけられること（受動）と同一視される。だが一方で反作用としてはその事物自身の力による能動でもなければならない。バウムガルテンが「別の実体が影響を及ぼしている実体の受動が、同時に影響を及ぼされた実体の能動でもあれば、観念的影響と呼ばれる」（*ibid.* §212）と規定するのは、このような理解に立ってのことである。実体の能動性を強調する彼の実体論に整合するのは、「観念的影響」、すなわちモナドの非因果的な相互作用の概念のみである。

ここで注目されるのは、相互作用は実際には二つの実体が異なる能動的作用を持つことと解されることである。実体が自己の本質を実現することが力である（Baumgarten, §197）。このため、反作用は作用と質的に異なる独立した作用なのである。つまりヴォルフ派は、名称こそ反作用であっても、それによってむしろその個体独自の受動的な反応、いわば生きた個体の応答の如きものを想定している。実際バウムガルテンは、物質だけでなく動物の魂も実体と呼ぶ（ebd. §793）。

（3）第三に、バウムガルテンは「関係」を直線的な因果関係ではなくネットワーク状に捉えている。なぜなら、汎通的規定の原理によって、モナドは他のあらゆるモナドとの関係に関して完全に規定されるからである（Baumgarten, §52, 53, 148）。

カントの相互作用論が独創的な世界論として読まれるためには、少なくとも以上三点にわたる相互作用理解のそれぞれを争点とする必要があるだろう。それによって、カントの言う「力学的相互作用」は、例えばニュートンの作用反作用の法則と同じ内容を持つのか、それともヴォルフ派のように、生物的な応答や知覚作用も含むのか、それとももっと一般的な相互作用の概念（そういうものがあるとして）を問題にしているのかが明らかとなる。

2　第三類推に対する先行研究の問題点

それではカントの相互作用論を先行研究はどのように考察してきたのだろうか。まず、原則論に先立つ「概念の分析論」で論じられているカテゴリー論や判断表の助けを借りて相互作用を理解する、いわば概念論的アプローチがある（Cf. Longuenesse 2011, 増山 2020）。しかしこのアプローチには、世界と個々の関係の関連が明確になるという利点がある一方で、そもそも判断表やカテゴリーが第三類推以上に不明確だという問題がある。そのため多くの先行研究では、原則論の内部に答えを求め、第三類推のテクストそのものや他の類推との脈絡で相互作用を理解する（例えばWatkins 1997, 2005, Hall 2011）。しかしこうしたいわば原則論的アプローチにも困難がある。原則論特有の概念（例えば作用や力）は派生的な純粋悟性概念と言われる（A82/B108）。つまりそれらは（例え純粋であったとしても）カテゴリーのように直ちに根源的な説明概念と見なすことはできず、むしろそれ自体が説明を必要とするものなのである。このアプローチでは、第三類推で言う「力学的相互作用」の内実を明らかにせねばならない。

この作業に際して、すでに述べたように、第三類推には二項以外の相互作用の議論が見られない点が問題となる。ヴォルフ派の主題が世界であり、第三類推も実体の「汎通的」相互作用を主張している以上、三つ以上の実体の相互関係の考察はむしろ自然である。実際、カントは第三類推後半で、眼と天体とその間に介在する光のような三項関係を扱っている（後述する）。にも関わらず第三類推で明示的に議論されているのはあくまで二つの実体の関係である。

実は第三類推のテクスト上に二項関係と三項以上の関係の上述したような違いを支持しているような箇所がないわけではない。「諸実体は（直接或いは間接に）力学的な相互性の関係に立つ」（A213-214/B259）。この「或いは」は排他的であり、直接（二項）関係と間接（三項）関係が区別されているように思われる。

しかしこれまでの第三類推の解釈では主として二項関係しかモデル化されていなかった。これを問題視して Watkins 1997と、その発展である同 2005は、二項からなる相互作用をモデル化した後、第三類推の主題は実体の「弱い」相互作用にあるとする（Watkins 2005: 227ff.）。ここでいう弱い相互作用とは、二つの実体が直接的な作用関係をもたなくとも、共通の媒介項を持つなら相互作用しているとみなすということである。彼はテーブルから火星に至るまでの様々な相互作用の「連鎖」（Watkins 1997: 424）を認めることで、テーブルと火星が相互作用するという一見非常識な――と Watkins は考えている――主張にも意味を見出せると考える。

しかしこうした議論に訴えることで Watkins はカントの議論を誤って再構成してしまうことになる。カントによれば「空間内のあらゆる位置における連続的影響」（A213/B260）により「我々の眼と天体の間に光が輝く」（ebd.）。つまり可視光線が「我々とこれらの天体との間に間接的な相互性を生じさせる」（ebd.）ことにより、我々は天体を見ている（現代物理学では、天体と私とが同時だとは言えないが、ここではその点を考慮しない）。この時、「我々は x を通じて y を見る」「光が見られる」「天体が見られる」という断片的情報は全て真である。しかし、そこから構成されるべきは、「今、我々は光を通じて天体を見ている」であり、「今、我々は天体を通じて光を見ている」ではない。後者を否定するには、三項それぞれを理解することに加えその「関係」を規定する規則（ここでは、いずれの対象が主観にとって直接的／間接的かを判定する規則）の理解が必要になる。直線的な二項関係と異なり三項関係はネットワーク的なあり方をしている。眼と光が直接的関係を持つと、眼と天体が直接的関係を持つ可能性は排除される。この排除の手続きが明示されない Watkins の解釈では「今、我々は天体を通じて光を見ている」という組み合わせがなぜ回避されるのかわからない。

Watkins は、世界の状態が決定できないことは問題ではない、と答えるかもしれない。実際、彼が自身の主張を文字通り「弱い」（穏健な）解釈と呼ぶのは、カントが『原理』で支持するすべての実体が直接的に作用する（＝万有引力）というより強い主張と『批判』の「弱い」相互作用説とは両立する（cf. Watkins 2005: 228）と考えるからである。この二段階を想定することで Watkins は『批判』外部になお世界の状態を決定できる余地を残す。

だが、『批判』の間接的な作用の概念は直接的な作用の概念と両立するだけでなく、独自の積極的な意味を持っている。カントが例に挙げた三項関係では、眼と天体の間接的関係が現実的であると見なすこと自体が、各々の項としては可能な組み合わせ（「我々は天体を通じて光を見る」）を全体としては不可能な事態と見なす（つまりそれを排除する）という、全体‐部分関係を含んでいる。ヴォルフ派であれば、現実の世界が一つしかないのはどの個体も汎通的に規定されているからだ、と述べるだろう。カントの相互作用論の独創性は、まさにこの汎通的規定の原理に代わるような規則を与えることである。これがWatkinsには決定的に欠けている。

一方、カントの力学思想の研究に目を転じると、あたかも二項のみの関係のように見えたとしても、あらゆる相互関係は常に「現象的実体」という第三者によって媒介されているという指摘がある。「現象的実体」とはカントが第一類推で導入した実体概念である。(2) 中でも嶋崎2014は、現象的実体の基本的意義を「究極の主語」としての実体概念であるとし、その無限分割可能性を説得的に論証した（嶋崎2014: 168）。しかしこうした研究は経験的対象と現象的実体の差異を強調するので、月や太陽のような（究極の主語ではない）経験的対象自体が相互作用するとは言えない。

以上のように先行研究では、三項以上の関係を考慮するとしても、二項関係の拡張か、現象的実体という経験的対象とは異なる身分の概念装置を論じるにとどまっている。これに対し本稿では、カントの原則は三つ以上の経験的対象の関係を許容していることを論証する。

次に、第三類推のテクストを分析して相互作用と同時性の意義およびその基礎づけ関係について概括し、その後、同時性が力学的な相互作用によって基礎づけられるというカントの中心テーゼが妥当かを検討することにする。こうした分析により最終的に「力学」の意味も見定められる。

3　第三類推の分析——その論証の主題は何か

第三類推はA版B版で表現が異なっている。しかし原則としてはほぼ同じことを述べている。A版では次のようである。「あらゆる実体は、同時に存在する限り、汎通的な相互性のうちに立つ（すなわち互いに相互作用をなす）」（A211）。B版では「あらゆる実体は、空間中に同時的なものとして知覚されうる限り、汎通的な相互作用のうちにある」（B256）とされる。

B版では空間への注目が際立っている。Morrison 1998の解釈はそこで言われる空間的相互関係がすなわち相互作用であると見なす（この解釈の問題点については後述する）。これに対してGuyer 1987やWatkins 2005は、諸実体が同時に存在することと相互作用は、密接に関連はあるが意味は異なるとしている。B版での空間への注目は、主題の大きな変化ではないものの、第三類推についてカントが考えを変更した証拠として理解されている。

本稿は後者に賛成するが、とはいえ結論に関して二つの版で異なった見解があるというわけではない。結局のところ第三類推が述べるのは「諸実体の同時存在」と「相互作用」とが不可分の関係にあるということである。Watkins 2005はこのことが実際に何を意味するのかを分析した。以下、彼の所説に若干の考察を加え、カントの論証の主題をT1～T3の三つのテーゼにまとめる（略号は筆者による）。

Watkins はまず「我々が同時存在の知識を持っているならば、同時存在する諸実体が因果的に孤立していることはありえない」（Watkins 2005: 220）とする（T1）。これは、「諸実体は孤立しながら同時に存在するかもしれないが、したとしても両者の同時性を人間は認識することはできない」というような主張ではない。なぜなら、認識を伴わない存在の措定は、超越論的観念論に反するからである。T1 は認識と存在の連関に訴えて、ヴォルフ派のモナド論を正面から論駁したに等しい。

　次に Watkins は直観によって対象の同時存在の知識が得られないとしても、悟性が推論的にそうした性質の必然性を示すことができると論じる。だがそれだけでは、第一類推で既に論じたことを繰り返しているに過ぎないとの異論が生じる。というのも、第一類推では時間関係は継起と同時の二種しかないことと、実体が永続的で継起し得ないことが主張されていたからである。つまり、実体が複数存在するとしてもその継起の可能性はないため、実体はいわば同時的に重なり合って存在するということが論理的に帰結するように見える（以上 Watkins 2005:221）。月や地球を無限分割可能で永続的な現象的実体の一部と見なせるなら、両者の同時性の論証は実は第一類推で果たされていることになるし、更には三項以上の関係を取り立てて論じる必要もなくなるのではないか。

　しかし、第三類推の重要な点は同時性は実体の因果的な相互作用に基づかなければならない（T2）と主張していることだ。「同時性は（同時的な諸実体の因果的力という形式における）相互作用を必要とする」（*ibid.* 224）。このことは、相互作用の概念が実体の概念と整合的であること以上の意味を持つ。相互作用は、例えば「二つの実体が同時に同じ場所を占めることはない」というような実体の単なる概念的な含意ではない。それでは因果性は実質的にどのように時間と関わるのだろうか。Watkins は因果性をそれぞれの状態を時間的に規定することとして捉えた。すなわち、相互作用とは、そのつど特定の時間を規定する因果的な作用でなければならない。

　更に彼はカントの前批判期の著作を参照しながら「実体は自らの時間的な位置を引き起こすことはできない」（*ibid.* 226）と述べる。「自分自身の力による」状態変化を認めるヴォルフ派とは異なり、一方の実体の時間的な存在は他方の実体との因果的な相互作用を通じて確立し、またこの相互作用を通じて他方の実体の時間的な存在も確立する。かくして、実体の複数性自体が相互作用を通じて可能である（T3）。

　この T3 に難点が二つある。既に述べたように Watkins の研究では T3 は「弱い」二項関係にとどまる。増山 2020 は、第三類推の議論は明示的な相互関係の記述に留まらず、そこから更に世界が類推されると正当に指摘した。しかし二項の同時性の「連鎖」からは、ネットワーク状の「世界」の唯一無二の統一は直ちには出てこない。むしろ、カントがモナド論に対抗して打ち出した論証の主題と言うべきなのは、世界を貫く相互作用によって可能となるどのような同時性についても、三つ以上の実体が前提されるというテーゼ（T3'）なのではないか。

第二に、第三類推の実体概念は第一類推の実体概念と同一視できない[3]。例えば月や地球を「実体」と呼ぶ第三類推の用語法(cf. B257)は永続的な物質を「実体」(現象的実体、究極の主語)と呼ぶ用語法とは全く異なる。なぜなら、月や地球は経験的対象であり、それ自体が消滅する可能性があるからである。これは明らかに、Watkinsが主張するところの実体概念にはない特徴である。

この不整合を避けるために、カントが第三類推においても生成・消滅する事物ではなく、その背後にあって持続するものを実体(現象的実体)と呼称しているのではないか、と考えると先に確認した問題に陥る。月や地球を実体と言うのはいわば縮約した表現で、その真意は月や地球を構成する物質は現象的実体であり、永続する点にある――かく考えるならば、各々の対象は一つの無限分割可能な現象的実体(物質)に還元できるため、同時存在の認識には第一類推における実体概念だけで十分であることになる。つまりそれはむしろT2の自己否定となってしまう[4]。

実体や相互作用の概念の改訂によってこの問題を回避できる可能性はあるが、その場合は、同時性の正しい意味は新しい概念によって改めて与えられる、すなわち第一類推から直接導出されるものではない、と述べたほうが正しいだろう。

以上の理由からT3'も論証の主題であると言える。選べる道筋は、現象的実体を月や天体といった経験的対象レベルに移行させるか、それとも、経験的で比較的持続的な(生成消滅する)対象を諸実体として考察するかのいずれかだろう。本稿で私は後者の道に進む。すなわち第三類推の諸実体を第一類推の現象的実体とは区別し、ただ経験的な対象を意味すると解しておく。この意味での実体とは「諸実体としての諸現象」(A214/B261)にすぎない。そうした経験的対象は或る程度持続する構造体であればよく、例えば、分子、神経細胞、遺伝子、天体、あるいは生物個体といった、諸科学がその都度採用する対象を含むだろう。するとこの対象は、現象的実体の永続性や唯一性といった(Hall 2011の指摘するような)第一類推の解釈上の問題に拘束されないことになるので、T1も修正される。この方向では、現象的実体が不要というわけではないが、それ自体は考察の主題ではなく、むしろ実体の複数性の条件として想定される。以上をまとめると次のようである(三つのテーゼはそれぞれバウムガルテンの(1)(2)(3)の論点に対応している)。

T1'　実体は孤立せず、同時存在または継起する(この複数の実体は、現象的実体とは区別される)

T2　諸実体の同時存在は、力学的相互作用に基づく

T3'　どのような同時存在も、三つ以上の諸実体を前提している

T1'では、モナド論を批判的に超克すること、すなわち対象のネットワーク的かつ因果的な同時存在を主張することが目的なので、継起は積極的に議論に関与する問題ではない。にもかかわらず継起が重要なのは、経験的対象は現象的実体やモナドと異なり生成消滅(継起)するからである。しかしT2、T3'もまた簡単には受け入れられない

様々な難点を含んでおり、さらなる考察が必要である。T2では力学や因果性の内容が明確でない。T3では三項以上の関係が不明確であり、二項関係と世界の統一性との関連も明らかでない。

こうした問いに答えるためにも、我々は因果性の概念にさかのぼるべきである。因果性は、同時性を相互作用が基礎づけるという核心的な議論を組み立てるにあたって必須となる。次節でこれを詳しく見てみよう。

4　相互作用の条件――因果性

カントによると、諸実体の同時性を認識するためには「知覚における把捉」（A211/B258）のみでは不十分である。知覚は継起的であるため、それのみでは諸実体が「客観的に…同時に存在」（A212/B259）することを認識できない。この客観性を確定するためには「原因」が必要である。つまり客観的に同時存在する「各実体は…他の実体における或る諸規定の因果性を自己の内に含むとともに、同時に他の実体の因果性からの結果を自己の内に含んでいなければならない…」（ebd.）。重要な条件は「因果性 Kausalität」である。

カテゴリーとしての因果性は、同じく関係カテゴリーの一種である相互性と区別される（A80/B106）。第三類推における因果性も、第二類推で論じられる因果性を継承しつつ、複数の実体が互いを原因とする結果を「自己の内に含んでい」る（相互性）、という新しい概念規定を持つと考えられる。本節では第二類推における因果性を考察する。

第二類推においてカントは①原因と結果が「継起的」「同時的」のどちらもありうること、②因果関係の成立自体が出来事の「生起」であり、原因は出来事が事実であると確証するという二つの点を論じている。

> 原因の因果性とその直接の結果との間の時間は、消え去っている（したがってそれらは同時存在である）ことがありうる。けれども一方の他方に対する関係は持続しており、やはり時間的に規定することができる。（A203/B248）

ここでカントは「原因」と「因果性」を区別している。[5] そうすることによって、原因と結果は同時に存在しながらも、原因は常に結果に先行する（「時間的に規定することができる」）という、二重の見方が成立するのである。この「原因の因果性」という観点から見たときの原因の先行性はどのように論じられているのだろうか。

カントは直前の箇所で「原因が一瞬前に存在をやめていたとすれば、結果は全く成立しなかっただろう」（ebd.）と述べている。こうした反実仮想的な表現は、この因果関係そのものが無ではなく事実、つまり事象・出来事の生起に他ならないことを意味している。結果は、「時間的に規定」する作用（原因）がなければ起こらなかった、という点で原因に依存的なのである。結果の原因へのこうした依存性を特徴づけるべく、「原因の因果性」という冗長にも見える表現をカントは用いている。こうした意味において、原因は結果に継起的・一方向的に先行する。

第三類推でも、カントはこの「時間的に規定」する作用が必要であると考え、規定するものを原因と呼んでいる。カントによれば、同時性を見出すためには、

> 単なる現存在 Dasein の他になお、それによってAがBに時間におけるその位置を規定し、逆にBがAに時間におけるその位置を規定するものが必要である。というのもこの条件の下でのみ、思考された諸実体は、同時的に現実存在するもの existierend と経験的に表象されることができるからだ。さて、他のものにその時間における位置を規定するようなものは、そのものの原因あるいはその規定の原因のみである。（A212/B259）

このようにカントは、実体が「単なる現存在」であるだけでなく「同時的に現実存在するもの」であるためには因果性が必要であると考えている。「原因」とは「原因の因果性」という先後関係に基づいて結果の「時間における位置を規定するもの」であり、因果性という観点から見れば、原因によって初めて、実体が単なる思想ではなく現実存在するものと言えるようになる。ヴォルフ派と違いカントでは、そもそも実体は自己の存在する仕方を規定できない不安定な存在であるとも言える。

5　空間への注目の意味

こうした因果性の理解が3節で言及した空間への注目の意味にも大きな影響を与えている。この点は後の議論にも関わるため、Morrison 1998 の解釈を検討する。カントは次のように言う。

> 相互性という言葉は我々の言語［ドイツ語］では二種類の意味を持ち、communio と commercium をも意味することができる。我々はここではこの語を後者の意味に、すなわち力学的相互作用の意味で用いる。力学的相互作用がなければ空間的相互関係 communio spatii すら決して経験的に認識されることはできないであろう。（A213/B260）

ここでカントは二種類の相互性を区別し、そのうち commercium つまり力学的相互作用を強調して、communio つまり経験的な空間的相互関係の把握もまたこれに基づくものであるとしている。カントはさらに communio を「統覚の相互性」（A214/B261）とも表現し、客観的な力学的相互作用を基礎として単に主観的 - 可逆的な諸表象の関係も可能となると考えていた。

Morrison は「相互作用はカントにとって、空間的位置の規定を意味する」（Morrison1998: 269）として、相互作用から「力の概念」（*ibid.* 269）を剥奪し、二種類の相互性を同一視していこうとする。つまり、

相互作用が（同時性の認識を与えるだけでなく）空間中の対象にたいする我々の指示作用（例えば「右手と左手」私の頭上に輝く星空）でもあるとする。その一方で彼女はFriedman 1992を引きながら、『原理』において力学的な相互作用の内実が新たに与えられ、第三類推においては、その基礎として空間規定の可能性だけが問題にされると述べる。つまり、力学的相互作用が同時性を基礎づけるのではなく、『批判』での同時性が『原理』での力学的相互作用を基礎づけていると言う。Morrisonは、空間における複数の実体という観点を取り上げることができたが、その代わりにカントの基礎づけ関係を逆転させてしまっている。

Morrisonの解釈は相互作用の困難を先鋭化した形で示している。そもそも、空間的に隣り合う二つの事物はどれほど離れていても力学的な因果関係を持つ、という自然科学的な認識と、「私の頭上に輝く星空」等の常識的な空間的位置関係を調和させるのは容易ではない。前者の物理的関係を後者の位置関係の指示作用と同様に捉えることは、物理的な作用と私と星空のような主客関係の同一視という、それ自体疑わしい仮定を含んでいる。このような粗雑な同一視は、力学的相互作用を相等しい二つの実体の関係に無造作に置き換えてしまうように思われる。そしてここから生じる不合理を避ける唯一の方法は、第三類推の相互作用論を背景にした空間的相互関係から力学的内容をできる限り切り離し、空間的位置関係の客観的認識のみを残すことだと思われる。しかし空間的位置関係はなぜ実体がその位置になければならないか（因果的必然性）を教えない。つまりこれを仮にヴォルフ派より見れば、汎通的規定の原理からの撤退である。——かくしてMorrisonの解釈はカントの相互作用論が背負う課題の困難を改めて示しているのである。純然たる空間的位置関係の法則となるのは「二つの事象や諸実体は、異なる場所になければ同時に発生あるいは存在しない」（Morrison 1998: 266）というような消極的規則だけだろう。しかしこの規則が表現しているのは、例えば（同時に存在する）私の右手と左手が少なくとも同じ場所にはないという程度の必然性に過ぎない。彼女の見解では、物が異なる場所にあるということはそれらの同時性と同一視でき、そしてそこまでが第三類推の範囲だということになる。

しかしMorrisonが陥っている困難に対処する別の方法がある。それは彼女が剥奪しようとした内容以外に「力学」の概念は無いのかを改めて考察することである。我々は次節以降で、力学的内容を切り離すことはできず、逆に力学的相互作用が空間的な位置関係の把握を含む同時性の基礎となる、という方向で再検討を行うが、ここでは次の点を確認したい。因果性には、事実性の承認という意味があった。すなわち、第三類推で議論される複数の実体の空間における相互関係は、単なる空間的位置関係というより、それらが現実存在するという事実性の承認を伴うものと見なされなければならない。この承認は日常的な空間的指示作用にすらも含意されているものである（空間的位置関係が実際に存在するということは、Morrisonも勿論認めるだろう）。例えば、「私の頭上に輝く星空」の輝いている間、「私」もまた客観的に「現実存在する」こととなるし、輝きが私によって知覚されているとき、その間だけ星空も客観的に「現実存在する」。両者の全体は一定時間持続し、その期間、および空間的相互関係は私と星空という二つの実体の相互作用によって「時間的に規定」される。以上のようなことを「力学」という語が担っているとは言えないか。

かくして、第三類推の空間への注目を、因果性概念を背景に考える可能性が出てきた。しかし4節冒頭で確認したように、第三類推における因果性は第二類推が扱う一方向の因果性は異なっている。相互作用する諸実体は「原因と結果」として同時なのではなく、相互に原因として同時でなければならない。この点で第三類推は第二類推と異なる作用の概念を要求している（これはT2の要件にほかならない）。そこで次に相互作用のモデルを構築してみよう。

6　相互作用のモデル——原因と結果の同時性

ここでは、出来事が単純に二者の関係であると仮定する（このモデルは後に三者関係に置き換えられる）。実体Aの状態aの変化$a_1 \to a_2$が実体Bの状態bの変化$b_1 \to b_2$の原因となり、逆に実体Bの状態変化がAの状態変化の原因となるとすれば、これは相互作用と言えるだろうか。

しかしこれだけでは状態変化の時間間隔が特定できず、発端が同時的であったとしても最終的な状態変化a_2とb_2の時間系列は継起的となる可能性がある。これを避けるには、二つの過程の全期間を完全に同期させる必要がある。しかし、それは論点先取になる。時間系列上の点t_1において状態a_1および状態b_1が規定されており、時間t_2においてa_2およびb_2に転変したという点に、諸状態の同時存在の密輸入があるからである。同時存在の成立に相互作用が必要である一方、相互作用のために二つの実体の状態変化が全期間にわたって同時的である必要があることになってしまう。この悪循環を解消するためには、経験的に同時存在として規定される状況を、同時存在から独立した相互作用の概念によって説明しなければならない。

相互作用が因果的に時間を規定するという立場に立つならば、議論は次のようになるだろう。まず、出来事が生起すること、つまり二つの実体の同時的な状態変化（これは論証されるべき事態である）それ自体が事実であるために、「単なる現存在の他になお」（A212/B259）或る剰余を必要としている。すなわち、この出来事が事実であると客観性をもって承認するためには、因果性が必要となる。ここで注意すべきは、実体Aの状態変化$a_1 \to a_2$に対して、a_1が原因とは言えないということである。状態間の継起を必然的とするものについて、カントは、「他の実体の因果性からの結果」と述べており、Aの状態変化の原因はBに求めなければならず、それはBについても同様である。実体A、Bの状態変化を一つの生起として、その原因を相互に求めるということが、カントの行った理解である。a_1がa_2に対して時間系列において先立っているのは、BによってAの状態が現在a_2であるからである。こうして、$a_1 \to a_2$は間接的に、不可逆的な先後関係であるといえる。同様に$b_1 \to b_2$も、決してb_1という状態や、その状態が帰属するB自体がb_2への変化の原因ではない。Aが介在することで、b_1はb_2に必然的に先行する。

　こうした原因の探索は二者関係において完結し、それ以上波及することはない。それは、はじめに事実を承認するにあたって確認したことである。さて、原因と結果が時間系列において瞬間的で、したがって同時的でもありうることは、第二類推において論証済みである。従って、a_2をもたらす作用とb_2をもたらす作用は、両方の因果性いずれもが瞬間的であれば、二つの結果を同時にもたらす。瞬間的な作用をもつ原因とは何かという経験的な問題は残るが、これはT2（同時性は実体の「力学的相互作用」に基づいている）の論証に他ならない。こうして、「因果性」は、第二類推を継承しつつ、双方向の相互作用に拡張できることが理解される。

　しかし、上述の説明では、まだ力学の実質に迫っていない。しかも、実体は恣意的にただ二つとされていた。このままでは、実体が三つ以上ある場合の理解は不十分となり、世界は、Watkins の言う「弱い」相互関係の集合体のようなものにとどまるだろう。我々は複数性の問題（T3'）をとりわけ三項以上に絞って考察する必要がある。

7　事実の承認としての力学

　今まで述べてきたところから三項以上の実体の交錯する関係を捉えてみたい。例えば、私、天体、光からなる関係を考えてみよう。5節で確認したように、この三者の複数性と、先に引用した記述（「力学的相互作用がなければ空間的相互関係すら決して経験的に認識されることはできない」）は、同じ文脈で捉えることができる。つまり、実体の複数性は、経験的対象の空間的相互関係と等根源的であると見なすことができる。そしてその空間的相互関係は、単なる空間的位置関係ではなく、時間的に規定された相互関係（「今、私は光を通じて天体を見る」のような）である。この世界では、第2節で述べた排除の手続きが成り立つ。すなわち、「私がxを通じてyを見る」「私が直接的には光を見る」が事実であるならば、「私が直接的には天体を見る」は同時には事実でない。つまり、特定の二つの実体の直接的な相互作用を事実として認識することは、それらがその時点において外部の実体と結びうる関係の可能性の一つを排除することと表裏一体なのである。そして事実がかくの如くならば、「私が間接的に天体を見る」ことも必然的に事実であり、「私が間接的に光を見る」ということは必然的に事実ではない。

本稿の相互作用モデルでは、二つの実体が直接的に相互作用しているという認識は、間接的に世界の残りの部分についても何らかの認識を与える。二項関係として切り出されたこの相互関係の認識が、その関係と同時に両立し得ない分岐を排除するからである。これによって、直接的に世界の無数の実体について総覧することはできない認識主体の視点からしても、間接的に外部の実体の状態を絞り込み、限定することが可能となる。「世界」は、Watkins流の直線的な「連鎖」ではなく、交錯する諸実体が織りなす事実の全体である。

この理解が成り立つためには、増山2020が強調したように、いかなる直接的な関係も、予め「世界」の部分と見なされていなければならない。そして、こうした類推は、可能な相互関係が複数あるとしてもそれらの同時的な両立を許容しないという規則を前提している。例えば、先の例では認識主体は、直接的に光を見るか天体を見るかのいずれかの関係しか持ち得ない。この意味で、この規則はあらゆる二項関係に先立ち、その可能性を制約していると言える。

増山の研究に代表されるような概念論的アプローチでは、上述の規則は相互性のカテゴリーから直ちに導出されるものだろう(6)。これに対して、本稿では第三類推そのものの議論に基づいて、この規則と複数の実体の関係を論じてみたい。このために、カントが知覚の順不同性を論じた箇所を考察しよう。

> 人はどこから、諸物が一にして同一の時間のうちにあることを知るのだろう? それは、この多様の把捉を総合する際の順序がAからB, C, Dを通じてEに至りうるのか、それとも逆にEからAに至りうるのか、どちらでも良い場合である。(A211/B258)

ここでカントは「多様」の把捉を総合する順序が「どちらでも良い」(順不同)となる点に同時性を見ている。引用の直後にカントが述べるように、この順不同性は、単に主観的にすぎない知覚(継起的で、次々と実体の経験が過去になる)の場合にはありえない。Eから戻ったときにAが消滅していれば、AとEは同時だとは言えない。従って知覚の上では「順序」という表現はなされても、客観的にはA~Eの実体は空間にそれぞれ一定の位置を占める。

6節で見たように、空間的相互関係にある実体は因果的な相互作用を通じてのみ、現実的に同時にあるものとして時間的に規定される、すなわち事実として承認できる。しかし、引用でカントはこの関係を、我々が直接的な関係にないような対象が世界の中に現実的になぜかある、という形で考える。つまり、実体が相互関係を持つこと自体に、それを一挙に知覚することはできない(例えばAからEへ至る継起的な知覚に一見するとなってしまう)ということが含まれている。だから、厳密に言えば、順不同性とは、諸実体の経験（例えば私はまずAを見、次にB…Eを見る）を事実として承認し、反実仮想的にそれ以外の配置も可能だと考えることである。[7]「どちらでも良い」の核心にあることは、各々の項としては可能な組み合わせE, D…Aと事実であるような全体A, B…Eの区別なのである。このように考えれば、順不同性の認識は、本稿が述べてきたような実体の相互関係を規定するための手続きを内包していると言うことができる。こうした知覚の性質に、カントは汎通的規定に代わる規則の表現を見出していたのではないだろうか。

「どちらでも良い」と考えることは、世界に存在する実体について、我々の継起的知覚が持ちうる全ての順序を厳密にたどり直すことではない。ただ単にその種の並び替えの少なくとも幾つかが可能だと見なすことである。また、このような仕方での事実性の承認は、作用や力の物理的記述（量や種類の特定）とは無関係に行われて良いはずである。それでも、或る空間的相互関係を事実と見なすことから、順不同的と見なされる他の全ての実体に対しても一定の認識が（限定的にせよ）生じる。

以上のことから、第三類推では、力学的相互作用に基づいて諸実体の複数性が可能であることが理解された（T3'）。ただし、ここでの「力学」は、諸実体の空間的相互関係を時間的に規定された事実として承認することである。最後に、この議論が『原理』に適用できるかを考察する。

8　第三類推と『原理』との関係

カントは『原理』で、「外的な作用が相互作用である」という命題を「一般形而上学から借り受ける」と述べ、「あらゆる運動の伝達は同時的な相互作用である」という第三法則（ニュートンの作用反作用の法則に相当する）を論じる（IV544）。しかし、この第三法則は、一般形而上学からただ論理的に導出されるのではなく、相互作用が現実にあること、すなわち一定の事実性が認められる場合にのみ妥当する。というのも、作用について論じた力学第二法則は、次のように述べているからである。

> いかなる物体も、外的原因によってその状態を変えるよう強制されない限り、静止状態あるいは一定の速度で一定の方向に向かう運動状態を保ち続ける。（IV543）

この「物体」を実体と見なせば、ここに『批判』に基づく思想が表明されていると理解できる。もし外力がなければ当該実体の状態変化はない。しかしこの変化は現実存在しており、そのあり方に応じて、その他の実体も現実存在する。

なぜカントは、作用や力の物理的記述などの経験科学的な内容を含まない事実性の承認を敢えて「力学的」相互作用と名付けたのだろうか。おそらく、この事実性の承認、すなわち実証が、あらゆる力学体系、もしくは広く経験科学にとって基本的に必要であると考えていたからに違いない。モナドや原子の独断的な措定ではなく、認識主体によるこの手続きが「力学」の内実なのである。

この理解が正しければ、第三類推の「力学」はもはやヴォルフ派の相互作用論と異なる地点にある。時空的対象の複数性はカント的実体と相互作用の論理に基づいて実証すべきものである。これにより、カントは実体の複数存在を独断的に措定するモナド論や原子論を批判する地歩を固めたのである。

結論

我々は、第三類推の主題を以下のようにまとめた。実体のあらゆる同時性は力学的な相互作用を前提する。ここでの実体は経験的な対象である。しかしカントは実体の複数性を全く恣意的なものとは考えず、むしろ空間的相互関係と等根源的なものと考え、力学的相互作用に基づき再考を加える。このとき、力学的相互作用とは、実体が互いに効果を与え合うことによって、互いの現実存在の時間的位置を客観的に規定するものである。この点から、実体の相互作用は、実体の空間的相互関係を事実として承認する認識主体の手続きと理解される。カントの力学的相互作用モデルは三つ以上の相互関係に関しても適切であり、『原理』にも適用できる。

参考文献

カントの引用は注記ない限り『純粋理性批判』であり、慣例に従って第一版をA、第二版をBと略述した。その他カントの著作についても、アカデミー版の巻数・ページ数を付した。また原文のゲシュペルト体は下線で示し、著者による引用と本文の強調は傍点で示す。著者の補足は[]で表し、…は省略を表す。

Allison, Henry E. 2004: *Kant's Transcendental Idealism*, Revised and Enlarged Edition, Yale University Press

Baumgarten, Alexander Gottlieb. 1982: Metaphysica, Olms (Nachdruck der 7. Auflage Halle 1779)

Corr, Charles A. 1975: „Christian Wolff and Leibniz", Journal of the History of Ideas, Vol. 36, No. 2, 241-262

Friedman, Michael. 1992: Kant and the Exact Schiences, Harvard University Press

Guyer, Paul. 1987: Kant and the claims of Knowledge, Cambridge University Press

Longuenesse, Béatrice. 2011: "Kant's standpoint on the whole disjunctive judgment community and the third analogy of experience" in: Kant and the concept of community, edited by Charlton Payne and Lucas Thorpe, North American Kant Society Studies in Philosophy, Vol. 9, University of Rochester Press, 17-40

Hall, Bryan, 2011, "A Dilemma for Kant's Theory of Substance", British Journal for the History of Philosophy, 19: 1, 79-109

Meier, G. F. 1743: Beweis der vorherbestimmten Übereinstimmung, Halle

Morrison, Margarett. 1998: "Community and Coexistence Kant's Third Analogy of Experience" Kant Studien 89 (3), 257-277

Watkins, Eric. 1997: "Kant's Third Analogy of Experience", Kant Studien 88 (4), 406-441

——2005: Kant and the Metaphysics of Causality, Cambridge University Press

岩井拓朗 2015:「空間における同時存在のカント的理解」東京大学大学院人文社会系研究科・文学部哲学研究室論集/東京大学大学院人文社会系研究科哲学研究室編 (34)、東京大学大学院人文社会系研究科、122-135 頁

増山浩人 2015:『カントの世界論』北海道大学出版会

——2020:「世界への接近——カントにおける相互性のカテゴリーの役割」『ヘーゲル哲学研究 (26)、日本ヘーゲル学会、86-98 頁

嶋崎太一 2014:「「物質は substantia phaenomenon である」——カント自然科学論における実体の問題」日本カント研究 (15)、日本カント協会、162-176 頁

注

(1) この点で、バウムガルテンはヴォルフよりもライプニッツに近い。というのも、「ヴォルフの要素は分割不能な物理的点であり、要素が持つ力も物理的なもの」(Corr 197: 256) だからである。本稿では、ライプニッツ、ヴォルフ、バウムガルテンらの差異に詳しく立ち入らない。

(2) Hall 2011 が詳しい。

(3) Hall 2011 は、「現象的実体」とエーテル概念との結びつきを強調し第三類推を解釈する (Hall 2011: 96ff.)。彼は、カントが実体の永続性を論じた箇所 (A188-9/B231-2) から、第一類推で扱われている実体は唯一つであると結論する。しかしその場合、複数の実体の相互作用が語られる第三類推とは齟齬が生じる。そこで彼はこの概念を通史的に辿り、中間的な媒体として宇宙に充満するとされるエーテル概念がこのジレンマを解決すると考えた。

(4) 経験的な対象の背後に多数の実体 (原子) が存在すると考える場合、更に問題がある。原子論では月と地球の同時性は、月を構成する原子群Aと地球を構成する原子群Bの相互作用を前提することになるが、それは「空虚な空間」を仮定してしまう (A173/B214ff.)。

(5)「原因の因果性」については、Watkins 2005: 249 を参照。

(6) カントは相互性カテゴリーを排他的選言判断から導出している (A73-74/B99)。

(7) 知覚の順不同性が事実性に関わっているという論点は、Allison 2004: 265, 岩井 2015 も言及している。しかし、そこから Allison は二項関係の説明を引き出すにとどまる。岩井はそれ以上の数の実体の関係について注 22 で言及しているが、やはり因果性と事実との関係を考慮していない。

〈応募論文〉

哲学史研究はいかにして現代哲学に貢献するか

南《みなみ》　匠真《しょうま》
（大阪大学）

1　はじめに

　哲学研究一般における哲学史への関心は様々な動機に基づくものであるが、そのうちの一つには哲学史研究による現代哲学への貢献が挙げられる。多くの哲学史家や現代哲学者は、哲学史研究が現代哲学に何らかの仕方で貢献すると考えているように思われる。実際哲学史研究の方法論においては、いかにして哲学史研究が現代哲学に貢献するか、また具体的な方法の改善案にはどのようなものが考えられるかというテーマ（van Ackeren, 2018, p. 2）がしばしば論じられる。哲学史研究が現代哲学に貢献する仕方については多くの議論と批判があり[1]、中にはそのような貢献そのものを疑う見方も存在する。本稿ではこうした議論と批判を整理しつつ、そこから哲学史研究の方法上の方針を取り出す。そしてその方針に従った上で、現代哲学に貢献し得る哲学史研究の方法が少なくとも二つ存在することを示す。一つ目は、現代哲学において有力な立場の歴史的経緯を辿るという歴史的理解の方法である。二つ目は、現代哲学において自然な見方が歴史上の偶然の産物であることを示す非自然化の方法である。

　はじめに本稿の対象や用語法、関心等について確認したい。まず本稿の対象とする哲学史研究の範囲を限定したい。本稿において「哲学」とは西洋哲学を指しており、哲学史研究やその方法論については基本的に近年の英米圏でなされたものとそれに関連する他言語の研究が参照されている。また後の議論で哲学史研究と対比される「現代哲学」も基本的には英米圏で行われている哲学とそれに関連する他言語の研究が想定されている。つまり本稿は基本的には近年の英米圏での哲学史研究の方法論に対して貢献しようと試みるものである。

　次に本稿での用語の意味についてである。本稿では「哲学史」と「哲学史研究」という語を使い分ける[2]。哲学史とは哲学することの過去そのものであり、哲学史研究とは哲学することの過去を研究することである。例えば過去の哲学者（プラトンやデカルト、ヘーゲルなど）

の著作そのものは哲学史に該当し、そういった著作を研究することは哲学史研究に該当する。哲学史研究それ自体を歴史的な側面から見ることも可能だが、本稿が対象とするのは現代における哲学史研究である。また、本稿は哲学教育において哲学史や哲学史研究が果たす役割はどのようなものか、といった問題には触れていない。さらに、哲学史そのものが現代哲学においていかに用いられているか、といった主題も本稿には含まれていない。そのため、例えば現代哲学では倫理学や形而上学、生物学の哲学においてアリストテレスを再評価する動きが見られるが、こうした種類の研究は本稿の対象には含まれない(3)。

本稿において「現代哲学」とは次のような問いについて答えることを目的とする試みを指す。つまり「知識とは何でありいかにして私たちは知識を獲得するのか。何が公正な社会を構成するのか。人の心はどのように働いているのか。自然法則とは何か。言語的意味とはどこから来ているのか」(Sauer, 2022, pp. 2–3) というような問いである。重要なのは、このような問いの解決は現代哲学者あるいはその読者自身にとって価値があり、またその両者にとって適切な概念の枠組みにおいてなされることで意味を持つということである。そのため、哲学が本質的に歴史的なものであり、哲学史研究が現代哲学そのものであると考える内在的歴史主義 (Glock, 2008, p. 90) の立場から哲学史研究の意義を考えるという選択肢を本稿は検討しない。

次に哲学史研究が現代哲学に貢献するということがどのようなことかを確認したい。貢献とは何か価値ある事態や行為への貢献である。そうした事態や行為を説明する概念として例えば哲学的成功や哲学的目的の達成、哲学的進歩などが考えられるが、本稿では便宜上哲学的進歩という概念を用いる。哲学的進歩とは、ここではStoljar (2017, pp. 20–22) の議論を参考にして、哲学的問題の解決という哲学の目的を達成したり、それに向かって前進したりすることであると考える。哲学史研究が現代哲学の進歩に貢献するということは本稿では次のことを指す。つまり、哲学史研究は哲学的問題を解決するという仕方で直接的に進歩を生み出すか、あるいはそれが困難でも、哲学的進歩に対していくらか間接的な仕方で寄与するということである。

本稿において私の関心は、哲学史研究はいかにして現代哲学に貢献するかというある種のメタ哲学的な問題に向けられている。哲学史研究の方法についてはこれまで様々な議論がなされてきたが、その多くは基本的にある種類の哲学史研究を擁護あるいは批判することが目的であった。確かに本稿でも哲学史研究の二つの方法が現代哲学に貢献することを示すが、それらに則った研究を推奨したいわけではない。むしろ私は、哲学史研究が現代哲学に貢献する仕方そのものについて関心を向けている。そのため私の結論には哲学史研究それ自体の一般的な価値についての主張は含まれていない。また本稿は哲学史研究による現代哲学への貢献の仕方について網羅的に説明しようとするものではない。本稿はそうした貢献の試みに対する二つの強力な批判に応答することを動機の一つとしている。この点で本稿は、現代哲学に対する哲学史研究からの貢献についての説明としては部分的である。

本稿は以下の順に進む。まず第2節で現代哲学への貢献を目的とする哲学史への「哲学的アプローチ」とその中でも最も一般的な「分析的方法」を概観する。次に第3節では分析的方法に対する証言の認識論からのSauer(2022)の批判を検討する。第4節では哲学史に対する「歴史学的アプローチ」からの分析的方法に対する批判を検討する。第5節では、以上の二つの批判から取り出された方法上の方針に従うなら、分析的方法とは別にどのような方法が哲学的アプローチにおいて可能かを提示する。第6節では、第5節で提示された二つの方法が機能するために「関連性の条件」が必要であることを確認する。最後に結論でこれまでの議論を総括する。

2　哲学的アプローチと分析的方法について

本稿において「哲学史研究」とは、過去の哲学者やその著作を主題とした学術的研究を指している。文献学的な原典考証から翻訳に基づいて内容を論理的に再構成することまでが本稿ではすべて哲学史研究に含まれ得る。重要なのは、一般に哲学史研究と呼ばれる研究は、必ずしも歴史学に属するとは限らないということである。哲学的著作あるいは哲学者の思想を再構成してその論理的な構造を取り出すという種類の研究は、歴史学的方法を採用していないとしてこれまでに多くの批判を受けてきたが、[4] 一般には哲学史研究だと見なされている。また、哲学史研究は歴史学的な方法を採用しつつも、哲学的テクストが持つ哲学的思索を引き出すことを目的とするべきだと考えるZarka (2005) のような議論もある。そのため、少なくとも現状では、哲学史研究という語が歴史学の方法や目的とは異なる方法や目的によって行われる研究を含んでいるということが認められるだろう。哲学史研究の方法の多様性の内実を明らかにすることは本稿の範囲を超えているが、少なくとも、歴史学的研究が「現在利用可能な証拠に基づいて人類の過去についての知識を増大させようという試み」(Day, 2008, p. 3) だとすれば、哲学史研究はそれに尽きるわけではないと言える。なぜなら過去の哲学者の議論から非合理的な部分を取り除き再構成することによって明らかになるものは、過去にあったことについての知識に属してはいないからである。

本稿は、哲学史研究に含まれる様々な種類の研究を区分する最も大きな分類の基準として哲学史研究の目的に焦点を当てる。つまり、異なる目的を持った哲学史研究は異なる哲学史研究に分類されるということである。そして本稿の対象となる哲学史研究は、現代哲学に貢献することを目的とする哲学史研究である。現代哲学への貢献を目的とする哲学史研究の一連の方法を本稿では哲学史への「哲学的アプローチ」と呼ぶ。

哲学的アプローチの中でも英米圏の哲学において最も一般的な立場を再構成するなら次のようなものになる。この立場では、歴史上の哲学者の議論をその歴史的文脈から切り離し、議論の要素を論理的な観点から合理的に再構成した上で、その妥当性や説得力を現在の基準から判断しようとする (Beaney, 2020, p. 595; Nichols, 2006, pp. 45-46)。そして、歴史上の哲学者が十分に優秀であり、現代哲学者と同じ目的を有していると判断される理想的な場合には、こうして再構成された議論は現代哲学における問題を解決したり、哲学的命題の真偽を決定したりすることが期待される（Nichols, 2006, p. 46）。過去の議論は、このような読解を通じて、現代哲学の問題解決に直接貢献する可能性を持つことになる。この立場においては、歴史上の哲学者は二つのことを行った蓋然性が高いと前提されている。それは、過去の哲学者が（1）現代哲学と同じか少なくとも類似する問いに取り組んだこと、（2）それに正しく答えていることである。この立場を採用している哲学史家は、前提（1）と前提（2）が共に成り立つか、あるいは少なくとも前提（1）は成り立つと考えているがゆえに、哲学史研究を行う。この立場はいわゆる分析哲学の伝統と結びつけられてきたため、本稿ではこれを哲学的アプローチにおける「分析的方法」（Beiser, 2016, p. 511）と呼ぶ。

分析的方法にはこれまで多くの批判がなされてきた。その中でも最も有力だと考えられる二つの批判を以下では検討する。一つはSauer(2022)による証言の認識論からの批判であり、もう一つは哲学史研究の方法論において対立する立場にある哲学史への「歴史学的アプローチ」からの批判である。

3　Sauer(2022)の検討

Sauer（2022, pp. 11–12）は、歴史上の哲学者は私たちが追求する真理の一部を有しており、哲学史研究はそうした真理を明らかにする、という哲学史研究の擁護に対して、証言の認識論に言及しながら批判を行っている。本節ではこの批判によれば分析的方法の前提（2）「過去の哲学者が現代哲学と同じか少なくとも類似する問いに正しく答えていること」が成立しないことを示したい。Sauerは議論の前提についてあまり説明していないため、以下では認識論における証言の議論を参照して彼の批判を補完する。そして最後に、哲学的アプローチの方法上の方針を取り出す。

まず、歴史上の哲学的著作は現代の読者にとって証言として受け取られ得る。何かが証言だとみなされるための必要十分条件は、Shieber(2015, p. 16)によれば、次のようなものになる。つまり、受け手Rにとって（i）証言者Tがコミュニケーション行為Aを行う、（ii）Aを行うことによってTがpという情報を伝達したと受け手Rがみなしている、（iii）TがAを行うことによってpという情報を伝達したと合理的にみなされているのは、少なくとも部分的にはAの伝達可能な内容による、という三つの条件を満たすときに、コミュニケーション行為Aは証言だとみなされる。この定義は証言の受け手についての条件であり、そのため書き手の死後に発見された私的な日記もその読者に対して証言になり得るとされている（Shieber, 2015, pp. 14–15）。哲学的著作もこの場合と同様に証言に該当すると考えられる。また、ここでは哲学史上の著作を読む者がその著作を現代哲学の主題についての証言だと考える場合を考察の対象とする。

過去の哲学的著作が証言であるとして、次に問題になるのが、読者がそれを真であると信じることがいかにして正当化されるかということである。その条件については様々な議論があるが、ここではLackey(2008)の議論を参照し、その中でも本稿の以下の議論に関係する条件のみを取り上げる。重要なのは、ある命題が真であることを正当化された仕方で証言に基づいて信じるためには、発言者が有能であり証言が真理と結びついているという意味で証言の信頼性が高く（Lackey, 2008, pp. 73–74）、また信頼性を損なう要因が存在しないことが求められる（Lackey, 2008, p. 178）という条件である。このような要因のうちの一つには「ある信念を持つことに対する否定的理由や反対理由」（Lackey, 2008, p. 198）が相当し、具体的には例えば証言者が「信頼性が高くない、あるいは会話の主題についてあまり知らない蓋然性が高いと考えるべき積極的理由」（McDowell, 1994, p. 211）が挙げられる。哲学的証言の場合に当てはめるなら、過去の哲学者の証言の信頼性を損なう否定的理由とは、ある現代哲学の主題について真の命題を言うことがないという意味で信頼性が低く、またその主題について詳しくない蓋然性が高いと考えるべき理由ということになるだろう。

　Sauerの議論によれば、現代の読者は哲学史上の人物や著作による現代哲学についての証言を信じることに関してこうした否定的理由を持つ。彼は現代の哲学的議論が質の高いものであるとみなされるための基準を二つ指摘する。それはまず、現代哲学は科学的経験的命題に大きく依拠しているためそれらの知識が現代哲学を行う上で必要である、次に現代哲学の論争を熟知している必要がある、というものである（Sauer, 2022, p. 12）。過去の人物が現代の科学や哲学について知っているはずがない以上、現代哲学の議論の質に関するこうした常識的な基準を歴史上の哲学者は満たしていない[5]。つまり歴史上の哲学者は現代哲学に詳しくないのである。このことは、歴史上の哲学者が現代哲学についての証言に関する信頼性を持つことを現代の読者が否定するはっきりした理由になる。以上から、哲学史上の著作を現代哲学についての証言であるとみなした場合に、その証言が現代哲学について正しいことを言っていると信じることはできないと言える。

　ここで分析的方法が彼の批判に脆弱であることを確認したい。問題なのは、分析的方法が歴史的著作の議論を現代的な観点から評価しようとする点である。歴史上の哲学者は先に見た哲学的議論についての二つの基準を満たすことができないため、分析的方法が期待するように、歴史上の議論が優れたものであることが判明する見込みはほとんどない。このことは、現代哲学の問題解決に貢献するという意味で歴史上の哲学者が優秀であることはほとんどあり得ないということを意味している。こうして分析的方法の二つの前提のうち前提（2）「過去の哲学者が現代哲学と同じか少なくとも類似する問いに正しく答えていること」が成立しないことが明らかとなった[6]。以上から、分析的方法が、少なくとも自らが意図する仕方で、現代哲学に貢献することはない。

　分析的方法へのSauerによる批判から哲学的アプローチ一般について言える方法上の方針はこうである。つまり、哲学史上の議論が現代哲学について正しいことを言っていると前提するのはやめたほうがよいということである。

4　歴史学的アプローチの検討

Sauerによる批判とは別に、分析的方法や哲学的アプローチは、哲学史研究の歴史学的側面を無視しているという批判をしばしば受ける。この批判に説得力を見出す哲学史家は、哲学史研究が過去についての知識を得るための学問であることを方法論上重視する傾向にある。本稿では、歴史上の哲学者や著作に関する歴史上の事象について明らかにしようとする哲学史研究の一連の方法を哲学史への「歴史学的アプローチ」と呼ぶ(7)。

歴史学的アプローチが対象とする過去の事象には論者によって様々なバリエーションが存在する。例えばこうした立場の典型例であるSkinner（1969 半澤・加藤訳 1999）は歴史上の著者がテクストを書いた際の意図を明らかにしようとする。他には例えば過去の論争状況における当時の哲学的テクストの貢献（Lærke, 2013, p. 17）や社会的文脈から見た哲学的テクストの論証の意味（Garber, 2001）などが歴史学的アプローチの対象に該当する。哲学的テクストやその執筆に関連して生じたこれらの歴史的事象を解明するためには歴史的文脈が必要である。なぜなら哲学的テクストの執筆はある種のコミュニケーションであり、著者が想定した読者や論争相手が存在したはずだからである（Elawani & Lapointe, 2023, p. 157）。しかしそうした情報は多くの場合当該テクストに記載されていない（Beiser, 2016, p. 512）。このため歴史学的アプローチは、テクストが書かれた当時の哲学的、社会的、政治的状況などを考慮して哲学史研究を行う必要がある。

歴史学的アプローチは分析的方法と大きく異なった方法を含むものであり、そのため両者は哲学史研究の方法論においてしばしば対立する。歴史学的アプローチからの批判の中でも重要なものが、分析的方法はアナクロニズムに陥っているというものである。それはつまり、分析的方法は、現在の哲学者の関心に合わせて、当時存在しなかった概念や意図、問題を対象となる歴史上の哲学者や著作に帰属させてしまう方法だということである。なぜなら、過去の哲学者が現在とは異なる文脈において哲学を行っていたことを考慮するなら、そもそも現代哲学と同じ哲学的問題を扱っているということはありそうにないからである（Skinner, 1969, pp. 51–52／半澤・加藤訳 1999, pp. 117–119）。また概念の内容も時代によって大きく変化するため（Skinner, 1969, pp. 35–37/半澤・加藤訳 1999, pp. 93–96）、歴史的著作に現れるある概念を現代の意味において読むこと自体が多くの場合アナクロニズムを引き起こすだろう(8)。このことは分析的方法の前提（1）「過去の哲学者が現代哲学と同じか少なくとも類似する問いに取り組んだこと」が成り立たないことを示している。

分析的方法は歴史学的アプローチとは異なった目的を持っているため、こうした批判を真に受ける必要はないように思われるかもしれない。しかし分析的方法は、対象となっている哲学者が過去にある事柄を述べたという歴史的事実を必ず扱わなければならない（Beaney, 2020, p. 601）。この事実を無視することは分析的方法の有効性を損なうことになる。仮に、分析的方法においてこのような歴史的事実の検討が度外視され、合理的に再構成された議論が歴史的な人物や著作に帰せられなくなったとしよう。そのとき、議論のすべては哲学史家のものとなり、研究対象となる哲学史は哲学史家にとってインスピレーションの源泉のような存在となってしまう（Nichols, 2006, p. 39）。哲学史が哲学的インスピレーションを与えてくれる優れた対象であると言えるかどうか明らかではない以上、分析的方法が哲学史を対象とする理由は失われる。そもそものような研究は分析的方法が当初計画していたものとは全く異なる種類の研究である。歴史学的アプローチからの批判によって分析的方法はジレンマに陥ると言える。まず、アナクロニズムに陥るなら、分析的方法は哲学史を研究する理由を失う。しかし歴史的文脈を考慮するなら、過去の哲学者の議論は現代のものとは異なった前提や概念からなるものであることが明らかになり、前提（1）「過去の哲学者が現代哲学と同じか少なくとも類似する問いに取り組んだこと」が誤りであることになってしまう。以上の議論から、分析的方法が歴史的文脈を考慮しないという点に関する歴史学的アプローチからの批判は有効である。(9)

しかしながら、哲学的アプローチが全体としてアナクロニズムを回避すべきであるかどうかは定かではない。というのも、歴史学的な方法や目的を採用していない研究も哲学史研究に含まれるからである。もう少し具体的に言えば、つまり、アナクロニズムに陥ってはいるが、哲学史をインスピレーションの源泉とはせず、哲学史が持つ研究領域としての固有の価値を理由に哲学史を研究するような哲学的アプローチが存在しないとははっきり言えないということである。しかしこうした哲学史研究が実際に存在するとしても、おそらくそれほど多くないと思われる。そのため、以上の議論から引き出される哲学的アプローチ一般についての方法上の方針として次のように言える。つまり、アナクロニズムに陥ることが哲学的アプローチにとって悪影響を及ぼすことが多いことが予想されるため、アナクロニズムが自らの研究に生じているかどうか確認し、回避すべきかどうか検討する必要がある、ということである。

5　二つの方針に則った哲学的アプローチの方法

以上の二つの批判から、分析的方法の二つの前提を維持するのが困難である以上、この立場は哲学史研究にとっての良い方法ではないと結論することができる。そして二つの批判から引き出された哲学的アプローチの方法上の方針は次のようなものであった。まず、（1）哲学史上の議論が現代哲学において正しいことを言っていると前提するのはやめたほうがよいということである。次に、（2）アナクロニズムを回避するかどうか検討する必要があるということである。

本節では、それらの方針を採用しつつ、分析的方法とは異なる仕方で現代哲学への貢献を目指すような哲学的アプローチがどのようなものかについて示したい。まずは方針（1）を採用する哲学的アプローチの方法について検討する。以下では歴史上の哲学者が持つ現代哲学についての証言の信頼性とは関係なく実践され得る二つの例を取り上げる。

まず、哲学史研究が現代哲学に貢献する仕方としてしばしば指摘されるのが、哲学史研究は現代哲学それ自体の理解を促す、というものである。理解ということの意味合いは論者によって異なるが、現代哲学への貢献という点で最も重要な種類のものとしては、「現代の議論の枠組みとなっている画期的な立場を理解すること」(Hatfield, 2005, p. 93) が挙げられる。Hatfield の例では、Kant の分析性概念と現代の分析性概念を比較することが挙げられている。他には例えば、一九七〇年代の言語哲学において現れた意味論的外在主義がどのように発展し、その後心の哲学や形而上学、認識論へと広がっていったかについて論じた Goldberg(2019) の論考などが挙げられる。このような哲学史研究は、対象となる哲学史上の議論が現代においても通用することを示そうとしているのではない。むしろある歴史上の議論が他の議論との関係の中で変化することを通じて現在の見方を形成するに至った経緯を示すことがこの方法の目的である。主要な立場の歴史的経緯を知ることで現代哲学それ自体の理解を深めることは、問題解決ではないという意味で直接的な進歩ではないが、間接的な仕方でそれに貢献することだと言えるだろう。本稿ではこうした方法を「歴史的理解」の方法と呼ぶ。

次の方法の例としては、現代哲学の定説や現代哲学者になじみのある概念を批判的に捉えることを目指す、というものが挙げられる。この方法は、現代哲学がこのような在り方をしているのは基本的には歴史上での偶然の産物であり、歴史を参照することは現在広く受け入れられている考え方を疑うきっかけになると考えている。Bevir (2015, p. 233) が主張するように、この方法は「信念や行動、実践の偶然性や問い直しの可能性を強調する」ことで、「人々がある意味で自然だと考えているそういった信念や行動、実践を非自然化する」。例えば Bevir (2015, p. 238) は、「民主主義」という概念が、歴史を通じて様々な信念や行動形態が一つにまとまった結果であるにもかかわらず、ときおり制度として現に存在するかのように扱われることを批判する。また Della Rocca (2013, p. 205) は「Russell と Moore が Bradley 的観念論と一元論を回避するために」採用した「説明不可能な関係」へのコミットメントが、直観を重視する現代哲学の方法を生み出した原因の一つであると指摘する。Della Rocca(2013, p. 205) は Russell と Moore のこのコミットメントが「若いころの向こう見ずな試み」であると評価し、直観を用いた事例の方法が歴史的な偶然の産物であることを強調することでその正当性を疑問視する。こうした種類の哲学史研究も歴史的理解の方法と同様に現代哲学の直接的な進歩を生み出さない。しかし現代哲学の前提の正しさを見直すことは、問題解決のための適切な道具立てを用意することにつながるという意味で、間接的な仕方で進歩に貢献するだろう。本稿ではこの方法を「非自然化」の方法と呼ぶ。

次に、以上の二つの方法（歴史的理解と非自然化）に方針（2）を適用する。ここまで検討してきた二つの方法は、アナクロニズムの回避という要請を受け入れることができるし、またそうすべきである。なぜなら、二つの方法は歴史学的な事実を参照することによって成り立っているからである。それらの方法は歴史学的な正確さを追求すべきであり、正確さを欠く場合には研究の有効性が失われることもあり得る。例えば非自然化の方法において、実際には存在しない歴史的事実に基づいて現代哲学の見方を非自然化しようとしたことが明らかになったとしたら、批判の効力は消失するだろう。歴史的理解の方法においても同様であり、歴史学的に不正確な哲学史研究によって現代哲学の理解を深めることはできない。そのため二つの方法においては歴史的文脈を考慮してアナクロニズムを避けることが不可欠である。

6　関連性の条件

分析的方法に対する二つの批判を通じて見出された二つの方針とは別に、哲学的アプローチの二つの方法には考慮すべき条件がある。それは、研究対象となる個別の哲学史が貢献の対象となる個別の現代哲学に対してどの程度関連しているかということである。関連ということで私が想定しているのは、前提とされている考え方や関心の対象、概念の内容、議論の枠組みなどが現代のものとどれだけ関連しているかということである。そこで二つの方法のそれぞれについて、貢献の対象となる現代哲学との関連が弱い哲学史を研究対象とした場合に、現代哲学への貢献という目的を果たすことが困難になることを事例を通じて確認したい。

まず歴史的理解の方法についてである。例えば、Leibniz の可能世界の概念は現代の様相論理学における可能世界の概念と似ているが、それが直接様相論理学に影響を与えることはなく、むしろ Carnap による論理学の発展がなければその有用性が論理学において評価されることはなかっただろう（Williamson, 2018, p. 108）。このような意味で、これまでの哲学史研究においては、現代の考え方に対して「たとえ古い先例が後から振り返って明らかであったとしても、その類似性が認識される前にしばしば新しいアイデアが独自に発見されなければならなかった」（Williamson, 2018, p. 108）のである。この事例は、Leibniz の議論が現代において異質であったために、表面上の類似にもかかわらず現代の可能世界概念を理解する上であまり役に立たないことを示している。

非自然化の方法に関してもそれが有効であるためには研究対象に同様の制限が必要である。それを示すためにここでは Antognazza（2015, pp. 166–172, 2020）の例を参照し、やや詳細に検討する。この Antognazza の二つの研究ではおおむね同様の議論がなされており、Gettier 問題以降の認識論におけるいわゆる知識の標準分析が哲学史的な観点から批判されている。議論を再構成すると次のようになる。

その要点とは、知識の構成要素には「正当化された真なる信念」の他にどのような条件が必要か、という知識の標準分析の枠組みそのものが哲学史的に見て特殊であり、不自然だということである。古代ギリシアから十七世紀までの哲学にとって「知識とは原始的な知覚であり、還元不可能で心的な仕方で真実を「見ること」（seeing）」（Antognazza, 2015, p. 169）であり、最も基本的な認識様式としての知識によって正当化されるのは信念の方である（Antognazza, 2015, pp. 170–171）。知識と信念の差はこの「見ること」を通じた対象との認識的接触の有無であり、知識は原初的な様式において「見知り」（acquaintance）に似た非命題的な知覚であるとされる（Antognazza, 2020, p. 302）。そして認識論に関するこうした哲学史的な議論は「現在の定説を当然視することを避けるのに役立つ」（Antognazza, 2015, p. 180）とされている。

この議論は非自然化には失敗しているように見える。なぜなら用語の意味や知識概念の内容、背景事項などが全く噛み合っていないからである。まず、知識分析も含めた認識論一般において対象となる知識は基本的に命題的知識である（Pritchard, 2023, pp. 3–4）。そしてその限りで見知りによる知識ではない。知識分析における知識が命題的知識であることは、知識が普通は信念と共に考えられることと直接結びついている。つまり、信念は多くの哲学者によって命題的態度の一種と考えられているがゆえに、知識は信念と共に論じられるのである。また、Antognazza の知識論においては現実を直接見ることの重要性が強調されているが、なぜ認識的な情報源が知覚に制限されなければならないのかについての理由はほとんど示されていない。Antognazza の議論は、知識分析におけるこうした事情を考慮すれば、前提や議論の枠組みが全く異なることがわかる。つまり両者は知識についての異なる議論であり、Antognazza の議論は現代の認識論を当然視することを避けるのに役立つとは言い難い。

以上の事例からわかるように、哲学史のどの部分が当該の現代哲学に対して関連性を持っているかについては、その歴史が現代からどれくらい離れているかがおおよその基準になると思われる。その理由として私は次のように考えている。まず、これまでの哲学史研究に鑑みて、これまでに哲学は常に変化し続けてきた。そして、こうした哲学の変化が多かれ少なかれどの時代でも生じていた以上、これからも生じ続けるという経験則が認められるだろう。そのため現代に近い分だけ哲学史は現代哲学と関連している蓋然性が高くなり、反対に現代から遠ざかるほど、哲学史は現代との関連性を失っていくということが予想される。

しかし貢献の対象となる現代哲学に対して過去の哲学がどれだけ関連性を持つかが程度の違いでしかないのなら、哲学史のどこまでが二つの方法の研究対象となるのに十分な関連性を持つのかという線引き問題が生じることになる。もちろん明確な線を引くことはできない。境界線は分野によっても異なるだろうし、特定の哲学者や著作、学派が飛び地のように現代哲学の一部に対して強い関連性を持つこともあり得る。しかしながら、重要なのは、はっきりと線を引けないからといって関連性の問題が消えるわけではないということである。確かに二つの方法の対象として十分な関連性を持っているかどうか曖昧な歴史的人物や著作は存在するだろうが、このことは哲学史全体が現代哲学全体にとって同じだけ関連性を持つことを意味しない。哲学史の各部分が同じだけ現代哲学の各部分と関連するという想定は、哲学史全体が現代哲学にとって無関係であるとする主張と同様に説得力に欠けるものであり、その想定に基づいて哲学史研究を行うことは良い方法であるとは言えないだろう。

結論

本稿での議論から、いかにして哲学史研究が現代哲学に貢献するかについて次のように説明することが可能となった。まず、分析的方法に対する方法上の批判を考慮して、哲学的アプローチは二つの方針を採用すべきである。一つ目は、哲学史上の議論が現代哲学において正しいことを言っていると前提するのはやめたほうがよいということである。二つ目は、アナクロニズムに陥ることは哲学史研究において避けた方がよい、あるいは少なくとも、個別の哲学史研究に関してアナクロニズムを回避した方がよいかを確認する必要があるということである。

次に、哲学的アプローチにおいて以上の方針を採用した上で問題なく行うことができる方法の例として次の二つが考えられる。一つ目は、現代哲学において主要な立場の理解を深めるために、その立場が形成された歴史的経緯を追跡することである。本稿ではこれを歴史的理解の方法と呼んだ。二つ目は、現代哲学が歴史的な偶然の産物であることを示すことで現代哲学において自然な見方を非自然化することである。本稿ではこれを非自然化の方法と呼んだ。さらにこの二つの方法に関して言えば、研究対象となる哲学史は貢献の対象となる現代哲学との関連性を維持している必要がある。具体的な関連性の程度は、現代哲学や哲学史の分野によってそれぞれ異なるが、おおよその基準としては、あまりに古い哲学史はこの二つの方法の研究対象には向いていないということは言える。以上から、哲学史研究はいかにして現代哲学に貢献するかという問いへの答えの一つとして、歴史的理解と非自然化の方法によってである、と言うことができる。

最後にこの結論にいくつかの注釈を加えたい。まず、哲学史研究が現代哲学に貢献する仕方の説明としては、この結論は明らかに部分的であることを改めて確認したい。つまり、この二つの方法を採用することによってしか哲学史研究が現代哲学に貢献できないというわけではない。実際、哲学史研究は現代哲学に様々な仕方で貢献していると考えられているし、現にそうなっていると私は考える。また、この結論は、哲学史研究において二つの方法が推奨されるべきであると主張するものでもない。というのも、二つの方法が哲学的アプローチのうちの良い方法であるとしても、さらに優れた他の方法が多数存在するかもしれず、本稿はそうした可能性については検討していないからである。歴史的理解と非自然化の方法は、哲学的アプローチに対する二つの強力な批判によっても哲学的アプローチが不可能になることはないということを明瞭に示す例として提示されている。

参考文献

Antognazza, M. R. (2014). The Benefit to Philosophy of the Study of its History. *British Journal for the History of Philosophy*, 23(1), 161–184.

Antognazza, M. R. (2020). XII—The Distinction in Kind between Knowledge and Belief. *Proceedings of the Aristotelian Society*, *120*(3), 277–308.

Beaney, M. (2020). Two Dogmas of Analytic Historiography. *British Journal for the History of Philosophy*, *28*(3), 594–614.

Beiser, F. (2016). History of Ideas: A Defense. In H. Cappelen, T. Gendler, & J. Hawthorne (Eds.), *The Oxford Handbook of Philosophical Methodology* (pp. 505–524). Oxford University Press.

Bevir, M. (2015). Historicism and Critique. *Philosophy of the Social Sciences*, *45*(2), 227–245.

Bielskis, A., Leontsini, E., & Knight, K. (2020). Introduction. In A. Bielskis, A. Leontsini, & K. Knight (Eds.), *Virtue Ethics and Contemporary Aristotelianism* (pp. 1–7). Bloomsbury Academic.

Corkum, P. (2024). Philosophy's Past: Cognitive Values and the History of Philosophy. *Philosophy and Phenomenological Research*, 108, 585–606.

Day, M. (2008). *The Philosophy of History: An Introduction*. Continuum.

Della Rocca, M. (2013). The Taming of Philosophy. In M. Laerke, J. E. H. Smith, & E. Schliesser (Eds.), *Philosophy and Its History: Aims and Methods in the Study of Early Modern Philosophy* (pp. 178–208). Oxford University Press.

Elawani, J., & Lapointe, S. (2023). Interpretation and the History of Philosophy: A Pragmatic Account. In S. Lapointe & E. H. Reck (Eds.), *Historiography and the Formation of Philosophical Canons* (pp. 152–170). Routledge.

Garber, D. (2001). Au-delà des arguments des philosophes. In Y. C. Zarka (Ed.), *Comment écrire l'histoire de la philosophie?* (pp. 231–245). PUF.

Glock, H.-J. (2008). *What Is Analytic Philosophy?* Cambridge University Press.

Goldberg, S. C. (2019). Varieties of Externalism, Linguistic and Mental. In I. D. Thomson & K. Becker (Eds.), *The Cambridge History of Philosophy, 1945–2015* (pp. 60–73). Cambridge University Press.

Hatfield, G. (2005). The History of Philosophy as Philosophy. In T. Sorell & G. A. J. Rogers (Eds.), *Analytic Philosophy and History of Philosophy* (pp. 83–128). Oxford University Press.

Kuukkanen, J.-M. (2008). Making Sense of Conceptual Change. *History and Theory*, 47(3), 351–372.

Lackey, J. (2008). *Learning from Words: Testimony as a Source of Knowledge*. Oxford University Press.

Lærke, M. (2013). The Anthropological Analogy and the Constitution of Historical Perspectivism. In M. Laerke, J. E. H. Smith, & E. Schliesser (Eds.), *Philosophy and Its History: Aims and Methods in the Study of Early Modern Philosophy* (pp. 7–29). Oxford University Press.

McDowell, J. (1994). Knowledge by Hearsay. In B. K. Matilal & A. Chakrabarti (Eds.), *Knowing from Words: Western and Indian Philosophical Analysis of Understanding and Testimony* (pp. 195–224). Springer.

Nichols, R. (2006). Why is the History of Philosophy Worth Our Study? *Metaphilosophy*, *37*(1), 34–52.

Pritchard, D. (2023). *What is this thing called Knowledge?* (5th ed.). Routledge.

Rapp, C. (2018). The Liaison between Analytic and Ancient Philosophy and Its Consequences. In M. van Ackeren (Ed.), *Philosophy and the Historical Perspective* (pp. 120–139). Oxford University Press for The British Academy.

Sauer, H. (2022). The end of history. *Inquiry*, 1–25.

Sauer, H. (2023). The ends of history: A reply to Sauer. *Inquiry*, 1–11.

Shieber, J. (2015). *Testimony: A Philosophical Introduction*. Routledge.

Skinner, Q. (1969). Meaning and Understanding in the History of Ideas. *History and Theory*, *8*(1), 3–53.（スキナー，Q.　半澤 孝麿・加藤 節（編訳）（1999）．『思想史とはなにか――意味とコンテクスト』岩波書店）

Stoljar, D. (2017). *Philosophical Progress: In Defence of a Reasonable Optimism*. Oxford University.

van Ackeren, M. (2018). Philosophy and the Historical Perspective: A New Debate on an Old Topic. In M. van Ackeren (Ed.), *Philosophy and the Historical Perspective* (pp. 1–17). Oxford University Press for The British Academy.

Watson, R. A. (2002). What is the History of Philosophy and Why is it Important? *Journal of the History of Philosophy*, *40*(4), 525–528.

Williamson, T. (2018). *Doing Philosophy: From Common Curiosity to Logical Reasoning*. Oxford University Press.
Zarka, Y. C. (2005). The Ideology of Context: Uses and Abuses of Context in the Historiography of Philosophy. In T. Sorell & G. A. J. Rogers (Eds.), *Analytic Philosophy and History of Philosophy* (pp. 147–159). Oxford University Press.
植村玄輝（2017）．「哲学史研究は哲学的かつ歴史的でありえるのか」『哲学』, (68), 28–44.

注

（1） 例えばCorkum (2024, 587–593) やNichols (2006, 38–43) などは哲学史研究が現代哲学に貢献する仕方について論じるこれまでの先行研究のいくつかを批判している。

（2） この区分については（植村, 2017, 28）を参考にした。

（3） 例えばBielskis et al.(2020, 3) は「アリストテレスの著作は共通の資料として用いられているものの、現代の［倫理学の：筆者補足］アリストテレス主義理論がアリストテレスのテクストの綿密な分析に基づいて構築されていることはほとんどない」と述べる。さらに、古代哲学研究者の中には「今日では、古代のテクストを直接体験することなくこのような新アリストテレス主義理論に関連する問題について哲学者が出版することはまったく可能である」(Rapp, 2018, 134) と言う者さえいる。こうした研究の方法は哲学史研究というよりも現代哲学そのものに該当するだろう。

（4） そのような批判としては例えば（Watson, 2002）や（Beiser, 2016, 511–512）などが挙げられる。

（5） この主張は、どの哲学者がこの基準を満たしていないか、つまりどの哲学者が歴史的であるかについて曖昧さを抱えている（Sauer, 2023, 4）。しかし誰が歴史上の哲学者で誰が現代の哲学者であるのかが曖昧であるという指摘によって両者の区別そのものが無くなるわけではない。またこうした曖昧さは哲学だけでなく他の学問にも一般的に見られるものであり、Sauerの議論に固有の問題だというわけではない。

（6） この議論からは歴史上の哲学者が現代哲学者に対して劣っているという結論がトリヴィアルな仕方で導かれるのではないか、という批判の応答に関しては（Sauer, 2022, 13）と（Sauer, 2023, 2）を参照せよ。

（7） 哲学的アプローチと歴史学的アプローチという分類とその呼称については（植村, 2017）を参考にした。

（8） こうした議論は、歴史学的な哲学史研究を行うときには必ず現代的な見方が入り込んでしまうのではないか、という一般的な問題とは別のものである。私たちは歴史の全てを把握しているわけではないため、現代の歴史学者による想像の構築物がそうした研究に含まれることは確かに避けられない。またそうした最低限のアナクロニズムは概念の分類や伝達のために必要でさえあるが（Kuukkanen, 2008, 367）、それによって概念やテクストの意味が当時どのようなものであったかが全く捉えられなくなるわけではない。とはいえ実際の哲学史研究においてどの程度のアナクロニズムが必要最低限のものなのかについては曖昧である。

（9） この結論は哲学的アプローチが歴史学的アプローチの一部であるということを意味するのではない。方法上アナクロニズムの回避が求められることと、過去についての知識の獲得を目的とすることは異なるからである。例えば、哲学的アプローチにおいてアナクロニズムの回避が求められるとしても、この条件は歴史学的に見て新しい事実を発見しなければならないということまでは要求しないかもしれない。一方歴史学的アプローチの目的からすれば、新しい歴史的事実の発見は歴史学的アプローチに課される目標の一つであるだろう。

日本哲学会規則

二〇一三年五月一一日　第六五回総会にて承認、改定
二〇二四年五月一八日　第七六回総会にて承認、改定

第一条　本会は日本の哲学研究者の全国組織であって日本哲学会と称する。

第二条　本会は哲学の研究を進め、その発展をはかることを目的とする。

第三条　本会はこの目的を達成するために下記の事業を行う。

1　年一回以上の哲学大会の開催

2　研究機関誌の定期的発行

3　日本学術会議との連絡

a　日本学術会議の諮問に応ずる

b　日本学術会議への提案を行う

c　日本学術会議の会員候補者および推薦人を推薦する

4　国内の関連諸学会との連絡

5　海外の関連諸学会との連絡

6　その他必要な事業

第四条　本会の会員は、会の趣旨に賛同し、哲学研究に関心をもつ者とし、入会にあたっては、会員一名の推薦を要する。賛助会員は本会の趣旨に賛同し、本会の運営を支援する団体もしくは個人で、本会機関誌等の配布を受け、総会・評議員選挙を除く本会の全行事に参与しうる。賛助会員を希望する者は、その旨を理事会に申し入れ、理事会の承認を受けるものとする。

第五条　本会は年一回定期に総会を開き、また必要があれば理事会の決議により臨時にこれを開くことができる。総会は本会の活動の根本の方針を決定し、理事会より一般報告、会計報告、編集委員会報告及びその他必要な報告を受ける。

第六条　（1）本会に四十八名の評議員を置く。この他に必要に応じて、最大四名まで推薦評議員を置くことができる。

（2）本会に次の役員を置く。

会長	一名	会計監査	二名
事務局長	一名	編集委員	若干名
編集委員長	一名	事務局幹事	若干名
理事	十六名		

他に、推薦理事を最大四名まで置くことができる。

（3）役員（推薦理事も含む）の任期は二年とし、再任を妨げないが、重任は一回に限る。ただし、この規定にかかわらず、会長職にあった者は、次期も前会長として理事に選出もしくは推薦できる。

第七条　評議員は会員の中から選挙される。必要に応じて、理事会は推薦評議員を任命することができる。評議員と推薦評議員は評議員会を構成する。会長は最低年一回評議員会を召集する。評議

員会は理事会からの報告を受けて会の活動について審議する。評議員および推薦評議員の任期は二年とし、重任を妨げない。

第八条　理事は評議員の中から互選される。会長は理事の中から互選によって決定される。評議員から選出された理事の合議により、必要に応じて評議員の中から推薦理事を任命することができる。理事と推薦理事は理事会を構成する。会長は本会を代表し、理事会を召集する。理事会は本会の運営に関し協議決定し、また会員の入会を承認する。

第九条　会計監査は評議員の中から互選され、少なくとも年一回会計を監査し総会に報告する。会計監査は他の役員を兼ねることはできない。

第十条　評議員の選挙及び役員の選出に関しては別に細則を設ける。

第十一条　理事会は理事の中から編集委員長を選出する。編集委員は理事会の決議によって委嘱され、本会研究機関誌の編集（研究論文の審査及び一般研究発表の選定を含む）に当たる。編集委員会の運営については、別に「編集委員会内規」を設ける。

第十二条　事務局長は理事会の決議によって委嘱され、本会の事務を統括する。事務局長は理事会の議を経て理事（定数外）に加わることができる。事務局幹事は理事会が委嘱し、事務局長を補佐する。事務局に事務局員（若干名）を置くことができる。

第十三条　本会の会員は会費として年額六千円を納入する。ただし、会費減額制度が適用される会員については、その限りではない。会費減額制度の詳細については、理事会で決定する。賛助会員については一口六千円として、年二口以上を納入することとする。

第十四条　本規則は総会の決議を経て変更することができる。

日本哲学会役員選出・評議員選挙細則

二〇一〇年七月一〇日制定　二〇一八年七月七日改訂
二〇二〇年九月二〇日改定　二〇二四年五月一八日改定

［選挙管理委員会］

第一条　日本哲学会の評議会選挙および理事・会計監査選挙は、理事会において選出される委員三名からなる選挙管理委員会が管理する。委員のうち少なくとも一名は理事とし、その者を委員長とする。

［役員任期］

第二条　日本哲学会の役員と評議員の任期は、選挙後の六月一日からその二年後の五月三一日までの二年間である。選挙管理委員の任期は、役員の任期と一致する。

第三条　選挙業務について、事務局は、理事会の承認の下、選挙業務を業者に委託することができる。委託を決定する前に、選挙管理委員会は、選挙に関する業務委託契約の内容を審査する。

［評議員選挙］

第四条　評議員は、会員の投票によって選ばれ、その定数は四十八名である。

二　評議員定数四十八名のうち十六名を、ジェンダーバランスを考慮した定数枠として設定する。

第五条　投票は、無記名、連記による。会員は選挙権並びに被選挙権を持つものとする。各会員は、被選挙人名簿から二十名まで投票することができる。

二　選挙は電子投票とする。投票のために会員はメールアドレスの登録を要する。

三　やむを得ない事情で電子投票がかなわない場合は、選挙管理委員会の判断に従う。

第六条　評議員当選者は得票数が上位の会員より順に決定する。ただし、決定に際し、ジェンダーバランスを考慮した定数枠の充当を優先する。

二　得票数同数のため当選者を決定しがたい場合は、抽選により当選者を決定する。

［理事・会計監査選出］

第七条　理事および会計監査は、評議員の投票によって、評議員の中から選ばれる。理事の定数は十六名であり、会計監査の定数は二名である。

二　理事定数十六名のうち五名を、ジェンダーバランスを考慮した定数枠として設定する。

三　選挙は電子投票とする。投票のために会員はメールアドレスの登録を要する。

四　やむを得ない事情で電子投票がかなわない場合は、選挙管理委員会の判断に従う。

第八条　投票は、無記名、連記による。各評議員は、理事もしくは会計監査に選出されることの可能な評議員全員の中から、選出しようとする理事を十六名まで、選出しようとする会計監査を二名まで投票することができる。

第九条　同一人が理事と会計監査との両方に当選した場合は理事として当選したものとみなす。

第十条　理事当選者は得票数が上位の会員より順に決定する。ただし、決定に際し、ジェンダーバランスを考慮した定数枠の充当を優先する。

二　得票数同数のため当選者を決定しがたい場合は、抽選により当選者を決定する。

第十一条　会計監査当選者は得票数が上位の会員より順に決定する。ただし、理事就任受諾者は除く。

二　得票数同数のため当選者を決定しがたい場合は、抽選により当選者を決定する。

［無効投票］

第十二条　選挙管理委員会の指定する投票期間外に、または、指定以外の方法で投票した場合は無効とする。

二　第五条および第八条に規定されている票数に満たない投票であっても有効とする。

［開票］

第十三条　開票には、選挙管理委員と事務局長、次期事務局長予定者が立ち会う。

二　開票に際して疑義が生じた場合は、選挙管理委員会の判断に従う。

［結果の公表］

第十四条　投票結果は、会員連絡によって公表し、選挙管理委員会が直近の総会で報告する。

第十五条　本細則の改定は、理事会の議を経て、総会の承認を要する。

日本哲学会会長選出細則

第一条　会長は、理事の投票によって、会長に選出されることの可能な理事の中から選ばれる。
第二条　投票は、無記名、単記による。各理事は、所定の手続きによって投票を行う。
第三条　会長選挙の管理は選挙管理委員会ではなく改選前の理事会（以下、「現理事会」と表記）が行う。現理事会は、新会長選出のために特別理事会を招集する。特別理事会では、現会長が司会を務める。
第四条　有効投票の過半数を得た者を会長として選出する。
第五条　有効投票の過半数を得た者がいない場合、得票数の上位二名（末位に得票同数の者があるときは、これを加える）を会長候補者として再度投票を行い、得票数の多い者を会長として選出する。同数の場合は、抽選により決定する。
二　再投票後に最上位の者の得票が同数の場合は、抽選により決定する。
第六条　投票結果は、会員連絡によって公表する。
第七条　本細則の改定は、理事会の議を経て、総会の承認を要する。

二〇一二年七月一四日制定　二〇一五年四月一日改定
二〇二四年五月一八日改定

日本哲学会役員一覧（二〇二三年六月―二〇二五年五月）

会　長　納富　信留
事務局長　河野　哲也（事務局校・立教大学）
編集委員長　中　真生
副編集委員長　陶久明日香　秋葉　剛史
村上祐子（欧文誌編集長）

理　事
阿部ふく子　池田　喬　石田　京子
一ノ瀬正樹　稲原　美苗　大河内泰樹
加藤　泰史　神島　裕子　小手川正二郎
陶久明日香　直江　清隆　中　真生
長坂　真澄　中畑　正志　納富　信留
古田　徹也　三木那由他　村上　祐子

会計監査
小島　優子　榊原　哲也

事務局幹事
佐古仁志　前田　有香　胡　婧

評議員
秋葉　剛史　阿部ふく子　有坂　陽子
井頭　昌彦　池田　喬　石田　京子
石田　正人　和泉　ちえ　伊勢田哲治
一ノ瀬正樹　稲原　美苗　上枝　美典
上原麻有子　植村　玄輝　大河内泰樹
大橋容一郎　奥田　太郎　柏端　達也
加藤　誠之　加藤　泰史　神島　裕子
城戸　淳久　久木田水生　氣多　雅子
河野　哲也　小島　優子　児玉　聡
小手川正二郎　近藤　智彦　榊原　哲也
陶久明日香　鈴木　泉　周藤　多紀
高井ゆと里　田坂さつき　出口　康夫
直江　清隆　中　真生　長坂　真澄
中畑　正志　納富　信留　野家　啓一
平井　靖史　古荘　真敬　古田　徹也
三木那由他　村上　祐子　森　一郎
山内　志朗　山口　雅広　山田有希子
吉原　雅子

編集委員
相澤　康隆　赤石　憲昭　秋保　亘
朝倉　友海　荒畑　靖宏　石田　京子
伊藤　貴雄　稲原　美苗　岩田　圭一
岩田　直也　薄井　尚樹　鵜殿　憩
景山　洋平　梶谷　真司　神島　裕子
川口　茂雄　氣多　雅子　小谷　英生
小林　徹　米虫　正巳　島村　修平
杉山　直樹　周藤　多紀　竹内　章郎
竹内　綱史　竹島あゆみ　津崎　良典

特任委員

轟　孝夫　　富山　豊　　中村　大介
根無　一信　　野村　恭史　　乗立　雄輝
東　慎一郎　　堀田義太郎　　松浦　和也
三木那由他　　三崎　和志　　宮崎　裕助
宮園　健吾　　宮原　克典　　村松　正隆
八重樫　徹　　山根雄一郎　　吉川　孝
吉田　聡　　吉永　和加　　嘉目　道人
佐古　仁志　　渡邉　文

（五十音順）

日本哲学会研究倫理規程

日本哲学会では、哲学研究・教育の健全な発展のために「日本哲学会研究倫理規程」を制定しています。

二〇一二年五月一二日改定　二〇一四年三月一五日改定　二〇二一年五月一五日改定

趣旨と目的

日本哲学会は、哲学研究の発展をはかり、哲学研究者どうしの開かれた交流を深めることを目的とする。日本哲学会会員は、このことを自覚し、学会運営および研究活動において、この目的を阻害するようなことがあってはならない。哲学研究もまた一つの知的営みである以上、知的営み一般に課される規範は、哲学研究の成果の発表においても守られる必要がある。知的不正行為を黙過することは、知的営みに課される規範への重大な侵害である。哲学研究・教育の健全な発展のために、日本哲学会は、「日本哲学会研究倫理規程」を策定するとともに、日本哲学会会員に対して、本学会を哲学研究のための開かれた場所として確保するように努めることを求め、かつ、知的不正行為の防止の必要性を強く訴えるものである。

規程

第一条　本学会の運営にあたって、会員は、公正を維持し、互いの人権を尊重し、性別・年齢・国籍・人種・宗教・性的指向などに関して差別的な扱いをしてはならない。とりわけ、本学会へ投稿される論文、および、本学会での発表の希望に関して、その審査にあたる会員は、公正を保った審査を行わなければならない。

第二条一　会員は、本学会を、会員相互の知的研鑽のための開かれた場所として確保することに努めなければならない。とりわけ、会員どうしの自由な討論を阻害したり、特定の会員への誹謗中傷を行うこと、ハラスメントを行うことは許されない。

二　前項でいうハラスメントの具体的な内容については「日本哲学会ハラスメント防止ガイドライン」（以下「防止ガイドライン」という）において別途定める。

第三条一　会員は、研究成果の発表に際して剽窃・盗用をはじめとする研究不正を行ってはならない。

二　前項でいう研究不正とは、文部科学省「研究活動における不正行為への対応等に関するガイドライン」（平成二六年八月二六日付）における「特定不正行為」を指す。

第四条　第一条、第二条あるいは第三条への侵害行為（以下「非違行為」という）の防止と対応のために日本哲学会研究倫理委員会（以下「研究倫理委員会」という）を設置する。研究倫理委員会は、理事一名以上を含む若干名で構成するものとし、そのメンバーは理事会で選任する。研究倫理委員会には学会外の専門家を加えることができる。研究倫理委員会の運営に必要なその他の事項については別途細則で定める。

第五条一　非違行為と思われる行為に関して、会員は、日本哲学会事務局研究倫理担当窓口（以下「研究倫理担当窓口」という）に訴えることができる。ただし、ハラスメントの申し立てについては「防止ガイドライン」で詳細を定める。

二　訴えがなされた場合、研究倫理担当窓口は、研究倫理委員会にすみやかに報告する。研究倫理委員に訴えの当事者がいる場合にはその案件についてのその委員の活動を一旦停止し、臨時の委員を理事会で選任するものとする。研究倫理委員会は速やかに調査委員会を発足させる。調査委員には学会外の専門家を加えることができる。

三　調査委員会は、調査の公正性を第一義とし、訴えられた会員への聴取をはじめとしてその他必要な調査を実施する。

四　調査委員会は、原則として設置から三ヶ月以内に研究倫理委員会に調査報告書を提出する。研究倫理委員会はそれを可能な限り速やかに検討した上で、日本哲学会理事会あてに、非違行為の有無を含めた調査の最終結果に関する報告書を提出するものとする。ただし調査委員会は、三ヶ月以内に事実関係の確認を終了することができない場合は、調査を継続することおよびその期間について倫理委員会から承認を得た上で、調査を継続することを認める。

五　研究倫理委員会の報告を受けて、日本哲学会理事会は、訴えのあった会員に関して処遇（調停を含む）を決める。非違行為が認定された場合の処分としては、（一）会長による注意、（二）各種委員の資格停止、（三）会員の全資格停止、（四）会員の一部資格停止（大会など学会活動の場への参加停止など）、（五）除名、のいずれかとする。

六　非違行為が認定され、処分を受けた会員は、日本哲学会理事会の決定に不服のある場合には、一ヶ月以内に異議申し立てを行うことができる。異議申し立てのあった場合には、速やかに再調査を行うものとする。

七　調査の結果、非違行為の事実が存在せず、訴えが会員からのものであり、かつその会員の悪意による訴えであることが判明した場合には、日本哲学会理事会は訴えを起こした会員に対して上記第五項に準じた処遇を行う。

八　非違行為が認定され、処分を受けた会員が所属する研究機関から要請があった場合には、日本哲学会理事会は異議申し立て期間の終了後に当該機関に対して報告書を交付することができる。

九　ハラスメントが認定された場合、そのことによって被害者の学会活動に支障が生じないよう、研究倫理委員会は必要に応じてサポートを行う。また、被害者がハラスメントによって学会活動を停止している状態である場合には、必要に応じて復帰に向けたサポートを行う。

十　理事会、研究倫理担当窓口、研究倫理委員会、調査委員会は非違行為の訴えに関連して職務上知り得たことがらについて守秘義務を負う。

付則

一　本規程は二〇〇七年三月三日日本哲学会委員会決定、二〇〇七年五月一九日日本哲学会第五九回総会にて承認された。

二　本規程は、日本哲学会理事会の決定によって変更することができる。

※　二〇一一年六月より日本哲学会委員会は理事会に変更。

※　二〇二一年五月一五日に開催された日本哲学会総会において、「日本哲学会ハラスメント防止ガイドライン」が制定されました。

あわせて、日本哲学会研究倫理窓口が日本哲学会ホームページ上に設置されています。

以下の二つのＵＲＬにてご確認ください。

日本哲学会ハラスメント防止ガイドライン

https://philosophy-japan.org/wpdata/wp-content/uploads/2021/08/3621900d6b84c032c2e8ce7067e37542.pdf

日本哲学会研究倫理窓口

https://philosophy-japan.org/rinrimadoguchi/

日本哲学会応募論文公募要領（日本語論文）

1　論文テーマと前提要件

哲学に関するもの。ただし（使用言語が何であるかにかかわらず）未公刊のもの、応募の時点で他の学会誌などに投稿中ではないものに限ります。

2　応募資格

当年度までの会費をすべて納入済みの日本哲学会会員であること。ただし、同一年度には一本の論文しか応募できません。前年度の応募論文が不採択となった人を除き二年連続の投稿は認められません。

※　共同執筆の場合、執筆者全員が会員である必要はありませんが、筆頭著者は会員に限ります。

※　未入会の場合はご応募と同時に入会申込書をご提出いただき、「入会手続き中」として審査を行います。

3　執筆要領

以下の形式で応募してください。

（1）二〇〇〇〇文字以内。（ワードの「校閲」→「文字カウント」→「文字数（スペースを含める）」を論文原稿末尾に記載してください）

（2）タイトル、注および文献表も、（1）に定めた容量に含む。

（3）注についてはワープロ・ソフトの文末脚注の機能を使用してください。

※　「注機能を使用しない」から「使用する」に変更になっておりますのでご注意ください。

（4）欧文要旨　三〇〇語程度の欧文要旨（英・独・仏語のいずれか）とその日本語訳を作成すること。要旨も評価の対象ですので、使用言語を母語とする人による校閲を必ず受けてください。

（5）審査の方法は匿名による審査です。匿名性の確保のため、以下の点に留意して執筆・投稿してください。

※　論文、欧文要旨とその日本語訳のすべてに、氏名と所属を記載しないでください。

※　自著を参照する場合も、著者名や三人称を用いて他の文献と同じ形式で参照し、また繰り返し参照するなど自著であることをほのめかすような記述を避けてください。

※　氏名、所属、自著についての情報は、掲載が決定した後に入れていただきます。

4　提出物

・原稿（右記（3）の執筆要領に従ったもの）一部

応募原稿には、氏名、ふりがな、所属機関名は記載しないこと。

・欧文要旨とその日本語訳のファイル　各一部

氏名・所属機関名は記載しないこと。

右記「原稿」「欧文要旨とその日本語訳」のファイル（PDF形式とWORD形式両方）を左記の5提出要領に従って提出してください。

※　ファイル名は「原稿_文字数」および「欧文要旨_ワード数」としてください（「文字数」および「ワード数」の箇所にはそれぞれ数字を入れてください）。ファイル名に応募者の名前が使われてい

て、査読者に応募者名が伝わってしまった場合受付が取り消されることがあります。

5 提出要領

ファイル、提出者情報のフォーム入力

提出者情報等について事務局が指定するフォームに入力し、ファイルを送信する。詳細は日本哲学会ウェブサイトに掲載している要項を確認すること。

6 応募期間

『哲学』次号掲載のための応募期間は六月一日から六月末日です。ただし、その期間内に提出された論文であっても、採用された論文の数が多い場合や、書き直し等により審査に日数を要する場合など、次々号以降に掲載が延期されることもあります。

7 審査

編集委員会の責任において、査読者に対して論文執筆者の氏名を示さない匿名審査制で審査・選考します。審査の過程で問題点を応募者に指摘し、書き直しの要求をする場合があります。書き直しの機会は二回までありえます。また、不採用になったものについても、その結果と理由を通知します。

※ 執筆要領の形式に従っていなかったり、締め切りを過ぎたりするなど、公募要領に従っていない原稿は審査の対象外となりますので、注意してください。

※ かつて「不採用」と判定された応募者が、新たに論文を投稿し、この新規投稿論文が旧論文とほぼ同内容と判断された場合は、「二重投稿」とみなされて「不採用」となります。

※ ほぼ同内容の論文を和文誌『哲学』と欧文誌 *Tetsugaku: International Journal* の両方に応募することも「二重投稿」とみなされて「不採用」となります。

※ ご提出いただいた個人情報は厳重に管理し、学会事務に必要な範囲以外で使用することはございません。

日本哲学会応募論文公募要領（欧文一般公募論文）

１　論文テーマ

哲学に関するもの。ただし（使用言語が何であるかにかかわらず）未公刊のもの、他の学会誌などに投稿していないものに限ります。

２　応募資格

当年度までの会費をすべて納入済みの日本哲学会会員であること。ただし、前年度の欧文誌 *Tetsugaku: International Journal* に公募論文が掲載された者を除きます。

※　共同執筆の場合、執筆者全員が会員である必要はありませんが、筆頭著者は会員に限ります。

３　執筆要領

（１）欧文の論文は欧文誌 *Tetsugaku: International Journal* に掲載されます。欧文誌の Guidelines for Contributors to *Tetsugaku:International Journal* に従って執筆してください。Guidelines for Contributors to *Tetsugaku: International Journal* は日本哲学会ウェブサイトに掲載されている内容を確認してください。

（２）審査の方法は匿名による審査です。匿名性の確保のため、以下の点に留意して執筆・投稿してください。

※　論文、欧文要旨のすべてに、氏名と所属を記載しないでください。

※　自著を参照する場合も、著者名や三人称を用いて他の文献と同じ形式で参照し、また繰り返し参照するなど自著であることをほのめかすような記述を避けてください。

※　氏名、所属、自著についての情報は、掲載が決定した後に入れていただきます。

４　提出物

・原稿　一部

応募原稿には、氏名、所属機関名は記載しないこと。（論文原稿末尾に語数を明記してください）

・欧文要旨　一部

氏名、所属機関名は記載しないこと。

※　論文の使用言語を母語としない投稿者は、原稿を校閲した使用言語のネイティヴ・スピーカーの氏名を明記してください。

右記「原稿」「欧文要旨」のファイル（ＰＤＦ形式とＷＯＲＤ形式両方）を左記の５提出要領に従って提出してください。

※　ファイル名は「原稿_ワード数」および「欧文要旨_ワード数」としてください（「ワード数」の箇所にはそれぞれ数字を入れてください）。

５　提出要領

ファイル、提出者情報のフォーム提出

提出者情報等について事務局が指定するフォームに入力し、ファイルを送信する。詳細は日本哲学会ホームページに掲載している要項を確認すること。

６　応募期間

Tetsugaku: International Journal 次号掲載のための応募期間は八月一日から八月末日です。ただし、その期間内に提出された論文であっても、採

用された論文の数が多い場合や、書き直し等により審査に日数を要する場合など、次々号以降に掲載が延期されることもあります。

7　審査

編集委員会の責任において、査読者に対して論文執筆者の氏名を示さない匿名審査制で審査・選考します。審査の過程で問題点を応募者に指摘し、書き直しの要求をする場合があります。書き直しの機会は二回までありえます。また、不採用になったものについても、その結果と理由を通知します。

※　かつて「不採用」と判定された応募者が、新たに論文を投稿し、この新規投稿論文が旧論文とほぼ同内容と判断された場合は、「二重投稿」とみなされて「不採用」となります。

※　ほぼ同内容の論文を和文誌『哲学』と欧文誌 *Tetsugaku: International Journal* の両方に応募することも「二重投稿」とみなされて「不採用」となります。

※　締め切りを過ぎるなど、公募要領に従っていない原稿は審査の対象外となりますのでご注意ください。

※　ご提出いただいた個人情報は厳重に管理し、学会事務に必要な範囲以外で使用することはございません。

日本哲学会ｗｅｂ論集『哲学の門：大学院生研究論集』応募論文公募要領

日本哲学会では、大学院生を応募対象としたｗｅｂ論集『哲学の門：大学院生研究論集』を発行しています。

論文を投稿しようとする会員は、下記の要領で応募してください。

未入会の方は、「仮入会」として受け付けます。入会申込書もご提出ください。

1　論文テーマ

哲学に関するもの。ただし、（使用言語が何であれ）未公刊のもの、他の学会誌などに投稿していないものに限ります。

2　応募資格

以下の二つの要件の両方を満たす者

（1）当年度までの会費をすべて納入済みの日本哲学会会員であること。

（2）大学院修士課程（博士課程前期）在籍者。または大学院博士課程（博士課程後期）在籍者で在籍中の博士課程（博士課程後期）入学後2年以内の者。

※　共同執筆の場合も、執筆者全員が上の二つの要件を両方満たす必要があります。

※　同一年度の応募は一本に限ります（共同執筆の場合も同様です）。

3　執筆要領

以下の形式で応募してください。

（1）Ａ4版で作成してください。

（2）字数は、日本語の場合は（注も含めて）、一万字以上、一万二千字以内。英独仏語による場合は（注も含めて）、三千語以上、三千八百語以内。（日本語の場合はワードの「校閲」→「文字カウント」→「文字数（スペースを含める）」を、また欧文の場合は「単語数」を論文原稿末尾に記載してください）

（3）注についてはワープロ・ソフトの文末脚注の機能を使用してください。

※　「注機能を使用しない」から「使用する」に変更になっておりますのでご注意ください。

（4）タイトルと文献表を付してください。タイトルと文献表は字数に入りません。

（5）審査の方法は匿名による審査です。匿名性の確保のため、以下の点に留意して執筆・投稿してください。

※　論文には、氏名と所属を記載しないでください。

※　自著を参照する場合も、著者名や三人称を用いて他の文献と同じ形式で参照し、また繰り返し参照するなど自著であることをほのめかすような記述を避けてください。

※　氏名、所属、自著についての情報は、掲載が決定した後に入れていただきます。

4　提出要領

（1）ファイル、提出者情報のフォーム提出

提出者情報等について事務局が指定するフォームに入力し、ファイルを送信する。詳細は日本哲学会ウェブサイトに掲載している要項を確認すること。

※　ファイル名は「原稿_文字数」（「文字数」の箇所には数字を入れてください）としてください。ファイル名に応募者の名前が使われていて、査読者に応募者名が伝わってしまった場合受付が取り消されることがあります。

5　応募期間

『哲学の門：大学院生研究論集』次号掲載のための応募期間は八月一日から八月末日です。ただし、その期間内に提出された論文であっても、書き直し等により審査に日数を要する場合など、次々号以降に掲載が延期されることもあります。

6　審査

編集委員会の責任において、査読者に対して論文執筆者の氏名を示さない匿名審査制で審査・選考します。審査の過程で問題点を応募者に指摘し、書き直しの要求をする場合があります。書き直しの機会は一回です。

また、不採用になったものについても、その結果と理由を通知します。

※　執筆要領の形式に従っていなかったり、締め切りを過ぎたりするなど、公募要領に従っていない原稿は審査の対象外となりますので、注意してください。

※　かつて「不採用」と判定された応募者が、新たに論文を投稿し、この新規投稿論文が旧論文とほぼ同内容と判断された場合は、「二重投稿」とみなされて「不採用」となります。

※　審査において採用とされ、掲載された論文について、それを発展・展開したものを日本哲学会和文誌『哲学』または欧文誌 *Tetsugaku: International Journal* に応募することができます。

※　書き直し再投稿、字句修正指示を受けた修正稿を提出する場合は、論文原稿を添付ファイルとしてEメールで日本哲学会事務局まで送付してください。

※　ご提出いただいた個人情報は厳重に管理し、学会事務に必要な範囲以外で使用することはございません。

7　『哲学の門』優秀論文賞

採用となった論文のうち、とくに優秀であると評価された論文に「『哲学の門』優秀論文賞」を授与いたします。

日本哲学会若手研究者奨励賞

日本哲学会では、わが国における哲学研究のいっそうの進展のために、若手研究者奨励賞を設けています。本賞は、本会の機関誌『哲学』および欧文誌 *Tetsugaku: International Journal* に掲載された投稿論文のうち、投稿時年齢三十五歳以下の若手を対象に、特別に優れた論文の著者に授与するものであり、選考は年度ごとに行います。

二〇二三年度（二〇二四年四月発行『哲学』七五号・二〇二四年八月発行 *Tetsugaku*, vol. 8）の日本哲学会若手研究者奨励賞は左記の方が受賞されました。

竹内彩也花氏「『善の研究』の「基礎づけ」再考——「純粋経験」における超越論的な統一の分析を介して」

日本哲学会著作権規定

二〇〇八年七月五日制定

（この規定の目的）

第一条　この規定は、本学会発行の出版物に掲載された論文等（論文、解説記事等）に関する著作者の著作権の取り扱いに関して取り決めるものである。

（著作権の帰属）

第二条　本学会発行の出版物に掲載された論文等に関する著作権［注１］は原則として、著作者から本学会への譲渡［注２］により、本学会に帰属する。特別な事情により本学会に帰属することが困難な場合には、申し出により著作者と本学会の協議の上、措置する。

（不行使特約）

第三条　著作者は、以下各号に該当する場合、本学会と本学会が許諾する者に対して、著作者人格権を行使しないものとする。

（１）電子的配布における技術的問題に伴う改変

（２）アブストラクトのみ抽出して利用

（第三者への利用許諾）

第四条　第三者から著作権の利用許諾要請があった場合、本学会は本学会理事会において審議し、適当と認めたものについて要請に応ずることができる。

二　前項の措置によって第三者から本学会に対価の支払いがあった場合には、本学会会計に繰り入れ学会活動のために活用する。

（著作者の権利）

第五条　本学会が著作権を有する論文等の著作物を著作者自身が利用することに対して、本学会はこれに異議申し立て、もしくは妨げることをしない。

二　著作者が著作物を利用しようとする場合、著作者は本学会に事前に申し出を行った上、利用された複製物あるいは著作物中に本学会の出版物にかかる出典を明記することとする。ただし、元の論文等を二五％以上変更した場合には、この限りではない。また、三項にかかわる利用に関しては事前に申し出ることなく利用できる。

三　著作者は、掲載された論文等について、いつでも著作者個人のＷｅｂサイト（著作者所属組織のサイトを含む。以下同じ。）において自ら創作した著作物を掲載することができる。ただし、掲載に際して本学会の出版物にかかる出典を明記しなければならない。

（著作権侵害および紛争処理）

第六条　本学会が著作権を有する論文等に対して第三者による著作権侵害（あるいは侵害の疑い）があった場合、本学会と著作者が対応について協議し、解決を図るものとする。

二　本学会発行の出版物に掲載された論文等が第三者の著作権その他の権利及び利益の侵害問題を生じさせた場合、当該論文等の著作者が一切の責任を負う。

（発効期日）

第七条　この規定は平成二〇年七月五日に遡って有効とする。なお、平成二〇年七月五日より前に掲載された論文等の著作権についても、著作者から別段の申し出があり、本学会が当該申し出について正当な事由があると認めた場合を除き、この規定に従い取り扱うものとする。

［注1］　以下の権利を含む：複製権（第二一条）、上演権及び演奏権（第二二条）、上映権（第二二条の二）、公衆送信権等（第二三条）、口述権（第二四条）、展示権（第二五条）、頒布権（第二六条）、譲渡権（第二六条の二）、貸与権（第二六条の三）、翻訳権、翻案権等（第二七条）、二次的著作物の利用に関する原著作者の権利（第二八条）。

［注2］　著作者から本学会へ著作権に関する承諾書が提出されることにより、著作権の譲渡が行われる。

日本哲学会林基金

二〇一一年五月一四日制定　二〇二三年一二月九日改定

〈設立の経緯〉

故林繁夫氏から遺言により日本哲学会に二〇〇〇万円が寄贈され、故人の遺志を尊重し、日本哲学会林基金が設立された。使途については、二〇一〇年度委員会において検討がなされ、二〇一一年五月に開催された第六三回総会において、以下の使途・運営方針が了承された。また二〇一六年六月に開催された第六七回総会において、使途の追加について了承された。

林繁夫氏（一九三二―二〇〇九）は、生前、公認会計士・税理士をされていた方であり、氏の相続財産管理人に選任された弁護士からの連絡で遺贈の事実がわかったものである。

〈運営方針〉

一　使途全体について

（1）「林基金若手研究者研究助成」を創設し、原則として現行の若手研究者奨励賞候補者全員に対して研究助成を行う。ただし、上記候補者の中で助成水準に達していない、ないし研究計画に不備があると判断された者に関しては、助成対象に含めない。またすでに助成を受けたことがある者は助成対象としない。研究費は一人一〇万円とする。助成期間は一年間。成果として遅くとも期間終了後半年以内（したがって、助成開始翌年の九月三〇日まで）に研究成果報告書を提出しなければならない。

＊　現行の若手研究者奨励賞はそのまま維持される。

（2）「林基金出版助成」を創設する。助成対象者は年に一名までとする。助成金は一〇〇万円とする。

（3）本学会の発行する欧文誌に要する経費について本基金より支出できるものとする。

（4）「『哲学の門』優秀論文賞」を創設し、原則として「哲学の門」に論文が掲載された著者のうちとくに優れたものを受賞者とする。

二　林基金運営委員会について

林基金を運営するために、「林基金運営委員会」を設置し、「林基金運営規定」を策定する。

日本哲学会林基金運営規定

第一条　本基金は、日本哲学会林基金と称する。

第二条　本基金は、故林繁夫氏からの寄付にもとづき、本学会ならびに会員の研究活動を支援・奨励することを目的とする。

その目的を達成するため、以下の事業を行う。

一　若手会員の研究助成

二　本学会ならびに若手・中堅会員の出版助成

第三条　本基金に林基金運営委員会（以下「運営委員会」という。）を置く。運営委員会は、本基金の運営に関する重要事項を審議し、日本哲学会理事会（以下「理事会」という。）にその議を報告する。

運営委員会委員七名および委員長一名は、理事会の議を経て、日本哲学会会長がこれを任命し、任期は二年とする。ただし、再任は妨げない。

運営委員は、必要により任期途中に補充を行うことができる。その任期は、残存期間とする。

第四条　運営委員会の下には、第二条一と二の事業を実施するために、以下の作業部会を置く。各作業部会の部会委員および部会長は、運営委員会において決定し、任期は二年とする。ただし、再任を妨げない。

一　若手研究者研究助成作業部会（編集委員会がこれを兼務する。したがって、部会長は編集委員会委員長がこれを兼務し、部会委員は編集委員がこれを兼務することになる）

二　出版助成作業部会

各作業部会に関する細則は、運営委員会においてこれを別に定める。

第五条　林基金に関する監査は、日本哲学会の会計監査がこれを兼務する。

第六条　運営委員および委員長はすべて無給とする。

第七条　この規定の改正は、運営委員会の発議にもとづき理事会の議を経て、これを行う。

以上

第一三回（二〇二四年度）林基金若手研究者研究助成対象者

岡部幹伸氏

佐々木尽氏

Philosophy

(Tetsugaku)

Annual Review of The Philosophical Association of Japan No.76 / April 2025

Edited & Published by the Philosophical Association of Japan
Rikkyo University
Department of Education
College of Arts
3-34-1, Nishi-Ikebukuro, Toshima-ku, Tokyo 175-8501

哲学　第 76 号　ISBN978-4-86285-971-6

2025 年 4 月 1 日　発行

編集兼発行者　納　富　信　留

発行所　日　本　哲　学　会

日本哲学会事務局
〒171-8501　東京都豊島区西池袋 3-34-1
立教大学文学部　河野哲也研究室

発売所　株式会社　知　泉　書　館

〒113-0033　東京都文京区本郷 1-13-2
Tel: 03-3814-6161　Fax: 03-3814-6166

Summaries

The 'Sceptical Method' of Kant's *Critique of Pure Reason*

Atsushi KIDO

Kant's *Critique of Pure Reason*, which he called 'a treatise on the method', includes the 'sceptical method' (A 424/B 451) in its focus on the Antinomy of Pure Reason. (1) The first part of this study traced the formation of the sceptical method before the *Critique* and explained the specific definition of the sceptical method within the *Critique*. This method differs from 'scepticism' in that it is the investigatory method that aims to achieve scientific certainty through the antithetic conflict of reason. (2) The study then identified the difference between this sceptical method and 'the polemical employment of pure reason' in the Discipline chapter of the Transcendental Doctrine of Method, emphasising the significance of the sceptical method as a 'method' for scientific certainty. (3) From this perspective, the Transcendental Dialectic, including the Paralogisms and the Ideal, as well as the Antinomy, could be understood as an internal process of developing of natural reason. The goal of the process would be to discover one's own point of misunderstanding through conflict with oneself; this understanding would illuminate the architectonic structure of the *Critique* as a whole. (4) Finally, the study argued that the sceptical method is founded on the political idea of 'universal human reason', which expresses the reason's trust in discussions and agreements among different citizens.

Kants Metaphysik der Sitten

Wege-auch Werke

Yusuke MIYAMURA

In dieser Abhandlung wird Kants Metaphysik der Sitten sowohl als Weg, als Prozess ihrer Konzeption in fast drei Jahrzehnten, als auch als 1797 tatsächlich erschienenes Werk untersucht. Im Hinblick auf die Metaphysik der Sitten als Weg wird besonderes Augenmerk auf ihr Verhältnis zur Kritik der reinen Vernunft und auf die Probleme gelegt, die nach der Kritik der Urteilskraft bestehen bleiben. Die Konzeption der Metaphysik der Sitten wuchs mit der Konzeption der Kritik der reinen Vernunft, und nach der Veröffentlichung der Kritik der Urteilskraft blieb die Frage nach der Ableitung der Eigentumsrechte bestehen. Was die Metaphysik der Sitten als Werk betrifft, so werden nach der Bestätigung von Kants Haltung, ihre Diskussion auf das Verhältnis zwischen Mensch und Mensch zu beschränken, ihre Grenzen und ihre Bedeutung aus der Perspektive der heutigen Tierethik bestimmt. Kant vertritt die Position, dass er Pflicht in Ansehung Tieren akzeptiert, aber nicht gegen Tieren, aber dennoch gegen sinnlose Tierversuche ist. Hier scheint es möglich zu sein, eine andere ethische Rücksichtnahme auf Tiere zu finden als das Tierrechtsargument.

Enlarging the Limits from Within

The Horizon Opened by the *Critique of the Power of Judgment*

Tanehisa OTABE

As can be seen especially in the *Critique of Pure Reason* and the *Critique of Practical Reason*, Kant's critical philosophy aims to determine the limits of reason. In contrast, this paper explores the *Critique of the Power of Judgment* as a theory that expands these limits from within. Unlike the first *Critique*, which sets limits between the inside and the outside of reason, or the second *Critique*, which transcends these limits toward the realm of freedom, the third *Critique* seeks to enlarge [*erweitern*] the limits by approaching them from within. I focus on three dimensions: in the theory of the sublime, the imagination is expanded by the encounter with something absolutely great; in the theory of aesthetic ideas, the concepts of understanding are aesthetically enlarged by the imagination; and in the theory of art, the limits of art are expanded from within.

Artificial Intelligence Technology and the Role of Social Understanding

Ethical Challenges and Educational Approaches

Noyuri MIMA

This paper emphasizes the importance of "social understanding" in the rapidly evolving field of artificial intelligence (AI) technology and explores the challenges and approaches needed to ethically and educationally promote it. First, the basic principles of generative AI technology and its social impacts are reviewed, and the influences of "utilitarian," "behaviorist," and "Taylorist" approaches on the design and operation of AI technology are analyzed. While recognizing the advantages of these approaches in terms of efficiency and rationality, the paper highlights challenges such as the neglect of diversity and ethical dilemmas. Next, the paper examines the role of educational approaches in fostering social understanding of AI technology by clarifying the significance of project-based learning (PBL) that integrates perspectives on ethical, legal, and social issues (ELSI), as well as discussion-based learning. These approaches provide methods for cultivating critical thinking and fair decision-making skills, equipping the next generation with the ability to assess the potential and risks of AI technology from multiple perspectives. Furthermore, the concept of "Humane Learning Design"—which emphasizes dialogue, collaboration, and social responsibility—is proposed, demonstrating its potential contribution to the formation of a sustainable and just society. However, deepening social understanding through education alone is not a sufficient condition for ensuring that AI technology genuinely contributes to a sustainable and just society. To address this issue, the paper discusses the importance of incorporating philosophical frameworks such as care ethics and virtue ethics into AI design and operation. These ethical perspectives provide a foundation for fostering social empathy and sustainable values in AI technology. In doing so, the paper proposes positioning AI technology as a tool for societal co-creation based on the principles of "Humane AI Design," which emphasizes humanity. By integrating philosophical frameworks with educational approaches, this paper aims to provide guidelines for enabling AI technology to contribute to social well-being and a sustainable future.

Whose “Creative Expression of Thoughts or Feelings” Is the Work?

Where Does Creativity Lie?

Takushi OTANI

This paper examines how artistic works come into existence and where creativity resides within these works, using the definition of “works” protected under copyright law as a starting point. Since the 1990s, debates have been ongoing about whether patterns produced by intellectual machines, such as texts, images, sounds, or videos, fall under the category of “works” protected by copyright law, and if so, who would be considered the author. Around 2022, intellectual machines capable of outputting images and texts in response to human queries or commands in natural language, which are called as “prompts”, emerged. These machines, often referred to as artificial intelligence, do not require programming from the user to generate patterns, in contrast to the situation in the 1990s.

This paper discusses the legal perspectives on creativity of works and argues that the “choices” involved in the creation and publication of a work by a human creator provide the originality. It asserts that the individual making these choices is the author of the work. Furthermore, it argues that aesthetic appreciation is necessary for making such choices, and that the creator, as the primary audience of their work, possesses the human creativity inherent in the ability to engage in this aesthetic judgment, which precedes even the appreciation of the work by its audience.

“Two Cultures” in the 21st Century

Minao KUKITA

C. P. Snow warned in 1959 of a serious divide between traditional humanities and emerging natural sciences, a divide that has since deepened further. Today, advances in artificial intelligence (AI) may bring about a new “scientific revolution” and create even greater division. Since the 2010s, AI has achieved performance surpassing humans in many tasks and has become an indispensable tool in numerous scientific fields. Modern AI relies on neural networks, which often result in “black box” systems whose decision-making criteria are incomprehensible to humans. While such systems enhance our ability to predict and control phenomena, they risk diminishing the value of science that extends beyond mere practicality. These changes provide an opportunity to reevaluate the role and value of science. By examining the impact of AI on scientific research, we can gain a deeper understanding of the future of science and the role it should play within human civilization.

The Significance of Hegel's Theory of Conscience and its Context of the History of Thought

Focusing on the Relationship between Conscience and Case

Tatsuo IKEMATSU

This paper aims to reinterpret Hegel's theory of conscience and to clarify its significance in terms of the history of thought. Understanding Hegel's theory of conscience is one of the most important issues in contemporary Hegelian studies, in the context of reconstruction of his practical philosophy as an alternative to Kantian ethics. However, the historical background of the theory remains unclear in previous studies. In contrast, to clarify the significance of the theory in a broader context, this paper focuses on the history of conscience, which underlies Hegel's idea of the relationship between conscience and cases.

According to Hegel, since there are various conflicts of duty in actual cases of our ethical practice, we must always consider how to apply a particular duty to such cases. For Hegel, conscience is nothing more than an activity to mediate a duty with a case based on one's own certainty. This Hegel's idea of the relationship between conscience and cases, which is underestimated in Kant, presumably relates to a tradition of casuistry (arguments of *casus conscitiae*) since Thomas. An arbitrary use of conscience, however, can fall into a kind of demoralization, as in early modern casuistry.

From this perspective, the importance of Hegel's theory lies in the fact that it responds to the problem of the ambiguity of conscience from the perspective of the theory of recognition. This analysis not only provides a basis for interpreting the position of conscience within Hegel, but also clarifies the points of contact between Hegel's theory of conscience and modern ethics, which also have a casuistic aspect. Finally, while clarifying these points, this paper also points out the fact that the consequences of Hegel's theory suggest the conditions for reconstruction of ethics, which is still relevant for post-Kantian ethics.

Die „Wahrheit der Existenz“ und der „liebende Kampf“

Eine jasperssche Antwort auf das Problem des Unterschiedes der Werte

Satoshi ISHIGAMI

Was den Begriff des „liebenden Kampfes“ bei Karl Jaspers (1883-1969) angeht, sind bisher hauptsächlich nur seine Charakteristika beschrieben, seine Bedeutung aber ist kaum diskutiert. Die vorliegende Arbeit versucht, dies in der Perspektive der „Wahrheit der Existenz“ zu erörtern. Zuerst wird unter Verweis auf die „Wahrheit des Bewusstseins überhaupt“ ein Abriss dieser Wahrheit gegeben. Damit wird deutlich gemacht, dass die Wahrheit der Existenz die mit ‚mir‘ identische, für ‚mich‘ gültige und zeitliche Wahrheit ist. Daran anschließend wird auf ihre Grundprobleme hingewiesen. Diese sind die folgenden: 1. Die Wahrheit der Existenz ist einer der Konfliktfaktoren zwischen Menschen. 2. Sie ist ihrem Wesen nach exklusiv. 3. Sie ist wesentlich subjektiv. Jedes der Grundprobleme kommt aus den oben dargestellten Charakteren dieser Art von Wahrheit. Hier zeigt sich zudem die Grenze der alleinigen Bewältigung der Probleme.

Die vorliegende Arbeit diskutiert schließlich das Verständnis des „liebenden Kampfes“. Dabei wird auf drei Merkmale des „liebenden Kampfes“ aufmerksam gemacht: 1. Der „liebende Kampf“ stellt eine der Möglichkeiten der Kommunikation dar; er zielt darauf ab, die Eigenschaft des „*Offenbarwerden*[*s*]“ der Kommunikation zu maximieren und damit uns zur Erneuerung des Selbst zu bringen. 2. Im „liebenden Kampf“ ist die Methode des Dialogs von Jaspers dargestellt; sie ist durchdrungen vom Willen, die Existenz anderer zu respektieren, und regelt demzufolge z. B. deren Gleichstellung und die Bildung der „*Solidarität*“. 3. Der liebende Kampf zeigt uns eine eigenartige Zielrichtung angesichts des Konfliktes der Wahrheit der Existenz; so schreibt Jaspers, der „liebende Kampf“ sei der „Weg der wahrhaften Verknüpfung der Existenzen“. In Bezug darauf kann davon ausgegangen werden, dass einem durch das Erreichen der Grenzen des Verstehens die grundlegende Verbindung mit dem Gegenüber bewusst und dessen Einzigartigkeit anerkannt wird. Die vorliegende Arbeit zeigt, dass jedes Merkmal des „liebenden Kampfes“ eine Bedeutung für die Probleme der Wahrheit der Existenz hat.

La structure post-transcendantale

Lecture de « Fors » de Jacques Derrida

Takeru ISHIHARA

Dans cet article, nous tenterons d'extraire un schéma que l'on pourrait appeler la **« structure post-transcendantale »** à partir de l'argumentation de Jacques Derrida en se concentrant sur la lecture de « Fors » (1976), et en suivant comme fil conducteur la critique de Lacan dans « Le facteur de la vérité » publié dans *La carte postale* (1980). « Fors » est la préface de Derrida à *Le Verbier de l'Homme aux loups*, un livre écrit par Nicolas Abraham et Maria Torok (désignés par AT) et qui vise à critiquer l'interprétation freudienne du cas connu comme « l'Homme aux loups ». Lacan considérait que le processus infantile menant à la résolution du complexe d'Œdipe devenait une condition transcendantale fixe (une sorte d'origine) déterminant les symptômes du sujet tout au long de sa vie. Et AT, bien que prenant leurs distances avec la théorie de Lacan, héritaient finalement de cette idée d'une origine fixe. Contrairement à eux, Derrida semble en faire une double critique. Premièrement, il insiste sur le fait que cette origine transcendantale serait toujours pluralisée dans sa possibilité par la **« dissémination »**, rendant impossible toute remontée déterminée à l'origine, et donc toute fixation certaine d'elle-même. Cependant, cette critique pourrait être contrée en réduisant à la finitude de l'analyste l'impossibilité d'une remontée déterminée. Ainsi, une seconde critique plus fondamentale est soulevée. L'origine transcendantale est constituée **après-coup** par le vécu empirique qu'elle a elle-même fondé ; c'est-à-dire qu'elle est constamment reconstruite à travers l'accumulation des expériences du sujet, rendant ainsi toute fixation de l'origine impossible en principe. En raison de cette structure post-transcendantale, le sujet peut renouveler (les possibilités de) sa condition transcendantale à travers ses expériences de rencontres avec les autres. Cette perspective de **la variabilité du transcendantal** peut être la clé pour comprendre la « différance » et la critique de la psychanalyse par Derrida.

Two Teleologies

Husserl on the Best of all the Possible Worlds

Genki UEMURA

The present paper aims to reconstruct Edmund Husserl's little-known discussions of the best of all possible worlds. He conceived the idea of discussing such a world around 1910 as the last part of his unfinished philosophical project. According to what we can reconstruct from his writings, his ultimate philosophical discipline consists of two teleological sub-disciplines. One is *a priori* teleology, which constructs the idea of the best possible world from the ontological laws governing nature, society (*Geist*), and value. Here, the idea of the best possible world is considered as one possibility among others, which supposedly serves as a regulating norm or ideal for us. In contrast to this *a priori* sub-discipline, the other, *a posteriori* teleology, questions whether this world is the best possible world. After introducing these ideas, this paper proceeds as follows. Section 1 situates Husserl's two teleologies within his transcendental phenomenology. Section 2 discusses Husserl's view that the actual world, as far as its aspects as nature are concerned, is theoretically the best or close to it. Section 3 explains that *a priori* teleology, focusing more on the social and practical aspects of the best possible world, is based on Husserl's ontology of values and his concept of a perfect subject, and furthermore shows how the concept of the best possible world comes about due to the harmony of value. Section 4 argues that Husserl's *a posteriori* teleology should be seen as a plan he envisions but never realizes, since the justification for a crucial presupposition is missing in his texts from this period. Finally, it is noted that Husserl's discussions of these two teleologies, reconstructed from his unpublished texts, leave traces in his published works of the same period, namely "Philosophy as Rigorous Science" (1911).

The Inextricability of Empiricism and Idealism

Elucidating “Empiricism” in the Reason Chapter of Hegel’s *Phenomenology of Spirit*

Yukichi OHARA

This article clarifies the meaning of “empiricism” in “Chapter V: The Certainty and the Truth of Reason” of Hegel’s *Phenomenology of Spirit*. It also elucidates its relation to “idealism,” which is discussed in the same chapter. In this chapter, Hegel states that “reason” as “idealism” is also simultaneously “absolute empiricism”. Therefore, by addressing these statements, it becomes possible to clarify the position of “empiricism” in Hegel’s philosophy, which develops into an idealistic system through which this article aims to further elucidate the dynamic process presented by Hegel’s philosophy.

This “empiricism” has rarely received scholarly attention, even though many scholars have discussed the relationship between “reason” and “idealism” in this chapter (§1). This tendency is due in part to the paucity of references to “empiricism” that Hegel makes in the *Phenomenology of Spirit*. Accordingly, this article will present the following argument: first, it presents the hypothesis that “empiricism” at the beginning of the "Reason” chapter is developed through the various positions of “observing reason” outlined in it. This shows that “empiricism” and “observing reason” share the fundamental characteristic of receiving a “sensory being” that is distinct from consciousness (§2). Based on this hypothesis, this article clarifies the characteristics attributed to “empiricism” by Hegel by referring to his discussions about “observing reason.” It shows that “empiricism,” by passively receiving the sensory being sublated to universality, attempts to grasp the identity of self and being, and further tries to systematically carry out this endeavor while claiming to be “science” (§3). Second, based on the previous considerations, this article reconstructs the relationship between “empiricism” and “idealism” as presented in the reason chapter. A careful reading shows that these two are reciprocal and complementary forces in Hegel’s “history of consciousness” (§4). Finally, based on these findings, this article briefly examines the philosophical significance of this reciprocal nature of “empiricism” and “idealism,” as presented by Hegel, and compares it with Kant’s theory of antinomies.

The Development of the Theory of Truth in Husserl's Phenomenology

A Study of the Noetic Conditions for the Possibility of Theory in General

Yushi KAJIO

This paper aims to clarify the significance of the "noetic conditions for the possibility of theory in general" proposed by E. Husserl in his confrontation with relativism. According to Husserl, relativists undermine the validity of their position by asserting that no one can truly recognize universal truths. His argument is premised on the noetic condition that the cognizing subject must be convinced that it is involved in a universal truth in its own assertion.

But the question arises as to how a cognizing subject can be convinced that this noetic condition itself is a universal truth. This paper examines this question from a phenomenological perspective. Phenomenology elucidates the origins of beliefs or judgments about various phenomena by reflectively describing the acts of consciousness. Through a phenomenological approach, we can explore how the noetic conditions mentioned above are created within subjective experience. From a phenomenological standpoint, this discussion is significant in that it provides direction for addressing the controversy between relativism—which holds that evidence does not guarantee that something is universally true—and dogmatism—which holds that sufficient evidence guarantees the existence of truth.

Husserl changed his approach to the study of truth through his confrontation with both relativism and dogmatism. This paper identifies two turns in his phenomenology: namely, the transcendental and the ethical turns. Through these turns, Husserl clarified the essential significance of the noetic condition for theory for gaining insight into the nature of truth.

What Mary Believed

An illusionist explanatory strategy against the knowledge argument

Taiga SHINOZAKI

The knowledge argument is a classic anti-physicalist argument, utilizing the thought experiment of imagining a woman named Mary in a black-and-white room. Mary, confined to this room, has never seen color, but is educated in the physical science of color with black-and-white books and screens. If physicalism, which holds that reality consists only of what can be described by physical sciences, is true, then upon her release she would know everything and thus learn nothing new. However, our intuition suggests otherwise, as she seems to gain new knowledge after her release – specifically the "knowledge of what it is like" to see colors, which is only obtained through the conscious experience of seeing colors. If this intuition, known as the *knowledge intuition*, is correct, it follows that physicalism is false. This argument and intuition challenge physicalism, prompting various explanatory strategies from physicalists. However, illusionism, a relatively new physicalist position, has not yet proposed any strategies. According to illusionism, phenomenal properties do not really exist but only seem to exist. To justify this claim, illusionists must explain why we possess intuitions that posit the existence of phenomenal properties. The knowledge intuition is one such intuition. Therefore, this paper aims to propose an illusionist explanatory strategy, which can be called the *false belief strategy*. This strategy posits that what philosophers characterize as "knowledge of what it is like" is not knowledge, but a false belief that phenomenal properties exist. Hence, what Mary acquires post-release is also merely a false belief, not "knowledge of what it is like". This approach offers physicalists a novel means to refute the knowledge argument. I argue that this strategy enables us to explain why we have the knowledge intuition and also defends physicalism more coherently than other physicalist explanatory strategies. This, in turn, gives other physicalists reason to consider supporting the illusionist position.

The Meaning of Intellectual Experience for Thomas Aquinas

Kohei SHIBAMOTO

This paper aims to elucidate Aquinas's use of the term "experience" (*experimentum* or *experientia*) to describe human intellectual reflective cognitions. Mark J. Barker ("Experience and Experimentation: The Meaning of Experimentum in Aquinas," *The Thomist* 76, 2012) has shown that Aquinas uses this term metaphorically. However, in what sense his use is metaphorical remains to be determined.

In the first section of this paper, we examine the concept of sensory experience as discussed in Aquinas's three Aristotelian commentaries: *In duodecim libros Metaphysicorum Aristotelis expositio* (lib. 1, lect. 1), *Expositio libri Posteriorum analyticorum* (lib. 2, lect. 20), and *Sententia libri De anima* (lib. 2, lect. 13). Here, Aquinas describes experience by using the term "collation" (*collatio*), which Aristotle did not use. Here, collation involves recognizing commonalities between singularities, which occurs prior to the proper intellectual abstraction of universal concepts as such. Aquinas believes that collation is possible because the cogitative power (*vis cogitativa*) participates in the intellect.

In the second section of this paper, we describe how Aquinas uses the term "experience" to indicate reflective cognition of the singular operations of the human intellect (e.g. *S. T.*, I, q. 76, a. 1, c.; *S. T.*, I, q. 79, a. 4, c.). This reflective cognition agrees with human sensory experience in that it encompasses both particularities and commonalities. Here, Aquinas argues that metaphorical naming is based on the appropriate characteristics of the original things (cf. *De ver.,* q. 7, a. 2, c.). Moreover, it seems that the initial fall of being (*ens*) in the conception of the human intellect enables it to recognize the particularities of intellectual operations (cf. *S. T.,* I, q. 5, a. 2, c.). Therefore, we can metaphorically transfer the term "experience" to characterize intellectual reflective cognition (cf. *De malo,* q. 16, a. 1, ad 2).

In conclusion, the term "experience" is used metaphorically to indicate intellectual reflective cognition, as sensory and intellectual experiences share the process of recognizing commonalities between singularities, even though the latter is not sensory at all.

The Role of Habitus in Kant's Theory of Virtue

Hayate SHIMIZU

In Kantian ethics, reason and emotion are considered to be in constant conflict, with reason always needing to guide one's conduct. Thus, Kant's virtue is defined as a kind of "strength of will" wherein reason remains uninfluenced by emotions and inclinations. On the other hand, in Aristotelian virtue ethics, a virtuous person desires good things according to their nature. Such virtuous states are formed by habit and are called "habitus." Kant, however, does not view virtue as a long-standing habit formed through training. Thus, Kant appears to oppose the idea that a virtuous person forms habitual desires for good actions and can perform them easily.

The question that this paper will address is: Does Kant not positively evaluate the concepts of habitus, which have been emphasized in virtue theory since Aristotle? This paper explores the reasons for Kant's exclusion of the habitus of action from the realm of virtue and argues that it is because Kant considered such actions mechanical and indicative of a loss of freedom. Therefore, Kant only rejects "mechanical habitus." However, in the *Doctrine of Virtue*, Kant introduces the concept of a "free habitus (freie Fertigkeit, habitus libertatis)" that is compatible with virtue. A free habitus implies a state where one is always ready and able to exercise reason, maintaining control over one's emotions and inclinations, and thus allows one to easily perform morally good actions. Furthermore, this paper aims to clarify the role of habitus in Kant by distinguishing between "mechanical habitus" as "phenomenal habitus (habitus of a way of sensing)" and "free habitus" as "intellectual habitus (habitus of a way of thinking)." Thus, this paper argues that Kant's theory of virtue requires the acquisition of a habitus of a way of thinking that arises from freedom.

Aspects of the Space of Reasons

Shintaro SHIRAKAWA

Given that Brandom's inferentialism is a philosophy of language aimed at elucidating normative linguistic practices within the "space of reasons", one might expect that critical practices, essential to discourse, would play a central role in this framework. However, this is not the case. Particularly in Brandom's recent work *A Spirit of Trust*, in which inferentialism increasingly incorporates Hegelian ideas and foregrounds *generosity*, the role of critique seems to have diminished when compared with Brandom's earlier works.

In this paper, I propose to extend inferentialism to more fully address the place of critical practices within it. I begin by broadly distinguishing between two levels in the "space of reasons," namely the *universal* and the *particular*. The universal space of reasons encompasses the domain where "we," as rational agents and concept-mongers, interact—a domain that Brandom persistently seeks to elucidate. Within this universal space, we can identify countless particular spaces of reasons. These particular spaces can be further classified into *personal*, *joint*, and *public* spaces, each with its own inferential structures and practices.

Building on these distinctions, I will clarify the nature and forms of critique. Critique *within* the space of reasons, aimed at testing the consistency of inferential networks, should be distinguished from critique *across* different spaces of reasons, which involves questioning or even rejecting entire inferential frameworks or their underlying assumptions. By recognizing these different layers of critique, we can achieve a more nuanced understanding of how critical practices actually function.

With these distinctions in mind, I argue that *generosity* operates at the level of the universal space of reasons, where critique does not occur, while critical practices are situated within particular spaces of reasons. This framework allows inferentialism to reconcile generosity with the possibility of critique. In doing so, it embeds specific and localized domains of discursive practices within the broader inferentialist system, which is primarily concerned with the conditions for conceptual understanding. By clearly demarcating the roles of philosophy of language and ethics, this approach addresses a common concern that inferentialism might be overly generous ethically. It demonstrates that while generosity is a requirement within the philosophy of language, this does not necessarily extend to the ethical realm.

Comprehensive Explication of Apriority in Early Putnam's Philosophy

Hiroto TAKAGI

The question of whether *a priori* knowledge exists continues to be debated in contemporary philosophy. Among the proponents of the existence of *a priori* knowledge, Michael Friedman and David Stump advocate "the relativized *a priori*" or "the constitutive *a priori*." This *a priori* knowledge is characterized by three features: (1) it is revisable, (2) what constitutes *a priori* knowledge is relative to scientific theories, and (3) it is an indispensable condition for conducting inquiries such as testing empirical laws. The third feature is also referred to as the "constitutive function." Various philosophers, including Hans Reichenbach and Arthur Pap, are noted pioneers of the relativized *a priori* concept. Hilary Putnam is also identified as an advocate of the relativized *a priori* and has called his conception of *a priori* knowledge "*a priori* truths relative to a particular body of knowledge" or "framework principles."

In addition, the so-called "early Putnam" (referring to Putnam's philosophical work before 1975) not only discussed the relativity and constitutive function of *a priori* knowledge but also criticized the identification of *a priori* knowledge with analytic truths. During this period Putnam particularly criticized the practice of characterizing analytic truths as "definitions." He argued that equating apriority with analyticity would imply that, after the revision of *a priori* knowledge, a new theory merely redefines the terms used by the existing theory, making it impossible to explain the revision of *a priori* knowledge as an advancement in understanding. This paper aims to supplement existing explanations of early Putnam's position on *a priori* knowledge by clarifying how he explained the revisability of *a priori* knowledge. For early Putnam, the aim of scientific inquiry is to develop theories that fulfill the aims and interests of inquiry as fully as possible, and that the advancement of understanding through the revision of *a priori* knowledge means that scientific theories better fulfill these aims and interests. Through the discussion in this paper, early Putnam's conception of scientific inquiry is also reconsidered.

Keeping Away to Bring Closer

Interpreting the Concept of "Dimension" in Heidegger's Posthumous Works: Bridging the Concepts of "Dimension" in ""...poetically man dwells..."" (1951) and "the Fourth Dimension of Time" in "Time and Being" (1962)

Takashi NUKUI

This paper has two main objectives: first, it aims to examine Heidegger's concept of "dimension (Dimension)" as found in recently published posthumous manuscripts, and to clarify the relationship between the "fourfold (Geviert)" and the concept of time in Heidegger's late thought. Second, through the above interpretation of "dimension," this paper challenges the prevalent criticism labeling the fourfold as "reductionism," which reduces different things into the same thing, and suggests new avenues for understanding Heidegger's late philosophy.

Regarding the first point, previous studies have failed to establish a consistent meaning in Heidegger's use of the term "dimension." However, the recently published posthumous manuscripts clarify it as a dynamic process of "measuring-through (Di-mension)," which is a movement of "bringing closer by keeping away" (unifying by differentiating) that which is "measured through" by it. In this movement, it is the four (sky, earth, humans, and gods) and the "thing (Ding)" in the fourfold that are brought closer by being separated by the appropriate distance, as well as the three dimensions of time (arrival, having-been, and present). This paper thus reveals that the simultaneous processes of differentiation and unification within this "dimension (measuring-through)" is the fundamental movement that makes possible the fourfold in space and time.

Regarding the second point, contrary to conventional criticism, which posits being as an endpoint of differentiation, this paper contends that the movement of "dimension" perpetuates differentiation: each unification (bringing closer) is only possible only to the extent that there is a movement of differentiation (keeping away). In other words, the movement of differentiation does not cease in being, but rather is activated. Thus, the interpretation proposed in this paper aims to enhance the potential of Heidegger's late thought beyond "reductionist" interpretations.

Experience of Meaning and Being in Merleau-Ponty

Considering the Experience of Physiognomy

Izumi NONOMURA

This article describes the philosophical significance of the concept of expression, or physiognomy, in the work of Merleau-Ponty. Much of his use of this concept is based on his positive acceptance of Cassirer's "expression" (*Ausdruck*), despite the fact that he critiqued Cassirer's use of the concept. Merleau-Ponty argues that Cassirer's concept of expression fails to adequately account for the aspect of *being* that is not entirely exhausted by the "meaning" of perceptual experience. To capture perceptual experience, one must focus not only on the meaning that arises through the subject, but also on the way that it arises from things. That is, perceptual experience has the ambivalent characteristic of encompassing both human meaning and the being of things beyond it. Merleau-Ponty calls the world to which such things belong the "natural world." However, does Merleau-Ponty's position, which is critical of Cassirer's concept of expression, ultimately reduce perceptual experiences to the natural world and fall into an objective form of thinking detached from the perceptual experience? This would mean contradicting his own pioneering approach to philosophical investigation. Does Merleau-Ponty's understanding of expression really undercut his philosophical project? And if not, then what is expression for Merleau-Ponty? This article attempts to answer these questions by interpreting Merleau-Ponty's analysis of what Cézanne paints. Merleau-Ponty states that Cézanne's artistic activity amounts to phenomenology in that it reveals the lived world, which is accomplished by the painter's pursuit of "physiognomy." By interpreting the discussion of physiognomy in his analysis of Cézanne, we can find a point where Merleau-Ponty further develops Cassirer's concept of expression. According to Merleau-Ponty, by depicting *uncanny physiognomy*, Cézanne reveals that *experience of being* is indicated by the *experience of expression* that subjects grasp in their perceptual experience. Thus, we discover that Merleau-Ponty's critical development of Cassirer's concept lies in the idea that the experience of being *beyond* meanings is realized *in* expression as a medium of human interaction.

Die Arbeit des Lebens

Vom Begriff der Arbeit bei Hannah Arendt

Taiki HASHIZUME

Die Arbeit ist eine der fundamentalen Tätigkeiten des Menschen. In vielen Schulen der Philosophie wird Arbeit als „Produktion wertvoller Güter“ aufgefasst. Die Philosophin Hannah Arendt hat der Arbeit eine sehr unterschiedliche Wertschätzung zugemessen, wenn sie von der Arbeit als Tätigkeit des Lebens selbst spricht. Unsere Abhandlung versucht, ihr originelles Konzept von Arbeit näher zu beleuchten.

Für Arendt ist das Leben die Bedingung der menschlichen Arbeit. Im ersten Abschnitt legen wir daher dar, was Arendt unter Leben versteht. Leben bedeutet, sich Materie von außen einzuverleiben; somit ist der Stoffwechsel die Essenz des Lebens. Das Leben benötigt immer „Lebensnotwendigkeiten“, die Arendt „Konsumgüter“ nennt. Infolgedessen erscheint die Arbeit als Produktion von Konsumgütern. Obwohl Arendt die Arbeit einmal als „Produktion“ definiert hat, hebt sie diese Definition später auf, indem sie der Arbeit „Produktivität“ abspricht. Ihr Begriff von Produktivität ist, wie der zweite Abschnitt deutlich macht, der Welt dauerhafte, unabhängige Dinge hinzufügen. Infolgedessen erscheint das Gegenständliche, das die Arbeitskraft produziert, nur „gleichsam als Abfallprodukt der Tätigkeit selbst“.

Der dritte Abschnitt widmet sich Arendts Definition von Arbeit als „Einverleibung“ von Konsumgütern, die zwei Momente umfasst: ihre „Vermischung“ mit unserem Körper und ihre „Sammlung“. Unter der Prämisse, das „Leben zu machen“ zerstört Arbeit in Wahrheit ihren Gegenstand, um ihn sich körperlich einzuverleiben. In den Tiefen unseres Körpers arbeitet das Leben selbst und absorbiert die Konsumgüter. Das ist die „Arbeit des Lebens.“ Damit wir uns aber Konsumgüter einverleiben können, müssen wir sie sammeln. Diese Konsumgüter sind selbst lebendig und werden als Teil des ewigen Stoffwechsels vom Leben produziert. Wie der vierte Abschnitt zeigt, bezeichnet Arendt diese Fähigkeit als „Fruchtbarkeit“ des Lebens. Die menschliche Arbeitskraft kann mehr Arbeitskraft hervorbringen als sie selbst verbraucht. In der Wurzel dieser Kraft findet sich die Fruchtbarkeit des Lebens. Auch in diesem Fall gibt es vor der menschlichen Arbeit die Arbeit des Lebens, die Leben hervorbringt. Diese ermöglicht jene.

Daraus schließen wir, dass Arbeit die bewusste Realisierung der Selbstproduktion des Lebens, also der Arbeit des Lebens, ist.

Is Section 270 in the *Philosophical Investigations* Really a "Discussion Hard to Swallow"?

Noya's Summary: "Identifying the Sensation Is Irrelevant" and the Problem of Using Sensation-Words

Shogo HASHIMOTO

This paper examines what is considered "irrelevant" in Section 270 of Ludwig Wittgenstein's *Philosophical Investigations* and contrasts it with the reading offered by Shigeki Noya. Noya characterizes Section 270 as a "discussion hard to swallow," insofar as it seemingly leads to a problematic situation wherein we use sensation-words like "pain" without being clear about what is being called "pain." Contrary to this perspective, the present paper aims to illustrate that such an interpretation doesn't accurately reflect the essence of Section 270.

To accomplish this, the paper presents five key aspects of Section 270. First, it explains that Section 270 is primarily concerned with the idea that "it is irrelevant to *correctly* identify the sensation," whereas Noya summarily states that "identifying the sensation is irrelevant," implying Wittgenstein's rejection of any attempt to specify sensations. Second, it elucidates that "(*correctly*) identifying" something necessitates publicly accessible criteria of identity, and that this can't be applied to private sensations. Third, it discusses the philosophical standpoint, implicitly criticized in Section 270 and elsewhere in Wittgenstein's text, that inwardly pointing to sensations could establish criteria for their identification. Fourth, it confirms that our language game of sensation-words is unrelated to inwardly pointing or criteria of identity. Finally, it clarifies that Section 270 doesn't imply the dismissal of specifying sensations without criteria. Hence, Section 270 doesn't problematize using sensation-words, but rather offers a philosophical therapy that liberates us from the idea of identifying sensations through criteria.

In conclusion, Section 270 denies both the act of "*correctly* identifying sensations," insofar as this requires criteria of identity and the act of inwardly pointing to sensations to purportedly establish these criteria. It is these acts that Wittgenstein argues are "irrelevant" for our language game of sensation-words, rather than specifying sensations without criteria. Consequently, the problem of using sensation-words that Noya points out is an unwarranted concern, and thus the discussion in Section 270 can be deemed an appropriate analysis of our language game, rather than being "hard to swallow."

The World as Interaction

Kant's Third Analogy in the *Critique of Pure Reason*

Satoshi HAMADA

This paper examines Kant's third analogy of experience in the *Critique of Pure Reason* in terms of the interaction or community (Wechselwirkung oder Gemeinschaft) of three or more substances. Kant's doctrine in the third analogy is not limited to a discussion of the interrelationships of individual things, but includes aspects that could be seen as a cosmology. However, the model of interaction as proposed by previous studies of this analogy does not have a structure complex enough to be called a world. Previous studies also showed the significance of "community" as an indirect recognition of the world by analogy. However, to apply this category to the world, it is necessary to show how categories function in relations of three or more substances. This is because every "analogy" presupposes the existence of more substances in world than those involved in the relationship at hand (in the simplest case, the relationship between two substances). These assumptions, which are implicit in the third analogy, suggest a confrontation with the metaphysics of monadists and atomists.

In this paper, I would like to address this issue based on Kant's third analogy and present a model of interaction. According to Kant, any simultaneity of perceived (existing/knowable) substances presupposes dynamical interaction. Kant sees the plurality of substances as equally fundamental to spatial interrelationships; he bases this on dynamical interaction. This paper argues that only the concept of dynamical interaction allows one to "determine a position in time" (A212/B259) for spatial interrelationships, and confirms the significance of the third analogy as a foundation for natural science.

How does studying the history of philosophy contribute to contemporary philosophy?

Shoma MINAMI

Many philosophers and historians have questioned how studying the history of philosophy contributes to contemporary philosophy's progress. This question remains an ongoing contention among authors regarding the methodology of philosophy. Nevertheless, recent discussions in this area have revealed two precepts by which historians are able to contribute to philosophical progress. First, they must recognize that the arguments of the past are not directly applicable to contemporary themes, given that philosophers of the past lacked the requisite scientific and philosophical knowledge informing current philosophical debates. Second, historians should be careful to avoid anachronisms.

This study presents two historical research methods to be used when studying the history of philosophy that hold to these precepts and offer a way to indirectly contribute to contemporary philosophical progress. The first is to trace the historical context of the landmark positions or concepts that laid the foundation for contemporary philosophical issues in order to gain a more wholistic, genuine understanding of them. I call this the historical understanding method. The second is to disclose how these positions and concepts arose under contingent historical conditions in order to denaturalize entrenched viewpoints. I call this the denaturalization method.

In addition to the two precepts mentioned above, these two methods have a precondition for choosing their object: it must have some relevance to contemporary philosophy, to which historical research aims to contribute. The works and thinkers of the past that these methods investigate must be demonstrably related to issues in contemporary philosophy, given that their purpose is to allow historians to understand or denaturalize those issues. The degree of relevance each historical work or author holds will naturally differ depending on each study. Nonetheless, this roughly corresponds to the proximity of the historical period or work to the present day. Thus, we conclude our proposal by responding to the initial metaphilosophical question via a demonstration of the advantages of these methods.